沈世娟　张爱娥　著

知识产权诉讼技术事实查明机制研究

ZHISHI CHANQUAN SUSONG JISHU SHISHI
CHAMING JIZHI YANJIU

中国政法大学出版社

2020·北京

图书在版编目（ＣＩＰ）数据

知识产权诉讼技术事实查明机制研究/沈世娟，张爱娥著. —北京：中国政法大学出版社, 2020. 11
ISBN 978-7-5620-9666-5

Ⅰ.①知… Ⅱ.①沈… ②张… Ⅲ.①知识产权－民事诉讼－研究 Ⅳ.①D915. 204

中国版本图书馆 CIP 数据核字 (2020) 第 179135 号

出　版　者	中国政法大学出版社
地　　　址	北京市海淀区西土城路 25 号
邮寄地址	北京 100088 信箱 8034 分箱　邮编 100088
网　　　址	http://www.cuplpress.com (网络实名：中国政法大学出版社)
电　　　话	010-58908586(编辑部) 58908334(邮购部)
编辑邮箱	zhengfadch@126.com
承　　　印	保定市中画美凯印刷有限公司
开　　　本	720mm×960mm　　1/16
印　　　张	22.75
字　　　数	370 千字
版　　　次	2020 年 11 月第 1 版
印　　　次	2020 年 11 月第 1 次印刷
定　　　价	96.00 元

前　言

　　先进和科学的司法理念必须依靠完善的制度设计，知识产权诉讼技术事实与法律事实的统一依赖科学完善的原则、制度和规则的设计。以客观真实为追求目标的法律事实认定，倘若缺乏科学和完善的原则、制度和规则的设计作为支撑，就会欠缺理性，南辕北辙。因此，立法者应当设计良好的法律事实认定原则、制度和规则，构建合理、科学的运行机制。施行得良好的原则、规则和制度，应当确保当事人、代理人、法官以及其他的诉讼参与人以积极的姿态参与其中。

　　各国诉讼法目前仍在遵循的司法审判原则、证据规则和审判制度，是人们在诉讼活动中为最大限度地发现客观事实而不断实践取得的经验，是人类解决纠纷和争端的优秀文化，如辩论原则、释明权制度，专家辅助人制度、技术调查官制度，以及举证分配规则等证据规则等。

　　知识产权诉讼中，技术事实比一般事实复杂，从技术事实到法律事实的发现还需要其他制度和规则的有效结合，这集中在两个方面：一方面是诉讼主体诉讼行为能力提升的机制，如通常作为当事人一方参与诉讼的鉴定人制度、专家辅助人制度，以及法庭审判方参与的技术调查官制度、专家咨询、专家陪审制度、释明制度等；另一方面是技术事实解构的机制，在专利制度中，主要体现为完善的侵权认定规则体系，如修改超范围规则、等同侵权原则和规则、权利要求解释规则、禁止反悔规则、间接侵权行为的认定等。只有当这些原则、制度、规则高度融合，发挥各自的作用，知识产权诉讼技术事实查明机制才能有效运转，法律事实才会向客观事实更靠近一步。

　　笔者针对上述问题从基本理论和实证分析层面分别展开研究，以期对知识产权纠纷技术事实认定机制的优化与改进具有一定的借鉴与启发作用。本书是国家社科基金项目"知识产权诉讼技术事实查明机制研究"（批准号15BKX135）的研究成果，包括三个部分：诉讼原则与诉讼制度；法律适用规则；实证分析报告。

一、基本内容

界定知识产权诉讼中技术事实概念及其法律特征；阐述技术事实查明的运行轨迹以及技术事实查明的机制；通过问卷调查和案例分析形式，以实证研究的方式掌握实务中技术事实查明机制运行状况。

（1）技术事实的认知。技术特征是构成技术事实的基本单元，是为解决技术问题而采取的技术手段。技术事实是客观事实，法律事实是人们在诉讼过程中通过证据对客观事实的证明结果和认知结果。只有运用有效的制度与机制，通过对技术事实的发现、判断、识别与认定，才能追求法律事实与技术事实的一致。

（2）诉讼原则、证据规则在知识产权诉讼中的灵活性应用。证据制度是诉讼制度的灵魂，诉讼围绕证据展开，并决定着诉讼结果。知识产权诉讼专业性强，技术事实的查明复杂多变，现行证据制度无法保障知识产权诉讼案件审理的顺利进行，为此最高人民法院在颁布司法解释的同时，通过颁布多项司法政策，[1]引导地方各级法院审理知识产权诉讼案件，以弥补法律的僵化和空白。

证据的取证、举证、质证、补证、认证是相互衔接、内在统一的证明路径，该证明路径是动态的、不断推进的过程，决定当事人的证明能力和证明效果。一方面，分析法院在证据证明路径中的影响及作用；另一方面，分析发挥当事人及其诉讼代理人的能动性，提升知识产权诉讼的效率。

（3）当事人证明手段和诉讼能力的提升。考察知识产权审判司法政策调整下的诉讼制度，分析其对当事人权利、义务的影响。通过分析知识产权权利的稳定性、临时措施的必要性，慎重有效地采取临时措施，合理规范临时措施中的自由裁量权。临时措施容易被当事人不当利用，成为阻碍正当竞争的手段，需要合理规范。

勘验和鉴定应以当事人申请为原则，以案件审理的必要为宗旨，限制法官的自由裁量权，强化鉴定人的执业规范和对法庭的优先职责。应积极发挥专家辅助人对专业问题的说明作用，制约鉴定人制度。

（4）法庭审判能力的提升。从比较法上观察，各国采取不同的模式提升

---

〔1〕 吴晓明："当前我国知识产权司法保护的政策与理念"，载《知识产权》2012年第3期。

法院审理知识产权案件的能力。经过多年探索，我国法院也通过专家陪审员、专家咨询等模式，有效解决了技术事实认定难的问题。新成立的知识产权专门法院，也在探索设置技术调查官、技术鉴定官等模式，该等模式从建立到完善需要一个过程，建议从维护当事人诉讼利益出发，合理选择个案审理模式。

（5）侵权判定原则和规则的统一。专利等知识产权案件中，由于法律没有对侵权判定规则作出规定，司法条款又比较粗疏，使得实务中法院审判标准难以一致。专利侵权诉讼中的侵权判定原则和规则（如权利要求解释原则、禁止反悔原则、修改超范围原则等）的适用，对案件的审理具有举足轻重的影响，与当事人的利益密切相关，只有统一司法标准，防止同案不同判，才能避免出现当事人"法庭选择"情形。

（6）原则、制度与机制的融合。构建技术事实查明机制的思路与措施：其一，诉讼利益平衡机制，利益平衡不仅是知识产权实体法的基本原则，也是知识产权司法保护中实现平等与正义价值的调节器，证据保全制度、举证分配制度应权衡各方主体利益；其二，当事人主导机制，技术事实的证明路径应由当事人积极推进，对技术事实的证明手段，应由当事人主导，法院应当发挥好协助指导的作用；其三，专业人员诉讼参与机制，严格规范鉴定人、专家辅助人等诉讼参与专业人员的行为，强化职业操守；其四，审理模式选择机制，没有绝对的知识产权审理优选模式，应根据区域特点、案件特点，兼顾当事人利益，合理选择审理模式。

（7）问卷调研报告。本书采用文献法、访谈法、问卷调查法等对本课题进行实证探讨，探索当前我国知识产权纠纷案件处理过程中存在的一系列问题，总结出知识产权各类工作人员的态度与期望，为后续知识产权案件处理的优化提供依据。

（8）案例分析报告。对最高人民法院再审的部分知识产权案件进行统计分析，掌握司法实务中人们对相关问题的处理模式以及解决问题的思路。

二、基本框架

本书拟从理论和实践两个层面展开研究：理论上，围绕诉讼制度与技术事实证明路径的关系机理，从证据规则、当事人证明手段、法庭审理模式、侵权判定规则等维度推进和分析。实践上，围绕当事人、诉讼代理人、鉴定人、专家证人、法官等的诉讼参与行为而展开研究。

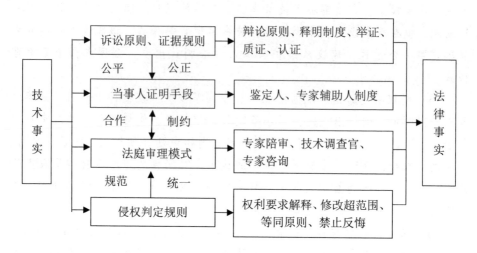

三、重点难点

第一，知识产权诉讼基本原则研究。它是制定知识产权诉讼法律规范的依据，为人民法院的审判活动和诉讼参加人的诉讼活动提供指引，是构建知识产权诉讼中释明制度、举证分配制度、鉴定制度等诉讼制度的基石。举证责任分配和证明标准方面，应当考虑技术事实证明的特点和当事人举证的难度，合理分配举证责任，恰当运用司法认知和证据推定以及释明制度。

第二，法院审理模式研究。无论是设置技术法官、技术顾问，还是其他模式，目的是保障法官的专业知识素养与当事人及其专业代理人相当，确保法官查明知识产权争议中的技术事实，模式选择应当遵守比例原则，兼顾诉讼成本。一般而言，审判庭合议组成员应当具有审理技术类事实的能力，具有一些基本的专业技术知识和素养，确保案件的审理是在对案情掌握的前提下进行，从而对证据作出恰当的审核认定，合议庭成员也可以通过专家咨询的形式获得专业知识。

第三，公平与效率的兼顾研究。知识产权是一种私权，在不影响公共政策的前提下，技术事实证明手段的选择应尊重当事人的权利，法院在确保公正的前提下，兼顾诉讼效率。保障当事人充分的举证和质证权利，证据形式方面，可以通过多种手段进行举证，包括鉴定意见、专家意见等，并通过充分的质证，如庭前开示证据、鉴定人出庭等制度，充分厘清案情。既尊重当事人的举证和质证权等诉讼权利，保障公平正义，同时也要兼顾效率，节约诉讼资源，防止当事人滥用权利。

第四，专业人员诉讼参与机制研究。诉讼代理人、鉴定人、专家证人等都是具备一定专业知识的诉讼参与人员，应针对上述主体在诉讼中的不同地位和作用，明确执业理念、强化执业操守，规制诉讼参与行为，提升其诉讼服务水平。

第五，专利侵权判定规则。知识产权案件中，技术事实的查明，尤以专利案件最为困难，不仅是由于技术事实本身的复杂性，而且是由于侵权判定规则的复杂性。目前，专利侵权判定规则都规定在最高人民法院的司法解释中，而相关司法解释过于简单，造成司法不统一，严重威胁了司法权威性。专利侵权判定原则的研究是热点，更是难点。

目录 *CONTENTS*

第一部分　诉讼原则与诉讼制度

第二部分　法律适用规则

第三部分　实证分析报告

第一部分

诉讼原则与诉讼制度

C 第一章
Chapter1

利益平衡原则在知识产权诉讼中的考量

知识产权诉讼与其他民事诉讼相比，既有独特性，也有共性。所谓共性，是指都是私权救济，即解决争议时不仅要遵循民法基本原则，如平等原则、意思自治原则、诚实信用原则、禁止权利滥用原则和公序良俗原则等，还要遵循基本的诉讼程序原则，如辩论原则、处分原则、程序公开原则等。所谓独特性，是指知识产权这种权利与其他民事权利相比，在享有排他专有权时，还要兼顾公共利益保护和公共政策协调。因此，在寻求救济时，在诉讼活动中也应当维护该独特性，并体现在诉讼原则中。知识产权诉讼中的利益平衡原则是通过诉讼权利义务的平衡来实现的，比如举证责任分配，均体现了利益平衡原则。

第一节　知识产权诉讼利益平衡原则概述

无论是自然界还是人类社会，平衡的、和谐的状态始终是一种理想状态。对于万物而言，平衡是一种相对的、动态的平衡，平衡是终极目标，不平衡是过程。利益的平衡是指在一定的时空内某种特定利益体系内（如知识产权制度）利益总和保持不变的情形下，各方利益主体间和谐共处、和平分配利益的态势。利益平衡既是一项实体法的立法原则，保障实体法中权利义务的平衡，也是一项诉讼原则和法律适用原则，以实现实体利益均衡的状态。

在知识产权实体法中，权利义务的均衡体现在各部门法中，如对知识产权权利人的权利限制，包括专利法中的不视为侵犯专利权的行为、专利侵权行为必须以生产经营为目的、停止侵权抗辩事由等，商标法中的合理使用行为、先用权抗辩等，以及著作权法中的合理使用行为、法定许可等。知识产权诉讼中的利益平衡，比如体现在举证责任的承担方面，为了加强知识产权保护，降低权利人的维权难度，通过证据披露义务、举证妨碍等规则，减轻了权利人的举证责任。

一、利益冲突和利益平衡

财产权是一个复杂的体系，包括物权、知识产权和债权等，财产权类型越多，发生冲突以及纠纷的概率就越高。在处理财产权冲突时，需要对冲突利益所体现的法律价值进行判定，在此基础上进行法律价值和利益的衡量。衡量法律价值时需要考虑法律价值的位阶、顺序，有时候还要考虑其他因素。在利益衡量过程中，需要以一定的立法宗旨和精神为指导，从而实现利益总和的最大化。

利益平衡具有相对性，体现为对时间的相对性以及对空间的相对性。时间的相对性可以表现为某一制度在不同时期对不同利益群体利益保护的倾向性，如专利制度实施初始阶段，由于专利权人撰写专利文书的水平较低，在专利侵权判定中，曾经实施过多余指定原则，即专利权利要求包括 A、B、C、D 四个技术特征，侵权物包括 A、B、C 三个技术特征，也会被认定为侵权。但是，随着专利制度越来越成熟，专利权人保护知识产权的观念越来越深入人心，多余指定原则已经被全面覆盖原则所代替。空间的相对性表现为对不同区域和不同的利益体系而言。例如，一旦被认定为专利侵权，侵权人就需要承担停止侵权的法律责任，但是，当停止侵权会损害公共利益的时候，就可以免除该法律责任，并通过其他责任形式补偿。因此，利益平衡是相对的。

有利益就会有冲突，减少利益冲突是实现利益平衡的基础，利益平衡表现为一定利益系统内的平衡，各方利益达到相对静态的稳定和均衡。利益平衡是终极目标，是在不断地调整和变化中追求平衡。社会、政治、经济、科技和文化是不断发展和变化的，不同利益主体的利益也处于不断的变化之中，当旧的利益体系和利益格局出现了不平衡时，就需要打破旧的格局，实现新的平衡。

利益平衡不是自发的过程，是制度的选择和安排。各方利益主体应当充分利用这种制度安排，实现自身利益的最大化。在冲突中选择，和谐共处，实现全社会利益的最大化。

二、利益平衡的方法

关于利益平衡的实现：一方面，利益平衡离不开制度的安排，而法律制度是最有效的；另一方面，利益平衡的成效又会成为考量立法得失的标杆，司法实践也能够发挥对法律拾遗补阙的功效。随着科技的日新月异，社会分工越来越细，利益体系更加复杂、多变，利益格局不断变化，通过立法平衡利益的工作越来越难，立法技术和立法水准要求越来越高。

关于利益平衡对立法的影响，法学家们进行了长期的探讨，并基本形成了一种有代表性的观点：立法者通过立法实现利益平衡，应当优先考虑最重要的利益，同时兼顾其他利益并确保其他利益的损失最少。比如，在商标法律制度中，为实现商标权人利益的最大化，应当允许商标权人充分行使许可权，许可更多的人使用其注册商标。但商标的许可使用有可能会降低商品的品质，为了确保商品的品质，法律要求商标权人对被许可人生产的商品质量进行监督，并标注被许可人的商业信息，从而维护消费者的知情权等权益。

当然，何种利益最重要，或者最应当优先考虑，在不同的利益体系中有不同的评价标准。这种评价标准也会随着社会、经济、科技和政治等因素而变化。不过，无论评价标准如何变化，其实现的价值都是客观可感知的，这就是社会的公平和正义。比如，我国专利法立法之初并不保护药品等化学物品，这不仅与当时我国的制药科技发展水平相适应，而且与人们的经济生活水平相适应，既维护了广大公众的利益，也实现了整体的公平正义。但随着制药科技水平和人们生活水平的提高，为了满足人们对生命健康的更高要求，将药物等化学物品被纳入专利保护范围就具有了现实意义，专利权人的利益与公众利益相比，此时就具有了优先考虑的价值。

三、利益平衡原则在知识产权法中的体现

知识产权制度特别是专利制度，在各国的实施都不是一帆风顺的，甚至经历了多次反复，根本原因是知识产权人的合法专有权，在一定程度上影响了竞争者利益和公众利益。在知识产权制度中，围绕智慧成果的生产、传播、利用形成了一个庞大的利益体系，知识产权制度在保护知识产权人利益的同时，要促进利益体系内社会整体利益的最大化，推动科技进步、文化繁荣。

在商标法律制度中，交织着各方主体的利益，这些主体涉及商标权人、注册商标被许可使用者、竞争者、消费者以及社会公众等。这些主体的利益交错在一起，为了维护消费者的权益，商标权人应当保障其商品的质量，在许可他人使用其商标时，应当标注被许可人的信息，监督其生产质量。商标

的构成要素是标识，标识本身不产生权利，属于公共领域的资源，只有他们在商标意义上使用时，才有可能构成侵权，这就涉及标识的合理使用制度，以维护公共利益。作为竞争者，也可以在生产经营中，非商标意义上使用标识，不视为侵权。

在专利法律制度中，也交织着多方主体的利益，这些主体涉及专利权人、发明人或设计人、被许可使用者、国家、社会公众以及竞争者等，法律首先对授予专利权的客体方面进行限制，对有碍于社会公德、妨碍公共利益以及危害国家安全的发明创造不授权专利权；其次侵犯专利的行为必须以生产经营为目的，非生产经营行为不属于侵权行为，这是为保护消费者的正当使用权等。再比如，被告构成对专利权的侵犯，但法院不判决被告停止侵权，主要是由于对国家利益或公共利益的考量，此时法院可以要求被告支付一定的费用弥补权利人的损失。

在著作权法律制度中，涉及的利益主体更多，主要包括作者、著作权人、邻接权人、作品使用者、社会公众、国家等，为了促进作品的传播，对传播者赋予了邻接权，并就著作权人与邻接权人之间的利益进行了调整，如演绎他人作品应当得到著作权人的许可。同时，著作权法律制度中的合理使用制度和法定许可制度鼓励个人以及在不影响著作权人正常行使著作权的条件下，合理使用作品等。

知识产权制度的特点就是需要在众多的利益主体间实现平衡，促进知识的利用和传播，推动全社会精神生活水平和物质生活水平的提高。在知识产权制度实施的过程中，我们不能绝对地说知识产权人的权益优于其他主体的利益，也不能绝对地说公众利益就一定优于其他主体的利益。利益的平衡是动态的，并以特定时空下的社会公平正义为考量。

四、利益平衡原则在知识产权诉讼活动中的体现

针对知识产权侵权行为隐蔽、侵权成本低、知识产权权利人维权难的现状，立法以及司法解释从举证责任的分配（下文专门介绍）、临时禁令的实施等方面进行了不同于一般权利的调整，旨在切实维护知识产权权利人的权益，激发其从事创新创作活动。

诉前临时保护措施包括诉前证据保全、诉前禁令和诉前财产保全等措施，诉前禁令最早是在《专利法》中规定的，后来《商标法》《版权法》中都有

了该项规定。最终，该制度被 2012 年修订的《民事诉讼法》吸收。

就知识产权法律制度的构建而言，追求利益平衡是其立法的基本理念和宗旨，从知识产权制度发展之初，以及知识产权制度发展的过程中都得到了充分体现。一个国家的知识产权制度能够贯彻该原则，有效协调知识产权人与其他利益主体之间的平衡，以及维护激励知识创造与知识传播和利用之间的平衡，决定着利益平衡原则在社会生活中的影响力和地位。而在知识产权诉讼中，提高权利人的诉讼能力，降低维权成本，最大限度地弥补权利人因侵权遭受的损失，也是利益平衡原则在知识产权诉讼中的延伸和体现。

第二节　知识产权诉讼举证责任分配中利益平衡的体现

民事诉讼举证责任分配遵循"谁主张谁举证"的一般原则，基于公平正义、诚实信用、举证能力的考量以及案件审理的需要，法律通过举证责任倒置规则以及举证责任转移规则对一般举证责任分配原则进行补充，以弥补单一举证责任分配原则产生的消极影响。所谓举证责任转移，是在举证过程中降低承担举证责任方的证明标准，科以抗辩方在举证能力内承担一定的举证义务，以此查明待证事实并据以裁判的证据规则。在知识产权诉讼中，由于侵权行为隐蔽，导致权利人举证艰难，在维护举证责任一般分配原则的前提下，赋予法官根据案件举证完成情形适当减轻权利人举证义务的权力，对维护知识产权人权益、优化市场竞争环境、发挥司法维护知识产权人权益具有积极影响和意义。

一、民事诉讼举证责任及举证责任分配理论

举证责任是指由法律预先设定，当案件事实真伪不明时，由某一方当事人承担举证不能的败诉风险及不利后果的制度。所谓举证责任分配，是指举证责任承担的分配，法律一般按照举证能力，从公平角度设定分配规则。"打官司"说到底就是证据战，但并不是谁的证据多谁就能赢得官司。证据制度是诉讼制度的核心和灵魂，而举证责任分配又是证据制度的神经中枢，在一定程度上影响案件的诉讼结果，决定当事人诉讼的成败和得失。

古罗马举证分配规则提出，肯定事实存在者有证明的义务，否定事实存在者没有证明的义务，也即"谁主张，谁举证"的分配原则。德国民事诉讼

法学家罗森伯格对举证责任有过经典的评价，其从权利、法律要件角度分析举证责任的分配，其认为，主张权利存在者应当就权利发生的法律要件存在的事实进行举证，而否定权利存在者应当就权利消灭法律要件、权利妨碍法律要件或权利制约法律要件等进行举证。在英美证据法上，举证责任包括提供证据责任（也称主观责任）和说服责任（也称客观责任）。所谓提供证据的责任，是指将争议呈现给事实审理者所应当提供的证据及满足的要求，类似于起诉条件中的证据要求；所谓说服责任，是指使事实审理者相信事实存在的证明义务，是就结果角度而言的。

除举证责任分配的一般原则之外，为了维护特殊法律关系中的一方当事人利益，法律还规定了举证责任分配的特殊形态，如举证责任分配的倒置。"谁主张，谁举证"规则的设定，是从举证成本、举证能力等因素考虑的，一般事实肯定者更容易就事实的存在完成举证责任，而事实的否定者就事实不存在举证是不能完成的任务。但在特定情形下，如果否定的范围是确定的，否定者的举证成本就会低于肯定者的举证责任，如在医疗纠纷中，医疗机构就其诊疗过程举证没有过错，不仅专业而且容易，其向司法者提供诊疗过程形成的全部信息即可履行举证义务，此时让患者举证医疗机构存在过错，实为不可能完成之事，其不仅无法接触诊疗信息，更不具有专业知识利用这些信息。举证责任分配的设定，涉及诉讼权利义务的分配，一般由法律预先设定，举证责任的倒置亦是如此，没有法律的明文规定不得直接适用举证倒置规则，当法律出现空白时，应当从举证能力、举证成本等公平角度分配当事人的举证责任。

举证责任转移是学者们在研究诉讼活动中总结的一种理论，也属于举证责任分配的特殊形态。这是从证明标准的角度来调整当事人举证责任的分担。所谓证明标准，是指待证事实证明到何种程度时，事实裁判者对该待证事实才能予以确认、认定，并支持该方当事人的主张。一般而言，民事诉讼的证明标准是优势证明标准或者高度盖然性标准，即事实裁判者采信证据证明力优势一方所主张的事实。诉讼过程的举证、质证是一个从立论、论证到驳论的不断攻防的循环过程。通过降低待证事实的证明标准，转移举证分担，可以更好地让当事人都参与到诉讼活动中，发挥当事人参与诉讼的主观能动性，最大限度地发现事实。当一方当事人不能反驳对方当事人的证据或反驳的证据没有说服力时，事实审理者就可以直接认定案件待证事实。

举证责任倒置和举证责任转移，客观上影响当事人的权利主张和利益实现，与当事人权益具有密切的利害关系，事实裁判者应当在法律的框架内正当适用上述规则。

二、知识产权诉讼举证责任分配规则

我国《民事诉讼法》第 64 条第 1 款规定，当事人对自己提出的主张，有责任提供证据。该款规定确立了我国民事诉讼举证分配的一般原则为"谁主张，谁举证"，关于举证责任倒置，简而言之是指由否定事实存在者承担举证责任，民事诉讼法和司法解释仅仅规定了八种情形，事实裁判者除上述情形以及法律另有规定外，不得适用举证责任倒置规则，但可以灵活地适用举证责任转移规则。

专利诉讼举证责任的规定。《专利法》第 61 条规定了关于侵犯专利方法的举证责任问题，该法明确规定，只有涉及新产品的制造方法，制造同样产品者才承担就其制造产品的方法不同于专利方法的举证责任，并且司法解释还设定了一个前提，即专利权人首先应当就其产品是新产品进行举证。《专利法》确立此项举证责任倒置，目的是降低权利人的举证难度，但实际情况却难如人愿。所谓新产品，是指在方法专利申请日前不属于现有技术，没有被生产、销售，也没有被公众所知晓的产品。这是一种消极事实或没有发生的事实，从时空概念看，消极事实是无限的，权利人无法充分完成该举证责任，只能相对举证，如向事实裁判者提交该产品在申请日前的检索报告，如果该产品没有被以任何形式披露，则能够初步证明系新产品。此时，事实裁判者通过举证责任转移的方式，将举证责任转移给被控侵权人，由其提出反驳证据，反驳者如证明该产品已经被披露，为公众所知悉，这便是一种积极的肯定事实，对于肯定事实，其客观性能够保障侵权人较好地履行举证义务。此时，举证责任的转移，能够较好地实现《专利法》第 61 条所确立的初衷，降低专利权人的举证难度，充分保护专利权人的利益，同时也兼顾了被控侵权人的利益。

商业秘密诉讼举证责任的规定。基于员工离职产生的商业秘密侵权纠纷比较普遍，但真正被追究法律责任并最终承担法律责任的侵权人非常有限，其中最重要的原因就是权利人的举证难度。根据 2007 年发布的反不正当竞争法的相关司法解释，商业秘密权利人要维权，其承担多项举证义务，包括：

对拥有信息符合商业秘密的构成要件举证，特别是所持信息属于未公知信息的举证；侵权人实施的不当竞争行为举证；侵权人的信息与其拥有的商业秘密相同或者实质相同的举证。该司法解释颁布十多年来，商业秘密保护状况依然不如人意，根本原因是立法中的利益权衡缺失。2019 年初，《反不正当竞争法》进行了重大修改，其中第 32 条专门就举证分配进行了调整。该条规定对维护商业秘密权利人的利益具有积极的意义：一是关于未公知的举证责任，在权利人已经证明其采取了合理保密措施且被侵权时，被控侵权人应当举证证明该信息不属于商业秘密；二是在侵权行为方面，只要权利人证明侵权人有机会接触商业秘密并证明两者实质相同，被控侵权人应当证明其没有实施侵权行为，如其信息的获得是合法的等。

损失赔偿额举证责任的规定。过去，知识产权人不仅维权难，即便维权成功了，能够获得足够弥补损失的赔偿也是很难的，归根结底还是举证问题。权利人损失通常是由于多方面原因造成的，也难以计算，而权利人不掌握侵权人会计数据和账册，账册都由侵权人控制，对侵权人的获利更是无从知晓也无法证明。在知识产权许可方面，由于知识产权运营观念还没有深入人心，知识产权许可使用的规范性还有待提高，实务中，事实裁判者通常还要求权利人提供多份许可协议才认可许可费的主张，因此通过许可费主张赔偿的途径也基本被堵死，最后，权利人只能选择法定赔偿。为了解决司法实务中出现的普遍难题，2014 年《商标法》修改时，率先从举证责任的分配方面进行了突破，借用举证妨碍规则，要求侵权人承担一定的举证责任，实际上减轻了权利人的举证责任。不过，举证妨碍规则的适用需要一定的前提，需要权利人先行举证，即权利人已经尽力举证，但侵权人不予配合，造成权利人举证不能，或者侵权证据由侵权人持有，侵权人提供的证据与权利人提供的证据不符，此时法院可以要求侵权人提供与账簿相关的证据，不提供或提供虚假账册的，按照权利人提供的证据认定赔偿数额。

举证责任转移不仅为学术界所关注，更是引起了司法界的重视，举证责任转移规则具有强大的实用功能，司法决策者开始倡导并且通过相关司法文件要求在知识产权诉讼中推广应用。如在 2014 年 7 月 3 日召开的知识产权审判工作座谈会上，相关声音已经发出，法官不应当僵化适用一般举证责任分配原则，在知识产权审判中，应当结合其特殊性，适当减轻知识产权人的举证负担，合理把握优势证明标准，适时转移举证责任。

当然，诉讼利益平衡不仅关乎各方利益主体，还受制于政治、经济、社会等因素，并且利益平衡不是静止的平衡，而是一个过程，只要存在利益，就会出现冲突，就需要平衡。在利益平衡的过程中，还需要掌握好度，否则会适得其反，造成新的不平衡、不协调。

三、知识产权诉讼实务中举证责任转移的适用

2018 年 2 月 11 日，笔者进入无讼网，输入关键词"举证责任转移"，出现了 1634 篇检索结果。诉讼案由包括知识产权纠纷等，非常广泛。法院审理层级包括基层人民法院、中级人民法院、高级人民法院和最高人民法院，裁判数量逐年递增。该数据在一定程度上说明，举证责任转移规则的使用越来越受到各级法院法官的青睐，相信还有更多的法院运用举证责任转移规则进行裁判，只不过没有在裁判文书中显示而已。在知识产权诉讼中，举证责任转移是为了解决举证责任分配失衡，是为了适当减轻权利人的举证责任而考虑的，并不是为了免除权利人的举证义务。

在"中兴通讯公司与华为技术公司侵犯专利权纠纷案"中，[1]最高人民法院认为，举证责任在当事人之间转移，取决于两方面因素：一方面，一方当事人已经提供了证据的证明力，如果初步达到了证明标准，此时应要求另一方当事人提供证据反驳；另一方面，受当事人举证能力影响，如果一方当事人具有举证的便利，就可转由该方当事人举证。在本案中，最高人民法院认为，被控侵权技术方案，相关连接方式既可能是串联也可能是并联，也可能存在树型组网或者链型组网。关于被控侵权产品是否具备涉案专利权利要求中的"链型组网"，权利人华为公司已经提供的证据无法证明。此外，中兴公司将基站设备及基站控制器等产品售出后，已经失去了控制权，在通常情况下，设备所有权和运营权都归属网络运营商，权利人也没有证据说明通信行业中设计组网方的通信设备由经销商安装和服务，即被告方能够控制被控侵权物。最终，最高人民法院认为，华为公司主张一、二审法院没有将提供反证的责任转移给中兴公司并申请再审的理由不成立。对于本案，笔者认为，最高人民法院在使用举证责任转移时，分析得不是很充分。首先，被控侵权技术方案在多种情形下可以适用，其中就包括了权利人专利权利要求中的情

---

〔1〕　参见〔2014〕民申字第 148 号。

形。根据全面覆盖原则，此时权利人初步举证已经完成，应当由被控侵权人举证反驳，其结构不适用于"链型组网"。其次，在举证能力方面，即便涉案设备的所有权和运营权不为中兴公司所有和控制，但中兴公司系设备提供者或维护者，相较于华为公司可以更为便利地接触涉案设备，取证义务对中兴公司而言是可为并能够为的。从上述两点分析，本案最高人民法院在举证责任转移的适用方面有待商榷，特别是在证明标准方面，应与侵权认定规则结合考虑，制度、规则的适用应当是协同的，不能割裂。

在"王某国、福建大阳光电源有限公司侵害企业名称（商号）权纠纷案"中，〔1〕二审法院认为，中国制造交易网显示联系人为王某国，但联系电话并非王某国的电话号码，传真、手机号码、地址及 E-mail 等信息也无法锁定为王某国。一审认定中国制造交易网中发布广告系王某国所为，依据不足，应当予以纠正。际通宝网站联系人为王某国，联系电话系王某国使用的手机号码，联系地址"莆田市荔城区新度镇"与福建大阳光电源有限公司（以下简称"大阳光公司"）注册登记地址"莆田市荔城区新度镇下坂村 9 号 1-3 幢"相近。王某国曾在莆田市威邦电池有限公司（以下简称"莆田威邦公司"）从事销售业务，从莆田威邦公司离职 3 个多月后注册成立与莆田威邦公司主要经营范围相同的大阳光公司。际通宝网站中的联系地址为莆田市荔城区新度镇，并非威邦公司注册地址，不可能是王某国在威邦公司任职期间发布的，王某国、大阳光公司有关发布广告的行为系其威邦公司职务行为的上诉意见，事实依据不足。"谁主张，谁举证"是民事诉讼的基本原则，承担举证责任的当事人应当提供证据予以证明，人民法院对提供的证据进行审查，如果待证事实具有高度可能性，应当认定该事实的存在，此时举证责任转移到持反驳意见的当事人。王某国、大阳光公司主张原审法院违背了举证责任倒置规定的上诉意见，法律依据不足，不予支持。笔者支持二审法院的意见，在本案中，权利人已经初步证明侵权行为系王某国、福建大阳光公司所为，并有合理的理由相信两者与侵权行为具有利害关系，此时举证责任转移给两者，该种情形不属于举证责任倒置。

在"磊若软件公司诉常州市鼎鸿服饰有限公司案"中，〔2〕尽管一审、二

---

〔1〕 参见［2016］闽民终 1494 号。
〔2〕 参见［2014］苏知民终字第 0176 号。

审法院裁判文书中都没有出现举证责任转移及类似的表述，但法官对著作权侵权行为待证事实的认定却实实在在地运用了该规则。一审法院认为，[2012] 沪东证经字第 16420 号公证书在证据保全过程中所使用的 telnet 命令是计算机程序中的正常命令，可以让用户在本地运行，登录到远程服务器，服务器再将运行结果返还本地。根据鼎鸿公司与普瑞斯公司签订的技术服务协议书，鼎鸿公司的网站由普瑞斯公司制作、维护并存储于普瑞斯公司的服务器中，普瑞斯公司对此也予以认可。根据 [2012] 沪东证经字第 16420 号公证书的记载，在输入 "telnetwww. dinghongfs. com21" 命令后，即反馈有 "220serv-UFTPserverv6. 4forwinsockready⋯⋯" 的信息，磊若公司已就鼎鸿公司 "www. dinghongfs. com" 网站所在服务器也即普瑞斯公司的服务器上安装有 "Serv-UFTPserverv 6. 4" 软件提供了初步证据。普瑞斯公司称其实际使用的是 "Filezilla" 服务器软件，作为涉案服务器的实际管理控制者，其有义务也有能力就此提供证据予以证实。但其仅就此说明了技术上的可行性，并未提供包括服务器日志在内的任何证据证实其主张，对其该项主张不予采信。一审法院和二审法院最终均认定侵权事实成立。当然，本案权利人通过远程进入他人服务器取证有涉嫌侵犯他人商业秘密的嫌疑。

以上案例说明，举证责任转移本质上系指举证责任的减轻，是对承担举证责任一方当事人证明标准的降低。在知识产权诉讼中，倡导该规则的适用是为了解决知识产权诉讼中权利人举证难的问题，切实维护和保障知识产权人的合法权利。当然，为了防止该规则的滥用，在司法实务经验的基础上，应当明确该规则的适用条件和要求，维护各方当事人的合法权益，确保公平公正。

知识产权诉讼技术事实认定规则

早在 1979 年《刑事诉讼法》制定之初，我国就在诉讼制度中确立了"以事实为根据，以法律为准绳"的基本原则，后来的《民事诉讼法》以及《行政诉讼法》也都无一例外地予以贯彻施行。以"事实为根据，以法律为准绳"，不仅是我国三大诉讼法的基本原则，也是我国社会主义法治建设的基本要求。

然而，随着证据规则的不断完善，审判模式的不断改革，该原则的科学性不断受到质疑。人们对于"事实"的认知更加深刻，所谓事实或者客观事实是一理想的状态，案件裁判只能依据法律事实。

关于"事实"问题，一直是国内外法学理论界关注或研究的一个热点。克利福德·吉尔兹曾指出："一如实然与应然的关系一般，事实与法律间的关系问题以及由此发生的小问题，业已成为至少自休谟和康德以降的西方哲学所关注的主题；而且在法理学中，任何关于自然法、政策科学和实证合法化的论争，亦都将这个问题视作关键中的关键。"[1]

知识产权诉讼中的事实有其特殊性，与科学技术密切相关，理解技术事实需要一定的技术背景，具有一定的技术素养，掌握一定的技术知识，也即只有这类主体对技术事实的查证才具有一定的说服力。那么，技术事实的查证与一般的事实相比到底有什么特殊性呢？

第一节　事实、案件事实与法律事实

概念的科学界定是科学研究的前提。就客观事实与法律事实之间的关系，

---

〔1〕 [美]克利福德·吉尔兹："地方性知识：事实与法律的比较透视"，载梁治平：《法律的文化解释》，生活·读书·新知三联书店 1994 年版，第 77 页。

一直以来，我国学术界和司法实务界对该问题的看法一直没有取得共识，主要表现在词语的表达和概念的界定方面，这种认识差异似乎难以在短期内化解。

一、事实

事实是一个哲学上的概念，关于什么是事实，一般有以下几种代表性观点：

（1）主体感知观点。持该观点的学者认为，事实是主体对外界事物的感受和认知。该观点混淆了两个概念，即事实、对事实的认知。事实是一种客观存在，不同主体受其主观认知能力以及环境等因素的影响，对同样的事物会有不同的认知，甚至同一个主体在不同的时期、不同的环境下对同一事物也有不同的认知。所以，将事实界定为主体的感知是不科学的。

（2）自在之物观点。持该观点的学者认为，事实是认识主体之外部事物、事件及过程的总和，该观点将事实与事物等同起来。从唯物主义认识世界的角度分析，该观点符合客观性原则，但是，该观点将认识的客体与客观性相混淆，这是不同的研究范畴，认识客体——事物，是科学研究的对象，而客体的客观性——事实，是哲学研究的对象，尽管事实是以事物为依据或主要内容，但两者的内涵不同。

（3）客观存在观点。该观点认为，事实是一种客观存在的状态，不依赖主体的主观意志，这是事实与非事实的本质性区别。就客观世界而言，事实既包括认识主体之外的一切客观存在，也包括认识主体本身的客观存在。

以上是人们认识事实的代表性观点。相比较而言，前两种观点没有透过现象分析问题的本质，第三种观点比较符合情理。首先，它坚持了事实是客观存在的特征，将一切主观的、非客观的对象都排除出去；其次，它主张作为认识主体的人的存在也是一种客观存在，并确认认识主体与客体之间的相互作用关系也是一种客观存在，都属于事实的一部分。

简言之，了解以下几点可以更全面地理解事实：

（1）事实是客观的，不以人的认知而改变。事实是不以人的意志为转移的，不取决于主体的感知，事实就是指"客观事实"。比如，商业秘密的秘密性认定，如果鉴定人的鉴定意见仅仅是在检索报告的基础上得出，当出现有产品销售并披露了相关信息时，鉴定意见的秘密性认定就会与客观事实不相符合，该事实不因为鉴定人认知的缺陷而发生改变。

（2）事实是能够被主体所认知的。事实包括过去发生的和正在发生的事实。只要是事实，都是能够认知的，尽管不同的主体认知的手段和方式不同，认知的结果也不尽相同。但只要是发生的事实，都会留下痕迹，或是一些物件，或是人们亲身经历的描述，总之，人们可以借助一些手段和留存的材料（我们称之为证据）去认知发生的事实。

（3）事实独立于事物。事物是客观独立和存在的，并且是相对孤立的，事物影响和决定事实的发现，并能够被主体感知。事实是表示事物存在的状态或者过程，是相互联系的，能够通过关系表达。一座桥是事物，在靖江与江阴之间的长江上建有一座桥是事实。例如，某项专利技术，是事物，通过说明书和权利要求书记载该技术，评价这项技术是否具有新颖性，是事实，或具有新颖性，或不具有新颖性。肯定事实是命题，表示命题的是陈述句。在语言上，表达事实用陈述句，表达事物用名词。

（4）事实没有真假之分。既然事实是客观存在的，就没有真假之分。人们提出事实确凿无疑，并不是因为存在错误的事实，或者假的事实，而是因为人们有时候对客观事物的认识会作出错误的判断，将主观臆想出来的东西认为是存在的事实。

二、案件事实

案件事实是指进入法律诉讼程序的事实。如果未进入诉讼程序，所谓事实便仅是一般的社会事实。比如，甲公司对其拥有的并使其处于竞争优势的经营信息（如客户名单）和技术信息（如产品加工工艺）采取保密措施，控制接触人员的范围，并与接触信息的员工签订了保密协议。甲公司员工张某从甲公司离职到乙公司上班，乙公司生产销售与甲公司相同的产品。这里，张某、甲公司、乙公司都是事物，两个公司生产的产品和信息也是事物；甲公司对该信息采取保密措施，与员工签订保密协议，控制接触范围，张某与甲公司签订保密协议，张某离职进入乙公司，这些都是一般社会事实。如果甲公司主张张某和乙公司侵犯其商业秘密，并向法院提起诉讼，此时甲公司根据诉讼要求提供的证据所证明的事实，如甲公司主张其信息构成商业秘密，即研发资料（权利的产生）、保密措施以及信息构成未公知等便都属于诉讼中的案件事实。

那么，案件事实与事实是什么关系？首先，案件事实具有事实的所有特征。其次，案件事实是与诉讼请求有关联性的事实，案件事实的外延小于事实的外延。就上述案例而言，甲公司主张的商业秘密的范围很大，包括客户名单和产品加工工艺等，都作为商业秘密进行保护，但在向法院起诉前，甲公司需要严格按照《反不正当竞争法》的要求，筛查其商业秘密的范围，并确认秘密点的数量，对于不符合未公知要求，或者不符合保密措施要求的信息，只要不提交给法院，该部分信息就不构成案件事实。当然，如果甲公司将这部分信息全部提交给法院也未尝不可，但会增加其诉讼成本，特别是需要提交未公知的鉴定报告时，秘密点越多鉴定费用越高。

三、法律事实

人们对法律事实的认识也是有区别的，比较有代表性的有两种：

第一种含义。该种观点认为，法律事实是指具有法律意义和法律效果的事实，为法律所规范和调整，能够引起法律关系的产生、变更或消灭。社会每天都在发生各种各样的事实，但并不都是法律事实，只有受法律调整和规范的事实才是法律事实。比如，李某设计了一套软件并将源代码和目标代码公布在网上，并允许他人自行下载无偿使用。对这一事实，法律没有调整和规范，这就不是法律事实。如果李某设计了一套软件，王某擅自破坏了李某为保护其软件而设置的保护措施，对这一事实，《著作权法》进行了规范和调整，就是一个法律事实。法律事实亦是事实，具有客观性等特点。

第二种含义。该种观点认为，裁判者在裁判中所认定的事实为法律事实。裁判者在裁判中所认定的事实的最佳状态是达到与客观事实一致，但实际上，受证据、认知能力、诉讼时限、举证责任、证明标准等主客观因素以及诉讼规则的影响，裁判者认定的事实与客观事实会有一定的不同。在上文的案例中，甲公司把所有的经营信息和技术信息都作为商业秘密保护，这是事实，后来甲公司向法院主张权利的时候就主张 3 个秘密点，此为案件事实，法院经审理认定其中的 2 个秘密点符合《反不正当竞争法》的规定，构成商业秘密，此为法律事实。笔者以为，第二种含义更符合司法实务的要求。

当然，法律事实所确认的事实并非在所有情形下都会与客观发生的事实保持一致。有时候，由于证据缺失、举证不能等诸多原因，法院认定的法律事实可能是错误的，把不存在的事实认定为事实，把 A 事实认定为 B 事实。

如上述法院认定的2个秘密点，客观上其中一个秘密点已经被第三人在特定日期前通过销售的方式公开了，已经不符合未公知的要件，但由于在法院审理案件时当事人双方都没有发现这个事实，法院根据双方当事人已经提供的证据确认构成商业秘密。当然，还存在一种可能，法院认定存在问题，其中一个秘密点对本领域的技术人员而言大部分是周知的，但一审法院不认可当事人的举证，二审法院对当事人的举证予以采信，并改判了一审裁判，这属于一审法院事实认定错误。因此，作为裁判者所认定的法律事实，是裁判者根据案件已证证据进行心证的一种结果，这种结果应当无限接近事实，在通常情况下是能够做到一致的。但是，不能排除不一致的情形，这就需要通过多种手段和机制保障法律事实与事实一致。

关于客观事实和法律事实的关系，是诉讼学研究最基本也是最重要的问题。在诉讼中，司法裁判者面对的争议都是已经发生的事实，如果缺少客观事实发生中产生的形形色色的证据，法律事实的发现不仅不可为，也不能为。这些客观事实通过各种类型的证据展示在裁判者面前，需要裁判者运用证据规则和手段对这些证据进行审核、认定。裁判者首要的任务是将无关联性、不合法的证据剔除出去，在此基础上，事实裁判者依据证据规则形成心证，此事实为法律事实。事实裁判者借助法律事实尽最大可能去探究、追寻并还原客观事实。这是裁判者对每一个案件的不懈追求。因此，可以通过下面两句话高度概括两者的关系，即客观事实是法律事实的依托，而法律事实是客观事实的反映。

四、法律事实的价值

诉讼证明中渗透着价值的考量，这正是诉讼证明与自然证明和其他的社会证明的不同之处。一般说来，司法裁判必须有明确的结论，不能含糊不清，也不能介于是和不是之间，对于当事人的单一诉讼请求，或支持诉讼请求，或驳回诉讼请求。同时，对于裁判所依据的法律事实必须是清晰的，法律事实应当是证据能够证明的事实，在特殊情形下，当事人无法通过证据证明时，可以通过证据规则确认某种事实的存在。因此，在诉讼法律事实证明过程中，除了应当遵循逻辑推理和经验法则，还应当遵循一定的法律价值，如维护公平公正价值，维护诉讼效率理念等。

第一，维护公平正义。要保障诉讼活动有序进行，离不开诉讼规则。任何社会的诉讼规则都会受制于社会普遍接受的价值观影响。公平、正义既是制定实体法的价值观，同时也应当是诉讼程序的价值观，在程序设定时应当将公平正义作为当事人诉讼权利义务的调节器。比如，证据应当具有合法性，通过侵害他人合法权益收集的证据，即便是真实的，也不应当采信，建立非法证据排除规则。在有些知识产权维权中，为了收集证据，权利人引诱他人实施侵权行为，并提交给法院，此时，法律就要进行利益的权衡，并将不合法的证据排除出去。

第二，维护诉讼效率。唯物论者认为任何事物都是可以被认识的，但是从社会学角度，或者法学角度，事物的认识是需要成本的，不计成本的认识是没有意义的。诉讼活动不仅要寻找案件的客观事实，还要保证诉讼活动的社会效益和效率，在有效的时间内、以较低的成本解决社会冲突。当事人不可能不计成本地投入大量的时间和精力，无期限地收集证据，法官也不可能为揭示案件事实，将证据不能证明事实的案件搁置起来。社会运行是需要成本的，特别是解决社会矛盾和争端的司法活动更需要考虑成本的投入。因此，符合降低成本要求的诉讼规则应运而生，如证明标准、举证时限制度等。

第三，维护司法权威。法律事实是认识论的结果，司法活动追求法律事实与客观事实的高度统一。在有些案件中，虽然双方当事人都充分行使了诉讼权利，法官也是在当事人充分举证、质证的基础上，运用证据规则对事实进行了认定并作出了裁判。但是，该案判决事后被认为与客观事实不符，即便如此该案也不是错案。还有一种情形，对于因发现新的证据再审的案件，或者因法律适用等问题，原判决被再审法院推翻了，这类案件也不能被认定为冤假错案。对于法律适用问题，受法官自身对法律的理解和认识影响，这是不能绝对克服和避免的。

我国司法实行二审终审制，对于一审裁判，当事人不在法定的期限内上诉就生效了，二审从宣判之日起就生效。生效的法律文书应当具有执行力，当事人应当执行，任何人都不应当挑战司法的权威。当然，对于冤假错案，法律也赋予了当事人申请再审的权利，以切实维护司法的尊严和权威。

总之，确立法律事实在诉讼中的地位，建立符合法律事实认识论的诉讼制度和规则，对构建一个公正、公平、公开的诉讼环境都具有重要意义。

第二节　知识产权诉讼证据认证规则

对证据进行认证是诉讼过程中的重要环节，取证、举证、质证的价值最终都要通过认证来实现。法官在审判活动中对证据的认定包括两个方面的内容：一是确认单一证据是否具备证据资格，[1]这就需要对证据的关联性、合法性进行审查，只有与待证事实具有关联性和合法性的材料才具备证据资格；二是确认单一证据或组合证据能否证明待证事实，即证据是否真实可靠，是否具有证明案件事实的证明价值。通常，前者也被称为对证据的采纳，后者被称为对证据的采信。

知识产权诉讼中，按照民事诉讼举证责任分配的一般规则和民事诉讼证明标准，证据链的采信以优势证据为定案标准，法官应当在判决书中公开说明其对证据采纳、采信与否的理由，充分展示其心证过程。

随着人们知识产权维权意识的进一步增强，知识产权纠纷案件日趋增多。为了维护司法统一，2015 年前后，我国设立了三家知识产权专门法院，随后也确立了知识产权案件集中管辖模式，知识产权案件的审理效率得到了进一步提升。知识产权诉讼中，事实认定是最复杂、最关键的环节，证据认定规则的适用是否适当直接影响或决定诉讼主体权益能否得到保障。

一、问题的提出

重庆金盾知识产权代理有限公司（以下简称"金盾公司"）于 2010 年 7 月 1 日经过原著作权人的合法授权，取得了歌曲《姑娘我爱你》的完整著作权的独占使用权，被授权人的委托代理人在公证人员的陪同下，在某音像制品零售企业（称为"甲公司"）购买了含有该歌曲的音像制品共 20 张光碟，出版商标注为广州新时代影音公司（以下简称"新时代公司"）的有 15 张，20 张光碟的发行人都是广州君乐文化传播有限公司（以下简称"君乐公司"），音像制品的复制人是桂林鸿瑞科技发展有限公司（以下简称"鸿瑞公司"）。

---

〔1〕　大陆法系国家的学者习惯使用证据能力或证据资格（Competency of Evidence）的概念，而英美法系国家的学者则往往使用证据"可采性"（Admissibility of Evidence）概念。

　　金盾公司认为，甲公司构成侵犯著作权人的发行权，向法院提起诉讼，庭审中，甲公司主张涉案光碟《男婚女爱》是由广州君悦文化传播有限公司（以下简称"君悦公司"）销售给江苏某文化传播有限公司的，后者销售给丙公司，丙公司再销售给乙公司，其是从乙公司处获得。金盾公司因此将乙公司、丙公司、江苏某文化传播公司、鸿瑞公司追加为被告，由于涉案光碟上标注的发行人君乐公司没有注册信息，出版商新时代公司已经被注销，没有被列入被告。

　　被告乙公司主张涉案光碟的发行单位是君悦公司，不是出版物上标注的君乐公司，系印制错误，同时，被告乙公司主张君悦公司也是经过藏逸公司（作者曾经授权的公司）授权的权利人，并提交证据对上述事实予以证明。被告鸿瑞公司主张其受新时代公司委托复制涉案光碟。

　　一审中，君悦公司出具证明及说明，因 CD 封面的设计单位用拼音输入法将君悦文化公司错打成了君乐公司，结合君悦公司曾向江苏某文化公司销售过名为《男婚女爱》CD 的事实及涉案光碟上所载的有关信息，法院认为，君悦公司出具的前述证明具有可采性；新时代公司曾经委托鸿瑞公司复制了"金蝶对唱红"，被告甲公司销售的《男欢女爱》碟片上也有金蝶对唱红字样，并且两者的 ISRC 码是一致的，五被告提交的证据能够互相印证，形成完整的证据链，因此涉案光碟上标注的发行人君乐公司的"乐"是印刷错误，应为君悦公司。由于发行人君悦公司具有合法的授权，因此其他五被告的行为都是合法的，没有侵犯原告的利益，驳回了原告的诉讼请求。[1]

　　笔者对本案裁判有不同看法，一是法官采纳并采信具有诸多疑点的拼音错误证据；二是法官在裁判文书中未对不予采信的原告证据进行说明；三是法官对被告证据链的形成及证据链证明价值的"自由心证"脱离认证法则。笔者试从采纳规则、采信规则及证据链的审查判断规则等方面，对上述问题做进一步探讨。

二、单一证据采信规则

　　对单一证据进行审核以及认定需要遵循一定的规则，通常也被称为证据的三性，即关联性、合法性和真实性，当事人或代理人从这三个方面进行质

---

〔1〕　参见［2011］常知民初字第 200 号民事判决书。

证，法官需要从这三个方面对证据进行审核、认定，并说明采信与否的理由。

（一）关联性规则

所谓关联性，是指当事人提交给法院的证据，无论证据的种类、形式如何，都应当与待证事实之间具有一定的联系，没有关联性的证据，法院不予考虑。具有关联性的证据，是指其能够对案件事实的认定具有影响，部分或全部证明案件的事实存在或不存在。不过，如果该证据仅仅具有关联性，不具有合法性和真实性，证据也就失去了意义。关联性是法官在证据审核、认定中首先应当考虑的。

《最高人民法院关于民事诉讼证据的若干问题》（以下简称《证据规定》）第 50 条及第 64 条，从质证和认证两个环节对证据关联性与合法性要素、证据有无证明力进行了明确。

在商标领域曾经发生过一起与证据关联性有关的经典案例。天津顶意国际食品有限公司在方便面类食品上注册并被核准了"小虎队"的宋体文字商标，南通超康食品有限公司在方便面类食品上使用"飞虎队"美术体文字商标。如皋市工商行政管理部门认为其未经商标权人许可，在相同商品上使用类似商标，属于商标侵权，并于 2000 年 8 月对其实施行政处罚。南通超康食品有限公司不服，提起了行政诉讼，并提交了一份证据。该份证据是第三人山东奔康方便面厂在方便面类食品上注册"飞虎队"美术体注册商标的核准信息。关于该证据的关联性，尽管系第三人注册商标的信息，但其能够证明待证事实，即商标注册不能与已经核准注册的同一类别上的商标相同或者近似，"飞虎队"美术体既然能够在方便面上注册成功，说明其与"小虎队"宋体标识是不近似的。该案法院认可了该证据的关联性，并予以采信，认为行政处罚事实认定错误，撤销了行政处罚。

回到上文列举的案例，争议的焦点是讼争光碟发行人是否是"君悦"公司，被告方在证据交换期间提交的关键证据有：①广州中申数码音乐工作室（以下简称中"中申工作室"）的说明一份，显示其是君悦公司聘请的为其设计唱片封面的单位。由于该证据的证明内容涉及君悦音像公司而非君悦文化公司，显然与本案争议事实没有关联性。②中申工作室证明一份，显示用拼音将"君悦公司"错打为"君乐公司"，同样由于该份证据的证明内容涉及君悦音像公司而非君悦文化公司，与本案争议事实没有关联性。"广州君悦文化传播有限公司"与"广州君悦音像文化传播有限公司"系两个独立注册成立的公司，将两者混为一谈显然是错误的。

（二）合法性规则

合法性包括几个方面：首先，证据的形式应当具有合法性，符合法律的要求，三大诉讼法规定的证据形式主要有书证、物证、鉴定意见、勘验笔录等，非法定形式的证据不予考虑；其次，取证的主体、取证的程序以及取证手段应当合法，比如甲怀疑乙窃取、使用其享有商业秘密权的生产工艺，就派人或收买乙的员工到乙车间收集证据，此证据就不具有合法性，因为取证手段涉嫌侵犯乙自身的商业秘密和其他合法权益。

证据的合法性要求，体现证据的社会属性，与一定时期内国家对各种社会价值的考量密切相关。当然，在要求取证手段合法性时，国家应当有其他合法的手段或措施帮助受害人取证，维护受害人的合法权益，这也是社会公正和保障基本权利的需要。

关于合法性的表现，法律无法全面列举，因此证据的合法性要求，通常是通过证据排除规则来体现的。如《证据规定》第25条明确规定，如果证据是通过侵犯他人合法权益，或者违反法律的禁止性规定而取得，则该证据不能作为定案的证据。

在本案庭审中，被告方又补充提交证据：通过法院传真机接收的传真，该份证据把上述不具备关联性的证据的内容进行了修正，使得该证据符合了关联性要求。然而，该份证据的诸多要素都不符合合法性要求：第一，在不属于新证据的前提下，该证据提交的时限不符合法律规定；第二，证据的形式不符合法律规定，上述证据既不属于书证，也不属于严格意义上的证人证言，中申工作室工作人员或代表人也未出庭接受质询，单位负责人也没有在证明中签名或盖章，不符合《民事诉讼法若干意见》第77条的规定；第三，上述证据没有提供给原告副本，原告无法进一步质证。

非常遗憾的是，法官对原告的质证理由没有回应并采纳了上述证据。

三、证据的采信规则

证据的采信，考虑的是证据是否可靠和是否充分，进而具备证明价值。与证据的采纳相比，法官对证据的采信都享有一定的自由裁量权，因而通过规则来限制法官的自由裁量权，是非常有必要的。

（一）真实性规则和充分性规则

证据具有真实性是采信证据的基本标准，对证据的真实性进行审查是把证据作为定案证据的必经程序。《民事诉讼法》第 63 条第 2 款规定，证据必须查证属实才能作为认定案件事实的根据。

评判证据的真实性主要从以下几个方面考虑：第一，证据的来源是否可靠？证据是谁提供的，证据提供者的年龄、心智、身份等信息，其与案件待证事实是否有利害关系，有没有其他动机？第二，证据的形式是否可靠？证据是不是来源于最初案发现场，是原件或原物吗？如果是复制件，与原件、原物是否相符？第三，证据的内容是否可靠？证据证明内容的可能性、合理性，与其他证据是否一致的判定。

证据的充分性是指法庭采信证据的标准，也即证据证明的事实达到何种程度。所谓证明充分，是指证据的证明力或价值足以证明案件中的待证事实存在或不存在，证据可以是单一证据，也可以是一组证据形成的证据链或全部证据。证据的采信标准与诉讼中的证明标准是一致的，从认定证据的角度来说，它是证据的采信标准；从认定事实的角度来说，它是案件的证明标准。目前，在我国民事诉讼中，证据的采信标准是优势证据，案件事实的证明标准是盖然性占优势。最为经典的是丹宁勋爵的表述："如果证据的状况以致法庭能说'我们认为其存在的可能性与不可能相比更具可能的（We think it more probable than not）'那么，其证明责任（burden）将被卸除（discharged），但是，如果盖然性是相同的（equal），它就不能如此。"[1]

本案中，分析被告方出具的传真证据：第一，没有经过与原件核对；第二，证明人中申工作室、君悦公司与本案有利害关系；第三，中申工作室第一次出具的证据显示为"君悦音像公司"而非"君悦文化公司"，两次证据截然不同，证据提供与常识不符。从证据的内容分析：第一，中申工作室是一家专业装帧制作单位，就一张碟片而言，整个制作流程竟然没有发现错误，可信度低；第二，一般键盘敲击"君悦"不会出现"君乐"两个字；第三，涉案碟片中不仅有"君乐文化公司"的全称还有繁体君乐字号，拼音错误可信度低；第四，中申工作室与君悦公司长期合作，这种把合作方名称搞错的

---

[1] 吴杰："英美法系民事诉讼证明标准理论基础研究"，载《法律科学（西北政法学院学报）》2003 年第 4 期。

行为，双方长期都没有发现，拼音错误可信度低；第五，原告按照《姑娘我爱你》挑选并公证购买的 2008 年至 2010 年发行的几十张光碟中，出现的都是"君乐"，竟然没有一张是"君悦"，拼音错误可信度低；第六，君悦公司对自己发行的光碟竟然一直没有发现制作错误，拼音错误可信度低；第七，对市场上是否确有君悦名义发行的光碟，被告方没有给法庭一个确定的答复，拼音错误可信度低；第八，网上大量以"君乐"名义发行光碟的宣传，却没有以"君悦文化"名义发行的光碟，拼音错误可信度低。

音像制品出版经营是需要经过行政许可的范围，发行人印制光碟时弄错其名称，不仅不符合《音像制品管理条例》的规定，更不符合常识，而批发商、零售商一直没有发现光碟发行人名称错误，也不符合《音像制品管理条例》的规定及常识。综上，被告方证明"君乐公司"系"君悦文化公司"的拼音错误，证据不具有可靠性，更不具有证明的充分性。

（二）补强证据规则与证明力优先规则

补强证据规则是指某些证据由于某些方面的原因，证明力比较弱，不能单独证明案件待证事实，需要其他证据结合或佐证才能够证明案件待证事实。

本案中，法官认为，具有直接证据属性的传真证明的真实性受到很大的质疑，法院显然不应当直接定案。针对该份孤证，被告方仅提交了一份说明，说明君悦公司委托中申工作室设计封面的事实，却没有提交有价值的补强证据，如由中申工作室当庭演示拼音出错的实际操作是如何形成的，他们合作了多少张碟，错误多少，又是如何补救的。

所谓证明力优先规则，是指法官在对证明同一案件待证事实却相互矛盾的证据进行判断时，应当遵循的优先采信规则。

本案中，原告方提交的经过公证的讼争光碟显示发行人为君乐公司，繁体的君乐也突出明显，上述光碟系原告方与公证人员根据涉案歌曲随意挑选；原告在被告甲公司的两个门店购买的 2008 年至 2010 年发行光碟 25 张，发行人均显示为君乐公司，没有君悦公司。被告之间既然有长期的合作关系，市场上却没有购买到显示发行人为君悦公司的光碟。依据证明力优先规则，从证据的来源、证明的内容及证据的形式等方面来看，显然是原告方证据更具有真实性和充分性。

四、全案证据的综合审查判断

所谓综合审查判断，是指法官在对单一证据审查认定后，将不具有关联性与合法性的证据剔除，然后根据可采信证据的证明力大小认定案件事实。综合审查判断不是简单的叠加，法官要遵循认识规律，运用证据规则、法律逻辑、概率等方法，根据社会经验，对证据是否形成证据链、证据链的证明力进行综合分析和判断。

（一）证据链的认识

证据链是司法理论和司法实践中的一个重要概念。有学者认为："所谓证据链是指由两个或两个以上不同的证据链节（或证据）所组成的，通过链头的相互连接形成的连接点以及链头与链体的客观联系，内容能得到相互印证并体现或提高证据的证明力，用以证明案件事实的证据集合体。"[1]

笔者以为，一个证据链包括链节（即证据）和连接点（证据证明的事实）两个要素构成。形成链节的证据必须具有证据资格，连接点可以是案件待证事实的部分，如知识产权侵权损害赔偿责任构成要件（即待证事实）通常包括违法行为、损害事实和主观过错，上述要件事实需要举证责任一方提交证据证明，这样整个案件的证据链有数个，数个证据链共同组成认定案件事实的证据体系。

运用证据链的过程，对于当事人而言是一个推理、论证的过程，对于法官而言是一个心证过程。推理的过程，需要明晰证据之间的关系，确认相互之间的印证内容，具有逻辑性。对于法官而言，其对单一证据是否采纳，采纳的理由，将采纳证据用于采信证明案件待证事实，并作为定案证据的理由，都需要通过裁判文书的形式向当事人和社会公开，

（二）证据链的认定

逻辑性要求证据链证明内容具有严密性、完整性和唯一性。所谓严密性，要求证据链各证据证明的事实指向是一致的，且相互之间能够互相印证；所谓完整性，是指在严密性的基础上，证据链各证据证明的事实是一个完整的事实，能够证明待证事实存在与否；所谓唯一性，是就证据证明的结果而言的，证据链能够证明待证事实的存在或不存在，结果是唯一的，不能介于两

---

[1] 陈为刚："刑事证据链研究"，载《国家检察官学院学报》2007 年第 4 期。

者之间。

　　比如，在侵权商业秘密案中，关于"未公知"的证明，权利人提交了以下证据：权利人成立研发小组研发涉案工艺，立项时对涉案工艺研究现状进行检索，权利人投入资金，研发小组阶段性研发成果，涉案工艺研究现状跟踪检索，涉案工艺研发成功投入生产使用，使用涉案工艺的产品销售取得竞争优势（如品质优于其他同类产品），权利人对上述证据均采取了保密措施。关于"未公知"证明，上述证据已经形成了证据链，证据之间能够形成一个严密的待证事实，即涉案工艺未公知，为了防止出现无效研发，权利人在整个研发阶段加强检索，以便及时止损，直到研发工艺转化，产品销售取得成功，进一步证明涉案信息的未公知。在证明严密性的同时，说明了证据证明的事实具有完整性和唯一性。当然，如果在本案中，权利人不能提交证据证明其对涉案工艺的相关材料采取了保密措施，其证明内容就不具有严密性、完整性和唯一性。因为，如果研发小组人员将研发信息泄露出去，就有可能导致相关公众普遍知悉和容易获得，从而使得证明的内容打开了一个缺口，无法形成完整的证据链。

　　回到本案中，被告方提交的其他证据有：①丁公司与君悦公司之间的购销合同、发票、供货清单，单据中显示丁公司向君悦购买的光碟中有与涉案光碟名称一致的光碟；②藏逸公司于 2010 年 7 月 1 日出具给君悦公司的授权文书及清单，包含与涉案光碟一致的 ISRC 码及名称的光碟；③新时代公司于 2009 年 9 月 1 日向鸿瑞公司出具的复制委托书说明其复制了与涉案光碟 ISRC 码及名称对应的光碟。上述三组证据，简要分析：第一组证据系利害关系人制作和提供，光碟名称一致，不代表光碟里歌曲内容的一致；第二组证据系光碟发行后形成，在拼音错误无法充分证明的前提下，与本案没有关联性；第三组证据证明复制行为，但没有提交复制光碟的歌曲目录和权利人授权文书。

　　笔者以为，被告形成的证据链有两个：证据链一，均与发行人君悦公司有关联性，链节是中申工作室的说明和证明，连接点为讼争光碟发行人君乐公司系打印错误。证据链二，均与发行人君悦公司有关联性，链节为上述第一组证据（丁公司与君悦公司购销关系证据）、第二组证据（藏逸公司授权关系证据）和第三组证据（复制光碟部分证据），连接点为讼争光碟 ISRC 码及名称。尽管 ISRC 编码的使用规则要求是唯一性，但盗版市场上套用他人

ISRC 码的现象很普遍。一审后，原告向亚马逊网购了 2 张光碟，曲目均与涉案光碟不同，但出版商、发行人相同，ISRC 码相同，碟片名称皆为"金蝶对唱红"，而"金蝶对唱红"五个字在涉案光碟封面中也有出现。以君乐公司名义、以同样的 ISRC 码发行的光碟竟然在市场上会出现至少 3 张，其拼音错误的谎言不攻自破，证据链二的闭合性和唯一性也就不复存在了。

本案证据链一的证明价值很低，而证据链一和证据链二之间又缺少紧密的逻辑关系，只有在证据链一的证明价值得到优势证明的情况下，才可以结合证据链二进行推理。由于出版商新时代公司破产，本案的部分事实无法查清，否则也不会出现如此蹊跷的主张，或者出现如此明目张胆的欺世盗名。非常遗憾的是，法院在审理过程中，不正视大量以破产出版商及未注册登记公司名义发行光碟的事实，采信证明力极低或没有证明力的证据，导致案情进一步复杂化。

"法律的生命从来都不是逻辑，而是经验。"[1]笔者以为，在案件审理过程中，逻辑与经验同样重要，逻辑是工具，经验是素材，仅有经验没有逻辑，难以理服人，仅有逻辑没有经验是教条主义，同样难以理服人。《证据规定》是法官审查并判断证据的重要准则，应当恪守。

笔者以一个案情相对简单但证据规则适用较全面的知识产权版权诉讼案件为研究视角，旨在说明法官对证据审核遵循规则的重要性，以维护司法公平公正。对于技术类知识产权案件，一般证据的认定、采信更加复杂，对法官的要求也更高。

第三节　创造性认定中技术事实的审查认定

创造性既是发明和实用新型专利的授权条件，也是其无效宣告的理由，与新颖性判定相比，创造性判定更具主观性，也是最难掌握的。创造性是相对于现有技术而言的，发明技术方案具有突出的实质性特点和显著的进步，实用新型的创造性比发明弱些，实用新型技术方案仅需要具有实质性特点和进步即可，一般通过对比文件的技术领域和对比文件的数量来反映。美国的

---

[1] ［美］小奥利弗·温德尔·霍姆斯：《普通法》，冉昊、姚中秋译，中国政法大学出版社 2006 年版，第 2 页。

创造性概念用非显而易见性表达，是指申请专利的发明，对相同领域具有一般技术水平的人而言，不是显而易见的。我国对创造性的判断采用的是"三步法"判断标准，与美国通过案例确立的 TSM（教导、启示、激发）标准系异曲同工。

创造性判定中，对最接近的现有技术以及实际解决的技术问题的确认，以及另一份（或一份以上）对比文件的启示，都必须考虑发明所属的技术领域。技术启示应当是相同或相关技术领域，如果将该对比文件公开技术特征应用到其他技术领域存在技术启示的障碍，那么其就是非显而易见的。

创造性判定，不仅是一个证据认定的问题，其还涉及技术事实的审核认定，需要考虑技术领域、技术问题、技术特征、技术效果等事实，以及公知常识事实。

一、我国创造性判定的立法规定

我国专利法及其实施细则没有对创造性判定作出具体的规定，审查员主要依据国家知识产权局颁布的《专利审查指南》进行审查。创造性要求及判断要求两个方面：如果发明相对于现有技术，对本领域的技术人员而言是非显而易见的，就具有突出的实质性特点；如果发明相对于现有技术具有有益的技术效果，就具有显著的进步。

（一）创造性判定标准

我国发明创造性判断通常分为以下三个步骤：

（1）确定发明最接近的现有技术。现有技术是浩瀚的海洋，并不是所有的现有技术对评价发明的创造性都具有影响或价值。根据发明的技术领域，一般就相同或相近领域寻找对比的现有技术（也被称为对比文件），这时候需要确认最接近的现有技术是哪一份对比文件，这是判定是否具有创造性的第一步。

所谓最接近的现有技术，是指与发明的技术领域相同或相近，解决的技术问题、技术效果或者用途与发明最接近，或者该现有技术公开的发明技术特征最多，又或者虽然与发明的技术领域不同，但是该现有技术能够实现发明的功能，且公开的发明技术特征也最多。

也就是说，确认发明最接近的现有技术，首先应当考虑的是与发明技术领域相同或相近，并且解决的技术问题、技术效果相同；其次才考虑不同技术领域的现有技术，该现有技术与发明具有相同的功能和技术效果，并且公开的发明的技术特征也最多。

（2）确定发明与最接近现有技术的区别特征和发明实际所要解决的技术问题。技术特征是技术方案的构成要素，是解决技术问题的。发明对于现有技术是否具有创造性，是相对于所要解决的技术问题而言的。如何判断发明实际解决的技术问题？需要将发明技术方案与现有技术的技术方案相比，有哪些技术特征没有被现有技术披露，这些没有被现有技术披露的技术特征被称为区别技术特征。再在专利申请文件中寻找这些区别技术特征产生了什么技术效果，从而确认发明所解决的技术问题。相对于现有技术的任何技术效果都可以被确定为发明所要解决的技术问题，只要这种技术效果是本领域的技术人员能够通过说明书得到的即可。

（3）判定解决实际技术问题的技术方案对本领域的技术人员而言是否显而易见。显而易见的判断，是指发明所要解决的技术问题在现有技术中是否有技术启示。具体而言就是，将区别技术特征运用到最接近的现有技术中去解决发明所要解决的技术问题。如果现有技术存在技术启示，发明就不具有突出的实质性特点。技术启示，也被称为技术教导，本领域的技术人员面对发明实际解决的技术问题，现有技术中是否有明确的启示，教导本领域技术人员有动机地将区别技术特征与最接近的现有技术相结合，解决技术问题。

有关技术启示的判定有三种情形：第一种情形，区别技术特征在其他对比文件中所起的作用与其在发明中所起的作用是相同的；第二种情形，区别技术特征在该对比文件中其他的技术方案中所起的功能或作用与发明是相同的；第三种情形，区别技术特征是公知常识，能够解决发明所要解决的技术问题。以上情形，都具有技术启示。

（二）创造性判断原则

在无效程序中，专利复审委员会在创造性判定时，应当遵循行政法基本原则，以及专利无效审查特有原则。其中，对当事人权益影响比较大的行政法基本原则有正当法律程序原则。

正当法律程序原则，渊源为英国的一项古老的法律原则"自然正义"。它有两方面含义：一是任何人都不能审理自己的案件，成为自己案件的法官；任何人在受到惩罚或者对自己不利的处分前，都应当有公正的获得听证或者其他听取意见的机会。美国将该原则适用到行政法中，其也被称为正当程序原则。这是基于行政权与司法权相比，行政权适用的范围更广，对当事人权益影响更大，必须通过程序对其进行制约，才能保护行政相对人的权益。

按照正当法律程序，行政机关在作出影响相对人权益的行为时，除非符合法律明确规定不得公开的情形，否则均应当将拟处理的行政决定事先告知相对人，包括行政决定的事实、法律依据，并给相对人陈述意见或申辩的机会。此外，行政决定作出之后还应当告知当事人司法救济的途径。如果行政机关作出严重影响行政相对人合法权益的行政行为，还应当依据相对人的申请或依法主动举行听证（口头听证），通过当庭质证、辩论，以确认据以作出行政行为的证据的真实性、关联性和合法性。

我国《专利审查指南》第四部分第三章第4.4.2节是关于专利申请审查中口头审理的专门规定。口头审理通常基于两种原因启动：一种原因是当事人请求口头审理，还有一种原因就是专利复审委根据案情需要决定口头审理。口头审理类似于法庭开庭审理，无论是否口头审理，专利复审委都应当给当事人至少一次针对另一方当事人的证据、理由进行质证和辩论的机会。在无效程序中，专利复审委还应当说明无效的事实和理由，不能做笼统的结论性评价。特别是对创造性的判定，技术启示的分析应当层次分明，必须是在基于区别技术特征、解决的技术问题、技术效果等内容的基础上进行综合评价，从而得出是否属于显而易见、是否具有创造性的结论。

在专利审查确权程序中，对于创造性审查，同样应当尊重申请人的程序权利，如果认为不具有创造性，应当说明理由，并给予申请人陈述、申辩和修改的权利，事后申请人有权提起复审或行政诉讼。目前，在专利审查程序中，这一点做得很好，对于有些发明申请，审查员给了申请人4次答复审查意见的机会，充分尊重了当事人的程序性权利。

（三）创造性判定的几个问题

创造性判定是事实问题，还是法律问题？我国学者对该问题的探讨较少，同样的问题还包括等同侵权的认定。

《美国专利审查指南》对创造性判断有个形象的表述：一是要了解发明作出时本领域技术人员知晓什么。二是相对于现有技术本领域技术人员预测到能够做什么。根据该内容，创造性判定其实可以分为两个方面：一方面是对现有技术的判定，这里的现有技术是最接近发明的现有技术，本领域的技术人员应当知晓最接近的现有技术是什么；另一方面是对现有技术改进技术的判定，即本领域的技术人员基于现有技术的自发改进会有哪些。前者纯粹是事实判定问题，包括最接近的现有技术是什么、有哪些技术效果、存在哪些技术问题。后者涉及逻辑推理、分析，哪些改进技术是本领域的技术人员能够预测的（即显而易见的），技术启示是什么？这属于法律适用问题，当然，技术启示本身是事实。

关于创造性判定的推理或者论述应当是详细的、明确的。根据美国专利审查要求，创造性认定时，特别是针对不具有创造性的认定，审查员首先应当书面记录现有技术（最接近的），以及对比文件能够启示发明的事实是什么。具体而言，就是审查员应当记录现有技术是如何教导或启示的，本领域技术人员将会知道或将会做什么，阐述了这些事实后，审查员说明不具有创造性的理由，即为什么发明是显而易见的。在我国的司法实践中，最高人民法院在相关文件中也表态，对于显而易见的认定不能仅仅是结论性的陈述，必须有详细的分析，并附有理由。

关于创造性判定中公知常识的引入。《美国专利审查指南》规定，在进行创造性判定时，审查员可以主动依职权在公知常识基础上进行判断，但是应当遵守一定的规则：如某事实为公知常识是确定的，或者毫无疑问的，该种情形下审查员可以不用书面证据；但是，一旦当事人对该种认定提出异议，审查员就必须提供证据支持其认定。

二、美国"非显而易见性"立法变迁

美国于 1790 年制定的第一部专利法规定，由国务卿、司法部长和国防部长组成的委员会审查发明是否"足够重要和足够实用"。而后，法院在司法判例中，逐渐创立并完善了"非显而易见性"标准。在 1850 年的"Hotchkiss案"中，[1]最高法院认为专利技术与现有技术的区别是表面的，缺乏独创性或者创造性，因而不应当获得专利。后来，美国在判例中逐步形成了"非显而易见性"判定标准，并被 1952 年的专利法吸收，即 103 条"专利获得要件：客体之非显而易见性"。

在 1966 年的"Graham 案"中，[2]关于"非显而易见性"判定，最高法

---

〔1〕 Hotchkiss v. Greenwood, 52 U. S. (11 How.) 248 (1850).
〔2〕 Graham v. John Deere Co., 383 U. S. 1, 148U. S. P. Q. 459 (1966).

院确立了"Graham 检验要素",即非显而易见性的判断包括以下三个方面:本申请现有技术的范围;现有技术与专利申请的权利要求之间的区别技术特征;本领域一般技术人员的技术水平。然而,关于现有技术的范围一直没有定论,其直到 1986 年的"Deminski 案"才得到确认。所谓现有技术范围,一般指发明人所从事的研究领域,或者专利申请所要解决的技术问题所涉及的领域,而不论发明人是否知晓。在美国,现有技术的范围还包括抵触申请。关于发明相关领域的一般技术水平,是假想的技术人员,是以掌握一般技术水平的人员来确定的,类似于侵权法中的"理性人"。

此外,美国法院在司法实践中还运用了其他辅助性判断因素,比如发明解决了人们一直想解决但始终未能解决的难题;发明取得了商业上的成功,但该成功并不是由于商业促销等手段产生、商业性默认等。商业性默认是通过推定的方式确认专利的非显而易见性的,如商业竞争者主动支付费用从专利权人处获得专利许可,抑或在专利的外围从事发明创造,从而避免侵犯专利权。当然,如果这种商业许可是受专利权人的引诱而取得的,如通过低价许可获得,则应当推翻非显而易见性的结论。

联邦巡回上诉法院成立后,还在司法实践中还形成了"教导、启示、激发"的判定准则,其也被称为 TSM 规则。根据该准则,如果在现有技术和发明所要解决的问题中,或者在一般水平的技术人员的知识中,存在某种启发,教导发明人将现有技术结合起来,那么该发明就是显而易见的。TSM 规则使得发明创造性的判定客观化、明确化,避免了判断时的后见之明,可操作性强,成了专利局、法院判定发明是否显而易见的主要准则。

然而,2007 年,最高法院在"KSR 案"中[1]否定了 TSM 判定准则。最高法院认为,关于显而易见的分析,不能局限于公式化的教导、启示、激发等感性字词,也不能过于强调公开文献的重要性和已授予专利的表面内容。过多地考虑技术之外的因素(如现有技术的启示),从而忘记从技术发展的本身来判断相关的发明是否具有非显而易见性,有可能背离专利制度促进技术发展的宗旨。最高法院告诫,要发现新的事实,要运用技术常识去判定非显而易见性的问题,不能因为惧怕"事后诸葛亮"就拒绝发现新的事实,拒绝运用技术常识。

---

〔1〕 KSR International Co. v. Teleflex Inc. , 127 S. Court 1727. 82 USPQ 2d 1358 (2007).

三、我国司法实践典型案例

下文中，笔者将通过典型案例，分析我国专利创造性判定中的事实认定问题。

(一) 现有技术范围直接影响创造性评价，实用新型创造性判定一般仅考虑所属技术领域，除非相关或相近技术领域有明确的技术启示

由于实用新型创造性要求低，在评价其创造性时一般仅考虑实用新型所属技术领域的现有技术。当然，也有例外，如果相近或相关领域的现有技术已经给出了确切的技术启示，本领域的技术人员有动机地寻找技术手段，则该相关或相近的技术领域也属于现有技术的范围。

在"赵某红、张某一与国家知识产权局专利复审委员会专利无效行政纠纷案"中，[1]赵某红、张某一系发明名称为"握力计"的实用新型专利权的专利权人，邹某豪系无效宣告请求人。证据7 (昭60-207640号日本公开特许公报及其中文译文) 公开了一种体力测定器，系在涉案专利申请日之前公开的。该证据可以通过互联网获取。根据审查指南的相关规定，不需要办理相关的证明手续。证据2是中国实用新型专利，公开了一种手提式数字显示电子秤，公告日在涉案专利申请日之前。专利复审委认为：基于证据7和证据2的结合，权利要求1~5不具有创造性，基于证据7、证据2和公知常识的结合，权利要求6不具有创造性，专利复审委作出第12613号无效宣告决定，宣告涉案专利权全部无效。然而，在针对同一专利权的另一份无效宣告决定 (第11088号无效宣告决定) 中，专利复审委认为，证据2与涉案专利属于不相同的技术领域，且证据2与涉案专利的发明目的以及传感器的受力方向也是不同的，因此所属领域技术的技术人员不会容易想到将证据2中的传感器应用到涉案发明创造中。也就是说，涉案专利有两份无效宣告决定，关于相同事实的认定是不同的，并且出现了两个结果。涉案专利权人不服，提起行政诉讼。一审人民法院经审理后认为，被诉无效宣告请求审查决定对相关事实认定清楚，法律适用正确，且行政程序合法，作出了维持判决。但在二审程序中，二审法院又提出了不同的观点，认为对实用新型的创造性进行判定时，现有技术涉及的领域一般限于实用新型专利所属的技术领域，也就是相

---

[1] 参见 [2011] 知行字第19号。

同的技术领域。本案中，证据 2 披露了一种手提式数字显示电子秤，而涉案专利涉及一种握力器，两者的发明目的不同、传感器受力方向不同、技术领域不同，证据 2 也没有明确地将传感器技术转用到涉案专利的技术启示。此外，在第 11088 号无效决定已经认定涉案专利与证据 2 属于不同技术领域，并且该决定依然有效的情形下，专利复审委不能针对相同情形作出不同的决定。二审法院最终认为，将证据 7 与证据 2 结合否定涉案专利的创造性，属于事实认定错误，因此二审法院撤销了无效宣告请求决定和一审判决，并要求复审委重新作出无效请求决定。专利复审委对该判决不服，遂向最高人民法院提出再审申请。

再审过程中，最高人民法院对技术领域的确认进行了明断，关于技术领域的确认，需要考虑发明的主题名称，发明技术方案实现的功能以及技术效果，当然还可以参考国际专利分类表最低层次位置对应的技术领域。此外，对相近技术领域也进行了界定，是指与发明创造的产品功能或用途相近的领域。实用新型的创造性要求比发明低，评价创造性时应当仅考虑实用新型所属的技术领域，只有当相近或者相关现有技术给出明确的技术启示时，才可以考虑相近或者相关的现有技术。所谓明确的技术启示，是指该现有技术直接地给予所属领域技术人员启示，技术人员能够有动机地将该现有技术应用到最接近的现有技术并得到发明创造的技术方案。

上文权利要求 1 与证据 7 相比，唯一的区别技术特征是测力传感器，证据 2 披露了涉案测力传感器。本案的焦点是，证据 2 能否与证据 7 结合评价涉案权利 1 的创造性。就传感器而言，测力传感装置属于与涉案专利相关的技术领域。证据 2 电子秤中传感器与权利要求 1 握力器传感器的用途不同，施力的对象不同、方向不同。但两者也有许多共同点，即传感器的测力原理是相同的，两者的功能、用途也是近似的，因此证据 2 和涉案专利属于相近的技术领域。在评价实用新型创造性时，通常仅能用实用新型所属领域的现有技术评价其创造性，只有当相近或相关技术领域的现有技术做出明确技术启示时，其才可以被用来评价创造性。本案中，证据 2 并没有明确的技术启示，最高人民法院认为无效宣告决定属于法律适用错误，驳回了专利复审委的再审申请。

（二）现有技术没有给出技术启示的技术方案，具有非显而易见性

在"江苏长海复合材料股份有限公司与国家知识产权局专利复审委员会

行政争议案"中,[1]常州纽兰德复合材料有限公司（以下简称"纽兰德公司"）系专利号为 201010148769.X、名称为"非织造网格布经纱上胶机"专利权人,江苏长海复合材料股份有限公司（以下简称"长海公司"）系无效宣告请求人,对专利复审委作出维持专利权的第 32343 号无效宣告请求审查决定（被诉决定）提起诉讼。权利要求 1 保护一种非织造网格布经纱上胶机,证据 2 公开了一种浆纱机,以证据 2 作为最接近的现有技术。一审法院认为,权利要求 1 中的定位导纱辊组件对纱线起到了定位和导向的作用,证据 2 中的纱线导向由前后导辊来完成,前张紧辊仅起到提高纱线张力的作用,并没有起到导向的作用,同时也没有证据表明前张紧辊同时起到了定位的作用。据此,证据 2 的前张紧辊同权利要求 1 所述定位导纱辊组件的具体结构及所起的作用均不相同,证据 2 的前张紧辊不能相当于权利要求 1 中的定位导纱辊组件,权利要求 1 所述定位导纱辊组件的辊筒与上胶辊组件的辊筒相靠接亦未被证据 2 所公开。证据 3 中公开的上胶装置仅包括上胶辊和储胶槽,其上胶辊的辊筒外表面上设置沟槽的作用仅在于储存胶液,并没有提及沟槽具有导纱的作用。本专利权利要求 1 中的多个齿槽被用于容纳纱线,从而对纱线进行定位和导向。在证据 3 没有给出将这些凹槽用于定位和导向纱线的技术启示的情况下,没有证据表明本领域技术人员容易想到将这些凹槽具体选择为弧形以用于定位和导向纱线。不能认定证据 3 给出了在辊筒上设置凹槽来定位和导向纱线的教导。

综上,一审法院认可了专利复审委关于本专利权利要求 1 相对于证据 2 结合现有技术证据 3 或/和公知常识具备创造性的认定,且在权利要求 1 具备创造性的基础上,从属权利要求 2~7 也具备《专利法》第 22 条第 3 款规定的创造性。

（三）选择性发明如果不能够产生意料不到的技术效果,就不具有创造性

根据《专利审查指南》的规定,化学领域的发明创造提出专利申请后,允许申请人提交补充的试验数据,用于证明发明具有的有效效果,或者补入实例以说明权利要求保护的范围能够实施。当然,必须说明的是,有益的技术效果应当是原说明书和权利要求书都有明确记载的,补充的数据仅仅是进一步的说明或作为支撑材料。如果补充的试验数据说明得率是 98%,但如果

---

[1] 参见 [2017] 京 73 行初 6038 号。

原申请文件中没有提到得率 98%，审查员在评价创造性等问题时将不予考虑。

涉案专利号为 ZL200480034393.2，该发明保护了一种用甘油和氯化剂生成二氯丙醇的方法，事实上，该方法属于现有技术，相对成熟，但在化学反应中通常适用的催化剂是乙酸，本专利的发明点是使用羧酸作为催化剂。相对本专利最接近的现有技术公开了甘油和盐酸生产一氯代甘油和二氯丙醇的方法，使用的催化剂是有机羧酸催化剂，包括甲酸、乙酸、丙酸、琥珀酸、壬二酸等。涉案专利使用的羧酸与现有技术中的琥珀酸（丁二酸，具有 4 个碳原子）、壬二酸都属于二元羧酸，两者的区别仅在于碳原子的个数不同。因此，本案的关键是羧酸催化剂的使用是否产生了意料不到的技术效果。

同系物是有机化学领域特有的现象，是指具有相近似的化学式，分子构造接近，彼此之间相差整倍数 CH_2 的化合物。本案使用的催化剂（羧酸）属于二元羧酸，现有技术中琥珀酸、壬二酸也属于二元羧酸，壬二酸是 9 个碳原子，琥珀酸是 4 个碳原子，而羧酸含有 5 个碳原子。根据最接近的现有技术，已经给出了二元羧酸可以作为甘油与氯化物反应用催化剂的教导，如琥珀酸、壬二酸，本领域的技术人员选择羧酸替代琥珀酸和壬二酸获得涉案专利技术方案是显而易见的，且也没有相应的试验数据说明取得了意料不到的技术效果，因此本专利不具有创造性。

（四）对比文件没有明确记载但可以直接地、毫无疑义地确定的内容，也属于公开的内容，能够用来评价专利的创造性

现有技术或对比文件公开的内容，包括直接记载的内容，以及所属技术领域技术人员能够通过记载内容直接地、毫无疑义地推导出的内容。在"洪某光、诺孚电器股份有限公司与国家知识产权局专利复审委员会行政纠纷案"中，[1]涉案专利名称为"一种气流定向驱动油烟排除装置"、专利权人为诺孚电器股份有限公司。洪某光于 2014 年 4 月 9 日向复审委提出无效宣告请求，并提交了附件 1，即授权公告号为 CN1111267C 的发明专利说明书，复审委维持本专利权有效。北京知识产权法院认为，本专利权利要求 1 与附件 1 对比，其区别至少在于，所述吹风装置向下吹出的正压气流沿着锅壁将污染源油烟带走并最终流向吸风口。附件 1 没有给出"吹风装置向下吹出的正压气流沿着锅壁将污染源油烟带走并最终流向吸风口"的技术启示，该技术特征也不

---

〔1〕　参见〔2016〕京行终 2040 号。

属于公知常识，因此，涉案专利权 1 相对于证据 1 和公知常识的结合具有创造性，从属权 2 和从属权 3 也具有创造性。二审法院认为，附件 1 隐含且直接毫无疑义地公开了"吹风装置向下吹出的正压气流沿着锅壁将污染源油烟带走并最终流向吸风口"这一技术特征，并且具有与本专利相同的技术效果，因此涉案专利权利要求 1 不具有创造性。从属权 2 和从属权 3 都是引用涉案专利权 1，附加的技术特征都是本领域的公知常识，在涉案专利权 1 不具有创造性的情形下，从属权 2 和从属权 3 也不具有创造性。二审法院撤销一审判决以及无效行政决定，要求复审委针对涉案专利重新作出无效决定。

在"宜昌经纬纺机有限公司与卓朗（江苏）纺织机械有限公司、国家知识产权局专利复审委员会无效争议行政诉讼案"中，[1]对于最接近的现有技术证据 2-12，本专利权利要求 1 具有如下区别技术特征：外纱张力器的结构以及通过外纱张力器、外纱张力检测传感器和控制装置将包缠角逐渐减少到 0 度的技术特征。上述技术特征已经被欧瑞康苏拉公司于 2011 年 2 月 15 日在德国科隆举行的 2011 年轮胎科技展览会上参展的 AllmaCC4 产品所公开。该产品具有通过减小气圈来实现节能的技术效果，上述事实由卓郎公司通过证据 2-1 至证据 2-11 予以佐证。本领域技术人员为了解决减小纱线气圈直径的技术问题，容易想到将其证据 2-1 至证据 2-11 中 AllmaCC4 产品的宣传视频公开的技术手段用于证据 2-12，从而通过控制外纱张力减小外纱包缠角度，减小气圈直径，实现节能。综上，权利要求 1 保护的技术方案对本领域技术人员来说是显而易见的，不具有创造性。

在创造性判断中，既涉及对技术事实的认定，又涉及证据规则及其他法律适用，对法官审理案件的要求不言而喻。

第四节　专利权评价报告的证据意义

我国《专利法》第三次修改时，用实用新型和外观设计专利权评价报告制度取代了原来的实用新型检索报告制度。评价报告制度明确了两点：一是规定评价报告的内容，包括检索、分析和评价专利的有效性；二是规定评价报告的法律地位，评价报告是证明专利权有效的证据。

---

〔1〕　参见〔2017〕京行终 3850 号。

对实用新型和外观设计实行评价报告制度，主要是基于这两类专利不进行实质审查，仅通过初步审查就授予专利权。但是，专利权评价报告制度目前还有诸多问题，需要进一步完善，才能充分发挥该制度的预期作用和功能。可以从放宽申请人资格、知识产权局主动公开评价报告方面进一步完善专利权报告。在实用新型和外观设计专利权人申请法院采取禁令等临时救济措施时，应当要求权利人提交专利权评价报告，法官应当对报告作出独立的分析并据此作出裁定，如此才能真正体现评价报告的证据属性。

一、问题的提出

2011 年 3 月 21 日，常州武进长城工具有限公司（以下简称"长城公司"）因常州世纪阳名工具有限公司（以下简称"世纪阳名公司"）实施侵犯其实用新型专利权的行为，向常州市中级人民法院提起侵权诉讼。涉案专利名称为"一种热风枪发热组件"。同年 3 月 31 日，专利权人向常州市中级人民法院申请对被告采取财产保全和证据保全的临时救济措施，法院支持了权利人的请求并作出了相应裁定。2011 年 4 月 12 日，被告世纪阳名公司针对涉案专利提出无效宣告请求。2011 年 9 月 26 日，专利复审委作出维持涉案专利权有效的无效宣告请求审查决定。世纪阳名公司不服该无效宣告决定，向北京市第一中级人民法院提起行政诉讼。本案民事诉讼程序于 2011 年 4 月 15 日中止，10 月 8 日恢复诉讼程序。

被告在本案审理中通过国知局网站查询得知，涉案专利曾经提出过专利权评价报告申请，旋即向国知局提出信息公开申请，要求公开涉案的专利权评价报告，国知局一直没有回复。后经过联系，国知局口头答复专利权人没有提出专利权评价报告申请。事实上，涉案专利信息显示：权利人已经缴纳评价报告费用 2400 元，收据号为 18091362，并且显示处理程序为结束。在本案民事诉讼的庭审中，针对被告要求原告出具评价报告的请求，原告拒绝回答相关内容。

2012 年 2 月 9 日，常州市中级人民法院作出一审判决，认定被控侵权产品不具有涉案专利权利要求 1 "陶瓷条设置在相邻云母板与电热丝所围成的全部空间内"这一技术特征，没有落入涉案专利权的保护范围，驳回了原告长城公司的诉讼请求。原告不服，提起了上诉。

关于本案，笔者思考了以下几个问题：第一，如何架构符合专利初步审查制度总体框架的评价报告制度？第三人利益、公共利益如何保障？第二，如何协调评价报告与诉讼立案条件和采取临时救济措施的关系？侵权嫌疑人的合法权益如何平衡？第三，法院如何采信评价报告与无效宣告决定书中的相关事实？两者的证明力有无区别？

二、专利权评价报告制度的架构

专利权评价报告制度对弥补实用新型初步审查制度具有积极的意义，不仅给专利权人提供了一个更全面的分析、评价其专利权的机会，也给社会公众提供了一个相对客观地识别已授权专利的机会。从专利权评价报告制度的设计分析，无论是对专利权人还是对社会公众，都没有给予充分的权利关注和保障，没有从专利制度总体高度来发挥其作用。

对实用新型和外观设计专利的授权实施初步审查制度，是为了防止过长的实质审查期限影响申请人获取权利而设计的。采取初步审查制度，申请人一旦获取专利权，就可以排阵布局，实现利益的最大化。但由于不进行实质审查，导致大量的不符合授权条件的实用新型和外观设计被授予专利权。为防止不符合授权条件的专利被权利人滥用，保证社会公众的权益，建立公平、公正的专利权评价报告制度显得非常重要。

取消评价报告申请人资格限制、主动公开评价报告，这些都是公平、公正原则的体现，目的是实现信息共享，预期知晓自身行为的法律后果。根据评价报告的内容和结果，社会公众（包括竞争者以及专利权人）都可以合理安排自己的行为，并预期判断行为的后果。一方面，专利权人可以进一步分析评价报告的客观性，决定是否需要采取合法的措施对专利权进行救济复活；另一方面，社会公众（包括竞争者）可以依据评价报告，在一定的期限内自由使用不具有新颖性和创造性的专利。

（一）申请人的主体资格

针对是否对评价报告的请求人资格进行限制，不同的学者持有不同的观点。其中有代表性的观点认为，评价报告制度与无效制度设置的目的不同，两者的请求人资格应当有所区分，否则便不能体现两者的区别，前者应当仅限于专利权人，后者对请求人资格不限制。还有学者从其他角度分析这个问题，认为如果不对评价报告请求人的资格进行限制，被控侵权人或者其他与权利人有利益冲突的人请求作出评价报告，且评价报告结果不利于专利权人，根据评价报告制度，专利权人无法进行救济，专利权有可能与无效结果类似，这对专利权人是不公平的。[1]

笔者认为，是否对请求人资格进行限制，与该制度的立法目的没有必然联系，主要有以下理由：

第一，请求人的身份不应当影响评价报告的制作。评价报告是由国家知识产权局作出的，该机构作出评估报告是针对请求的实用新型专利权或外观设计专利权，评价依据是检索出的对比文件，不可能也不应当由于请求人的不同，评价报告的结果就会有差异。虽然出具评价报告的行为不可诉，但这不代表该行为是不受制约的。作出评价报告的人是一种履行职责的行为，应当根据检索的结果，依据专利法及相关法律对专利权作出客观的评价，评价是否具有新颖性和创造性，类似于审查员审查的过程。这与法官审理案件不会考虑原告、被告、第三人的身份，仅仅应当根据事实和法律作出裁判是同样的道理。

第二，工作量不应当成为制度设计的绊脚石。任何一个制度的设计都具有一定的目的和价值取向，专利权评价报告制度也不例外。无论谁请求制作评价报告，其能实现的目的都应当是在制度设计考虑的范围内，即便是被控侵权人提出请求，对于评价结果无论是否具有新颖性和创造性，评价报告对当事人而言仅仅是一个初步的证据，不应当具有无效决定的效力，否则对专利权人便是不公平的。如果坚持制度的目的，以平常心态对待评价报告，就不会出现所谓的大量请求的情形。况且，如果法律规定针对一项专利权仅能制作一份评价报告，学者担心的事情也不会发生。

笔者还有个问题，即如果实用新型或外观设计专利权人为了对自身专利权有更全面的认知，请求国家知识产权局作出了专利权评价报告。而评价报告的结果与专利权人预期差距比较大，即专利权评价为不具有创造性。但权利人认为符合创造性要求，由于法律明确规定对评价报告不能提起行政诉讼，也就是说，专利权人对评价结果无法寻求救济，此时专利权人怎么扭转被动局面？实务中，有专利权人主动寻求第三人对自己的专利提出无效宣告，专利权人在无效宣告程序中对相关专利权的创造性进行抗争，并寻求能够维持

---

[1]　国家知识产权条法司："关于专利权无效宣告制度与专利权评价报告制度"，载《电子知识产权》2010 年第 4 期。

专利权有效。该种操作，从法律上分析，没有违法或不当的地方，主管部门也无法阻止专利权人通过该途径寻求救济。

（二）专利权评价报告的出具主体

专利权评价报告被定性为证据，类似于公安交通管理部门出具的道路交通事故认定书，尽管上述两类文书都被定性为证据，但都是由行政机关作出，且该行为同样满足行政行为的效力要件，即行为主体要件、职权要件、内容要件、形式要件，因此属于实质意义上的行政行为。之所以将上述文件定性为证据，而不允许当事人针对制作该文件的行为享有诉讼的权利，一方面是基于实用新型和外观设计本身的审查制度考虑，如果允许当事人起诉，与初步审查制就会背道而驰，这样三类发明创造都是实行实质审查制，面对如此数量的申请，国家无法配备相对应的审查员；另一方面不将其纳入行政行为监督，也是基于评价报告制度建立的目的，评价报告的主要目的是作为权利人行使权利时一份主要的参考依据。

按照专利法的规定，能够出具专利权评价报告的主体是国家知识产权局，主体是唯一的，这不同于检索报告出具检索报告的主体是任何具有相应检索能力的机构，遵循市场运行机制。因此，由于出具专利权评价报告的印章是"中华人民共和国国家知识产权局·专利权评价报告专用章"，其行为主体和责任主体就是国家知识产权局。

（三）专利权评价报告的公开方式

《专利审查指南》在第五部分第十章第五节规定，专利权评价报告作出之后，任何人都可以向国家知识产权局提出复制或查阅的请求。

非常遗憾的是，本案中，世纪阳名公司通过国家知识产权局网站下载《专利文档查询复制申请书》，并向国家知识产权局提出申请。国家知识产权局仅仅口头回复申请人：专利权人没有提出专利权评价报告申请。国家知识产权局的上述行为在客观上影响了世纪阳名公司的维权行为，也使得目前的法律规定形同虚设。

其他人能够顺利获得评价报告对当事人的权利有重大的影响。本案中，如果世纪阳名公司在提起无效宣告前得知评价报告的结果对自己有利，根本不需要再提起无效宣告请求。因为在无效程序中，权利人不仅可以修改权利要求，还可以通过无效程序对评价报告中无法抗辩的事实和法律适用问题进行抗辩。对于被告世纪阳名公司而言，如果评价报告能够得到法官的认可，其不一定是无效涉案专利,凭借对其有利的评价报告,就可能在诉讼中取得主动权。

虽然现行规章规定了评价报告的公开方式,但效率低下,也没有发挥应有的作用,笔者建议专利权评价报告是否可以像专利授权文书一样在网络上主动公开。每一项专利只要社会公众愿意,都能够通过专利号搜寻到所有的信息,不应当再通过复制或查阅的方式获知。该信息不同于复审程序或无效程序中当事人的陈述,主动公开效果会更好,也不影响专利权人的权益。社会公众及时、便捷地掌握评价报告的信息,还可以早日作出对应的判断和抉择,如能不能生产涉案专利的相关产品,被控侵权的概率如何等。

对专利权评价报告制度进一步健全,放宽申请人主体资格,主动公开已经制作的评价报告,能够充分发挥评价报告制度的价值,实现该制度设立的目的,促使专利权人放弃不具有法律价值的权利。

(四)专利权评价报告与检索报告之间的关系

检索报告不属于行政机关或司法机关制作的文件,其内容根据用户的要求而有所不同,也不涉及效力先定性或既判力问题,仅仅是一般书证。检索报告内容可以仅仅包含对比文件的检索结果,也可以包括新颖性和创造性的分析,但名称不能为专利权评价报告。与专利权评价报告相比,任何人都可以申请就某项专利权制作检索报告,检索报告的费用也比较低,出具时间比较快。能够出具检索报告的单位比较多,其中国家知识产权局下属的一家事业单位也制作检索性质的报告。

既然专利权评价报告与检索报告的内容有重叠,当两者结论不同时,哪项报告的证明力高呢?从证据的形式分析,两者都不属于行政行为,但是在作出主体都是国家知识产权局的情形下,应当属于公文书证,证明力没有高低之分。即便作出的主体不同,检索报告是由中介机构作出的,两者的证明力也没有高低之分。一个案件,如果原被告双方提交的专利权评价报告与检索报告的结论是冲突的,如何解决冲突问题呢?笔者以为,应当由法官根据案情做出自己的独立判断。

三、专利权评价报告制度与民事诉讼制度的衔接

面对专利侵权,权利人可以根据自身利益诉求选择通过司法途径或行政途径寻求保护,无论选择何种途径都会面对案件的受理、证据保全等临时措

施的采取等问题，司法机关和行政机关在相关问题处理方面有不同的标准和要求，笔者主要从司法实践的角度探讨相关问题。

（一）评价报告对立案的影响

1. 现行立法规定和司法实践

专利法规定，实用新型或外观设计的专利权人因侵权产生争议向法院或行政机关寻求救济的，处理机关可以要求权利人出具专利权评价报告。该规定说明，提交评价报告不是权利人寻求救济的前提，评价报告仅仅是作为证据使用，所谓证据是指处理纠纷的证据。

《最高人民法院关于审理专利纠纷案件适用法律问题的若干规定》于2001年发布。其第8条第1款规定，实用新型专利权人起诉时"应当"出具检索报告，该司法文件在2015年修改时，将"应当"改为"可以"。这说明，虽然提交专利权评价报告不是原告起诉的立案条件，但人民法院可以根据案件审理情况，要求原告提交专利权评价报告。如果原告没有按照人民法院的要求提供专利权评价报告，人民法院将根据案件的审理情况作出裁判，甚至包括不利于原告的判决，如驳回原告的诉讼请求等。

在司法实践中，人民法院在受理实用新型和外观设计专利权案件时，也不要求专利权人提交专利权评价报告，即便权利人提出财产保全等临时保护措施请求，权利人提供财产担保，法院一般按照民事诉讼法的要求执行。

2. 诉权与评价报告

诉权即当事人向法院提起诉讼寻求救济的权利，也被称为请求权或主张权。该权利是公民的宪法性权利，国家通过诉讼法、仲裁法等基本法律保障公民的诉权。任何人在其权利受到侵犯时，或者与他人发生争执时，都可以向法院、仲裁机构等司法机关提出请求，要求上述机关行使裁判权解决争议并对其权利进行救济。对国家机关而言，解决争议并且保护拥有请求权的一方是国家的义务。尽管法院秉承的是不告不理的原则，但一旦受理案件就需要对案件进行审理，并作出裁判。专利权人之所以被称为专利权人，是因为其专利权经过国家机关的确认并予以公告，尽管其权利的取得具有瑕疵，或者专利权稳定性差，但在经过法定的机关宣告其专利权无效前，应当认可其权利人的地位。因此，其基本的诉权应当得到保障。也即在专利权被无效宣告前，专利权人有诉权并应当得到尊重和保障。

尽管专利权人的诉权应当得到尊重和保障，但不代表其诉讼请求一定能够得到支持，专利权人应当在起诉前进行风险评估，对稳定性差的专利慎重维权，避免造成不必要的损失。

（二）评价报告对临时救济措施的影响

临时救济措施是一种司法强制措施，执行对象包括财产、行为以及证据等，对财产的措施被称为财产保全，对行为的措施被称为禁令，对证据的措施被称为证据保全，其目的是保证诉讼的顺利进行以及裁判的执行，该措施一般具有临时性特点。

临时措施在知识产权诉讼领域适用较多，主要是由知识产权侵权的特点以及诉讼特点决定的：一是侵权行为隐秘，当事人难以通过自身力量合法取证；二是诉讼时间长，胜诉人的权利难以在裁判后得到有效执行或降低损失。但是，由于知识产权稳定性比较差，特别是实用新型和外观设计没有经过实质审查，新颖性和创造性问题不能保障。此时，如果专利权人申请法院采取临时措施，法律是否应当设定条件并明确程序，以维护被控侵权人的合法权益？

1. 知识产权诉讼中临时救济措施的适用程序

关于临时救济措施的程序，不同的国家由于认识不同，采取不同的审理程序，主要有对审审理程序和书面审理程序。对审审理程序是将临时救济程序作为案件审理程序的一部分，而书面审理程序仅仅是将临时救济程序作为一种强制措施对待。书面审理程序具有方便、快捷的特点，符合临时救济措施紧急性的目的，但是不符合程序正当性的要求。根据正当程序原则，被申请人权利被限制或剥夺时有获得辩论的权利或机会，虽然临时措施仅仅是临时性的，但对被申请人而言，对其权利的影响是不言而喻的。对审审理程序虽然有利于对被申请人权利的保障，但繁琐的言辞辩论过程与临时救济措施的紧迫性相冲突，会使临时措施审理程序实质上表现为对案件的审理。

目前，我国临时措施采取的程序是书面审理程序。在该程序中，被申请人不能参加，无法发表自己的意见。由于临时措施包括诉前临时措施和诉中临时措施，即便被控侵权人可以通过宣告专利无效等维护自己的权益，亦不能及时阻止恶意采取的临时措施。虽然民事诉讼案由增加了恶意诉讼损害赔偿，但主张权利人恶意维权的事实是很难举证的。因此，在采取临时措施时，通过程序设计制约、平衡双方的权利义务是很有必要的，应允许被申请人提供等值担保，或者给予被申请人一次听证的机会。当然，为了不影响临时措施的紧迫性，担保和听证应当及时进行。

2. 知识产权诉讼中临时救济措施的适用条件

各国对采取临时措施设定了不同的条件，一般都会对采取临时措施的必要性进行审查，主要从以下几个方面考虑：不采取临时措施的损失是否是无法挽回的；不采取临时措施对申请人造成的损失是否比采取临时措施对被申请人造成的损失要大；申请人胜诉的可能性；等等。关于申请人胜诉的可能性，不同国家的规定不同。美国临时措施的适用条件包括申请人胜诉的可能性。当然，关于证据的证明力问题，一般要求并不高，即符合初步证据证明相关事实即可。

行为保全首先在我国知识产权单行法中出现，目前我国专利法、商标法、著作权法中都有规定。《民事诉讼法》在 2012 年修订时也对临时措施进行了全面的完善，但关于行为保全的临时措施并没有要求胜诉可能性，其他保全也没有这一要求。

众所周知，专利权与物权等权利相比，其稳定性差，因此采取临时措施时应当设定相对应的条件，即胜诉可能性。这里的胜诉可能性也仅仅是初步的，从两个方面考量，一是专利权是否稳定，二是被控侵权行为是否落入专利权的保护范围。在专利权的稳定性方面，如果是发明专利，应当初步认可其稳定性，如果是实用新型和外观设计，应当要求权利人（即通常的申请人）提供专利权评价报告。当然，关于评价报告也仅仅是初步证据，由于权利人不能针对不利的评价报告进行行政诉讼，法官在面对对权利人不利的评价报告时，也应当有自己客观的评价和认知，评价没有创造性的专利，不代表该专利必然无效。关于被控侵权行为是否落入专利权的保护范围，法官也是基于申请人的初步证据作出判定。由于专利侵权判定具有较强的专业性，为了让法官的判定具有合理的依据，此时应当要求申请人提交一份由专业的知识产权律师出具的侵权对比技术分析报告，只有如此，法官才有义务审理临时措施的申请。

综上，笔者认为，从平衡专利权人与被控侵权人利益出发，法院不应当将提交专利权评价报告作为侵权诉讼案件的受理条件，此为维护专利权人的诉权。但将提交专利权评价报告和侵权对比分析作为采取临时措施的条件，此为尊重被控侵权人的合法权益。对于临时措施作出的程序，书面审理更符合临时措施的目的和宗旨。在特定情形下，即便采取临时保全措施，采取措施后也应以最快的速度赋予被控侵权人听证权，防止对被控侵权人造成难以弥补的损失。

具体而言，对于情况紧急必须立即裁定并采取保全措施的，如作品即将被非法发表或者被热播、被控侵权产品即将被展销或出口等，适用书面审理，申请人应当提供足够担保，确保被申请人的权益得到充分保护。对于案情简单、知识产权权利稳定、能够在短时间内判定胜诉可能性的，或者生效的民事、刑事、行政裁判已就被诉的知识产权客体、相同事实的行为作出侵权认定，符合保全条件的，也可以书面审查直接作出保全裁定并采取保全措施。

四、评价报告对证据规则适用的影响

根据现行专利法的规定，评价报告的内容包括对权利要求新颖性和创造性的评价，而针对同一专利权的无效宣告亦包括新颖性和创造性。因此，就有可能导致出现同一专利权不同国家机关甚至同一国家机关国家作出不同的结论的现象，此时它们的证明力有何不同？

（一）评价报告与无效宣告请求审查决定的证明力比较

证据规则里有一项司法认知，该规则可以追溯到古罗马法时代一则法谚"显著之事实，无需证明"。[1]该司法认知对当事人举证责任承担具有重大影响，在一定程度上影响举证责任的分配，是对当事人举证责任的一种功能性救济或调整，现代各国证据制度中都能找到司法认知的影子。

我国没有专门的证据法，但最高人民法院通过司法解释的形式对三大诉讼法的证据规则都进行了详细的规定，关于民事诉讼证据的司法解释规定，对于人民法院已经发生法律效力的裁判所确认的事实、仲裁机构生效的裁决所确认的事实等，当事人无需举证证明，当然如果当事人有相反证据足以推翻上述生效判决的除外。那么，评价报告确认的事实以及无效宣告决定确认的事实是否属于司法认知的范围呢？

专利权评价报告是由国家知识产权局作出的，无效宣告请求审查决定是由国家知识产权局的内部机构专利复审委员会作出的，从性质上分析，前者属于事实行为，后者属于行政行为，上述两个文件应当属于行政机关的公文书。根据前文所述相关司法解释，它们既不是法院裁判文书，也不是仲裁文

---

[1]　What is known need not be proved; Manifesta non indigent probatione.

书，不能直接适用司法认知。无效决定属于行政行为，按照行政行为的效力理论，依法生效的行政行为具有公定力、确定力和拘束力。这样比较，无效宣告决定的效力就高于专利权评价报告。

尽管根据现有专利权评价报告制度，权利人无法对持有异议的评价报告寻求救济，但不代表权利人的权利得不到任何的保障。根据证据规则，已经裁判认定的事实如果有证据能够推翻，也是可以推翻的，这时候重要的是如何运用证据规则，来维护专利权人的权益。

在司法实务中，专利权人如果对国家知识产权局制作的评价报告持有不同的看法，通常会自身寻求一种救济，那就是寻求与第三人合作，宣告自己的专利权无效。在这个过程中，专利权人可以更好地将对比文件与无效理由结合起来，陈述自己的观点，并争取得到复审委的支持。复审委对这种现象应当客观对待，关键是防止无效宣告请求人与专利权人串通，复审委需要对无效宣告请求人承认的事实做进一步审查、认定。

（二）专利侵权认定中证据的审核认定

"审判的本质要素在于，一方面当事人必须有公平的机会举出证据和说明主张；另一方面法官做出的判断必须建立在合理和客观事实的规范基础上，而这两个方面的结合就意味着当事人从事的辩论活动对于法官判断的形成具有决定意义。"[1]

解决了专利权的有效性问题，接下来面对的就是侵权认定。这里涉及技术的比对包括两个方面：一是被控侵权技术与专利权利要求技术方案的比对；二是被控侵权技术与其抗辩的现有技术的比对。一般而言，如果被控侵权技术没有落入专利权利要求的保护范围，就不需要对被控侵权技术与现有技术进行比对。

1. 被控侵权技术与专利技术对比

涉案专利权利要求 1 为：一种热风枪发热组件，包括由若干块云母板拼接构成的支架和绕设在该支架上的电热丝。其特征在于：该发热组件包括若干个沿所述支架轴向延伸的陶瓷条，且每个陶瓷条设置在由相邻云母板与电热丝所围成的空间内。

---

〔1〕 ［日］棚濑孝雄：《纠纷的解决与审判制度》，王亚新译，中国政法大学出版社 1994 年版，第 256 页。

涉案专利曾经被申请宣告无效。在无效宣告程序中，专利权人主张本专利解决的技术问题如说明书中所述："较冷空气无法从相邻云母板与电热丝所围成的空间内流出，而必须经过电热丝加热后才能流出。"本发明的技术效果也是如说明书所述："一方面大大提高电热丝热能的利用率，提高发热组丝的热效率，另一方面流动的冷空气也大大降低了电热丝的温度，电热丝即使长时间工作时也不易熔断。"此外，专利权人对限定的技术特征"每个陶瓷条设置在由相邻云母板与电热丝所围成的空间内"进行了说明，主张相邻云母板与电热丝之间的空间被陶瓷条全部填充使得冷空气无法从该空间流过。综合专利权人在无效程序中的主张及其说明书的内容，涉案专利权利要求1的技术特征"每个陶瓷条设置在由相邻云母板与电热丝所围成的空间内"，应解释为每个陶瓷条设置在由相邻云母板和电热丝所围成的全部空间内。只有这样，冷空气才无法从该空间流过。在此基础上，现有技术没有公开陶瓷条设置在由云母板与电热丝围成的全部空间的技术特征，所以最终维持涉案专利权有效。

专利权人对权利要求的解释符合专利法的规定，应当适用禁止反悔原则，在民事侵权诉讼中，关于"全部空间"意思就应当按照无效程序中权利人的主张进行解释。被控侵权热风机，其陶瓷条结构与涉案专利不同，其沿轴向设有贯穿的通孔，陶瓷条没有将电热丝与相邻云母板围成的空间全部填充，并且此结构是为了保障适当的冷空气回流，从而提高热效率。因此，被控侵权产品至少缺少涉案专利权利要求1中的一项技术特征，即"陶瓷条设置在由相邻云母板和电热丝所围成的全部空间"，两者解决的技术问题不同，技术效果不同。因此，被控侵权产品没有落入涉案专利权利要求的保护范围。

2. 被控侵权技术与现有技术对比

即便被控侵权技术落入专利权的保护范围，被控侵权人也可以通过实施现有技术等进行抗辩。现有技术抗辩被规定在《专利法》第62条，但该条规定有欠公平。发明和实用新型的授权条件之一，与现有技术相比具有创造性，在现有技术与创造性技术之间的区域，属于不具有专利性的技术，理应属于公用技术的范围。在进行技术抗辩时，应当把该范围纳入。遗憾的是，相关司法解释仅仅是规定与现有技术方案"相同或无实质性差异"，无法充分保护公众利益。在最高人民法院的有关文件中，允许被控侵权人以现有技术与公知常识显而易见的结合进行抗辩，认识相对有了进步，但远远不够。

假设本案中评价报告给出实用新型专利没有新颖性和创造性的评论，但无效宣告请求审查决定认为涉案专利符合专利授权条件并予以维持，法官面对这两份结论冲突的证据应如何取舍？这里有几种情形：第一，两份文书评价新颖性和创造性的对比文件相同，对比方式相同，但结论不同，此时专利权人没有修改权利要求书；第二，两份文书评价新颖性和创造性的对比文件相同，对比方式也相同，但结论不同，此时专利权人修改了权利要求书，或者对权利要求进行了解释。其他情形不予考虑。对于第一种情形，是由不同主体对创造性评判标准适用不一致造成的，此时法官应当有自己的认知和判定。同时还应当注意，如果无效决定生效了，此时法官应当受行政行为效力的约束，对创造性不能做出相反的判断。如果行政行为还没有生效，或者行政诉讼程序中，此时法官可以作出自己的判定。如果认为涉案专利的创造性存疑，现有技术抗辩成立，就可以驳回专利权人的诉讼请求。对于第二种情形，如果专利权人在无效程序中修改了权利要求或者对权利要求进行了解释，一般就不存在专利权评价报告与无效决定冲突的问题。此时，在侵权认定中就应当注意适用禁止反悔原则等，防止权利人两头获利。在本案无效程序中，专利权人主张"空间"是指陶瓷条与电热丝围成的全部空间，这一主张使得涉案专利与现有技术是不同的，解决的技术问题不同、技术效果不同，因而专利权得以维持。

在进行专利侵权判定时，首先要将被控侵权物与涉案专利技术方案进行对比，其次还要将被控侵权物与现有技术进行对比。当然，如果被控侵权物没有落入涉案专利权的保护范围，就没有必要再进行后者的对比。即便被控侵权物通过等同原则被认定为落入涉案专利的保护范围，如果被控侵权物更接近于现有技术，或者说通过现有技术很容易地想到被控侵权物，此时就不应当认为被控侵权物落入涉案专利的保护范围。被控侵权人还可以引用评价报告以及无效决定中的对比文件支持自己的主张，即证明被控侵权物与现有技术相同或实质相同。总之，被控侵权人的抗辩权应当得到充分尊重，不应当将不能授权的技术方案纳入专利权的保护范围。

尽管评价报告与无效宣告审查决定书的法律属性不同，如果无效决定书没有生效，它们认定的事实具有同等的证明力，法院应尊重被控侵权人的抗辩权，具体情况具体分析，通过比对被控侵权物与涉案专利技术，被控侵权物与现有技术，在分析、评价三者解决的技术问题、技术方案及技术效果的基础上，综合评判相同侵权或等同侵权等法律问题。

专利权评价报告制度是对专利初步审查制度的有效补充，在评价报告仅针对授权专利，评价结果客观上与请求人身份无关的情形下，主管部门应当放松对评价报告申请人资格的要求，同时主动公开评价报告。一方面，降低利害关系人申请取得评价报告的成本；另一方面，制约专利权人滥用专利权。把提交评价报告作为采取临时救济措施的条件，对评价不具有新颖性或（和）创造性的专利，采取对审审理程序，可以充分保障被控侵权人的程序权利。评价报告作为证据的属性，需要法院通过理性适用证据规则来体现，平等对待评价报告、检索报告和审查决定的证明力。通过技术对比，借助法官的自由心证，正确认定案件事实，维护权利人或被控侵权人的合法权益以及社会公众利益。

知识产权诉讼释明问题研究

鉴于知识产权诉讼专业性强，案情相对复杂，诉讼中法官适用释明规则较为常见。如在权利主张方面，法官常要求商业秘密权利人明确其主张享有商业秘密权利的具体范围——秘密点，或要求专利权人明确其主张的权利要求具体项数；在侵权行为认定中，法官要求专利权人明确被控侵权人实施侵权行为的具体方式，系制造行为、销售行为，抑或者是使用行为；法律适用方面，法官会要求专利权人明确是等同侵权还是相同侵权，又或者会向权利人解释适用现有技术抗辩的前提；等等。正是基于知识产权诉讼中释明适用的普遍性，对知识产权诉讼中法官释明规则进行研究就具有了现实意义。

第一节 我国民事诉讼释明立法现状及存在的问题

释明并未在我国形成完整的制度体系，主要散见于一些民事诉讼司法解释和政策性文件中，仅有的法律条文记载在《行政诉讼法》第 51 条第 3 款。该条款明确规定，如果原告的行政起诉状内容不符合行政诉讼法的要求，人民法院应当给予指导和释明，如果人民法院没有给予指导或释明，人民法院不得以不符合条件为由不受理。

一、我国民事诉讼释明立法现状

学者一般认为以下属于释明规范：

（一）最高人民法院有关法官释明的规定

（1）《最高人民法院关于民事诉讼证据的若干规定》（2002 年 4 月 1 日施行，以下简称《民诉证据规定》），主要条款是第 3 条第 1 款、第 8 条、第 33 条以及第 35 条，内容关于证据收集、自认、诉讼请求、举证责任及举证期限等方面的释明。

（2）《最高人民法院关于适用简易程序审理民事案件的若干规定》（2003年12月1日施行），主要条款是第20条，内容关于回避、自认、举证责任等方面的释明。

（3）《最高人民法院关于审理人身损害赔偿案件适用法律若干问题的解释》（2004年5月1施行）第5条第2款，内容关于诉讼请求放弃法律后果的释明。

（4）《最高人民法院关于审理民事案件适用诉讼时效制度若干问题的规定》（2008年9月1日施行）第3条，内容关于诉讼时效不得释明的情形。

（5）《最高人民法院关于审理买卖合同纠纷案件适用法律问题的解释》（2012年7月1日实施）第27条，内容关于抗辩不成立时，调整抗辩事由的释明。

（二）地方法院有关释明的规定

（1）《上海市高级人民法院民事诉讼释明指南》（2006年发布），是颁布最早的关于释明的规范性文件，该指南对释明的范围、方式和时间等进行了规定。

（2）《浙江省高级人民法院关于规范民商事案件中法官释明的若干规定（试行）》（2009年12月1日通过），内容相对比较丰富，该文件对释明作出了总的原则性的规定，如释明不得违反辩论原则和处分原则，释明可以口头告知，也可以采用书面形式，但是对重要事项的释明应当被记录在案，并从程序、诉讼请求、法律、事实、证据、裁判等方面对释明事项分别进行了专门规定。

（3）《登记立案释明规则》，这是北京市第四中级人民法院专门针对立案事项制定的释明规范性文件，该文件于2016年颁布实施。

（三）知识产权诉讼关于释明的特殊规定

（1）《最高人民法院关于全面加强知识产权审判工作为建设创新型国家提供司法保障的意见》（2007年发布）第18条规定，加强诉讼指导和诉讼释明，增进当事人参与诉讼的能力，实施诉讼风险提示制度和探索当事人举证指导制度等。

（2）《最高人民法院关于审理侵犯专利权纠纷案件应用法律若干问题的解释（二）》（2016年4月1日施行）第1条规定，专利权有两项以上权利要求的，权利人应当在诉状或者庭审中明确，释明后仍不明确的，法院可以裁定驳回当事人起诉。

二、我国民事诉讼释明制度存在的问题

总结以上释明规范，存在以下问题：

第一，释明原则没有正式确立。释明在一定程度上打破了双方的诉讼能力，有违公平公正原则。根据上述文件，法官可以通过解释、说明、提示、指导、告知、说明、询问等方式释明，导致法官释明没有严格的行为规范制约。为了防止法官释明自由裁量不受限制，严重破坏公平公正原则，地方法院根据司法实践需要，对其作出了限制规定。如浙江省高级人民法院制定的《浙江省高级人民法院关于规范民商事案件中法官释明的若干规定》就对释明原则作出了规定，强调释明不得违反辩论原则、处分原则，应当遵循中立、公开、适当以及有利于诉讼的原则。可惜，这仅在地方司法文件中出现，没有上升到国家立法层面，导致在民事案件审理中出现了大量法官不规范适用释明现象。

第二，释明范围不统一。所谓释明范围是指哪些事项属于法院应当释明的内容，也被称为释明事项。从现有立法及司法解释等文件分析，民事释明行为贯穿整个诉讼程序，法官根据规定或审理需要进行释明，从案件的立案阶段，到案件受理后庭前、庭中、庭后，调解，上诉以及执行阶段，都能够看到法官释明的影子，《民诉证据规定》也都有体现。立案阶段的释明，包括被告不明确、不适当时的释明，原告资格的释明，诉讼请求不明确、不适当的释明，原告权利不明确的释明，比如以专利权主张他人承担侵权责任时，应当明确权利要求的项数等。案件审理阶段的释明，通常涉及案件审理中法官碰到的一些特殊情形，如法官对法律的释明，专利纠纷中被告主张原告修改超范围，被告对法律的理解有误，法官针对该条款的适用对被告释明，举证责任分配的释明，等等。法律、司法解释对释明的内容作出了零零散散的规定，但欠缺系统性，在法律没有规定对哪些内容可以进行释明的情形下，法官的自由裁量权比较大。

此外，知识产权诉讼中最高人民法院持开放的态度，鼓励积极释明，指导当事人举证，以提高当事人在知识产权诉讼中参与诉讼的能力。这是否有违法律适用的统一性，其他特殊类型的民事案件（如海商事案件等稍有疑难的类型案件）是否都可以开放适用这一释明规则，是值得深思的。况且，这

样区别处理的结果也违反了公平公正原则。

第三，释明界限不明确。所谓释明界限，是指法官就某一问题向当事人释明的边界，即法官可以说什么、说多少。关于释明的基本理论，笔者将在后文予以论述。释明现象会对当事人的诉讼能力产生影响，对一方当事人可能是积极的，对另一方当事人就可能是消极的，影响当事人诉讼利益的平衡。

我国诉讼法仅仅规定了什么情况下可以释明，但却没有规定释明的边界，也没有从诉讼法理论层面对释明边界作出原则性的规定，导致实务中出现了以下几种不正常的现象：第一种情形，因出现当事人对法官释明不满而上诉的情形，法官怠于释明。法律及司法解释对释明的规定，本身就比较原则，法官通常是依据其司法经验和法律思维来判断某种情形是否需要释明，为了避免出错，法官不积极适用释明。第二种情形，释明不当、责任不明，法官基于多种原因过度释明。过度释明打破了辩论原则，导致不公，损害了当事人的正当权益，导致当事人质疑法官的立场。

第四，释明缺乏程序性规范。释明程序性规范，是指释明应当遵循一定的方式、步骤、时限等程式规定。释明制度本身就是对当事人诉讼能力的平衡，但这种平衡如果没有制约，就有可能适得其反，导致另一种不平衡。释明范围、释明界限，就属于平衡内容之一，但作为程序制约更具有普遍性和相对客观性。

释明程序性规范包括法官释明的场所、时间，以及通过何种方式释明，这些因素将影响释明的功能实现。关于释明的场所，法律的规定是空白的；释明的方式，主要包括告知、解释、发问、说明等方式；释明的时间，有些法律文件中出现过，有些规定不明确，根据《最高人民法院关于审理侵犯专利权纠纷案件应用法律若干问题的解释（二）》，起诉状应当载明具体的权利要求项数，如果记载不明确的，法官可以释明，经法官释明，权利人仍不予明确的，法院裁定驳回起诉，此时释明的时间界限，最迟应当在法庭辩论终结前；关于释明的方式，通常有口头和书面两种，大部分现行法律并没有对释明的方式提出明确的要求，主要由法官自己把握，对于当事人权利重要的释明，法官一般都是采取书面的方式，以便查询、确认。

第五，释明不当救济和责任缺失。我国现行法律并没有规定哪些行为属于释明不当，也没有规定释明不当所要承担的责任。实务中，当事人对法官释明不满，针对释明上诉的现象时有发生，由于责任归责的缺失，上级法院对释明不当现象也没有很好的制约手段。在本书列举的案例中，即便释明不当影响当事人的权益，上级法院也仅仅是纠正，对当事人进一步释明并在此基础上作出裁判。这不仅会影响法官的个人形象，也会影响当事人对释明制度的信心，影响司法公信力，不当释明事实上剥夺了当事人上诉的机会。

因此，释明制度的健全，不仅需要明确释明范围和释明界限，也需要对释明的程序加以规范，在责任追究方面，更不能缺失。对不当释明的，不仅应赋予当事人请求法院推翻原审裁判的权利，还应赋予当事人请求赔偿的权利。

第二节　释明制度基本理论

释明是指在诉讼活动中，当事人意思表示不清楚、不充分、不恰当时，又或者当事人对法律理解有误时，法官以提醒、发问、告知、解释等适当的方式与当事人沟通，促使当事人予以更正的行为。

释明是一项重要的诉讼制度，是对辩论原则和处分原则的有效补充，是维护实体和程序公平正义的制度保障。从当事人角度分析，释明是一项权利，其可以通过法官释明弥补不足和缺陷；从法官角度分析，释明是一种义务，维护公平正义，保证诉讼顺利进行。也有学者将释明制度比喻为实现诉讼目的的修正器。

一、释明制度的渊源

释明制度在大陆法系较早出现。1877 年《德国民事诉讼法》规定了释明内容。其现行民事诉讼法主要的释明内容有："审判长应当命令当事人对全部重要事实作充分且适当的陈述。关于事实的陈述不充分的，审判长应当命令当事人作补充陈述，声明证据。审判长为了达到此项目的，在必要限度内，与当事人就事实及争议的关系进行讨论，并且应当向当事人发问。""审判长应当依职权，要求当事人对应当斟酌的，并尚疑点的事项加以注意。"从上述内容不难判断，对法官而言，释明更多地体现为一项义务，法官在释明时主要通过发问的方式。

日本早期的释明制度与德国无异。第二次世界大战后，日本的法律制度更多地贴近于英美法系，诉讼制度也不例外，实行当事人主义，法院仅发挥居中裁判的作用，不参与证据的调查取证，当事人成了诉讼主角。此时，民事审理规则要求，当事人有提出主张、举证的责任，在一定程度上，该项规定也可以归为释明。由于强调当事人主义，法官的释明作用有限，这段时间几乎没有关于法官释明不当被发回重审的案件。但目前，日本法官释明作用又有了新的变化，因法官未行使释明而发回重审的案件多有出现。

《法国民事诉讼法》也有释明的类似规定，法官有权要求当事人对提供的事实和法律根据进行必要的说明。确切地说，该类释明是当事人对其主张不清楚或不明确的说明。

二、释明内涵

释明对应的英文单词"interpretation"的翻译有解释、说明等，就其字面含义，是将不明确内容的明确，不清楚内容的解释清楚。

释明制度渊源于《德国民事诉讼法》，其诉讼理论对该问题的研究值得我们借鉴。一般认为，释明是指当事人在法官的引导下，对诉讼中的特定事实予以说明、澄清，使其主张的事项更加明确。《日本民事诉讼法》关于释明的含义大同小异，指将不明确的事项通过说明、阐明予以明确。释明过程是法院和当事人双方互动的过程，发生在法院和当事人之间，而不是一方主体单方解释或说明的行为。在这种互动关系中，当事人的不当诉讼行为是诱因，在此基础上，法官启动释明，要求当事人明确、解释或纠正，当事人予以回应。这种回应可以是积极的作为，即认可法官的释明，对诉讼行为进行纠正；也可以是消极的不作为，即不认可法官的释明，并不予纠正。法官的释明方式包括发问、说明、告知等，当事人的回应方式可以是书面或者口头对主张进行选择、说明、澄清、取舍等。

在理论界，学者们在研究释明问题时，大都基于法官视角，并冠以"释明权"。2019 年 6 月 10 日进入知网，选择篇名输入"释明"，有 466 个结果，继续输入"释明权"，在结果中检索，有 274 个检索结果，该数据在一定程度上说明了学术界对"释明"性质的主流认知。

释明的内容非常广泛，主要包括以下：诉讼请求变更的释明；举证责任分配的释明；证据材料的释明；陈述的释明。释明的目的也有以下几种：或为澄清；或为取舍；或为说明。通常，释明事项或内容具有很强的政策性，在知识产权诉讼案件中，最高人民法院政策性文件鼓励审理知识产权案件的法院加强诉讼指导和诉讼释明，增强当事人参与诉讼的能力。

从释明的方式看，包括告知、发问、说明等，那么法官释明与法官告知义务有哪些区别呢？

（1）对象不同。通常法官的告知义务是针对诉讼中所有当事人而言的，是当事人在诉讼中享有的程序性权利。如法庭应当告知当事人在诉讼中享有的权利有哪些、承担的义务有哪些以及诉讼行为的法律后果是什么，在申请回避方面，当事人的权利是什么？义务又是什么？面对一审裁判，告知当事人应当在法定期限内上诉，超过期限一审裁判生效。

（2）依据不同。告知义务主要在民事诉讼法中有体现。比如在离婚诉讼中，法官应当告知当事人在离婚判决生效前不得另行结婚。关于庭审笔录，法庭应当告知当事人和诉讼参与人应当在当日或一定期限内阅读。法庭调查中，应当告知证人的权利义务。《民诉证据规定》也有告知的规定，如告知当事人举证的要求、期限等。释明的依据散落于各类司法文件，还没有统一的立法规定。

（3）前提不同。告知义务是法律明确规定的法院应当履行的义务，是所有案件诉讼中法院都应当履行的义务，不管当事人是否知晓其权利义务，如果法院没有履行该义务，当事人便有权以程序违法为由，要求撤销原判决或裁定。而释明一般是基于个案的审理需要，并不是审理程序中的必要步骤或规定动作。在当事人对某问题陈述不清楚，或主张不明确，或对法律的理解有误差时，在这一前提下，法官或为当事人释疑解惑，或引导当事人阐明其意图，确保案件的审理。告知是法院的单方行为，当事人有权按照自己的意图作出回应，释明是当事人与法官之间的互动行为，当事人的行为与意图不一致时，法院应当予以释明，确保当事人意图明确，行为与意图一致。

（4）范围不同。释明的范围非常广，涉及诉讼程序和实体的方方面面，而目前法定的告知义务主要针对的是诉讼程序问题。

三、释明意义

在当事人主义主导模式下，法官在举证、质证中通常扮演消极的角色，只有在证据的审核认定、法律适用中需要发挥主观能动性。举证、质证环节一般遵循辩论原则和当事人处分原则，以维护诉讼活的的公平正义。然而，在诉讼活动中，特别是在举证、质证环节，法官如果放任不管，独善其身，则有可能导致以下后果：一是案件审理无法进行。由于当事人诉讼技巧或诉讼能力的缺失，有些当事人不能清楚地表达诉求，或者诉求与其提交的证据不对应，导致法官无法推动案件的审理。此时，为保证案件审理的顺利进行，需要向当事人释明。二是裁判息诉功能难以发挥。如果一方当事人仅仅由于其法律知识的欠缺，未能恰当主张事实或权利，就承担败诉后果，当事人将难以接受。其会通过上诉或再审程序，不停表达诉求。出现上述两种后果，设置诉讼制度的目的将难以实现。

诉讼制度和仲裁制度的设置是为了公平公正、有效地解决争议，其制度的架构应当以此为目的。如果一方当事人仅仅由于诉讼能力不足而不能恰当陈述自己的主张，也不能较好地履行举证义务，导致败诉，将导致实质上的不公正。因此，需要对这种情形进行修正。事实上，无论是英美法系还是大陆法系，都认识到完全采取当事人主义模式，无法较好地实现诉讼制度的目的。因此，法院逐步由放任不管到有限干预。释明制度就是在这一背景下产生的，也出现了一些新的概念，如释明权、释明义务等。对释明中的相关问题，在当时也成了学者研究的热点。这些问题包括释明的性质是什么、释明与辩论原则之间的关系如何、释明的范围应当包括哪些等。

释明制度最早是因大陆法系强调法院干预当事人主义而产生的一项制度，通过干预实现实质正义。本质上，释明制度是将正义女神手持的天平人为地倾斜，揭开其蒙眼布。这时，就产生了另一个问题，倾斜到多大的程度不会出现新的非实质正义，这也是研究释明制度的目的所在。

与大陆法系相比，英美法系的当事人主义具有一定的纯粹性，其注重当事人之间平等的对抗，而大陆法系的法官则更强调发现真实。因此，大陆法系的当事人主义不是典型的当事人主义。这主要是受两大法系不同国家观念、不同哲学观念的影响所致。

我国的民事诉讼体制及理念既不同于英美法系，也完全不同于大陆法系。法院在诉讼中拥有很多的权限，案件审理的目的是查明案件事实，证据材料既可以来源于当事人，也可以来源于法院。随着诉讼当事人主义在世界的兴起，我国诉讼模式也进行了改革，法官的职权受到限制，中立是法官秉持的宗旨，充分发挥当事人诉讼能动性。约束性辩论尽管没有在诉讼法中予以明确，但法官地位的中立实质体现了这一原则。与此同时，诉讼中如果仅仅依靠当事人陈述和辩论，有时候难以发现事实，更难以实现正义，释明的意义由此产生。

我国的司法审判模式正由职权主义向当事人主义转变，作为强调法官积极性、主动性的释明制度，如果施行不当，有可能会加剧当事人对法官的不信任，因此，在确立释明制度的同时，应当对释明的范围、释明的救济等进行系统性规范。

四、释明权本质

释明是一把"双刃剑"，在一定的程度上有助于实现实质正义，但有损程序正义。

"让应当胜诉的人在诉讼中获得胜诉"这一命题本身是一个假命题，谁应当胜诉，谁又应当败诉，该问题本身就需要通过程序规则来实现。不经过程序规则的检验，所谓应当胜诉就是一种任性。应当胜诉不仅包括实体判断，还包括程序判断。

释明类似于行政领域的行政给付，如城市生活最低保障，对没有工作、没有基本生活来源的市民，给予物质资助，满足基本的生活条件。释明是在诉讼活动中，法院对诉讼行为能力欠缺的当事人的一种司法给付，帮助其理解法律知识、澄清问题和事实，与对方当事人能够进行基本平等的对抗。但这种司法给付与其他行政给付一样，如果没有规则制约，会产生新的不公平，造成当事人不积极应对，被动依赖法院提供这类帮助。其带来的后果还会破坏当事人法律地位和诉讼地位的平等。从经济学考虑，行政给付或者说补助具有一定的合理性，但处理不当，将会破坏公平竞争的市场环境，使市场失去活力。司法补助如果处理不当，同样会破坏当事人诉讼行为中的正当竞争，甚至使得通过释明发现事实的初衷得不到实现。

法官释明还有可能产生另一种现象，会影响法律服务业的健康发展，事实上，法官释明的内容有些是律师能够处理并属于律师执业范围内的事项，当事人寻求获得或等待法官的补贴，就可能放弃寻求律师的帮助，从而影响律师服务业的正常发展。法官释明，还有可能使不掌握枪法的当事人或者枪法不准的当事人，射出导致对方当事人致命的一枪，从而出现法官与律师执业冲突的现象。此时，法官属于典型的裁判者和运动员身份重合。因此，规范释明范围和释明界限，明确释明不当的责任，是我国释明制度建立中应当关注的问题。

当事人主义遵循辩论原则和处分原则，释明仅仅是对辩论原则和处分原则的有限限制，以保障案件顺利审理为前提，以实现实质正义、维护司法效率为宗旨。无论如何，即便法官拥有释明权或者释明义务，其对案件的裁判也依然以当事人诉讼中提出的事实为依据。"辩论主义的核心是当事人的辩论内容对法官或法院的制约，法官或法院的判断依据限制在言辞辩论中当事人的主张范围内。"[1]

五、释明的功能

从释明概念或其内涵得知，释明不是一种单方行为或单方活动，是对不清楚、不明确、不准确的事项的澄清或说明。释明活动发生在法官和当事人之间，通过双方的互动实现释明的功能和价值。

具体讲，诉讼活动中法官是居中裁判者，处于消极角色，但法官绝不是看客。法官角色类似于导演，起穿针引线的作用，表演好不好主要看演员个人，看演员创造性的表达。导演的作用是说戏，如果演员不理解，不知道怎么表达，导演要进行讲解。当然，法官的讲解与戏剧表演中导演的讲解又是有区别的。诉讼活动中，法官的讲解有度，不能说透了，要受各种规则（如辩论原则等）的限制。而在戏剧表演中，真正意义上的导演不受限制。

法官与当事人的互动，其走向具有一定的规律性，即法官只有基于当事人不清楚、不明确、不恰当的表述，才有释明的必要。法官释明之后，当事人也不是必须互动的，当事人可以不予理睬，当事人没有回应的义务，但其要承担法官作出对其不利裁判的风险。

释明在帮助当事人提升诉讼能力的同时，能够给当事人就相关法律问题和事实问题进行充分举证和发表意见的机会，防止突击裁判，在程序透明的基础上，确保当事人及其代理人对裁判有更恰当的预期，并能够更平和地接受裁判结果，达到息诉、化解矛盾的效果，提高司法公信力和司法权威。

六、释明与辩论原则的相互关系

关于释明与辩论原则的关系，有两种代表性的观点：一种观点认为，释明是对辩论原则的补充。该种观点认为，辩论原则可以更好地发现真实，因

---

[1]　张卫平：《程序公正实现中的冲突与衡平——外国民事诉讼研究引论》，成都出版社 1993 年版，第 2 页。

为与诉讼胜败有密切联系的当事人会竭尽所能地收集证据，通过证据证明自己的主张。释明也是对当事人不清楚的主张或不清楚事实，要求当事人予以澄清和说明。因此，释明是对辩论原则的补充。另一种观点认为，释明是对辩论原则的限制。该种观点认为，当事人应当对其提出的事实主张进行举证，对对方当事人提出的证据进行质证，当事人自身应当对诉讼结果承担责任，法官仅仅起居中裁判的角色。释明仅仅是针对当事人不明确或不恰当事项，以确保案件审理的顺利进行，并跟进案件查明的事实作出裁判，是对当事人主义瑕疵的弥补，也是对当事人辩论原则的限制。

无论是补充观点还是限制观点，都仅仅是观念上的差异，目的都是追求真实。两者的差别主要是对释明的接受度不同，补充观点者，对释明持开放的、积极的、肯定的态度，对释明概念的界定也是作广义上的理解，司法实务中也是鼓励法官行使释明权。限制观点者对释明持封闭的、消极的态度，对释明概念的界定也是狭义的，在案件审理过程中，法官尽可能不启动释明，把释明作为例外，严格释明的适用。

日本有些学者对辩论原则与释明制度的关系持有不同的看法，认为两者没有直接的关联，既不是补充关系也不是限制关系。事实上，通过法官释明能够使双方更好地理解对方的主张和意思，更好地行使辩论权，双方的攻击和防御也更加充分，更利于法官发现事实，从而作出双方当事人都能够接受的裁判。释明制度无论是对当事人，还是对法官，都具有积极的意义。对法官而言，释明有利于解决争议；对当事人而言，释明有助于充分辩论。

第三节　知识产权诉讼案法官释明现状

笔者以最高人民法院审理的知识产权案件为统计分析对象，并与近几年江苏省高级人民法院一审案件的释明作比较，具体数据如下：

表3-1　最高人民法院2014年至2017年审理的涉及释明的专利案件

案号	年份	案由	当事人主张	法院	释明内容	文书对释明是否回应	处理
民申323	2018	民事		一审释明	无故退庭	是 合理说明	不予支持

续表

案号	年份	案由	当事人主张	法院	释明内容	文书对释明是否回应	处理
行申 2983	2017	行政	一审未释明	一审释明	起诉条件释明	是合理说明	不予支持
行申 2984	2017	行政	一审未释明	一审法院释明	起诉释明	是合理说明	不予支持
民申 1671	2017	民事	未予释明	一审、再审释明	举证释明合法来源抗辩	是合理说明	不予支持
民再 122	2017	民事		一审释明	举证取证现场勘验取证	是合理说明	不予支持
民再 336	2016	民事		二审释明	诉讼请求释明三审合一	是合理说明	不予支持
执监 460	2016	民事保全		复议释明不符合再审释明	执行异议释明追加被执行人	是合理说明	支持异议请求
执监 305	2016	民事保全		复议释明不符合再审释明	执行异议释明追加被执行人	是合理说明	支持异议请求
民申 173	2016	民事保全	一审二审未释明	一审、二审未释明	临时措施释明当事人未证据保全、取证不能证明待证事实	是合理说明法律释明属于法官自由裁量范围	驳回
知行字第 50	2015	行政		一审释明	错列被告	是合理说明	驳回
民二终字第 296	2015	民事技术合同	一审未释明	一审法院释明	诉讼请求释明（履行合同、解除合同）损失评估鉴定释明	否	驳回

续表

案号	年份	案由	当事人主张	法院	释明内容	文书对释明是否回应	处理
民申字第 188	2015	民事		一审释明	举证释明优先权证明补充证据	是合理说明基于案件审理的需要	
知行字第 74	2014	行政		复审委、一审、二审释明	修改超范围释明	是合理说明	驳回
民提字第 194	2014	民事技术合同		二审释明	专利技术权利主张	是合理说明	驳回
民申字第 1812	2014	民事	二审未释明	未释明	质证释明	否合理说明	驳回

表 3-2　最高人民法院 2014 年至 2017 年审理的涉及释明的商标案件

案号	年份	案由	当事人主张	法院	释明内容	裁判文书对释明是否回应	处理
民再 262	2017	民	一审未释明	一审未释明	变更诉讼主体个体工商户由业主变更为字号	是说理	驳回
民再 324	2016	民	一审未释明		追加被告被告适格	否对相关问题说理	不予支持
行提字第 1	2015	行政	一审未释明	再审认为一审未释明	不符合起诉条件	否对相关问题说理	纠正立案受理
知行字第 38	2015	行政	一审未释明		起诉不符合条件超过起诉期限	否对相关问题说理	不予支持
知行字第 113	2014	行政	一审二审未释明		起诉不符合条件超过起诉期限	否但对相关问题说理	驳回公司内容原因导致

案号	年份	案由	当事人主张	法院	释明内容	裁判文书对释明是否回应	处理
民三终字第 1	2014	民		一审二审释明	举证赔偿数额抗辩的证据	否但对相关问题说理	纠正降低赔偿额
民提字第 168	2014	民		二审释明	变更诉讼请求放弃部分权利	是	

表 3-3　最高人民法院 2014 年至 2017 年审理的涉及释明的版权案件

案号	年份	案由	当事人主张	法院	释明内容	文书对释明是否回应	处理
民申 1705 号	2016	民事		二审释明	质证签名鉴定	是合理说明	驳回再审申请
民申 1680 号	2016	民事		二审释明	质证签名鉴定	是合理说明	驳回再审申请

表 3-4　最高人民法院 2014 年至 2017 年审理的涉及释明的商业秘密案件

案号	年份	案由	当事人	法院	释明内容	最高院裁判文书对释明是否回应	处理
民申 2833 号	2017	民事合同		二审释明	举证损失证明	是合理说明	驳回再审申请
民三终字第 3 号	2014	民事侵权		一审二审释明	举证权利形成证明	是合理说明	驳回上诉

表 3-5　最高人民法院 2014 年至 2017 年审理的涉及释明的植物新品种案件

案号	年份	案由	当事人	法院	释明内容	最高院裁判文书对释明是否回应	处理
民申 2362	2017	民事		二审释明	质证释明鉴定意见异议	是合理说明	不予支持
民申字第 50	2014	民事		二审释明	举证质证释明不申请鉴定抗辩无证据	是合理说明	不予支持

表 3-6　江苏省高级人民法院 2015 年至 2017 年一审审理的涉及释明的案件

案号	年份	案件类型	案由	法院	释明内容	一审裁判文书	处理
0312 民初 4581	2017	专利	民事合伙纠纷	一审释明	诉讼请求释明通知无效改为合伙决议无效	说理	对变更后的请求审理
0104 民初 444	2017	版权	合同纠纷	一审释明	管辖释明多份合同内容涉及知识产权	说理	驳回
04 民初 155 号	2017	商业秘密	侵权纠纷	一审释明	诉讼请求释明选择违约之诉还是侵权之诉	否	各自风险没有说明
0612 民初 7352 号	2017	专利	技术服务合同	一审释明	合同解除后主张的释明	否	
04 民初 327	2016	专利	恶意诉讼损害责任纠纷	一审释明	举证释明当事人不提交		其他证据，没有直接推定
0412 民初 7327	2016	专利	技术委托开发合同	一审释明	举证释明未能举证证明		诉讼请求不予支持
0505 民初 3054	2016	专利	专利转让	一审释明	举证释明共同侵权未能举证证明		诉讼请求不予支持
06 民初 216	2016	商标	特许经营	一审释明	诉讼请求释明合同无效不予支持的情形下，是否主张合同解除或基于合同解除处理双方之间的权利义务	说明不变更	驳回诉讼请求
11 民初 4	2016	专利	侵权	一审释明	权利释明明确专利权的专利号及权利要求的项数		
07 民初 176	2016	专利	专利权属纠纷	一审释明	权利举证释明	说明承担不利后果	

案号	年份	案件类型	案由	法院	释明内容	一审裁判文书	处理
0106民初5903	2016	商标	侵权	一审释明	损失举证释明	说理 承担赔偿数额不能查明的不利后果	
武知民初字第51	2015	商标	特许经营合同	一审释明	抗辩举证释明	说理 非合同当事人提供证据履行了披露义务	

上述数据体现出了以下特点：

第一，在知识产权诉讼中，当事人因释明产生争议的案件，专利案件释明占比最高。无论从当事人释明需求角度，还是从法院主动释明角度，知识产权案件中专利"释明"数量最多。就最高人民法院的释明案例而言，接近58%案件的释明纠纷是与专利相关的。

第二，当事人提出释明主张时，一般都有代理人参加诉讼。就最高人民法院审理的专利和商标案件而言，共有11件案件的当事人主张法院应当释明而未释明，代理人参加诉讼的案件为10件，占比为91%。该数据在一定程度上说明"释明"问题是一个专业问题，只有法律专业人士能够关注这个问题，并对法官是否释明提出异议。当然，也有例外，如在［2014］知行字第74号案例中，专利复审委员会和一审、二审法院主动向姜某多次释明《专利法》第33条适用的规定，并在判决文书中使用"释明"这一术语，明确法院已经履行"释明"义务，但姜某依然自始至终在案件审理中主张法院未履行释明义务，无法与合议庭就释明问题进行对话。该案属于在法院主动释明的情形下，当事人认为法院没有履行好释明义务，严格意义上，本案不属于当事人主动行使该权利。

第三，代理人与法官之间就释明认知存在差异。在最高人民法院审理的专利案件中，当事人主张一审和（或）二审法院未释明，而一审、二审法院认为已经释明，两者之间的分歧接近70%。这说明，由于释明规范缺失，导致司法实务产生了很大的争议。

第四，释明内容广泛。释明基本贯穿诉讼的各个环节。如起诉条件的释明，见［2017］最高法行申 2983 号；诉讼请求的释明，权利举证的释明，在［2014］民三终字第 3 号案中，人民法院多次释明，要求商业秘密权人就其主张的各项涉案信息的形成时间作出合理说明或证明，由此产生的不利后果应当由其自行承担；鉴定申请的释明，在［2016］最高法民申 1705 号案中，关于签名真实性，二审法院释明，可以申请鉴定，华夏工艺研究所否认签名的真实性，应当对签名的真实性申请鉴定。此外，还有损失举证的释明等。

第五，法院对当事人主张释明问题的回应不一致。对当事人主张未释明的案件，如果一审或（和）二审法院已经释明，最高人民法院都会在裁判文书中明确说明，并对当事人的未释明主张不予支持。如果一审或（和）二审法院未释明，最高人民法院认为不符合法律明确要求，不影响当事人权利的，将作出驳回再审请求，影响当事人权益的，纠正案件的裁判；其他情形，最高人民法院在裁判文书中一般不会明确回应当事人质疑法官未予释明的主张。

第六，关于释明的性质。在［2016］最高法民申 173 号案中，当事人主张一审、二审法院存在程序违法，没有向当事人释明可以申请证据保全，并对侵权产品进行司法鉴定。最高人民法院在本案中明确，法律释明属于法官自由裁量的范围，当事人没有举证证明证据可能灭失或者以后难以取得的情况下，一审、二审法院未采取证据保全措施并无不当；根据《民事诉讼法》的规定，对证据进行鉴定需要当事人申请或者人民法院认为需要时，人民法院是否对被诉侵权产品进行鉴定要根据案情需要决定，属于法官自由裁量的范围。在本案的一审、二审期间，赵某并未申请鉴定，一审、二审法院未依职权对被诉侵权产品进行鉴定并不违反法律规定。在本案中，最高人民法院对释明的定性有违释明制度设立的宗旨，但本案中对争议点是否应当释明的分析是妥当的。

上述数据在一定程度上说明，在司法实务中，当事人及其代理人与法官对释明有不同的认知，法官处理释明自由裁量权太大，这不仅不利于释明制度发挥作用，在一定程度上也会影响司法权威。

第四节　知识产权诉讼释明相关问题探讨

知识产权诉讼既涉及民事争议，也涉及行政争议，笔者仅从民事诉讼角度探讨释明问题。对于学界和实务界而言,《民诉证据规定》似乎是释明问题讨论的源头。学者们普遍认为,该司法解释规定了两方面内容的释明:一是关于诉讼请求的变更;二是举证权利和期限的释明。但也有学者认为,关于举证权利义务、举证期限的规定,不属于释明的内容,而是法官的主动告知。

知识产权民事诉讼中的释明,与其他民事诉讼相比,既有共同点,也有差异。

一、《民诉证据规定》相关问题分析

(一) 举证告知义务是否属于释明

根据《民诉证据规定》第3条的规定,人民法院应当向原被告等当事人告知举证事项,包括举证的权利义务、举证的期限、不举证的法律后果等相关内容,使得当事人按照法律的要求,能够全面、诚实地完成举证。该条款旨在告知当事人在诉讼中,在举证方面应当做什么、怎么做,以及不做的法律后果,是所有诉讼案件中法庭对所有当事人都应当告知的内容,目的是为了当事人能够充分、正确地提出证据,以支持自己的主张。如果仅仅是告知当事人不举证承担的法律后果,便不属于释明的表现方式。上述规定不属于释明内容,具体分析有两点:第一,释明是法官针对当事人不明确的诉讼行为发起的,先有当事人诉讼行为,后有法官释明,再有当事人回应(作为或不作为),而《民诉证据规定》第3条显然不属于该情形。第二,释明针对的内容是具体的事项,而举证告知是一种笼统的告知,更具有象征性意义,难以发挥积极引导的作用。同理,民事诉讼法关于举证义务的规定,也不属于释明。

根据当事人主义,在保障辩论原则和处分原则的前提下,当事人享有充分的辩论权和处分权,当事人及其代理人如何收集证据,如何提交证据证明自己的主张,都是当事人自己的事情,法院不应当干涉。如果法官针对案情,明确告知当事人如何举证,则有可能导致法官站错了队,法官中立将荡然无存。诉讼就是证据战,如何举证体现当事人的诉讼技巧和诉讼策略,也是双方当事人对抗的集中表现。因此,关于举证事项的概括告知,不属于释明,如果将此定性为释明,不仅会脱离释明本质,更有可能导致法官偏离中立的立场。

那么,关于举证事项,就没有释明的存在吗?事实不是如此。比如,原告主张其享有商业秘密，但其并没有就其所主张的商业秘密的取得提交证据，此时法院应当对原告释明，其应当提交证据证明商业秘密的取得证据。法官的释明就此为止，法官不能就如何证明原告取得商业秘密权利的证据进行进一步的说明或指导（如原告研发的资料或者他人许可原告使用技术秘密的协议等），否则就会越界，属于释明不当。

笔者以为，从法律为实现普遍正义而言，对于特殊情形的诉讼案件，可以对法官释明制约得相对宽松，主要是针对弱势群体参与的诉讼案件，如劳动报酬纠纷、抚育费给付纠纷、抚养费纠纷、交通事故赔偿纠纷等，以及案情简单适用简易程序的案件，如一般的邻里纠纷等。这样处理，实际是将正义的天平进行了人为的调整。但这种调整，不是为某一个当事人而为，是为某类当事人而为，是为该类案件的双方当事人而为。当然，其可能更多的是为权利的主张者而为。这种调整，也是为实现实质的正义，降低当事人维护权益的成本。

那么，对知识产权案件等涉及专业性较强的诉讼案件是否需要法官就如何举证问题进行特别释明呢？对此，笔者认为：一方面，随着法律服务人员专业化建设的推进，知识产权法律服务人才数量大幅度提高，基本能够满足社会的需求；另一方面，如果法官就如何举证等专业性问题进行释明，将会使得当事人对法院产生依赖，降低当事人对法律服务人才的需求，从而扼杀知识产权法律服务人员需求的市场培育和发展，破坏竞争秩序。律师服务行业是一个充分竞争的行业，既然有需求，就会有流动，律师就会加强专业知识的学习，并能够充分胜任。

（二）诉讼请求变更与释明

根据《民诉证据规定》第 35 条的规定，在案件审理过程中，随着审理程序的推进，如果人民法院根据案件审理认定的事实与当事人在起诉时所主张的法律关系的性质或者法律行为的效力有出入，人民法院应当告知当事人可以变更诉讼请求，当事人不变更的，可以驳回其请求。关于该条款是否属于释明的规定，学界基本没有异议。此时，释明是义务，如果法官没有释明，就应当承担法律责任。当事人因法官没有释明而上诉的，二审法院将发回重审。

当事人增加、减少或者变更诉讼请求，在诉讼中是比较常见的，也是当事人应有的权利。比如，在技术开发合同纠纷中，委托人与受托人就开发的技术成果的归属产生争议，委托人向法院提起诉讼请求确认归属权。案件审理过程中，涉案的技术成果被他人申请了专利，此时成果归属权的审理已经没有意义。如合同中明确约定，一旦他们公开技术成果，受托人返还一般研发费用，此时法院应当告知原告，变更诉讼请求，请求返还研发费用。

告知当事人变更诉讼请求的积极一面，可以降低当事人诉讼成本、节约司法资源和提高诉讼效率。随着案件审理的推进，当事人最初主张的法律关系或者民事行为的效力与人民法院审理认定的结论不一致，表明当事人最初的主张是不适当的，如果当事人不变更其诉讼请求，其原来的诉讼请求将得不到法院的支持，法院将驳回其诉讼请求。一旦法院驳回其诉讼请求，如果法院的判决是正确的，其只能另行起诉，这样权利才可能得到保护。此时，原告不仅要支付一倍的诉讼费，案件审理的时间还会重新计算，人力、财力和精力都会成倍增加。即便主动撤诉，避免的损失也是有限的。因此，告知当事人变更诉讼请求，法官可以继续审理案件，无论是对当事人还是对法院都是积极和有利的。

告知当事人变更诉讼请求的消极一面，体现在对原告、被告以及法院三方面的影响。原告方面，如果一审法院告知原告变更诉讼请求，原告也予以变更，但在二审中，二审法院对法律关系性质或法律行为的效力判定与一审法院不同，此时原告变更诉讼请求便将是错误的，二审法院以法律适用错误为名，撤销一审裁判，此时对原告而言是不利的。被告方面，如果允许法院对原告释明诉讼请求的变更，将违反当事人处分原则，并通过不当延长案件审理期限将被告引入诉累。事实上，根据案件审理进程，原告自身应当能够判定诉讼请求是否与事实相对应，并作出及时的调整，而不应当是法院告知。法院方面，如果将变更诉讼请求的释明规定为法院的义务，将使法院承担额外的法律责任，法官对是否释明将倾注更多的注意力，影响案件的正常审理。

国外的民事诉讼法和司法实践中也有关于通过法官释明让当事人变更诉讼请求的规定，但这种请求的变更是由一种法律关系认识错误所致，不是基于事实审理的结果导致的，而且发生在口头辩论阶段。比如，原告将不当得利行为误认为是不法行为，此时误认仅仅是法律认知错误，无关乎事实。法官释明后，原告变更诉讼请求，被告能够进行有效的抗辩，也有利于法官的裁判。事实上，原告的诉讼请求错误，并不总是基于法律认识的错误，有时候是一种诉讼技巧或者说是原告希望谋取的诉讼利益。比如，原告根据一份投资协议主张借贷关系，要求被告归还本金和利息，法院认定为投资入股协议。原告主张本金和利息的诉讼请求是一种诉讼技巧，如果法院不支持，其就会及时退而求其次。

综上，笔者以为，《民诉证据规定》第 35 条的释明具有一定的合理性，但应当明确是否变更诉讼请求，应当由当事人自己进行判断、决定和采取行动，法官仅仅是提醒告知事实认定与诉讼请求的不一致，该案件的裁判还要接受监督。

二、释明范围的探讨

释明范围是指在哪些情形下法院可以进行释明。这是释明制度中的核心问题，在满足释明制度设立的宗旨，达到释明目的的前提下，释明范围的确定不能与辩论原则相冲突。

（一）通过释明，使当事人对其主张不明确事项予以明确

一般而言，如果当事人没有委托代理人参加诉讼，其诉讼能力较差，不能抓住案件的焦点问题，也无法提出有针对性的主张和意见，有时候提出的主张甚至是矛盾的，法院很难基于这样的基础进行审理或作出裁判。此时法官通过释明，要求当事人对不明确的声明或主张进行明确，确认其意思表示。法官发问的方式以及内容以当事人意思表示清楚为目的，并受到辩论原则的限制。法官释明的内容通常不能超过当事人声明或主张的范围，对于当事人没有声明的内容，法官不得提醒当事人，否则，法官会成为当事人实质上的代理人。

根据国外判例的经验，下列情形属于当事人声明不明确而应予以释明的内容：第一种情形，原告提出赔偿请求，但依据不明确。原告起诉要求被告一和被告二承担侵权责任，其中被告二赔偿其 100 万元，但对于被告二的侵权行为，原告尽管提交了证据，但没有明确被告二实施了何种应当受到法律苛责的侵权行为。此时，法官无法裁判，应当释明，要求其明确被告二实施的法律禁止的侵权行为。法官如果没有释明，便不能直接驳回原告的诉讼请求。第二种情形，原告有权主张但没有提出。例如，原告主张被告应当支付商标使用费，法院经过审理查明，一部分许可使用费是成立的，但还有一部分使用费是在许可协议终止之后产生的，该部分使用费在没有证据证明时法院是不能支持的。如果原告提出，在许可协议终止后，被告依然在使用原告的商

标，如果原告主张被告支付使用费，视为许可协议的继续。但原告没有提交被告在协议终止后继续使用的证据，此时法院就应当向原告释明，如果被告在协议终止后继续使用被许可商标，原告希望主张该部分使用费就应当提交相应的证据。

在知识产权诉讼中，最典型的声明、主张不明确问题就是知识产权人主张的权利范围不清楚。如权利要求书中有多项权利要求，不同的权利要求保护范围不同，而权利人没有明确依据哪一项权利要求主张权利。又如著作权人主张他人侵犯其小说的版权，但没有具体指出小说的哪些部分具有独创性从而享有版权保护。其次，权利人主张他人实施了侵犯知识产权的行为，但并没有主张具体的侵权行为是什么。比如，在专利侵权中，侵权人实施的是制造行为或者销售行为等，致使法院无法审理并查明案件事实。

因此，当事人主张明确对于案件的正常审理非常重要，应当允许法官释明。

（二）通过释明，使当事人在诉讼资料不充分时告知其补充材料

所谓诉讼资料，是指当事人在诉讼中提出的事实和证据，由双方当事人的攻防材料组成。更明确地说，诉讼材料不充分，在更多的意义上，是指诉讼材料没有达到证明标准，法官无法支持其主张或抗辩，提醒当事人进一步举证。当然，此时的释明范围依然有所限制，控制在当事人自己所提出的攻击范围或者抗辩范围之内，不能超过当事人的攻防范围。如果法官没有履行该项释明义务，当事人可以请求二审法院撤销原判，发回重审。该种情形下的释明，与要求当事人陈述新的主张不同，既符合民事诉讼制度的目的，也不违反当事人主义和辩论原则。

比如，在知识产权侵权诉讼中，权利人主张停止侵权并赔偿损失，被告抗辩已经停止侵权并要求降低赔偿数额。此时如果被告没有提交相应的证据或证据不充分，不能充分证明其主张的事实，法院可以释明要求其进一步补充新证据。再例如，在商业秘密侵权诉讼中，被控侵权人主张其客户是基于个人信赖而与其继续交易，不存在侵权行为。此时，被控侵权人应当提交信赖证据，关于这一点，法院可以释明。但假如被控侵权人主张不侵权，其并没有提出信赖交易的主张或抗辩，法院在此情形下，不应当释明不侵权有哪些情形。法院这么做并没有违反当事人辩论原则，也没有帮助被告进行抗辩或提出新的主张，仅仅是通过被告的补证，查明案件对应的事实，促使法院

作出公正判决。

综上，补充证据材料的释明是基于证明标准的需要，法官通过释明要求当事人充分举证。

（三）通过释明，使当事人提出新的诉讼资料

针对法院能否通过释明促使一方当事人提出新的证据材料，学界争议颇多。主要有三种观点：积极说认为，法官在审理案件时应当发挥能动性，促使当事人提出充分证据予以证明，对当事人的陈述、证据、申明等事项予以释明。如原告主张停止侵权，但法院经过审理认为，根据相关法律可以不作出停止侵权的裁判，而要求被告向原告支付合理的费用，法官就可以向原告释明，就合理费用进行补充证据。限制积极说认为，法院的释明仅限于陈述、申明的事项，受辩论原则的限制，在提出新证据方面，只有在当事人误认为自己对该事实没有证明责任时，法官才可以向当事人告知其证明责任的承担。消极说认为，法官在审理中完全处于消极地位，法官没有权利促使当事人行使抗辩权或异议权等权利。

笔者以为，这与前文提及的资料不充分时补充资料的情形是有区别的。所谓新的诉讼资料，应当与原先提交的诉讼材料证明的事实不相同，如果证明的事实相同，便属于补充材料。新的诉讼材料是基于当事人不知道就自己抗辩或主张应当承担举证责任，此时法院予以释明的情形。例如，在商业秘密侵权诉讼中，被控侵权人主张其没有接触到商业秘密，也没有实施侵权行为，但被控侵权人没有提交证据。2019 年修订的《反不正当竞争法》第 32 条适当减轻了商业秘密权利的举证责任。如果商业秘密权利人能够提供证据证明对其主张的商业秘密采取了合理的保密措施，且有证据证明他人侵犯了其商业秘密，此时应当由被控侵权人证明权利人主张的商业秘密不符合法律规定。再比如，商业秘密权利人提供证据证明被控侵权人有机会获得商业秘密，其使用的信息与商业秘密权利人的信息实质相同，被控侵权人应当证明其不存在侵权行为。也就是说，此时涉嫌侵权人应当举证证明根据其职务不可能接触商业秘密权利人的商业秘密，或者没有实施不正当竞争行为，否则将有可能承担不利后果。

综上，对于非补充证据材料情形下的新证据材料，是基于当事人承担说服责任转移时的抗辩需要，此时法院应当对当事人释明。

（四）通过释明，消除当事人的不当诉讼行为

这里的不当诉讼行为，主要指起诉行为。如果原告起诉时，某些方面不符合受理条件（如不属于受案范围、被告不适格等），法院应当向当事人释明，要求其进行调整。

广义的释明，也可以包括基于当事人对法律条文理解错误，法院对当事人进行的释明。比如，在［2014］知行字第74案中，当事人对权利要求修改超范围的理解错误，并且坚持法院没有行使释明权。此时，法院应当对当事人释明。释明的方式一般包括说明、告知、澄清，法院在裁判文书中应当对事实的认定和法律的适用进行说理。此时，双方当事人庭审辩论已经结束，法官对事实认定和法律适用的态度，不会影响当事人的诉讼行为，维护了公平公正和公开原则。那么，在审理案件的过程中，法官是否可以就法律适用问题直接向当事人说明呢？此时，法官对法律条文的释明应当有个前提，这就是当事人已经明确提出对某一法律条款的理解和认知。有了这样的前提，法官才可以有针对性地对当事人就该条文进行释明，以便当事人更好地行使抗辩权，或提出主张。

在［2016］民申173案中，由于当事人未进行证据保全，所取证据不能证明待证事实，就把责任推给法院，认为法院没有对其就临时措施的采取进行释明，导致其诉讼失误。那么，对于当事人该种不当行为和造成的不利后果，法院是否要承担释明责任呢？笔者以为，临时措施是法律赋予的保护当事人的一项诉讼权利，如果当事人没有在诉前或诉中就该权利的行使向法院表达意愿，并请求积极行使，一旦出现不利后果，法院不应当承担责任。法院释明是有前提的，是针对当事人的不明确、不确定、不妥当的诉讼行为进行说明、告知、解释，而不是直接引导当事人的诉讼行为，否则，有违辩论原则和当事人处分原则。法院释明是否适当，以法院释明是否保持中立为红线。

三、释明权行使不当及救济

释明权行使不当主要有两类：一是怠于行使释明权，二是滥用释明权。

（一）怠于行使释明权及救济

释明权的属性决定了在符合条件的情形下，法官有义务指出当事人不明确的诉讼行为，要求当事人明确、解释、纠正其诉讼行为，促使法庭查清案

件事实，实现实质正义。当然，由于我国释明制度不完善，释明范围、释明界限等没有明确规定，法官对释明的运用也难以恰当把握。本着多一事不如少一事的态度，消极释明的现象也比较多，客观上难以保障当事人的诉讼权利，从而影响了案件的实质正义。在前文提及的案例中，当事人针对法官释明不当，以应当释明而没有释明为上诉理由的案例的占比也是比较高的，说明当事人对法官行使释明权还是比较期待的。当然，除了个别案例，当事人主张法官怠于行使释明权的理由难以成立。

在"赵某与梁某文侵害实用新型专利权纠纷申请再审案"中，〔1〕赵某主张法院没有释明其享有请求法院取证以及证据保全的权利。该主张是没有法律依据的，该内容属于当事人自主的诉讼行为，法官不能干涉，否则将会违背释明宗旨。

在"浙江汉莎洗涤用品有限公司审判监督案"中，〔2〕最高人民法院认为，浙江汉莎洗涤用品有限公司因不服商标争议裁定而提起行政诉讼，起诉条件符合行政诉讼法及司法解释规定，但部分材料没有翻译，一审法院径直裁定不予受理，二审维持一审裁定。最高人民法院在对本案进行再审时认为，在原告其他条件符合的情况下，仅仅由于部分材料没有翻译，一审法院和二审法院就没有给予原告补正或更正的机会，剥夺了原告的起诉机会，严重违反了行政诉讼法及司法解释的规定，有违公平，因而裁定撤销一审和二审裁定，指令一审法院受理。

对于怠于行使释明权的行为，只有法律明确规定法官应当行使释明权而未行使的，上级法院才应当及时纠正，在裁判文书中明确说明释明的依据，并撤销原裁判，由原法院受理或重新审理。对于法律没有明确规定应当释明权的情形，法院也应当在裁判文书中说明不予释明的理由，而不是回避该问题，使当事人困惑。

（二）释明权滥用及救济

所谓释明权滥用，是指法官对释明权的行使超越了范围和界限。释明制度是对辩论原则的补充或者说修正，但这种修正又有一定限度或制约，否则就有可能从根本上否定辩论原则，损害当事人之间公平的诉讼权利和义务。

---

〔1〕 参见〔2016〕最高法民申 173 号。

〔2〕 参见〔2015〕行提字第 1 号。

最典型的例子就是，关于诉讼时效问题的规定，如果义务人没有提出诉讼时效这个问题，法官便不能向该义务人提示债务已经超过了诉讼时效，一旦提醒，法官释明就属于滥用释明权。

攻击和防御方法是大陆法系常用的法律术语，指当事人为维护自身主张所提出的诉讼资料以及诉讼策略和方法。攻击和防御方法有不同的分类，一种是根据当事人区分，原告的方法被称为攻击方法，被告的方法被称为防御方法；还有一种是根据积极和消极区分，积极提出主张和证据的被称为攻击方法，被动提出证据进行抗辩的被称为防御方法。

对滥用释明权进行救济，必须有明确的依据，仅在法律明确禁止释明而法官予以释明的情形下才有制裁并救济的必要。我国现行立案中只有关于诉讼时效禁止释明的规定，所以，在实务中，针对滥用释明的纠纷比较少，知识产权诉讼案中几乎没有。

现阶段，释明不规范是争议的焦点，为了防止法官在释明权行使过程中过度自由，侵犯当事人合法权益，需要对释明制度进行进一步完善和规范，以维护诉讼效率和实质正义。

司法鉴定制度及相关问题研究

司法鉴定活动是一种应用科技方法、专门知识、职业技能和职业经验为诉讼活动提供技术保障和专业化服务的司法证明活动。鉴定意见是鉴定活动的成果，是一种法定的专家意见、科学意见。该种证据由专家做出，对案件审理事实认定具有决定性影响。司法鉴定制度对我国技术类案件查明事实具有不可磨灭的作用，但由于该制度的自身缺陷以及缺乏有效的制度制约，在实践中出现了重复鉴定、矛盾鉴定等现象，严重威胁了司法权威。随着知识产权诉讼技术类案件的增多，鉴定中出现的问题也越来越多，加强鉴定制度完善越来越迫切。

第一节　我国司法鉴定立法现状

"我国现行的司法鉴定制度是在 20 世纪 50 年代开始形成，在 70 年代末确立的，是对苏联司法鉴定制度的全方位继承，具有浓厚的超职权主义色彩。"[1]目前，我国司法鉴定各项法律制度分布在各类规范性文件中。有法律，也有司法解释和政策性文件；有中央的，也有地方的。

一、司法鉴定立法现状

（一）《刑事诉讼法》

我国第一部《刑事诉讼法》就规定了鉴定制度，被称为"鉴定结论"。1997 年 1 月 1 日实施的《刑事诉讼法》继续使用，该法在 2012 年修订时。将"鉴定结论"改为"鉴定意见"。

（二）《民事诉讼法》

《民事诉讼法》于 1991 年 4 月 9 日发布，并于同日生效；后来分别于

---

〔1〕 何家弘："我国司法鉴定制度改革的基本思路"，载《人民检察》2007 年第 5 期。

2007 年、2012 年和 2017 年进行了修正。

1991 年《民事诉讼法》第六章"证据"的第 64 条和第 72 条对"鉴定结论"进行了规定，2012 年修订改为"鉴定意见"。《民事诉讼法》对司法鉴定的地位、当事人和鉴定人在鉴定中的权利和义务进行了原则性规定。

（三）《全国人民代表大会常务委员会关于司法鉴定管理问题的决定》
（以下简称《决定》）

该文件由全国人民代表大会常务委员会制定，于 2005 年 2 月 28 日发布，2005 年 10 月 1 日实施，2015 年 4 月 24 日修订并实施。

《决定》是全国人大常委会首次专门针对鉴定制定发布的文件，界定了司法鉴定的含义，对鉴定人和鉴定机构的资格、资质、设立及管理体系进行了规定，特别是对鉴定类别进行了明确。

（四）《司法鉴定执业分类规定（试行）》

该文件由司法部发布，发布日期为 2000 年 11 月 29 日。该文件首次对知识产权鉴定内容进行了规定。知识产权司法鉴定包括：技术相同或等同的认定；技术合同约定的技术成果是否符合约定的认定；技术开发合同技术研发风险责任的认定；其他技术合同成果是否符合约定的认定；对技术标准的认定；技术秘密是否符合法定条件的认定；等等。当然，其关于商业秘密是否构成的鉴定的规定是与《反不正当竞争法》相冲突的，涉嫌违法。

（五）《人民法院司法鉴定人名册制度实施办法》

该文件由最高人民法院制定，于 2004 年 2 月 9 日发布并施行。该文件对鉴定人名册的建立、鉴定人名册的应用以及鉴定人不当行为应承担的相关责任进行了规定。

（六）《司法鉴定人登记管理办法》

该文件由司法部制定，于 2005 年 9 月 29 日颁布，2005 年 9 月 30 日实施。该文件明确了司法鉴定主管机关以及执业登记规范，对鉴定人的权利义务也进行了规定，对公安机关、检察机关、法官和当事人在鉴定中各自的职责予以明确，对高效、准确完成鉴定任务发挥了重要的作用。

（七）《最高人民法院关于民事诉讼证据的若干规定》（以下简称《民诉证据规定》）

该文件由最高人民法院制定和发布，自 2002 年 4 月 1 日起施行。《民诉证据规定》第 25~29 条就司法鉴定申请、鉴定机构选择、重新鉴定以及质证作出了详细的规定，对人民法院审查鉴定意见也提出了明确的要求。

（八）《司法鉴定程序通则》

该文件由司法部制定，于2007年8月7日发布，自2007年10月1日起施行。并于2015年12月24日修订通过，自2016年5月1日起施行。该文件从行政管理的角色出发，目的是规范鉴定机构和鉴定人的鉴定行为，对鉴定程序、鉴定的委托、受理以及鉴定意见书等相关内容进行了详细的规定，旨在确保司法鉴定质量。

同时，司法部还发布了多份关于鉴定的文件，包括《司法鉴定人和司法鉴定机构名册管理办法》《司法鉴定文书规范》等。

（九）最高人民法院公布对网民31个问题的答复

2009年最高人民法院针对网名关心的问题进行了答复，其中第十七个问题是关于知识产权审判中技术事实认定的问题。

技术类知识产权案件（如专利案、植物新品种案、技术秘密案、软件案等）的证据材料涉及大量的技术问题，证据的审核、认定比较复杂。为了解决这些现实问题，人民法院进行了大量探索，在不突破现行法律框架的前提下，从实际出发，通过构建专家证人、专家陪审制度，结合原有鉴定意见制度，建立了相对完善的、科学的技术证据审核、认定体系。对于鉴定意见，最高人民法院相关负责人发表了以下看法：

首先，司法鉴定不应是法官审理专业技术类案件的首选或者必选的事实认定方法。对于简单的专业技术类案件，通过其他手段能够对事实审核认定清楚的，其他手段优选，法官也应当自行对事实问题进行判定。

其次，司法鉴定的对象只能是与技术有关的问题，不能对法律问题进行鉴定。法律适用是法官的职权范围，鉴定人无权就法律问题进行鉴定（比如是否构成商业秘密问题、是否构成侵权问题等），法官不能直接以鉴定意见的结论作为自己的判定。

最后，司法鉴定不具有当然的证据效力，应当经过庭审质证才能作为认定案件事实的证据。司法鉴定虽然由专业人员作出，但同样应当遵循质证规则，其制作应当符合鉴定的程序规范，在鉴定材料移交前，法官就应当组织当事人进行质证，如鉴定的材料来源是否合法。对鉴定意见进行质证时，可以由专家辅助人等参与质证，提高质证效力。

（十）其他文件

最高人民法院针对知识产权制定的一些政策性文件也比较多，如《关于贯彻实施国家知识产权战略若干问题的意见》《关于贯彻实施国家知识产权战略若干问题的意见》以及《中国知识产权司法保护纲要（2016—2020）》等，都有关于司法鉴定的相关规定。

二、我国司法鉴定制度特点及现存问题

（一）特点

总结上述规范性文件，有以下特点：

第一，司法部颁布的文件侧重于行政管理，包括鉴定机构、鉴定人名册的公布，鉴定程序规范、鉴定意见文书格式等执业规范方面的明确。

第二，人民法院颁布的文件侧重于诉讼程序中的当事人权利义务，如当事人在何种情况下可以申请鉴定、重新申请鉴定，如何选择鉴定机构，对鉴定意见进行质证的权利等，要求当事人提交真实的鉴定材料，承担相应的义务。同时，人民法院对法官适用鉴定意见提出限制，如不能作为技术事实查明的首选手段，不能将法律适用问题让渡给鉴定机构，必须加强对鉴定意见的质证。

第三，专业技术类知识产权案件的鉴定问题得到了越来越多的关注，特别是最高人民法院的司法性文件，对此给予的关注较多。

（二）存在的问题

尽管行政职能部门和司法机关都很重视鉴定意见的作用和地位，相关制度也比较多，但针对鉴定意见依然没有建立有效的审查和评价机制，鉴定意见制度没有发挥应有的作用。

1. 立法层面笼统粗糙

我国三大诉讼法都规定了鉴定意见属于证据的法定形式，应当经过质证才能被采信，鉴定人根据需要应当出庭作证，专家辅助人制约鉴定人等，这些规定都很原则。司法解释以及规章也都进行了相应的补充，但没有形成系统的规则体系，使得这些技术证据很难发挥应有的作用。

比如，《决定》明确规定了法医类、物证类、声像资料类三种类型鉴定，其他需要鉴定的事项应当由司法部商最高人民法院、最高人民检察院确定，司法部在其制定的关于司法鉴定执业分类的文件中对知识产权鉴定的内容进

行了规定。这里涉及两个问题：其一，司法部制定该规章有没有与相关部门协商；其二，鉴定人的资质如果规定，没有配套的资质管理和登记管理的规范，执业的合法性如何？鉴定意见能否作为定案证据？

2. 质证程序虚化

在质证程序中，对证据的质证，主要依赖当事人及其诉讼代理人，并从证据的关联性、合法性和真实性等三个方面分别予以质证。在此基础上，法官对证据进行审核，认定证据有无证据资格以及证据证明力的大小，从而认定案件事实。为了避免将不具有证据资格的证据采纳为定案证据，就需要对证据进行质证。

鉴定意见虽然是专业人员就专门性问题，运用科学理论、原理和手段，基于自身专业知识和经验，在分析、鉴别的基础上作出的，但由于鉴定意见属于意见证据，依然受人的主观认识的影响，其结论具有一定的或然性。如对商业秘密未公知的鉴定，鉴定人都是基于检索报告作出判定，受客观因素和主观因素的影响，该判定结论不具有绝对性。如果当事人提出了在特定日期前他人使用该技术，导致了公开，未公知的结论就会被推翻。

所有的证据都只有经过质证才能作为定案证据。司法实务中虽然也对鉴定意见进行质证，但存在几个方面的问题：一是质证通常是书面质证，鉴定人很少出庭，质证效果有限；二是质证范围以鉴定结论为主，无法提出有说服力的质证意见；三是当事人的代理人通常不具有专业技术背景，无法就鉴定方法和原理等方面提出高水平的、有针对性的质证意见。

近两年，在知识产权案件审理中，随着技术审查官制度的建立和实施，鉴定意见由于其天然缺陷（鉴定费用高、时间长、中立性受质疑等），发挥的作用越来越有限，通常只有复杂、疑难案件，双方当事人争议大的案件，法院才会考虑鉴定。

第二节　外国鉴定制度介绍

在涉及专业技术案件时，大陆法系与英美法系形成了两种不同的事实查明制度，即大陆法系的鉴定人制度和英美法系的专家证人制度，目前这两种制度有相互借鉴融合之势。

公元 6 世纪，《查士丁尼法典》中就已经出现了与鉴定相关的规定。德国是大陆法系中最早形成鉴定人制度的国家，早在 16 世纪初期，《加洛林法典》就首次明确了鉴定一词，该法接近 1/5 的内容都是关于鉴定的。

一、德国鉴定制度

鉴定制度涉及的内容非常丰富，通常包括：鉴定类别，如医学鉴定、痕迹鉴定等；鉴定人资格，如专业限制、职称限制等；鉴定人权利义务，主要包括鉴定人享有的获取报酬权、独立鉴定权以及按照要求及时完成、出具鉴定意见、出庭作证等相应的义务；鉴定程序，指鉴定的方式、步骤、时限等；鉴定意见的文书要求；法官对鉴定的制约。

（一）鉴定类别

鉴定是鉴定人借助科技手段依赖专业知识协助当事人或法官就事实问题加以判断的行为。根据鉴定方式分类，鉴定有三种：第一种，鉴定人仅提供一般的经验和知识；第二种，鉴定人利用其专业知识对某一事实进行判定、认定；第三种，鉴定人利用其专业知识在事实认定的基础上，借助演绎推理规则，形成一个结论。这其中有一个恰切的案例可以说明三者之间的区别和联系，如果鉴定人说"新生儿在出生 6 小时，其腹部及肠将充满空气"，鉴定人仅提供经验或知识，这属于第一种鉴定方式；如果鉴定人说，被杀害的新生儿腹部及肠没有空气，这是鉴定人利用其知识对事实进行认定，属于第二种鉴定方式；如果鉴定人说，新生儿是在 6 小时内被杀害，鉴定人是利用经验或知识，在认定事实的基础上，借由推演规则，将事实导向一结论，属于第三种鉴定方式。

对于上述三种鉴定类别，学者们从证据学的角度又有不同的解读。有学者将第一种方式称为"认知型鉴定"。鉴定人所提供的知识或经验，仅仅是某一科学技术领域内的原理知识，该类原理知识对本技术领域的人而言属于"众所周知的事实"，证据法上也称为司法认知的对象。第二种鉴定方式也被称为"勘验型鉴定"。鉴定人与一般公众不同，通过其专业知识和经验，能够有效发现影响案件判定的事实，特别是在面对尸体或者其他痕迹时。第三种方式被称为"结论型鉴定"。这是名副其实的鉴定，鉴定人需要根据该特定领域的普遍原理，结合其勘验到的案件事实，然后根据推理和逻辑判断，给出专业性的意见。

（二）鉴定人类别

这里所说的鉴定人类别，是从对鉴定人管理的角度予以区分的。

德国的鉴定机构根据鉴定事务进行分类，包括法医类鉴定机构、刑事技术类鉴定机构以及其他类型鉴定机构。对鉴定人没有统一的管理机关，分别由行业协会自行组织和管理。为了便于当事人和法官委托鉴定人，德国的鉴定人名册制度较为灵活，鉴定人主要有以下几种类型：

（1）自由鉴定人。这类鉴定人需要拥有本行业相应的专业知识和经验，可以申请加入鉴定人行业协会。除非遇到特殊情形，如通过其他途径无法任命合适的鉴定人，否则法院一般很少委托该类鉴定人从事鉴定业务。

（2）行业协会认可的鉴定人。这类主要是由特定的行业协会进行认定和组织管理，鉴定人数比较多。

（3）国家认可的鉴定人。所谓国家认可，主要是指需要通过国家组织的考试，以证明其除了工作经验之外还具备特定的专业知识。这类鉴定人独立开展鉴定活动并独立承担责任，自负盈亏，国家仅仅对其鉴定活动进行一定的监督，以防止违法行为的发生。

（4）经认证的鉴定人。该类鉴定人经过德国认可委员会的认证。其主要特点是，鉴定人除了具备相应的资质、较高的专业知识以及长期的工作经验，其认证效力通常是有期限的，超过期限后还需要定期进行考试，以确保其专业知识和水平的稳定性。

（5）医学类鉴定人。这类鉴定人需要获得医师执业资格，有些还需要硕士学位，如精神病医师。他们通常就诉讼中当事人的健康状况或身体伤害等医学类问题进行鉴定。

（6）公开任命并宣誓的鉴定人。由德国工商总会负责。这类鉴定人认证最严格，鉴定意见也最可信。认证是通过考试的形式，考试内容不仅包括专业知识，还包括法律知识，5年任命一次。其他类型的鉴定人冒充此类鉴定人需要承担刑事责任。

（三）鉴定人的资格

无论是哪种类型的鉴定人，选任一般都要从以下方面考虑：

1. 知识、能力和经验

同其他国家一样，德国对鉴定人也同样有专业知识、能力和经验的要求，即鉴定人应当具有与鉴定事项对应的专业知识、能力和经验。对一些特定事项或特殊领域的鉴定人，还需要通过政府组织的入职资格考试才能成为鉴定人，如法医类鉴定。其他的一般领域的鉴定并不需要通过统一的执业资格考试，只要法庭认可其拥有鉴定所需要的相关领域的专业知识、经验和能力，法庭就可以任命为鉴定人。在特殊情况下，法庭找不到合适的专家，会求助于大学或者专门的研究机构。相关部门或组织会定期公布鉴定人名册，补充新鉴定人或删除不符合要求的鉴定人。

2. 中立性

由于鉴定人由法官任命，不被看作是法官的助手。根据诉讼法的规定，要求法官回避的理由同样适用于鉴定人。证人拒绝作证的理由同样可以作为鉴定人拒绝鉴定的理由，如鉴定人与当事人存在利害关系等。德国法律还规定了鉴定人宣誓程序。在刑事诉讼中，鉴定人应当在完成鉴定后宣誓。在民事诉讼中，鉴定人可以在鉴定前也可以在鉴定后宣誓。宣誓是一种形式，更多的是鉴定人向当事人和法院表明其会公正地完成鉴定，既不违背良心，也不偏私。

（四）法官在鉴定中的作用

鉴定中，法官在以下方面发挥重要的作用。

1. 选任鉴定人

法官决定需要聘请的鉴定人及人数，并与鉴定人约定鉴定期限。德国民事诉讼法对法庭选择专家予以一定的限制，如果当事人就鉴定人的选任意见一致，法庭应当选定当事人共同选定的鉴定人，但鉴定人数由法官决定。法院在任命鉴定人时，如果鉴定工作是属于特定种类的鉴定，已由政府任命公共鉴定人，就只能任命该公共鉴定人，只有在特殊情况下，才能另选其他类别为鉴定人。

2. 启动、主持鉴定

如果法官的知识不足以解决争议的案件事实，法庭应当任命鉴定人。一般而言，是否任命鉴定人属于法官自由裁量权的范围。法官认为调查案件事实需要聘请鉴定人时，可以自行启动鉴定。在民事诉讼中，除了法官自行启动鉴定外，当事人可以申请鉴定，表明要鉴定的事项。

3. 对鉴定的必要支持和对当事人权利的保护

如果鉴定需要进行强制采样，法庭应当进行必要的支持。

（五）当事人及鉴定人在鉴定中的权利和义务

鉴定是一个多方参与的活动，当事人在其中具有重要的影响。

当事人权利与义务：申请鉴定人回避的权利；当事人有权提出申请鉴定并选择鉴定人的权利；当事人有被法院告知鉴定事项、鉴定人和鉴定期限的权利；配合鉴定的义务。

鉴定人权利与义务：拒绝鉴定的权利、收集资料的权利、获得报酬的权利；实施鉴定的义务、宣誓的义务；按照要求及时出具鉴定意见的义务；鉴定人出庭义务。

（六）对鉴定人的询问和对鉴定意见的审查认定

1. 对鉴定人的询问

根据德国诉讼法的规定，对鉴定人的询问一般由法官主导。关于询问的顺序，首先由法官询问，法官可以依职权向鉴定人提问，问题包括其认为对审理案件事实有必要的问题；其次由当事人或其代理人询问，当事人或其代理人的询问内容与鉴定意见无关的，法官可以依职权及时阻止提问。

2. 对鉴定意见的审查认定

鉴定意见的价值以及是否采信鉴定意见都属于法官职权内的事，实属自由裁量。德国法律没有规定法官必须接受鉴定意见，或受鉴定意见约束，但由于鉴定人具备相应领域的专业知识、技能，且鉴定人是由法官任命的，因此在司法实务中，法官常常会有选择性地接受鉴定意见。

当事人为了更好地对鉴定意见进行质证，通常会聘用专家，但当事人聘用专家的意见属于当事人主张。过去，法官一般会质疑当事人专家意见的中立性，但当事人专家意见具有积极的质疑作用。现在，当事人专家意见的作用得到了越来越高的重视，法庭可以要求败诉方承担胜诉方支付给专家的合理费用，对于没有采信的专家意见，法官应当解释其理由。

如果法官认为当事人专家的意见具有合理性，会另行任命鉴定人重新鉴定，并不直接采信当事人专家的意见。关于鉴定意见的审查，德国并没有专门的规则，如果当事人有证据证明鉴定意见不是涉案领域普遍接受的观点，法庭也会重新任命鉴定人再次鉴定。除上述情况，法官一般会遵从其任命的鉴定人出具的鉴定意见，因此，鉴定人也被称为事实上的审理者。

二、法国鉴定制度

现行法国诉讼法中的鉴定制度起源于专家报告制度，并在法国专家制度中占据重要地位。

（一）历史

法国的专家报告起源于路易十世时代，当时的法令规定，法庭可以使用司法检查（现场检查）或者依赖专家报告。专家在法官的主持下收集证据，实施调查。调查完成后，专家向法庭提交的专家报告由预审法官保留，随后的事实审理者（即审判法官）将会考量。在此后的发展中，专家报告制度被滥用，法庭专家的法律地位曾经可以继承，后被废除。拿破仑时期，法典认可法官在审理案件中使用专家证据是必要的，而且还将任命专家的职权赋予法官，允许其根据案件需要酌情考虑，实属其自由裁量范围。后来，在医疗争议中，鉴定人有医疗或外科执照的规则得以初步确立。[1]

现代法国诉讼法关于鉴定制度的规定经历了多次修改，但鉴定制度的基本理念和规则仍然与拿破仑时代的法典相同。

（二）选任

法国民事诉讼法规定，对于需要通过咨询、验证、鉴定等方式查明的与技术事实相关的问题，法官可以委派其挑选的专家。法国民事诉讼中有三种类型的专家，分别是验证人员、咨询人员和鉴定人。在刑事诉讼中，只有一种类型的专家，即鉴定人。无论何种类型的专家证据，都是帮助法官解决超出其常识、经验范围以外的事实问题，本质上都是咨询性质，法官不受专家证据的约束。法国民事诉讼法规定，技术人员只能解决与案件有关的事实问题，在任何时候，鉴定人的解释或判定都不应当涉及法律问题。

法国的民事诉讼法和刑事诉讼法都规定，任命专家属于法官自由裁量权，法官不仅可以依据职权任命专家，也可以依据任何一方当事人的申请而任命专家。但也有例外，预审法官可以根据实体法的规定任命专家。对预审法官或审判法官任命裁决不可以上诉，但也存在例外情形，如任命是违法的或者毫无意义的。根据法国的法律定位，专家是为了审理案件的需要而存在的，因此专家性质上是法庭的助手，不代表任何一方当事人，更不是他们的代理人。为防止有人违背这一宗旨而收买专家，法国法律禁止专家以任何形式从当事人处获得报酬，但通过法官获得报酬另当别论。

（三）资格

法国专家包括自然人专家和法人专家，法国多个机构都发布了专家名册，

---

[1] Robert F. Tayor, "A Comparative Study of Expert Testimony in Fance and the United States: Philosophical Underpinnings, History, Practice, and Procedure", 31 TEX. INT'L. L. J. 181, 187 (1996).

法官可以从专家名册中选任。在特殊情况下，如果各类专家名册中没有合适的人选，法院也可以在说明理由的情况下，在名册之外选任专家。当选任的专家是法人时，法人应当从其所辖人员中选定自然人鉴定人。此时，该自然人鉴定人应当以该法人的名义从事鉴定活动。

民事诉讼中，在预审法官选任鉴定人时，一般是从上诉法院的专家名册中选任。事实上，法律对此没有强制要求，预审法官主要为了便利，或者为了保证鉴定质量，才更愿意这么做。同一专家名单可以在不同的地区法院专家名册和国家层面的专家名册中出现，但进入国家名册的前提是必须在地方名册中注册 3 年以上。

适格性审查主要考察鉴定人是否具有解决专门问题的知识和能力，以及回避情形。由于专家被视为法官的助手，对法官回避的理由同样适用于被任命的专家。

（四）法庭专家证据的类型

刑事诉讼专家证据只有鉴定一种形式，民事诉讼专家证据的形式包括验证、咨询和鉴定。

验证是指对事实的证实。验证仅是简单的事实证实，回答简单的技术问题。验证专家仅能证实事实，不能表达任何与他们验证结果有关的意见或就验证事实法律相关性发表意见，意见证据仅能由咨询或鉴定专家做出。法官根据需要，在案件审理的任何阶段进行验证，包括和解阶段、评议阶段。验证结果一般被以书面形式提交给法庭，如果验证结果非常简单，以口头形式向法庭陈述即可。口头验证应当制作笔录，如果是立即作出判决的，也可以在判决文书中记述，不用另行制作笔录。用于支持验证记录的文件附于案卷。

咨询就是只需要对技术事实进行分析，不需要完整的鉴定。咨询介于验证和完整鉴定之间。在争议的任何阶段，预审法官都可命令进行咨询，咨询一般是以口头方式进行，但应当制作笔录，如果是立即作出判决的，也可以在判决文书中记述，不用另行制作笔录。对于书面形式的咨询，应当由法庭书记室保存，对于支持咨询意见的证明文件，应当附在案卷中。

鉴定是最为复杂的专家证据形式，只有在验证或咨询仍不足以查明案件事实的情形下，才有必要命令进行鉴定。鉴定包括三种类型：诉前鉴定、协议鉴定和司法鉴定。

根据法国民事诉讼法，诉前鉴定是指在诉前，一方当事人为了日后诉讼的需要而进行证据保护的鉴定，或者为了日后诉讼评估案件事实的需要而进行的鉴定。诉前鉴定当事人需要向法院提出鉴定申请，表明通过诉前鉴定的合理需要，以及在未来的诉讼中使用申请的鉴定意见作为证据证明其事实主张，如预审法官审查后认为鉴定有利于保全未来诉讼中的证据、确立未来诉讼的案件事实，预审法官就会发出任命鉴定人的命令。

协议鉴定是当事人协议的结果。当事人就选择鉴定人的程序、鉴定的事项达成一致。协议不得违反合同法和其他法律的强制性规定（如正当法律程序的要求），否则协议无效。除非协议就鉴定人费用的分担作了具体规定，否则费用由双方当事人平均分摊。在司法鉴定中，鉴定人是法官的助手，在鉴定期间，他们是法庭的工作人员。但对于协议鉴定，鉴定人属于当事人的代理人，应当承担代理人的职责，如果鉴定人未履行职责，当事人可以主张根据民法典关于代理人的法律规定，要求其承担相应的法律责任。

司法鉴定又被称为纯粹的鉴定，由法官选任的鉴定人实施，鉴定事项由任命的法官决定。法官仅能任命专家帮助解决技术问题，而不能包括法律问题或常识问题。鉴定人是法官的助手，鉴定人在预审法官或者指定进行鉴定的辖区法官的监督下进行鉴定。

（五）鉴定人义务与权利

鉴定人义务包括：鉴定人应当依据自己的荣誉、良心而认真、客观、不偏见地完成鉴定；亲自完成鉴定任务，不得违反法官的命令，不得侵害法律赋予当事人的权利；对鉴定材料妥善交接和保管的义务；按照规定的期限完成鉴定；出具鉴定报告的义务；保密义务。

鉴定人权利包括：鉴定人的权利比较多，主要包括获得报酬权，以及要求当事人配合、法官支持的权利。

（六）对鉴定人的询问和对鉴定意见的审查认定

法国法院启动鉴定的程序、专家的选任、鉴定的具体任务等都由法官根据法律的规定在正式启动鉴定前进行确认，当事人有提出异议的权利，从而提高了鉴定效率，减少了专家报告被排除的机会。

当事人可以向法庭提出排除鉴定报告。法国法律同样规定，法官对事实的认定不受鉴定人的约束，法官对鉴定意见的证明价值的考量属于其自由裁量权的范围。但法官对其任命的鉴定人的鉴定意见通常都会遵从，根据判例，法国法律不要求法官阐明其接受鉴定结论的理由。

第三节　我国司法鉴定制度研究评述

2019 年 1 月 26 日进入 "http://www.pkulaw.cn"，北大法宝共收录了 178 种期刊。点击 "法学期刊"，输入 "司法鉴定"，选择 "标题""精确" 关键词检索，共检索到 328 篇文献。其中，《中国司法鉴定》135 篇，《法学杂志》《法律适用》《人民检察》《犯罪研究》以及《湖北警官学院学报》皆 10 篇以上；发表年份主要集中在 2014 年至 2018 年，基本达到每年 30 篇以上；专业类别，司法鉴定学 228 篇，司法制度 31 篇，刑法学 20 篇，民事诉讼和刑事诉讼法各 4 篇，诉讼制度 2 篇。研究视角大多是综合性的，也有针对司法制度中的某一个问题展开的。具体而言，主要涉及以下主题：

一、关于司法鉴定管理体制的研究

关于司法鉴定管理体制的研究一直是学者们关注的问题。不过，不同时期的关注点稍微有些区别。有的从局部问题出发，也有的从系统管理问题出发，理论研究、政策制定以及法律实施相互影响，共同推动司法鉴定管理的规范化、科学化进程。关于司法鉴定管理的研究主要涉及以下几个方面的内容：

鉴定人执业资格制度。大多数学者认为，鉴定人资格是鉴定制度的核心内容，鉴定制度完善的首要前提是解决鉴定人资格问题。鉴定人资格包括以下内容：鉴定人准入需要的条件，包括专业知识和专业技能的要求，是否需要经过统一的考试、必要的职业训练，以及职业道德的考察；执业资格管理的规范化和职业化，这主要是指是否需要制定统一的执业管理规范，包括横向或纵向的，鉴定人是否需要像律师或者医生那样进行职业化管理，这些都是值得探讨的问题。[1]

司法鉴定专家委员会。司法鉴定专家委员会在解决鉴定意见争议方面发挥着积极的作用，但是，理论与实务界对于专家委员会的设立目的、职能权限乃至组成人员资质等方面均存在分歧，以致引发了人们对于专家委员会存在必要性与合理性的质疑。从该制度的产生渊源、各地的相关规定入手，从

---

〔1〕 易旻、白宗政、张琳："完善我国司法鉴定人职业资格制度的思考"，载《中国司法鉴定》2014 年第 5 期。

现状、存在必要性、发展困境等方面进行分析讨论，许多学者对该制度的未来发展趋势和改进完善提出了看法与建议。[1]

司法鉴定分类。司法鉴定内容涉及各类专门性问题，鉴定人员应当掌握能够解决专门问题的知识、技术和经验。只有这样，其主体才能适格，作出的鉴定意见才具有权威性。通过对司法鉴定进行分类，相应领域的技术专家只能对该领域专门问题进行鉴定。如果主体选任不符合要求，鉴定意见就不具有科学可靠性。[2]

司法鉴定机构类型。根据需要，司法鉴定机构既可以是公立型的，也可以是民营型的，应当树立诉讼服务理念，同时还要提高司法鉴定人的社会地位。[3]

鉴定机构及鉴定人的法律责任。当鉴定意见损害当事人合法权益时，鉴定机构和鉴定人应当承担法律责任。法律分析主要有两类：一类是侵权纠纷，一类是违约纠纷。通过法院委托鉴定的，当事人与鉴定机构之间没有委托合同关系，当事人仅能主张侵权损害赔偿。其构成要件包括鉴定人具有主观过错、鉴定人实施了不法侵害行为、造成当事人损失以及损失与不法行为之间具有因果关系。[4]

司法鉴定管理体制。关于司法鉴定管理体制问题，政府一直很关注，通过政策等形式予以规范，后期必然会通过立法的形式予以确认。目前，侦查机关司法鉴定人和鉴定机构由侦查机关进行资格审查和管理，与其他类型的鉴定机构一道由司法行政部门统一编制名册并公告。[5]

鉴定意见审查。对于鉴定意见的审查从证据法角度加以规范，包括鉴定程序方面、鉴定意见的使用审查，将不符合要求的鉴定意见以及虚假的鉴定予以排除。[6]

---

[1] 杨晓薇："司法鉴定专家委员会制度刍议"，载《犯罪研究》2014年第5期。

[2] 贾治辉、欧阳俊荣、凌扬棣："论司法鉴定的科学分类与鉴定人资格管理"，载《中国司法鉴定》2016年第2期。

[3] 邹明理："健全统一司法鉴定管理体制研究"，载《中国司法鉴定》2017年第1期。

[4] 陈军、郭兆明："浅谈司法鉴定机构的法律地位——1例当事人起诉司法鉴定机构案件引发的思考"，载《中国司法鉴定》2017年第1期。

[5] 郭华："健全统一司法鉴定管理体制的实施意见的历程及解读"，载《中国司法鉴定》2017年第5期。

[6] 郭华："司法鉴定制度改革与司法鉴定立法之推进关系"，载《中国司法鉴定》2018年第5期。

二、关于鉴定人出庭制度的研究

鉴定人出庭制度一直是实务界和理论界密切关注的问题，学者给予了持之以恒的关注。早期关注鉴定人出庭制度的重要性，现在更多的是关注如何解决鉴定人出庭难问题。

从鉴定人自身权益角度研究鉴定人出庭制度。研究的内容包括鉴定人人身权的保障问题，鉴定人出庭费用的承担及保障问题，以及鉴定人出庭的例外制度等，力图提高鉴定人的出庭率。[1]

从鉴定人、法院、当事人视角谈鉴定人出庭制度。2012 年《民事诉讼法》强化了鉴定人的出庭作证义务，但鉴定人出庭率低的现象仍然存在。具体原因表现为当事人权利保障不足、法官权力不受约束以及鉴定人权利保障被忽视。所以，协调好法院、当事人、鉴定人之间的权利、权力与义务这三方的关系，可以更好地完善鉴定人出庭制度。鉴定人方面，包括收费权和接受质询义务；当事人方面，包括对鉴定意见的异议权和申请鉴定人出庭权；法院方面，应当控制法官对前两者权益保障的自由裁量权。[2]

从鉴定机构的视角谈鉴定人出庭保障措施。我国司法鉴定机构类似于法国的法人鉴定，应当由鉴定人和鉴定机构就各自的过错对鉴定意见承担法律责任。司法鉴定机构不仅要从时间、资金、档案资料等方面做好保障，而且还要考虑遇到特殊案件，如投诉、"闹鉴"等案件情况的处理，增加司法鉴定人的执业保险制度，为司法鉴定人出庭创造良好条件。[3]

三、关于鉴定意见审查机制的研究

鉴定意见实质审查应当考虑的因素。在美国的法律制度中，法官在庭审中对专家证言所持有的基本态度是以"怀疑"和"排除"为主，我国法官也应当转变司法理念，围绕鉴定意见可采性和证明力两个方面进行审查。可采性主要是对鉴定的理论和方法的可靠性以及科学性等方面进行审查，一般从

---

[1] 杨英仓："司法鉴定人出庭作证制度构建"，载《人民检察》2014 年第 12 期。

[2] 姚慧："我国司法鉴定人出庭作证制度的完善——以民事诉讼领域权利保障与权力制约为基点"，载《中国司法鉴定》2015 年第 3 期。

[3] 赵杰："司法鉴定人出庭保障问题研究——以司法鉴定机构为视角"，载《中国司法鉴定》2017 年第 2 期。

以下方面进行：理论或者鉴定方法是否已经得到充分检验；鉴定方法的误差率；同行对鉴定方法的评议；鉴定方法采用的标准是否实际存在并得到遵从；本领域共同体对该科学方法的接受程度等。由于鉴定意见专业强，需要通过庭前开示的形式予以充分质证，由双方当事人对鉴定意见的原理、鉴定过程等进行对抗性质证，因此此举有利于法官对鉴定意见形成内心的确信。在证明力审查方面，主要是通过强制鉴定人出庭、交叉询问的方式实现，通过对抗性询问保障法官对鉴定意见证明力的审查质量。[1]

既然鉴定是一个科学分析、推理的过程，对鉴定意见的审查便也应当围绕鉴定过程中的每个环节和要素，并具有科学性和法律性色彩。第一，关于鉴定材料的审查，要审查鉴定材料的来源是否合法，是否真实可靠，特别是取材时数量和质量是否符合要求，是否符合取证的方式。第二，关于鉴定原理和鉴定方法的审查。鉴定是一种科学活动，具体体现就是鉴定的原理和方法的科学性，鉴定的方法是否是通用的标准，仪器设备是否能够获得数据。第三，关于鉴定意见论证的审查。论证过程包括鉴别、分析、推论，需要从论据是否充分、论证是否科学、推论是否合理，以及论据与结论之间的关系是否合理、是否矛盾等方面进行重点审查。第四，关于鉴定意见的审查。包括因果关系是否明确的审查，鉴定意见是否明确、意见是否唯一、逻辑性是否严密，以及鉴定意见有没有遗漏的内容等。[2]

司法鉴定合乎事实、合乎理性、合乎规律、合乎逻辑能让法官产生内心确信。以"合理性"为标准，有利于法官对鉴定意见进行准确认证、提高鉴定文书的质量、提升司法公信力。关于合理性标准的适用，如果鉴定意见违背已有的鉴定规范和技术标准，或者显而易见地违反经验法则，或者没有鉴定依据，都属于不具有合理性。应当加强和完善针对鉴定标准的立法，使得鉴定有依据。还要加强司法鉴定人队伍建设，加强培训，提升司法鉴定能力，规范鉴定意见审查认证过程中的法官自由裁量权，以此完善司法鉴定实体审查的制度建构。[3]

---

〔1〕 郭照方："专家证言采信研究——以美国联邦法官为视角"，载潘金贵主编：《证据法学论丛》（第3卷），中国检察出版社2014年版，第247页。

〔2〕 张泽健："论司法鉴定意见审查制度的构建"，载《湖北警官学院学报》2014年第11期。

〔3〕 王治文、肖爱："'合理性'：司法鉴定意见实体审查标准"，载《哈尔滨工业大学学报（社会科学版）》2015年第2期。

通过多方参与鉴定过程，制衡各方权益，提高鉴定意见的可靠性。采取不同的法律规制方式，让法官、当事人有效地参与"其他类"司法鉴定的鉴定过程，以法官的审判权和当事人的诉权制衡鉴定人的鉴定权。当事人虽然不是专家，但当事人知悉案件的真相，通过鉴定人与当事人的及时沟通，可以确保鉴定的完整性。这主要体现在两方面：一是鉴定人根据需要及时要求当事人补充材料；二是当事人基于鉴定的要求，及时、主动补充鉴定材料。[1]

司法鉴定标准化建设。标准化建设的程度影响到司法鉴定最终结果的准确性。所谓鉴定标准，狭义是指鉴定意见可靠性的要素，广义是指由职能部门为保障鉴定意见的科学、客观而制定的，标准也是一种行为规范，可以重复适用，所有的同类鉴定都应当按照该标准完成。对司法鉴定标准化的建设，应当遵循标准化法的要求，发挥专业人士的作用。[2]

丰富鉴定意见质证手段，探索鉴定机构分级管理制度。专家辅助人与鉴定人同属专家，能够在同一层级对话，专家辅助人参与对鉴定意见的质证具有一定的科学性。然而，在实务中，鉴定人与专家辅助人角色交叉、重叠，很难形成有效的对抗。此外，即便专家辅助人参与质证，但由于其前期（如对鉴定材料的审查）没有介入，因此很难形成有效的质证。对鉴定机构进行动态化管理，随时发布违法违规信息，依法追究鉴定机构和鉴定人的法律责任。[3]

完善鉴定意见认证评价机制。也有学者提出，应当对法官是否采信鉴定意见制定一个评价机制，一方面制约法官的自由裁量权，另一方面帮助法官在没有技术背景和专业知识储备的情形下形成心证。鉴定意见的评价机制包括当事人、法官和鉴定人等三方的评价。当事人评价主要通过庭前开示制度、质证制度以及专家辅助人制度来实现，鉴定人评价主要通过鉴定人出庭制度来体现，法官评价主要通过对鉴定意见的证据能力和证明力的评价来实

---

〔1〕 刘克毅："司法鉴定过程的法律规制研究"，载《中国司法鉴定》2018 年第 1 期。

〔2〕 朱晋峰、沈敏："司法鉴定标准化法制机制建设研究——以'其他类'司法鉴定为视角"，载《中国司法鉴定》2018 年第 1 期。

〔3〕 洪冬英、孙茹兴："论民事诉讼中司法鉴定公信力的提升与完善"，载《中国司法鉴定》2018 年第 2 期。

现。[1]

四、司法鉴定风险防范以及救助机制研究

司法鉴定风险防范。随着司法鉴定的争议、投诉增多，有必要建立司法鉴定风险防范机制。加强鉴定机构收案审查，并从源头防止司法鉴定投诉的发生。在鉴定机构内部管理上，由专人负责案件投诉，监控舆论导向。职能部门也应当建立信息处理平台、危机介入、考评等配套制度，预防和处理司法鉴定投诉。[2]

司法鉴定援助机制及制度设计。法律援助工作在我国现阶段得到专业人士的支持，产生了良好的社会影响，并得到了社会公众的广泛认可。司法鉴定费用一般比较高，将司法鉴定作为援助的内容，在一定的专业领域（如知识产权技术事实案件诉讼领域）具有积极意义。完善的司法鉴定援助制度至少要考虑三个方面的问题：一是保障经济困难的当事人能够及时获得司法鉴定援助；二是要有一定的激励措施保障鉴定机构和鉴定人积极参与鉴定援助；三是国家为司法鉴定援助提供专业资金。司法鉴定援助还可以与专家辅助人制度的援助结合起来，鼓励专家积极参与专业类案件的诉讼。[3]

司法鉴定人执业风险保护制度构建。司法鉴定不仅承载着诉讼中的各类风险，还沿袭着司法鉴定科学技术活动自身的风险。司法鉴定意见与诉讼当事人有着直接的利害关系（如专利鉴定中的等同特征，商业秘密案件中的未公知和同一性鉴定），直接决定当事人这个案件的输赢。不少当事人对鉴定意见有着自己的期望值，但当鉴定意见的鉴定结论对自己不利时，他们就会去找鉴定机构无理取闹，甚至连法官也会将矛盾转移到鉴定人身上。建议通过提高司法鉴定人的自身修养和业务水平、建立鉴定机构对执业风险的评估管理、增设专项资金预存机制以及完善司法鉴定人执业保护制度，以帮助鉴定人在日常执业中有效预防和降低风险。通过加强司法鉴定行业自律和维权能力建设等措施，能够确保司法鉴定人和司法鉴定机构抵御风险，提高执业技

---

[1] 汤维建、徐枭雄："民事司法鉴定意见的评价机制论纲"，载《中国司法鉴定》2018 年第 3 期。

[2] 杨进灾："司法鉴定投诉制度研究——以鉴定机构和鉴定人为视角"，载《中国司法鉴定》2015 年第 2 期。

[3] 陈如超："司法鉴定救助的实践性反思与制度改进"，载《甘肃政法学院学报》2017 年第 6 期。

能和水平，更好地服务诉讼。[1]

五、司法鉴定专门领域（以知识产权为例）问题研究

过去，研究人员对法医学、会计学、环境损害、建设工程、精神疾病等领域的司法鉴定关注度比较高，而现在，知识产权司法鉴定成了司法鉴定学者关注的热点和难点。

商业秘密"非公知"鉴定争议。商业秘密的秘密性即"不为公众所知悉"，也被称为"非公知"，是商业秘密鉴定中最为重要的内容。然而，对"非公知"是否属于可鉴定的范围以及鉴定标准如何，业界分歧很大。秘密性的判定标准应当以具有最低限度的新颖性为前提，且不能与专利新颖性判定采用相同标准。此外，在鉴定时应强调同一性比对标准的一致性，方能保证鉴定的客观与公正。[2]商业秘密案件因涉及"专门技术事实"或"专门性问题"而不能成为司法鉴定之当然理由，司法鉴定结论不能成为一种"证实的偏见"抑或"依赖"。把司法鉴定之法律本质及证据规则具体适用纳入司法鉴定必要性之考量范围，乃兼顾实体与程序之不二选择。在司法实践中，鉴定对象应仅限争议双方所提供的"检材"，这些检材应当是商业秘密权利人主张的密点以及侵权人的信息；鉴定内容限于秘密点是否公知，秘密点与侵权人信息是否相同或实质相同，即所谓同一性鉴定。现行商业秘密鉴定方式有待规范，否则难逃以商业秘密之"秘密性"鉴定为名，行"新颖性"判断之实的宿命，势必会影响司法的公正与效率，应当引起各界的重视。[3]

知识产权价值评估问题。知识产权价值评估是知识产权证券化成败的关键。资产支持证券投资的可行性和可取性是以知识产权自身之价值以及该知识产权产生的预期现金流为基础的。目前，知识产权证券化之路受到诸多制约，关键是知识产权价值评估的公认度和可接受度有待提高。目前，关于知识产权价值评估的方法参照传统资产的评估方法，包括市场法、成本法和收益法，上述方法各自都有独立的理论支撑。测算知识产权预期收益率主要有资本资产定价模型和加权平均资本成本两种技术方法。不同领域的知识产权，

---

[1] 孙大明、诸宇杰："司法鉴定执业风险识别与防控"，载《中国司法鉴定》2018年第3期。

[2] 晏凌煜、尹腊梅："浅析商业秘密之秘密性的司法鉴定"，载《中国司法鉴定》2015年第1期。

[3] 邓恒："商业秘密司法鉴定之实践检讨"，载《知识产权》2015年第5期。

差异性高，其价值衡量没有统一的客观标准。其技术本身就是不相同的，也没有市场价格指标可以作为参考。知识产权证券化是知识产权金融的主导产品，但如何进行风险评估依然是价值评估过程中要考虑的问题。[1]

软件源代码非公知司法鉴定。通过软件源代码的技术特征分析影响源代码非公知性的技术因素，包括以下：B/S 架构下浏览器可获得的源代码、通过反编译可以获得的源代码、自动生成的源代码、来自开源软件的源代码、第三方源代码、网络搜索或教科书中的源代码、业界通用的源代码、表达唯一的源代码。一般认为，通过反向编译获得源代码不具有非公知性。但也有例外：一是禁止反编译，这种情形通常是软件销售商针对目标程序采取加密措施或其他技术阻止反编译。二是禁止复制目标代码，这种情形通常是软件销售时与客户签订保密协议，禁止客户向第三人提供软件目标程序复制件。[2]

总的来说，学者们对司法鉴定的研究具有以下趋势：

第一，从宏观研究向微观研究转变。过去，学者们侧重于对司法鉴定管理体制的研究；现在，学者们侧重于某个问题的研究。但在行政管理方面的研究，相对而言，比较宽泛，缺少可行性、可操作的方案。

第二，从提出问题到解决问题转变。发现问题、提出问题是第一步，解决问题是第二步，两方面研究都具有价值。就鉴定人出庭而言，学者们提出了一些可行的方案，比如从当事人、法院、鉴定人三方的权利义务方面相互制约，促进鉴定人出庭；关于对鉴定意见的审查，应当着眼于鉴定活动的各个环节，从鉴定检材的来源真实性、合法性，鉴定方法、鉴定原理的科学性、标准性，以及鉴定结论论证的逻辑性、唯一性等方面对鉴定意见进行审查，具有一定的合理性和可操作性。

第三，研究问题的视角多样化。学者们从当事人需求出发，探讨构建司法鉴定援助机制，这是值得可喜可贺的，体现司法为民的宗旨，让每一个人都打得起官司。这是知识产权诉讼中法律援助机制的有益补充，后期需要对可行性进行进一步研究。鉴定人执业风险研究，由于法官自身专业局限性，

---

〔1〕 张华松："知识产权司法鉴定之价值评估"，载《中国司法鉴定》2017 年第 1 期。

〔2〕 刘玉琴、桂婕："软件源代码非公知性司法鉴定方法探析"，载《中国司法鉴定》2018 年第 4 期。

使得其接受鉴定意见的概率非常高，在一定程度上，鉴定意见直接决定案件事实认定，这导致鉴定人压力增大，同时也徒增执业风险，对该问题的研究具有很现实的意义。

第四节　商业秘密鉴定问题研究

商业秘密保护的是信息，包括技术信息和经营信息等商业信息，技术信息有产品的配方、工艺流程、产品的设计图纸以及计算机源程序等。对技术信息的理解和认知需要专门的知识，具有较强的专业性。商业秘密诉讼案件处理过程中，由于受专业知识限制，司法机关对相关事实的认定较多地依赖鉴定意见，但由于商业秘密鉴定意见规则不完善，重复鉴定、鉴定意见打架的现象较常见，严重影响了鉴定意见的权威性。

引　言

关于商业秘密鉴定意见存在的问题，笔者将通过以下案例来说明：

案例一　在"沈阳某化工股份有限公司诉沈阳某化工设计院、江苏某化学有限公司等多家国内企业侵犯其商业秘密案"中，[1]被告代理人针对辽宁知识产权鉴定意见所作出的"辽知鉴字〔2013〕第0201号鉴定意见意见书"提出了以下质疑：出具鉴定意见书的3位鉴定人无一从事涉案技术领域的工作，且将涉案技术认定为"商业秘密"的鉴定意见超出了鉴定意见机构的业务范围，涉嫌违规鉴定。

案例二　在"梁山县人民检察院公诉胡某保涉嫌侵犯商业秘密罪案"中，[2]原告华东公司主张其软件中有11项技术内容属于其商业秘密，北京国科知识产权鉴定意见中心的鉴定意见为：华东公司所主张的卫星电视接收机（DVB）5105、7710软件源程序为非公知技术信息。

案例三　在"恒祥化工有限责任公司诉张某健、沈某和、徐某侵犯商业

---

〔1〕　参见2014年8月18日中国知识产权报：http://www.cipnews.com.cn/showArticle.asp?Articleid=32812。

〔2〕　参见〔2007〕梁刑初字第180号。

秘密案"中，[1]共有五份鉴定报告。第一份是九州世初依据查新结论作出的京九鉴字第 18628 号鉴定报告，结论为具有秘密性；第二份是九州世初依据被告提交的公开出版物及原告专利申请文件作出的京九鉴字 18641 号鉴定报告，结论为不具有秘密性；第三份是九州世初京九咨字第 18663 号咨询意见书，结论为"两者不具有同一性"；第四份是由江苏省技术市场技术鉴定服务中心出具的苏科技鉴 [2007] 07 号技术鉴定报告，鉴定意见为公知技术；第五份是由上海市知识产权鉴定意见中心出具的上知司鉴字 [2008] 201 号鉴定意见意见书，鉴定意见为非公知技术。比较第四份和第五份鉴定书，两者的鉴定材料基本相同，唯一的区别是对"涉案技术与对比文件相比，反应温度、压力、时间参数上有一定差异"的内容分析的结论不同，第四次鉴定意见认为两者无实质性不同，理由是该技术信息是公知的，第五次鉴定意见认为，差异内容没有被公开，因此涉案信息属于非公知。

　　案例四　在"海鹰企业集团有限责任公司诉无锡祥生医学影像有限责任公司等侵犯商业秘密案"中，[2]二审中相关鉴定机构对本案技术问题进行了鉴定。结论为：祥生公司涉案产品是海鹰公司相关产业的继承和改造，仅凭祥生公司提供的三个技术来源，无法在 3 个月内生产出涉案侵权产品。但是涉案侵权产品与权利人的相关产品相比，在技术上有些差异，增加了一些功能，电路有改进，配方和制作工艺也有不同。这说明，祥生公司的涉案侵权产品基本沿用权利人的技术，并进行了一定的改造。

　　上述案例反映的商业秘密鉴定问题可以被归纳为：商业秘密鉴定人的技术领域是否应当分类？商业秘密鉴定的对象是什么？鉴定材料的固定有何程序性要求？不普遍知悉和不容易获得的逻辑关系及鉴定要点是什么？相同或实质相同的鉴定标准是什么？等等。在此，笔者仅就上述问题分别阐述。

一、鉴定人技术领域的规范

　　2012 年《民事诉讼法》和《刑事诉讼法》分别将"鉴定结论"修改为"鉴定意见"，这表明鉴定意见本质上仅是一种证人证言，是由专家出具的一

---

〔1〕　参见 [2007] 通中民三初字第 0037 号。
〔2〕　参见 [1999] 知终字第 3 号。

种特殊的证人证言，检材不同、鉴定方法差异或鉴定人技术领域的不同均可导致对同一事实的鉴定意见相左，因而，鉴定意见并不具有当然的证明效力和证明力。在案例一中，当事人认为商业秘密鉴定人选任应当受技术领域的限制，关于这一点《司法鉴定人登记管理办法》也没有明确要求，那么这一要求是否具有合理性呢？

在商业秘密概念中，"不为公众知悉"之"公众"不是泛指，而是特指，与专利法中评判创造性的主体"所属技术领域的技术人员"相呼应。相关国际公约或协定（如TRIPS）规定判断秘密性的主体是"未被通常从事该类信息工作的领域内的人们普遍知悉或容易获得"，即判断秘密性主体是"通常从事该类信息工作的人们"。[1] 以上两者的内涵是一致的，即秘密性判断主体应当是相关领域的从业人员。该相关技术领域的技术人员应当掌握其所在技术领域的基本技术知识、实验手段，对相近或相关领域的知识也应有所了解。

司法部曾发布相关文件（即司发通〔2000〕159号），就知识产权司法鉴定事项进行规定，这也是商业秘密鉴定意见作为证据合法性的重要依据。该文件并没有对知识产权鉴定的技术类别进行细分，对于科学技术而言，技术领域的划分具有重要的意义。在专利制度中，为了保障专利审查的效率，对申请专利的技术进行了分类，《国际专利分类表》已经被各国采纳，该表将技术领域分为八个部，每个部又细分更广泛的技术组。随着科学技术的进一步发展，学科越来越多，分工越来越细，研究也越来越深。根据《国家重点支持的高新技术领域目录》（2012年），仅新材料技术领域（一级）中的金属材料技术领域（二级）中的铝、镁、钛轻合金材料深加工技术领域（三级）的目录就达几十种。就特定领域的从业人员而言，他的精力是有限的，他可能知晓其所属三级技术领域的专门的普通技术知识以及一级、二级技术领域的公共基础知识，但不可能要求其知晓其他三级技术领域的所有专门技术知识。

笔者以为，在鉴定人知识产权执业类别中，应当对鉴定人的专业领域进行明确限定。为保障鉴定意见的可靠性、专业性和权威性，在选择鉴定人时，应当首先确保被鉴定人与鉴定内容技术领域的一致性。

---

〔1〕 孔祥俊主编：《商业秘密司法保护实务》，中国法制出版社2012年版，第125页。

二、送检材料的规范

鉴定材料是鉴定活动赖以开展的物质基础，与当事人的权益休戚相关，当事人应当围绕商业秘密的保护范围，按照要求及时、完整、真实地提交鉴定材料，确保鉴定活动的顺利进行和有效开展。

（一）秘密点的明确

"抽象的、模糊的原理或观念本身不能转化为竞争优势，没有保护的必要。"[1]商业秘密作为一种财产进行保护，应当是确定的、具体的，也只有一个确定又具体的信息才可能被人们所认知并能够被保护。同时，为保证鉴定的针对性和有效性，原告应当把公知的信息剔除出鉴定的范围。在案例二中，没有把开源程序等公知信息排除出鉴定范围，全部鉴定为非公知信息，结论显然不具有客观性和科学性。

所谓秘密点是判断商业秘密是否为相关公众普遍知悉或容易获得的技术要素，这些秘密点既可以是相互独立的技术要素，也可以是技术要素之间的相互关系，或技术要素的组合。这些技术要素可以是已知的，但对其综合、汇集和整合，仍有可能成为商业秘密。[2]

首先，秘密点的明确是司法救济的前提。在司法实践中，要求权利人明确秘密点具有法理依据。对技术信息进行保护的专利制度，专利权的保护范围是以经过行政确认并予以公示的权利要求为准，侵权技术应当覆盖专利权利要求的全部技术特征。对于公众而言，通过公示的法律文书，可以预期分析和判断自己的行为是否属于法律否定的范围。在商业秘密司法救济中，原告把泛化管理的信息加以甄别，是在私权信息与公用公知信息之间明确界限，秘密点系处于私权范围内的信息。如此，司法机关有了明确的保护对象，侵权人也有了抗辩的具体范围。

其次，秘密点的多少以及秘密点涉及的技术方案本身影响商业秘密保护的范围。对专利权而言，专利保护的是完整的技术方案。商业秘密秘密点的划分并不以完整性为条件，只要这种信息可以使用或者利用，具有价值性即可。就专利权而言，构成技术方案的技术特征越多，其保护的范围越小。但

---

[1] 孔祥俊：《反不正当竞争法新论》，人民法院出版社 2001 年版，第 719 页。

[2] Restatement of Law , Third, Unfair Competition, Section 39, Comment f.

就商业秘密而言，每一个秘密点或每一个技术要素都可以构成一个独立的保护范围。一般而言，该秘密点也需要权利人通过技术方案的形式表达出来，即便是某个技术要素与其他技术要素结合发生作用，权利人也应当表达出来，这有些类似于专利的技术方案。相对而言，指定的秘密点越多，总的保护范围越大。

最后，商业秘密管理的泛化不应影响权利的主张。实践中，企业员工会因为工作需求而接触企业不同层次和类型的商业秘密，比如生产车间的一线操作工人，应当知晓工艺流程和操作规程，对于温度、时间和投料的步骤等秘密点是必须知晓的，而更高管理层次的人员（如车间主任）应知晓添加的具体物料及配比。通常企业对自身持有的"一揽子"信息，均视为商业秘密，并与员工签订框架性保密协议。从企业的管理角度来说，不仅降低了管理成本和失密风险，也增加了涉密人员窃取秘密点的甄别成本。企业的这种泛化管理不应影响其商业秘密保密性构成的主张，法院不能因该现象存在而否认其商业秘密的存在。

（二）鉴定材料的提交

商业秘密鉴定意见的结论具有相对性，是指秘密点的对比材料不同，就可能导致鉴定意见的结论不同，这是客观材料不同导致的差异。因此，为了避免客观因素造成的差异，防止无休止的鉴定，需要就鉴定材料的提交进行规范和制约，避免不必要的无价值劳动，影响诉讼效率。

1. 司法救济程序对鉴定材料范围的影响

在商业秘密行政案件和刑事案件中，仅依据原告的送检材料鉴定商业秘密的秘密性有其客观合理性。如果被告过早介入，即便是公权力机关也无法运用有效强制措施收集到被告的侵权证据。由原告单方委托的秘密性鉴定意见可以作为原告主张权利的初步证据，行政机关和刑事侦查机关可以此作为立案的依据。

但由于被告没有参与鉴定程序，在调查取证过程中，公权力机关应当慎用直接强制措施，取证完成后，被告可以在规定的期限内，提交证据证明商业秘密不符合秘密性要件，此时可以对商业秘密是否具有秘密性进行进一步确认。

2. 鉴定材料的范围及质证

鉴定材料的范围。包括原告提交"不为公众知悉"以及"不容易获得"的证据。任何信息的获得都需要付出相应的成本，法律对商业秘密的保护，本质上是保护原告的创新劳动和有关投入、付出。如果信息为原始取得，可以通过研发立项、记录文件、试验数据、研发费用支出、技术成果验收等过程性证据，证明其信息的形成。如果信息是继受取得，可以通过许可、转让、出资、继承等证据，证明其信息系合法取得。

鉴定材料的质证及固定。委托法院鉴定的，法院应当组织双方当事人对鉴定材料进行质证，并就双方当事人的质证意见制作笔录。法院应当在鉴定材料质证后当面封存，由双方当事人在笔录及鉴定材料封口处签名或盖章。为防止二次泄密，在质证时鉴定材料展示遵循必要性原则和对等原则。

3. 鉴定材料提交的时限

众所周知，知识产权稳定性不如传统物权，针对同一专利权可以依据不同的证据和（或）不同的理由提出无效请求，无效成功的概率也较高。商业秘密的秘密性是相对的，被告可以穷尽各种渠道收集出版公开或其他方式公开的证据，以证明商业秘密是普遍知悉的。这就导致鉴定有始无终，鉴定意见相冲突也就不足为奇了，案例三就是典型的例子。

有鉴于此，送检材料应当被限制在一定的期限内提交。一方面，举证时限制度是所有诉讼案件都应当遵循的诉讼制度，知识产权争议也不能例外；另一方面，如被告不能在法定期限内提交证明普遍知悉的证据，也反向说明了商业秘密的"不容易获得""不普遍知悉"，进而具有一定的秘密性。因此，送检材料一旦固定，双方当事人便都不得增加或变更送检材料。

三、秘密性鉴定的规范

"商业秘密构成的核心要件是秘密性。"[1]《最高人民法院关于审理不正当竞争民事案件应用法律若干问题的解释》（以下简称《解释》）第9条第1款规定："有关信息不为其所属领域的相关人员普遍知悉和容易获得，应当认定为反不正当竞争法第十条第三款规定的'不为公众所知悉'。"学理上，将不为公众所知悉概括为秘密性。有学者主张"不普遍知悉和不容易获得"中间是"和"而非"或"，是一种并列关系。而TRIPS的相应规定为"或"。关于"和""或"的解读下文具体阐述。

---

[1] 李明德："杜邦公司诉克里斯托夫——美国商业秘密法研究"，载《外国法译评》2000年第3期。

（一）举证责任分配对鉴定的影响

举证责任分配及适用虽然属于法律问题，但直接影响鉴定意见委托主体、对比材料及鉴定费用的支付。《解释》第 14 条明确规定，原告应当对其拥有的商业秘密符合法定条件承担举证责任。

纵观我国立法，没有直接将权利人享有某项权利的举证责任分配给被告的例证，但在实务中，人们却走向了极端，把商业秘密秘密性的举证责任推给了被告。[1]案例三就是具体的例证。相关鉴定人明确表示，其鉴定意见"仅限于就被告提供的比对材料对原告信息是否公知进行判断"，法院在判决书中也明确认为，被告并无证据证明原告的这些未公开信息是所属领域相关人员普遍知悉和容易获得的，故对被告的抗辩不予采纳。这说明关于秘密性举证的分配，法院也倾向于由被告承担。

我国司法解释秘密性举证分配符合证明责任分配理论中的"法律要件说"。[2]"不易获得"用肯定的词语表达为"难以获得"，对原告而言，可通过"难以获得"的证据证明其秘密性。原告提交鉴定秘密性的证据包括两类：一类来源于原告，系其原始获得或继受获得该信息的过程性证据，证明其获得信息的代价实属不易；一类来源于查新机构，系其出具的查新报告，可反向初步证明该信息通过公开渠道无法直接获知，推定非普遍知悉。

在实务中，应当严格遵循司法解释关于举证分配的规定，对被告提交的证明普遍知悉的证据，原告应当积极纳入鉴定秘密性的范围，原告应当向法院申请鉴定并预先支付鉴定费用。如果原告对该证据不进行鉴定申请，被告可以此作为不侵权抗辩的证据，也可请专家出庭作证。

由于《解释》对商业秘密持有人规定了多项举证责任，导致实务中商业秘密持有人维权艰难，也使得人们对商业秘密保护中举证责任分配的得失再次进行检讨。

---

〔1〕　北京市第一中级人民法院知识产权庭编著：《知识产权审判分类案件综述》，知识产权出版社 2008 年版，第 180 页。"由原告主张相关信息不为公众所知悉在举证上较为困难，一般情况下，如果被告以原告主张保护的信息不具有秘密性进行抗辩，应当由被告承担相关信息已经为公众所知悉的证明责任。"

〔2〕　张卫平：《诉讼构架与程式：民事诉讼的法理分析》，清华大学出版社 2000 年版，第 287 页。具体而言，主张权利存在的当事人应当对权利发生的法律要件之事实承担证明责任；否定权利存在的当事人应当对妨碍权利的法律要件、权利消灭的法律要件或权利限制的法律要件之存在的事实承担证明责任。

2019 年修订的《反不正当竞争法》在"法律责任"章节对商业秘密侵权举证责任进行了新的规定，只要权利人举证证明其对主张的商业秘密采取了适当的保密措施，且有合理的证据证明被控侵权人侵犯了其商业秘密，权利人就完成了初步的举证责任，此时，被控侵权人应当证明权利人主张的商业秘密不符合法律规定。所以，就现有法律规定而言，这对权利人是一个利好的积极信号，商业秘密权利人不需要通过鉴定来启动维权案件，可以预期，未来关于商业秘密的鉴定需求将会减少。

（二）"不普遍知悉"与"不容易获得"的理解及认定

"不容易获得"是指获取信息的代价，需要花费一定的人力、财力和时间，"不普遍知悉"的信息自然也是"不容易获得"的。从逻辑学的角度分析，"不容易获得"更加贴近商业秘密的本质，是对商业秘密内涵的高度概括，两者不应该是并列关系，"不容易获得"的外延大于"不普遍知悉"的外延。

1. 不普遍知悉的认定

"不普遍知悉"不能等同于新颖性概念。专利技术要求具有绝对新颖性标准，任何形式的公开都将导致新颖性丧失。商业秘密的秘密性没有专利法制度上的新颖性要求。正如《美国反不正当竞争法重述》评论所说："专利法意义上的新颖性是不需要的，尽管某些商业秘密的案件有时提出了新颖性的要求，但这个要求与本条所描述的秘密性和价值性应当是同义语，与排除对于已知技术不言自明的改变是一致的。"[1]

对现有信息的组合、综合或利用，甚至只要具有独创性，也可构成未公知。英国格瑞额勋爵指出："从任何人都可以使用的资料中经过劳动所取得的工作成果，完全可以成为一种秘密文件……使其具有秘密性的是，文件的制造者已动过脑筋才取得该成果，而他人只有经过这一同样的过程才能取得该成果。"[2]

"不普遍知悉"可借助"普遍知悉"概念来理解。"普遍知悉"具有相对性，在甲地区普遍知悉的信息，在乙地区可能符合秘密性。在一国公开发表的信息，他国要获取该信息却很困难，或是因为语言障碍，或是因为客观条

---

[1]　Restatement of Law，Third，Unfair Competition，Section 39，Comment f.

[2]　孔祥俊：《商业秘密保护法原理》，中国法制出版社 1999 年版，第 111 页。

件不具备，总之获得该信息需付出代价，该信息仍然符合秘密性。

2. "不容易获得"的认定

当检材与对比材料存在差异时，就需要进行科学的分析和论证。

第一，检材与现有技术存在差异时的判断。案例三中，原告的搅拌速度、保温温度、静置时间以及蒸馏程序与公开出版社中记载的信息有一定差异，鉴定人应当对这种差异根据自己的专业知识进行科学分析，这种差异是显而易见的、不言自明的，还是实质性的，获取过程是否具有代价，能否产生不同的技术效果或竞争优势。只有在经过认真分析的基础上，作出的判断才具有权威性。

第二，价值性应该可以间接证明"不容易获得"。与没有拥有相关信息的竞争者相比，如果涉案技术信息或经营信息等商业信息，为所有人带来了实际的或者潜在的竞争优势，这种成功是由于上述参数微不足道的差异直接导致的，如成本的降低、污染的减少、性能的提高、本领域内的他人愿意支付费用作为交换等，则这种信息应当是不容易获得的。当然，这种优势不必很大，可以是微不足道的。

综上，秘密性的鉴定应从两个方面入手：一方面结合双方当事人提交的检材，判断商业秘密的秘密点是否已经在现有技术中全部公开，或毫无疑义地确定，如果答案是肯定的，就可以直接认定不具有秘密性；另一方面结合原告提交的证明"不容易取得"的证据，认定两者差异是否是显而易见的，或不言自明的，是否是本领域相关人员的常规选择、惯用手段等，综合判断该差异是否容易获得，并在鉴定意见中进行科学的分析和论证。

四、同一性鉴定的规范

同一性是指被告持有技术信息与原告秘密点相同或实质相同。对同一性的鉴定，只有当原告主张的商业秘密或秘密点属于反不正当竞争法规定的商业秘密，并且被告接触到其主张的商业秘密时，才需要就同一性问题进行鉴定。实质相同认定是同一性认定中的难点。

（一）等同侵权理论的适用

专利等同侵权相对于字面侵权而言，是指被控侵权产品或方法中的一个或几个技术要素虽然与专利权利要求书中的技术要素不一样，但二者只有非实质性的区别。[1]等同侵权理论的适用至少有两个方面的考量：一是侵权行为的复杂性。明目张胆和直截了当的复制是非常少见的侵权方式，侵权人通常会对专利技术加入一些微小或非实质性的变化。如果对这种侵权形式不加以禁止，就会打击人们披露发明的积极性。二是人类语言表达的局限性。将技术发明（如产品或工艺）以文字的形式进行描述，并把专利技术的保护范围严格限定为权利要求字面的内容，对撰写人来说是无法圆满做到的。

在商业秘密侵权中，直接使用不正当手段获取的商业秘密也是少见的，侵权人为防止侵权行为被发现，就会想方设法掩盖其违法行为，对商业秘密进行简单的替换或非实质性的变化。如果不将这种非实质性变化纳入侵权范围，将会鼓励人们不正当地获取并使用他人商业秘密，进而遏制人们通过时间、人力和财力去获取技术秘密的动力，最终阻碍技术的发展。

（二）同一性对比的对象

在专利侵权认定中，等同侵权对比是相对于权利要求中的每一个技术要素，而不是对比整个技术方案。在商业秘密侵权认定中，同样应当明确这个问题，原告的秘密点是什么？是单一技术要素，还是技术要素的组合？当秘密点是技术要素的组合时，是以组合作为对比对象，还是对组成秘密点的技术要素分别比对？

比如，在化学领域，对经过化合或聚合反应得到的化工产品，同一性鉴定的对象取决于权利人秘密点的确认，如果秘密点是化工产品本身，同一性的鉴定对象是化工产品，对权利人的产品与侵权产品的组合或成分的理化参数等信息来进行同一性判断；如果秘密点是温度、压力等技术要素组成的工艺流程，就应当对温度、压力的技术要素分别进行同一性判断。

（三）同一性比对的标准

专利等同判断是以"手段—功能—效果"三一致和无创造性为判断标准，[2]涉及技术信息的实质性相同判断时，如何参考该标准呢？

对于在原告商业秘密基础上进行研究获得的更优的技术要素或者更劣的技术要素，能否通过实质相同纳入商业秘密的保护范围？例如，原告的秘密

---

〔1〕　李明德：《美国知识产权法》，法律出版社 2014 年版，第 141 页。

〔2〕　参见《最高人民法院关于审理专利纠纷案件适用法律问题的若干规定》（法释〔2001〕21号）第 17 条第 2 款。

点是 A 组分为 5%~20%，被告 1 的技术是 A 组分为 10%~15%，被告 2 的技术是 A 组分为 21%~25%，均以基本相同的手段，实现基本相同的功能，被告 1 的技术效果明显优于原告，被告 2 的技术效果不如原告。更优和更劣是否应当都纳入同一性保护的范围？

原告秘密点的数值范围，系其在公知技术的基础上，付出劳动而得，如果被告涉案信息与原告的技术要素均为解决相同的技术问题（如组合物稳定性差），采取的是相同的技术手段（A 组分），实现相同的功能（增加组合物的稳定性），被告 1 的数值范围落在原告的数值范围内，并且达到更好的技术效果，这种更优技术要素也应当在原告的保护范围之内。被告 2 的数值范围与原告的数值范围没有交集，不应当纳入原告的保护范围。当然，如果被告 1 的信息系自身"不容易获得"，可通过合法来源进行抗辩。在案例四中，被告新增加的功能部分不应纳入原告的保护范围，但对技术效果更优，而技术手段和实现功能均与原告一致的差异部分，应当纳入原告商业秘密的保护范围。

结　语

实践中，关于商业秘密鉴定的问题可能更复杂。比如，涉及商业秘密的二次泄密问题，在不确定侵权嫌疑人侵权范围的情况下，如何把握送检材料的范围，以确保既达到符合秘密性的要求又不会使不必要的秘密点向嫌疑人公开？在鉴定的决定权方面，对商业秘密技术事实的证明是通过鉴定意见还是专家证人的形式，当事人在多大程度上有话语权。此外，由于鉴定意见涉及案件的关键事实，对案件的结果具有举足轻重的影响，鉴定人应当出庭接受质询，但鉴定人出于人身安全的考虑，不愿出庭的现象如何解决？

也正是由于商业秘密鉴定存在的问题较多，才具有研究的价值和意义，本书对相关问题的研究也仅是抛砖引玉，有待更深入的挖掘和深层次的理论探析。

专家辅助人制度及相关问题研究

在知识产权纠纷中，涉及的事实认定问题兼具专业性、技术性和行业性特点，无论从当事人举证、质证角度，还是从法庭对证据的采信、认定角度，都是一个难题。我国民事诉讼制度主要从以下三个方面对该问题进行了规范：一是鉴定制度，二是专家辅助人制度，三是法庭技术调查官或技术陪审员制度。这三项制度初步形成并构建了知识产权诉讼中查明技术事实的参与人诉讼机制，对当事人和人民法院的诉讼行为都具有一定的指引作用。

第一节　我国专家辅助人制度立法现状

我国关于专家辅助人的各项规定，分布在各类规范性文件中。有法律，也有司法解释和政策性文件；有中央的，也有地方的。

一、专家辅助人制度立法现状

根据时间推进，主要有以下规范性文件：

（1）《最高人民法院关于民事诉讼证据的若干规定》（简称《民诉证据规定》），系最高人民法院发布，自 2002 年 4 月 1 日起施行。该司法解释系我国法律第一次就该问题作出规定，其明确有专门知识的人可以为某一专门性问题而出庭说明，该规定表明掌握专门知识的人与证人的地位不同。

我国首先在司法解释中借鉴英美法系专家证人制度并引入专家辅助人，是为了当时司法鉴定因部门利益冲突而产生的严重问题，如重复鉴定、多头鉴定、矛盾鉴定等。收获了两个积极的效果：一是当案件无法或无需启动司法鉴定时，能够有效帮助法官理解专门性知识；二是当案件有司法鉴定意见时，为法官有效理解专门知识提供协助。

（2）《技术咨询、技术审核工作管理规定》，该文件由最高人民法院于

2007 年 8 月 23 日发布，自 2007 年 9 月 1 日实施。具体内容见第 2 条和第 3 条，就技术咨询和技术审核作出了规定。该文件是最高人民法院发布的针对技术咨询的专门性文件，主要解决司法实务中的难题。

（3）《最高人民法院关于全面加强知识产权审判工作为建设创新型国家提供司法保障的意见》，该文件由最高人民法院于 2007 年发布，具体内容见第 15 条。该文件从技术陪审员、专家证人、专家咨询、技术鉴定等角度，从诉讼机制的全方位出发，旨在充分调动、发挥技术人员在审理以及认定技术事实中的不同作用。

（4）《关于贯彻实施国家知识产权战略若干问题的意见》，该文件由最高人民法院于 2009 年印发，具体内容见第 32 条。与上一份文件类似，补充了新的审判方式，即技术调查官制度，弥补了技术陪审员制度的不足，积极发挥了技术人员参与技术事实案件的审理事务。但文件没有对技术调查官的相关细节进行规定。

（5）最高人民法院公布对网民 31 个问题的答复。该答复对专家咨询和专家证人制度进行了详细的说明。上述答复，是最高人民法院对上述（3）和（4）文件内容的重申，说明对知识产权案件技术事实的查明需要多管齐下，发挥各项制度的优势和作用。

（6）《中华人民共和国民事诉讼法》（简称《民事诉讼法》），2013 年生效的《民事诉讼法》第 79 条规定，当事人可以向人民法院申请有专门知识的人出庭，该掌握专门知识的人对鉴定意见或其他专门问题提出自己的意见。《民事诉讼法》吸收了司法解释的相关规定，是我国首次通过法律的形式确认专家辅助人制度。

（7）《最高人民法院关于适用〈中华人民共和国民事诉讼法〉》的解释（简称《民诉解释》），于 2015 年生效，该司法解释就专门知识的人的地位、权利、义务等进行了粗略规定，在一定程度上弥补了《民事诉讼法》的不足。

（8）《天津市高级人民法院关于印发关于查明知识产权案件技术事实的解答的通知》，自 2015 年发布，该文件对专家咨询、专家论证和专家辅助人参与案件技术事实的审理的程序分别作出了规定，特别是对专家辅助人的胜任条件、出庭以及意见的法律地位进行了详细的规定。

（9）《中国知识产权司法保护纲要（2016 － 2020）》（法发〔2017〕13 号），该文件认为"技术调查官以及司法鉴定、专家辅助人、专家咨询等技事实查明多元化机制初步形成"。但是，当事人举证分配、证据披露、证据妨等规则，司法鉴定意见的证据效力和证明力问题，司法认定以及专家辅助人制度与其他制度的协调问题，都有待进一步解决。

此外，《浙江高级人民法院关于专家辅助人参与民事诉讼活动纪要的通知》（浙高法〔2014〕100号）从诉讼程序角度，对专家辅助人参与案件审理作出了专门的规定。

二、专家辅助人现行规定的特点

总结上述规范性文件，有以下特点：

第一，随着技术类案件的增加，最高人民法院越来越重视专家辅助人在技术事实查明中的作用，并在各类司法文件中予以体现。

第二，司法实务中，人民法院既重视专家辅助人对当事人质证的影响和作用，也重视专家咨询、专家证人对法官在审理事实中的积极作用。

第三，将专家辅助人制度与鉴定制度、专家陪审制度、技术调查官制度等制度相结合，构建技术事实查明中诉讼参与人协调机制，提高案件审理效率。

第二节　我国专家辅助人制度概述

专家辅助人制度自在我国司法制度中建立以来，即对我国技术类案件的审理发挥了积极的作用。随着知识产权时代的来临，其将得到更多的重视，发挥的作用也是其他诉讼参与人无法替代的。

一、专家辅助人称谓的由来

理论界将在法庭调查阶段介入诉讼的专门人员称为专家辅助人，与庭审之前就已经介入的另一类专业人员鉴定人相区别。专家辅助人称呼能够被大家接受，主要有以下原因：

首先，《民诉证据规定》的起草者曾经提出了专家辅助人概念，此外以最高人民法院相关部门名义撰写的《民事诉讼证据司法解释的理解与适用》一书，也使用了专家辅助人指代有专门知识的人，并提出专家辅助人需要满足三点：具有专门的知识或经验；当事人委托并经过法院准许；对专门性问题

进行说明或发表意见。〔1〕

其次,《民诉证据规定》的起草者明确其参考了《日本民事诉讼法》中的"诉讼辅佐人"称谓及理念,即我国的专家辅助人与日本诉讼辅佐人具有一样的法律地位和存在价值,专家辅助人通过对专门性问题进行解释或说明,从而帮助当事人理解和认识相关的专业知识和专门问题。〔2〕

尽管,专家辅助人的称谓已基本被大家接受,但也出现了一些不同的声音,特别是最高人民法院的表态。最高人民法院在于 2009 年举办的针对网名 31 个问题的发布会上强调要发挥专家证人的作用,此处最高人民法院是否是借鉴英美法系专家证人概念,用专家证人指代专家辅助人,又或者有其他含义,不得而知。

称谓不同,一方面反映了认识不同以及认识的变化;另一方面则导致对专家辅助人的定位不明确,从而影响该制度的施行,难以发挥其应有的作用。

二、专家辅助人概念

专家辅助人是相对于诉讼活动而言的。一般来说,除当事人外,积极推进诉讼活动的诉讼参与人(如诉讼代理人),以及主导诉讼活动的其他诉讼主体(如人民检察院和人民法院),除具有专业的法律知识外,通常不具备很高的科学素养,或者具备其他学科、专业领域的知识和学识。因此,在审理特定专业领域(如医学、药学、心理学、工学等领域)的案件时,就需要该领域的专业人员参与,或以鉴定人角色,或以专家辅助人角色,或以专家陪审员角色等。

简而言之,专家辅助人就是指经当事人申请并经法院许可,在诉讼活动中,以自己掌握的专业知识,就专业问题代表当事人陈述、辩论和质证,并接受对方当事人询问、质证的人。

界定专家辅助人概念,需要厘清以下问题:

(一)何为"专业问题"

专家辅助人存在的意义就是辅助当事人更好地行使诉讼权利,维护自身

---

〔1〕 黄松有主编:《民事诉讼证据司法解释的理解与适用》,中国法制出版社 2002 年版,第 296 页。

〔2〕 宋春雨:"《民事证据规定》第 61 条的理解与我国专家证据制度的完善和创新",载中华人民共和国最高人民法院民事审判第一庭编,黄松有主编:《民事审判指导与参考》(第 4 集),法律出版社 2006 年版,第 102 页。

合法权益。其价值是通过其专业知识为当事人提供服务而实现的。通过"专业知识"对"专业问题"进行解读、说明，可以促使当事人厘清事实、掌握事实、认清事实。

"专业问题"或"专门性问题"是民事诉讼法等法律中已有的术语，但是立法中并没有对该术语进行界定。"专门性问题就是需要用专门知识解决的问题。一般说来，专门知识是一个具体的概念，没有再限定的必要。"〔1〕把握好"专业问题"需要从两个方面入手，只有这样才能够充分发挥专家辅助人制度的价值：

1. "专业问题"不是纯粹的法律问题

首先，法官是法律专家，法律适用问题是法官的职权范围，是法官行使审判权的体现，法官不需要聘请法律方面的专家；其次，当事人也不需要聘请专家辅助人就法律问题提供咨询，就专业分工而言，诉讼代理人更能够担任这个角色；最后，"专业问题"主要是事实认定问题，之所以说是"主要"，是因为有时候有些问题到底是"事实认定问题"还是"法律适用问题"，本身也是有争议的。比如，专利侵权认定中的"等同特征"认定，根据相关司法解释，所谓等同特征是指"以基本相同的手段，实现基本相同的功能，达到基本相同的效果，本领域技术人员不需要创造性劳动就能够想到"。该事实认定中，难道不需要法律的理解和适用吗？如专家辅助人认为 A 和 a 构成等同特征，是否也在一定程度上理解和适用了等同特征呢？

2. "专业问题"不包括社会公众普遍认知的问题

对于诉讼中涉及的社会公众普遍认知的问题，应由当事人、代理人、法官等有足够的知识和能力进行解决，当事人和法庭不需要聘请专家辅助人。专家辅助人只有掌握了那些普通人认知无法获得的知识和能力，并能够帮助法官和当事人解决问题，才有介入的必要。

这里还要注意的是，"专业"与"普遍认知"是相对的，并不是普通认知的问题，就不具有专业性。比如，对专利权人造成损失的判定、农民对粮食损失的估算等。

（二）何为"专家"

对专门性问题进行辅助的人，必须具备一定的条件，"专家"就是对专家

---

〔1〕　江伟、谢文哲："专家证人若干问题的探讨（上）——以我国证据立法为背景"，载《河南公安高等专科学校学报》2005 年第 1 期。

辅助人资格的要求。具体而言，"专家"就是指拥有"专门知识"的人，其知识的获得，既可以是经过系统的教育，也可以是通过实践经验。

1. 何为"资格"

"资格"与资质是两个不同的概念。"资格"是指从事某一执业活动所需要的条件，一般都要经过一定的资格考试，如法律执业资格考试、注册会计师执业资格考试。资格考试的门槛应当是相关职业所需的基本专业知识或技能，只要通过该资格考试就具有一定的从业资格。资质应当比资格更高一个层次，强调的是专门知识的使用技能，是一种动态的评价。资格通常是知识的储备，是一种静态的评价。实践中，如果个人接受了系统的教育、培训，获得了相关学科或者专业的知识或经验，要从事某一行业或专业领域的工作，还要取得相应的执业证书，如要从事律师执业工作，必须首先取得法律资格证，并通过参加实践活动才能够取得执业资格证。通俗一点讲，资格强调的是一种应然能力，即掌握了知识和经验的能力，资质强调的是实然的能力，即运用知识和经验的能力。但是，并不是所有的专业或者工作都需要资质，按照《行政许可法》的精神和原则，只有关系到公众切身利益、公共安全等领域，才需要通过执业许可的形式进行管理。专家辅助人没有资格或资质的明确限制，取得当事人信任即可，当事人或法官要根据专家辅助人的意见，形成自身对事实的认知和判断，同时可以对专家辅助人的意见提出质证意见，法官可以接受，也可以不接受专家辅助人的意见。当然，前提是应当进行说理。

2. "专家"的相对性

首先，"专"是相对某一专业领域的专，专家辅助人依赖其掌握的、涉及诉讼中的某一专业领域的知识或经验，能够帮助法官或当事人。比如，对化学知识没有专业背景或经验的电学专家，对化工领域中技术特征的等同认定，就不具有提供专家意见的资格。其次，"家"是指"专"的程度，是相对于当事人、诉讼代理人或法官而言的，法律并不会要求专家辅助人是某个领域的权威，只要其提出的专家意见能够帮助当事人或法官理解某一科学、技术问题即可。比如，就某染料组分的分析及说明，该领域的讲师、教授对当事人和法官的帮助是一样的。

三、专家辅助人与相关诉讼参与人的比较

顾名思义，专家辅助人需要借助自己掌握的知识、经验协助当事人发现事实真相，对案情进行分析、推理、判断，参与案件审理，对鉴定过程、鉴定意见等进行审查和监督。因此，专家辅助人的作用主要有四个方面：一是依据自己的专业知识或经验，对专门性问题进行说明，帮助当事人理解专门性问题，认清事实；二是依据自己的专业知识和经验，辅助当事人，反驳对方当事人就专业性问题所作的陈述；三是依据自己的专业知识和经验，辅助当事人，对对方当事人提交的证据进行质证；四是依据自己的专业知识和经验，辅助当事人，接受对方当事人就专门性问题进行的质证。

尽管我国民事诉讼法将专家辅助人与诉讼代理人、证人、鉴定人都列为诉讼参与人，但他们在诉讼中的法律地位并不相同。

（一）与鉴定人的比较

两者参与诉讼的目的都是解决专门性问题，但在我国的民事诉讼法中，两者的诉讼地位有本质区别。

第一，从选任权分析。针对诉讼中的专门问题，需要鉴定时，只有侦查机关、检察机关和人民法院有决定权，他们决定是否鉴定，并通过一定的程序让当事人参与挑选鉴定机构，最终决定权也在法院手里。当事人可以对鉴定意见进行质证，符合条件时申请补充鉴定或重新鉴定。尽管实务中，当事人在民事案件起诉前或被害人在刑事案件立案前提交了鉴定意见，但并不代表当事人或被害人享有鉴定人或鉴定机构的选择权，仅仅是应案件立案的需要，或提交初步证据的需要而为之。如果鉴定意见需要具有法律上的意义，则必须严格按照法律的要求选任和委托鉴定机构。目前，我国对专家辅助人的选任并没有规定明确的、严格的法定条件和程序，当事人根据需要向人民法院申请，出庭的专家辅助人经过人民法院同意即可。

第二，从任职条件分析。鉴定机构和鉴定人都实行行政许可管理，即必须具备一定条件、经过行政管理机关认定并入选鉴定人目录才有鉴定资格。而专家辅助人并不需要特定的资格认定，只要当事人认可其具有相应的资质和资历即可。

第三，从意见的法律地位分析。鉴定意见和专家意见都属于间接证据，鉴定意见属于法定的证据形式，而我国三大诉讼法并没有将专家辅助人意见

单独列为证据的法定形式。前者可以用来证明案件事实，后者仅用来解释、说明诉讼中的专业问题，不具有证据效力。现行民诉法司法解释仅作为当事人陈述。

（二）与诉讼代理人比较

诉讼代理人是以当事人的名义在法定代理权限或委托代理权限内代理当事人进行诉讼活动的人。诉讼法对能够担任诉讼代理人（或辩护人）的人都进行了规定。根据《民事诉讼法》第 58 条的规定，律师、法律工作者等法律职业者，以及当事人近亲属、社会团体推荐的公民等非法律职业者，都可以作为诉讼代理人。因为参与诉讼活动的需要，诉讼代理人通常需要具备法律专业知识才能较好地参与并完成诉讼任务。

专家辅助人与诉讼代理人的共同点：第一，与委托人关系一致，专家辅助人与委托人之间，以及诉讼代理人与委托人之间，法律关系属于民事委托法律关系，当事人是委托人，专家辅助人和诉讼代理人是受托人，受托人在委托人授权的范围内从事诉讼活动。第二，职责类似。专家辅助人利用自己的专业知识和经验帮助当事人解决专门问题，具体包括专门问题的诉讼请求及举证、对鉴定意见的质证，以及针对对方的专业意见的答辩，包括攻击和防御两个方面。诉讼代理人也是要利用自己掌握的法律方面的专业知识帮助当事人，同样涉及攻击和防御。第三，职业道德相同，既要维护当事人合法权益，又不能违背事实，弄虚作假。

两者的区别有以下几点：第一，专家辅助人参与诉讼，是因为当事人依赖其掌握的专门知识或经验，能够帮助当事人进行质证和辩论，从而维护当事人的合法权益；而诉讼代理人一般是利用法律知识帮助当事人维护合法权益。第二，专家辅助人不能以当事人的名义参与诉讼，也无法享有诉讼代理人享有的诉讼权利。第三，专家辅助人应当基于自身对专门问题的认知，提出独立的、专业的看法和判断。专家辅助人在维护当事人利益的同时应当遵循以客观为依据、以科学为准绳的原则，其提出的意见或说明等内容既不能违背科学原理和科学方法，也必须尊重科学、尊重知识和经验。而代理人在不违法的前提下忠诚于当事人是首位的。第四，专家辅助人可以弥补法官专业知识的不足，双方当事人的专家意见能够帮助法官更全面地掌握和分析案情，使得法官的判定更加公正、客观。第五，证据认定中，虽然法官不能直接用专家辅助人的意见代替自己的意见，但专家辅助人对鉴定意见或专门问题的意见对审理案件的法官具有实质性的制约作用，法官需要对专家辅助人提出的意见进行衡量和评价，保证法官对证据的采信具有正当性和可靠性，确保案件得到公平处理；而诉讼代理人由于不掌握专业知识，因而不具有类似的诉讼地位。

就鉴定意见的质证而言，专家辅助人与诉讼代理人的分工可见一斑。专家辅助人质证围绕鉴定材料、鉴定原理和方法、检验步骤和论证过程展开，并通过专业知识和经验分析上述事项存在的问题，是在技术层面与鉴定人抗衡和较量。诉讼代理人作为法律方面的专家，主要从法律方面就鉴定意见的关联性、合法性、真实性等问题进行质证。诉讼代理人是证据质证的主角，在对证据进行质证的过程中，专家辅助人与诉讼代理人应当首先制定质证方案，就质证的路径、策略等进行统筹考虑，诉讼代理人在听取专家辅助人的意见后，负责制定统一的方案。在证据的证明能力方面，诉讼代理人根据法律的规定，找出鉴定意见的不规范之处，从而否定鉴定意见的证据资格；在证据的证明力方面，专家辅助人发挥的作用更大些，其可以从专门领域的理论、原理、仪器设备等方面提出异议，从而对裁判者的自由心证产生影响。

（三）与法律专家比较

司法实践中当事人有时候会提交一种由法律专家出具的、针对案件事实认定和法律适用方面的专家意见。这类专家通常是某一领域的权威学者，其与专家辅助人的共同点是，二者均是接受当事人委托而实施相应的行为。区别主要有以下几点：第一，领域不同。虽然法律专家提供的意见也是专业性的意见，但是其与专家辅助人和鉴定人不同，其专业领域是法律，而后两者属于自然科学领域。一般法官并不会受专家意见的影响，因为其本身就是法律方面的专家，而且法律适用问题是其职能范围。第二，法律专家不参与案件的任何诉讼程序。专家辅助人参与案件的庭审等诉讼程序，而法律专家仅仅提供书面的意见，并不会出庭，也不会接受当事人质证。

法律专家与英美法系专家证人的比较。英美法系虽然有专家证人，但专家证人显然不包括法律专家。国外还有一种"法庭之友"现象，即法官委托法律专家对案件中的法律问题提供专业的法律意见，此时由法庭向专家支付报酬。我国法律专家意见与"法庭之友"现象有本质的区别，系接受当事人委托，前者不符合诉讼法基本理论，违背立法宗旨，有当事人挑战法官裁判权的嫌疑，无论是民事案件还是刑事案件都应当避免该种现象出现。

（四）与证人的比较

两者的区别表现在：第一，证人是就自己亲身感知的已经发生的案情进行作证，是对亲身感知的事实的描述，不能添加任何的感情色彩和价值判断。专家辅助人不是证人，如果其亲历现场，应当优先以证人身份参与诉讼。专家辅助人仅是对诉讼中呈现在自己面前的专门性问题去发现、去分析、去论证，在此基础上做出独立判断。第二，证人身份不可替代。特别是在刑事诉讼中，证人身份具有优先地位。专家辅助人是由当事人委托的，当事人可以根据自己的需要委托，委托的人选都是自由的，在一般情况下，专家辅助人具有可替代性，除非在特定领域专家数量极少。第三，证人作证是法定义务，专家辅助人提供专家意见，是基于当事人委托，而且双方意思一致，专家辅助人可以接受委托也可以不接受委托，即便是本领域仅有的专家，该专家也可以不接受当事人的委托，目前我国法律也没有就强制性委托作出规定。

四、专家辅助人制度在民事诉讼中的现实意义

我国三大诉讼法中都规定了专家辅助人制度，该制度的引入和确立既是现实需要，也是历史选择。

（一）是民事诉讼专业化发展的要求

科学技术的发展，社会分工的细化，不仅使得产品更新换代周期越来越短，也给人们的社会关系以及市场交易关系打下了深深的烙印，并延伸至民事诉讼领域。如在产品质量纠纷中，针对是否满足约定的产品质量，需要运用科学的、技术的手段才能辨别。再如，在技术合同纠纷中，在技术委托开发方面，针对受托方研发成果是否达到了约定的技术效果，也需要科学的、技术的手段，并且不同的专业领域，认定的手段也是不同的。在侵权领域，如知识产权侵权，在等同特征、不为公众知悉等事实的认定方面，更离不开专业化的人才。

专家辅助人参与诉讼活动，有利于司法实践活动的专业化建设，而健全的专家辅助人制度，不仅能够保障司法的专业化建设，更能够保障司法实践活动的公平、公正和效率。通过专家辅助人参与诉讼，法官能够更好地把握当事人对专业问题的陈述、质证和辩论，更有效地主导诉讼进程，使裁判有理有据，确保司法公正。

（二）是民事诉讼当事人模式发展的要求

就审判模式而言，在当事人诉讼模式中，法官主要把控案件审理的节奏，当事人是诉讼中的表演者，举证、质证的表现会直接影响案件的走向以及裁判结果，仅在有需要的时候，法官才会加入表演，如需要法官释明相关问题，整个诉讼程序，法官处于完全中立的地位，发现真实的责任主要由当事人承担，甚至连实体法的适用在很大程度上亦取决于当事人决定。在职权诉讼模式中，法官的职权高于当事人意志，证据的收集等基本由法院主导，当事人被动参与诉讼。

完善的专家辅助人制度是当事人模式与职权模式的调节器，可以将两者的优势结合起来。就当事人一方而言，专家辅助人参与使得当事人参与诉讼的程度和深度都有了变化，诉讼更具能动性和专业性，双方当事人之间也有了很好的制约，任何一方都不能凭借资源压制另一方，对诉讼结果的预期更合理，也能够更好地接受诉讼结果，早日息诉，进而提高诉讼的质量和效率。对法官而言，其可以不会受专业知识的限制，面对各类纠纷，在专家辅助人的帮助下，能够更好地发现法律事实，对双方当事人都能够很好地制约，防止权利滥用，平衡当事人诉讼权益。

（三）是当事人举证责任实现的现实基础

当事人应当对自己主张的事实承担举证责任，所谓举证责任是指法律预先设定的，当真伪不明时由某一方当事人承担的不利后果。在知识产权诉讼以及其他一些涉及专门问题的诉讼中，由于当事人不具有专门知识，又不具有就专门问题决定鉴定的自由。这种制度设计不利于当事人说明问题，更无法履行举证义务，有可能陷入败诉境地。

专家辅助人制度，从专业知识方面武装了当事人，提升了当事人的质证和举证能力，能更好地维护当事人的诉讼权益和实体权益。

（四）是专业证据补充的有效类型

鉴定制度在我国诉讼制度中具有悠久的历史，对查明案件事实发挥了历史性价值，具有深远的意义。然而，正是因为鉴定意见具有唯一专业性，才助长了其权威性，特别是在缺少有效制约的情形下，会导致当事人无法有效对鉴定意见提出质证意见，法官高度依赖鉴定意见，在一定程度上攫取了法官的审判权。专家辅助人制度可以解决单一专业证据形式带来的缺陷。其影响主要在以下方面：

第一，对法官的影响。现阶段，我国法官大多都是法学专业科班出身，具有理工等专业背景的法官队伍人才奇缺。在审理专业类案件时，如果仅有鉴定人参与，法官对鉴定意见的认证将不够全面，如果专家辅助人等其他类型的专业人员参与证据的质证，法官对专门问题的看法以及对专业问题的证据认定将更全面。法官也不会被鉴定人牵制，对鉴定意见以及当事人陈述都会有辨别能力，能够更好地查清楚事实，发现真相。

第二，对当事人的影响。鉴定意见的成本很高，包括时间成本和金钱成本。从证据的效力方面讲，鉴定意见并不具有当然的证明能力或较高的证明力，需要根据双方质证结果来判定。专家辅助人能够做鉴定人做的事情，仅仅是形式不同，那有什么理由不选择获取专家辅助人的帮助呢？其专业性、灵活性与鉴定意见相比毫不逊色。

第三，对鉴定人和鉴定机构的影响。长期以来，我国司法对专业问题都是依赖鉴定意见，导致了对鉴定人和鉴定机构的制约缺失，以致一家独大，鉴定意见问题频出，鉴定意见的正确性和公正性受到各方质疑。专家辅助人制度的确立，专业人士之间的制衡，有效地制约了鉴定人和鉴定机构，促使各方在健康的轨道上发展。

五、专家辅助人制度存在的问题

在我国诉讼法中引入专家辅助人制度有其积极的一面：一是帮助法官更好地制约鉴定人，平衡专门问题的认证过程；二是帮助当事人在无法启动鉴定情形下，充分享有和履行对专门问题的举证和质证的权利和义务。

然而，《民诉证据规定》第 61 条以及《民事诉讼法》第 79 条关于专家辅助人制度的规定都非常原则，对司法实践仅仅具有象征性意义，其他规范性文件的位阶比较低，同样缺少具体指引。具体存在以下几个方面的问题：

（一）专家辅助人的资格要求及审查标准不明确

专家辅助人是掌握专门性知识的人，对案件事实认定具有一定的辅助作用，这是诉讼制度建立专家辅助人的意义所在。但是，我国诉讼法及相关司法解释没有就专家辅助人的资格作出明确要求，这将会影响该制度具体的落地，使其难以发挥应有的作用。一方面，诉讼一方当事人通常会对另一方当事人委托的专家辅助人资格提出质疑，而法官没有评判标准，这就在一定程度上影响了法官能否对该方专家辅助人的意见进行采纳；另一方面，如果法官采纳某一方专家辅助人的意见，不采纳另一个专家辅助人的意见，理由和依据是什么？如何说服当事人？

明确了专家辅助人的资格和审查标准，就可以引导当事人委托符合要求的专家，专家辅助人也能够协助当事人确认其出庭的资格和条件，防止当事人在专家辅助人的选任上出现不必要的错误和损失。

（二）专家辅助人出庭受到限制

当事人委托专家辅助人出庭，必须向法院提出申请，并经过法院许可。由于法律没有对专家辅助人出庭的依据和条件作出规定，因此法官对该事项的决定有较大的自由裁量权，不利于保障当事人的诉讼权利。现行法律之所以有如此规定，还是受传统职权主义诉讼模式的影响。当然，对当事人申请专家辅助人出庭进行限制有一定的必要性，能够提高诉讼效率、保证专家意见的可信度，重要的是在限制的同时，如何保障当事人的诉讼权利？如果明确了专家辅助人的资格和审查标准，这个问题也就解决了一半。

（三）专家辅助人介入诉讼程序不明确

关于专家辅助人介入诉讼的程序，法律仅仅明确是通过出庭方式，也就是说专家辅助人制度仅仅适用于庭审阶段。事实上，当事人的诉讼权利贯穿于整个诉讼阶段，包括立案、证据交换、委托鉴定等程序，而专业问题的及时解答、说明对保障当事人诉讼权利至关重要。比如，在证据交换阶段，对于证据的关联性、真实性问题，专家辅助人通过专业的知识或经验，能够帮助当事人更好地理解证据并进行质证。同样，在证据交换阶段，专家辅助人也能够帮助法官把握案件专门性问题，判断案件争议焦点。

因此，现行立法规定割裂了诉讼程序不同阶段之间的相互连贯性和相互影响，仅规定专家辅助人出庭，意味着专家辅助人不能正大光明地参与其他诉讼程序，不能充分发挥其辅助当事人和法官理解、说明、判断专门性问题的作用，削弱了专家辅助人制度的作用及其意义。

（四）专家辅助人的诉讼地位不明确

我国诉讼法将专家辅助人与证人、鉴定人、诉讼代理人以及其他诉讼参与人相区别，对于证人、鉴定人以及诉讼代理人的诉讼地位都有明确的规定。然而，司法解释仅仅把专家辅助人的意见作为当事人陈述，其他方面均为空白。由此产生了一系列问题：

第一，专家辅助人意见定性不明确。按照现行民事诉讼法，专家辅助人意见不属于任何的证据种类，既不属于当事人陈述、证人证言，也不是代理人意见，地位相当尴尬。当然，司法解释和司法实务中均将专家辅助人的意见等同于当事人陈述。在"某材料（瑞士）有限公司诉某染料工业有限公司侵害发明专利权纠纷案"中，[1]原告以提交公证书的形式证明被告委托的专家辅助人魏某系被告员工，原告认为魏某不具有专家辅助人资格。法官认为，专家辅助人接受被告委托出庭就相关技术问题作出陈述，法律上属于当事人陈述，不是证人证言，因此，其身份没有特殊要求，被告职工的身份不影响其代表被告就专门问题进行陈述。

第二，专家辅助人对鉴定人的制约或者影响小。将专家辅助人的意见仅仅作为质证意见或当事人陈述，专家辅助人与鉴定人法律地位完全不对等，专家辅助人尽管有机会跟鉴定人质证，但由于其意见仅仅是意见，得不到法庭的重视，因而不能对事实认定产生实质上的影响，势必会使得整个质证过程流于形式，从鉴定人的角度出发，鉴定意见被专家辅助人意见影响的概率变小，当事人委托专家辅助人的动力变小。即便实务中视为当事人陈述，也需要得到当事人的专门确认，否则便不具有效力。

第三，专家辅助人的权利义务以及法律后果不明确。由于专家辅助人意见定性不明确，其相应的权利义务也不明确。作为出庭的主体，专家辅助人应当享有一定的权利义务，保障其出庭。此外，对其法律责任也应当明确，如果违背其所知道的事实陈述意见，应当作出惩戒，确保专家辅助人利用其掌握的专门知识为诉讼提供服务。

第三节　英国专家证人制度

英美法系的专家证人制度与大陆法系的鉴定人制度相对应，也属于意见证据，但不同于一般的证人证言。专家证人制度对法官查明专门问题、审理专业类型案件发挥了不可替代的作用。

所谓专家，是指在特殊专业领域，通过学习或实践获得基本专业知识或经验，提供的证据能够被采信，这样的证人称为专家。桑德斯法官也曾经说过："在案件中涉及的其他学科或专业问题，我们应当向有关学科或专业的人

---

〔1〕　参见［2013］沪高民三（知）终字第71号。

寻求帮助，这表明我们尊重其他学科，这也是一种美德。"[1]英国早在 1999 年的《统一民事诉讼规则》中就已经通过立法的形式界定了专家的含义，并指出"专家"是指在某一特定领域具有知识与经验，从而使得他在法庭就相关问题作出的陈述或意见能够被法庭所采纳的人。

一、意见证据规则

英国普通法上有一个重要的意见证据规则，即证人出庭作证时只能就其所及的事情提供证据。[2]这个规则的含义就是证人提供证据的内容仅限于其知道的事实，其提供的关于案件事实的意见、推论等都不能作为证据被采信。该规则的建立有两个理由：其一，证人的意见证据通常与案件事实无关。证人只需要将其知道的案件事实提供给法院，意见证据如果涉及专门知识，需要由专业人员提供，不是专家提供的意见证据不具有证明价值。第二，证人如果就其知道的案件事实发表推论意见，会侵犯法官的职权。法官的职能是认定案件事实，并在案件事实的基础上进行逻辑推理和推论。如果允许证人提供意见，将会不适当地影响法官对该问题独立进行推理，甚至会使法官受证人意见的影响。因此，意见证据规则的确立有其必要性和现实意义。

当然，意见证据在证明案件争议事实时不具有可采性规则也是有例外的。比如，意见由专家提出，属于专门领域的知识或经验，能证明某些特殊事项，没有专家的参与法官无法就该事项独立作出正确的判断。此外，如果证人提供的事实和对事实的意见存在明显区别，且对事实的意见如果与事实具有关联性，也不必然不具有可采性。

值得注意的是，事实和意见的界限并不总是那么泾渭分明的，因而排除意见证据规则建立的前提并不可靠，或者说是错误的。"在某种意义上，所有关于事实问题的证据都是意见证据，它是由事物现象和个人的心理感受所构成的一种结论。"[3]同理，证人在陈述事实时，在一定程度上也都带有一些感情色彩，将事实与基于事实所作出的推理进行区分有时候是比较难的。

---

[1]　(1554) Plowd 118, 124.

[2]　Lord Templeman and Rosamund Reay, *Evidence*, Old Bailey, 1999, p. 286.

[3]　J. B. Thayer, *A Preliminary Treatise on Evidence at the Common Law*, Boston, 1898, p. 524.

二、专家意见的形式——专家报告

为了在审前程序中节约时间，早日确定争点，专家意见通常以专家报告的形式呈现。但在最初，专家报告被作为传闻证据对待。所谓传闻证据是与原始证据概念相对应，指那些不是来源于案件原始出处的证据材料。专家报告在民事案件中允许被采用是由 1972 年《民事证据法》首次规定的，1995 年《民事证据法》修改了有关规定，并且明确，如果专家报告符合其他条款的规定，专家证据具有可采性。

专家报告出现的历史意义。基于专家意见在诉讼中发挥的重要作用，民事诉讼中双方当事人过度使用有争议专家证据的现象越来越普遍，导致诉讼拖延和诉讼费用昂贵。1998 年《民事诉讼法》对专家证据规则进行了改革，根据其第 35 条的规定，专家报告可以在任何案件中以书面报告的形式提出，除非法庭另行作出指示。符合快速程序审理的案件，非为司法利益需要，一般都是以书面报告的形式提交专家证据。法律还鼓励专家证据尽可能由一位专家提出，以便降低成本，如果双方当事人都聘请了专家，也可以合作提供一份专家报告。如果专家报告被开示，任何一方当事人都可以将其作为证据使用。

一份专家报告在包含意见的同时可能还包括事实方面的内容，而这些事实内容可能是十分强有力而无法反驳的。1998 年《民事诉讼法》第 30 条第 4 款的规定明确了专家发现的有关事实，如在形成自己意见的过程中调查发现的事实具有可采性。

某些案件要求专家提供口头证词，但同时也允许提供对应的专家报告，这可以帮助陪审团在主询问和交叉询问过程中更好地理解专家证据。在某些案件中，如果当事人对专家证据没有争议，可以不要求专家出庭。根据新的诉讼规则，专家报告区别于其他证人证词，当陪审团作出裁决时，陪审员可以携带专家报告进入评议室作为其评议的依据。但如果当事人对专家证据有较大争议，当事人要求专家证人出庭，法庭拒绝传唤专家证人以口头方式作证，这时专家报告一般就不会被采纳。

三、关于专家意见的几个问题

英国专家证人制度相对比较健全，有许多具体规范。

（一）专家证人资格

专家证人必须具备一定的条件，其提供的意见才属于专家证人意见。法庭在许可任何一个专家作证之前，都会对其专家证人资格进行审查。当然，英国法对专家证人资格并没有特殊的要求和标准，只要在职业上合格或有经验就足够。资格证书不能简单地与知识和能力画等号，拥有资格证书不一定就拥有案件所需要的知识，有时候实践获得的经验能够使专家证人提供的意见具有较高的证明力。在"Silverlock 案"中，一位对笔迹颇有研究的律师被许可以专家身份作证，尽管其没有在鉴定笔迹方面的正式资格证书，但其表现出来的实践鉴定技能使法庭作出了许可。

专家证人的作证义务。在通常情况下，专家证人具备了作证资格，其就有了作证的义务。在"Harmony Sipping Co. SA v. Saudi Europe line ltd 案"[1]中，一位笔迹专家首先接受了原告方的咨询，不久被告方的律师也向其咨询。在一些与诉讼有关的文件上出具了自己的意见后，这个专家才知道由于自己的疏忽他同时为双方出具了专家意见。为了遵守其职业准则，他拒绝了被告方向其进一步咨询的要求。尽管被告方向其发出了证人作证传票，但他没有理会。上诉法院裁定其有为被告方作证的义务，他和原告方之间不存在限制其代表被告作证的契约关系。丹宁勋爵认为，这种契约关系与公共政策相违背，如果一方当事人能通过咨询每一位著名专家来剥夺对方当事人使用专家证人的机会，该方当事人将在使用专家证人上获得利益。[2]当然，专家与各方当事人之间的一些信息交流将根据法律执业特权被保密，但不适用于专家据以提出其意见的书面材料以及专家意见本身。

（二）专家证据的证明力

专家提供的证据与其他证据相比并没有特殊的地位。第一，所有证据都需要经过质证才能作为定案证据。专家与其他证人的法律地位一样，尽管其能够利用专门知识或经验帮助法庭解决专门问题，但陪审团不能无条件接受，法庭也要审查该证据。第二，对专家证据也不能妄自菲薄。专家证据与证人证据相比，又有其特殊性，对于符合证据要求，经过当事人合理质证，具有可信度的专家证据，法庭也不能无视，反而去支持外行作出的意见证据。

---

〔1〕　（1979）1 WLR 1380.

〔2〕　See Peter Murphy, *Murphy on Evidence*, Blackstone Press Limited, 2000, p.334.

在特殊情况下，就同一事实出现了相互冲突的专家意见，此时法庭或陪审团应当就专家证据的证明力进行判断。专家的能力或者说职责是凭借其知识或经验为法庭或陪审团提供意见，包括科学的原理、方法及检验的标准、推论和结论，法官或陪审团在此基础上就本案的事实进一步验证，并形成了自己独立的判定。

（三）专家意见所依据的事实

专家意见是专家基于一定的事实，依据其掌握的专业知识、技能和经验而做出的意见。专家意见赖以做出的基础事实，本身并不具有绝对的可采性。有时候，专家意见依据的事实既非专家亲身经历，也不是第一手资料，专家应当明确陈述这一事实，在证据询问中对有关事实问题采取假设的方式。此时，为了保证专家意见的证明力，也可以通过其他证据来证明其依赖的事实。

司法实务中，如果材料本身的真实性受到质疑，不是来源于原始出处，不具有可采性，依据该材料作出的专家意见可能就会被裁定为不具有证明力。陪审团也会被告知这一现象，并明确专家意见所依赖的材料不具有任何证据性质。但是，问题也不是绝对的。在"H v. Schering Chemicals Ltd 案"[1]中，被告因为生产了一种药物致他人损害被起诉，案件争议的焦点是该药物是否有害。其中一些关键的证据，包括该药物调查结果摘要的书面文件、医学刊物上刊登的与该药物相关的文字，但是关于刊登的文章能否证明案件事实，是原被告争议的焦点。

宾汉姆法官对该问题作出了自己的选择。其认为，刊登的文章等材料不是原始证据，依据证据法的规定，不具有可采性。但是，如果专家证人可以引用这类材料并作出专家意见，法庭会综合评价专家意见的证明力。假如专家证人作出专家意见时，其引用的材料是权威学者发表的研究成果，依据证据法规定，此时专家意见具有可采性。

（四）关于基础争点的专家意见

每个案件都包含许多争点，其中一些争点比另一些更加重要。传统观点认为，基础争点的认定是法官职权范围内的事，专家证人仅仅是就专门知识问题提出专家意见，一般不涉及对争点的问题提出意见。后来，1972 年《民事证据法》废除了这种偏见。该法明确规定，专家证人被作为证人传唤的，

---

〔1〕 （1983）1 WLR 143.

其就案件涉及的任何事实提供的专家证据均具有可采信，而所谓的相关事实是指包括争点的事实。

通常，关于证言真实性的专家证据不具有可采性，但某些特殊的领域却是例外。典型的就是精神病医生或者心理学家就证人的心理状态所出具的意见，他们通常都是在病人陈述事实的基础上做出诊断和治疗建议，因此他们出具的证言真实性的意见具有可采性。

（五）无需专家证据的事项

并不是所有的事项都需要专家证据，如果争议事项属于事实审理者自身经验和知识范围，事实审理者可以形成自己的意见。例如，对于违背社会公德的淫秽物品的认定，此时陪审团能够很好地就该问题作出裁决，专家证据就不是必要的。当然，有时候问题不能绝对，虽然需要认定的事实属于公众普遍认知的范畴，但如果问题的视角具有分析和推论成分，此时专家证据就很有必要。如出版物内容是否会腐化人们的道德，由陪审团作出裁定就可以了，但如果要分析该出版物对不同年龄层次的儿童的影响，专家证据就是必要的，并具有可采性。

（六）专家证据的开示

与一般证据相比，专家证据具有复杂性和技术性，如果在开庭时出示，对方当事人无法进行有效的质证和抗辩，导致庭审延期，浪费更多的时间和费用。因而，证据法规定，如果一方当事人需要提交专家证据，就必须通过庭前开示的方式。如果专家证据没有经过庭前开示，法庭不仅可以对专家证据不予考虑，并排除使用，还可以要求相关当事人支付因专家证据未开示造成的费用损失。

1972年《民事证据法》首次确立了专家证据开示规则，1998年《民事诉讼法》的规定则更加详细。证据开示规则包括以下内容：经过开示的专家证据，任何一方当事人均可以作为证据为己使用；未经法庭许可，未经开示的专家报告，不得作为证据使用；除非法庭许可，否则当事人也不得传唤专家证人出庭作证。一般而言，法庭希望当事人的专家证据都经过开示，采取把牌公开的诉讼方式。在一些复杂的技术类案件中，如果专家报告依赖一些图形、模型等类型的证据，且这些证据没有被包括在专家报告中，当事人应当将使用这类证据的意图以及专家报告一起寄送给对方当事人，使得对方当事人有机会对这类材料进行检查。

四、《诉讼指引》相关内容

在英美法系当事人对抗诉讼模式下，对当事人而言，律师和专家证人是他们的武器，尽管专家证人提供的证据属于科学证据，但事实上专家证据通常都有利于其委托人。法庭通常认为，专家证据更多地代表并表现为当事人的观点，而不是专家意见。在民事案件中，对专家证人证据可采性予以放任，也导致出现了专业的专家证人队伍，这一现象阻碍了司法公正的实现。1998年制定的《民事诉讼规则》针对这一现象进行了改革。

1998年制定、1999年生效的《民事诉讼规则》对专家证人制度做出了诸多改革：限制专家证人数量，要求专家证据开示，并要求专家对法庭的职责优先于其对委托人的职责。诉讼指引还要求专家证人"应立足于客观事实，运用科学知识，为法院发现客观真实、进行公正裁判服务"。其最终目的在于，"力图通过反叛传统的对抗制诉讼模式而变革诉讼文化"。[1]

相关内容包括以下方面：

（一）对法庭的权利与义务

第一，专家证据使用的必要性。除非案件需要，即只有专家证据能够解决诉讼问题时才考虑使用专家证据，但对于在何种情况下必须使用专家证据，属于法庭自由裁量事项。

第二，专家证人职责。尽管专家证人是当事人委托的，但专家证人首先应当对法庭负责，确保证据的科学性，而且当事人的委托律师应该将该项规定明确告知当事人，确保当事人知晓专家证人的职责是客观分析专业问题而不能有目的地倾向性提供对己方有利的意见。

第三，专家证人的出庭。当事人在法院允许的情况下可以传唤专家证人并提交专家报告，同时，该方当事人还应当提供信息证明专家证人的专业领域以及其经验。

（二）专家报告

对适用快捷程序审理的案件，专家证人仅能以向法庭提交专家报告的方式进行作证。

一般而言，专家报告有以下内容：专家证人自身的资格证书等说明其资

---

[1] 徐昕："专家证据的扩张与限制"，载《法律科学》2001年第6期。

格、知识或经验的证明材料；专家报告赖以形成的支撑材料；就相关问题存在的不同观点，专家证人所持观点及其理由；专家报告的结论性意见；专家证人对其义务的履行说明，确认其对法庭优先职责的履行。

如果专家证据没有按照法律的要求去撰写，内容不规范，法庭可以禁止专家提供专家报告，并且法庭也不会给该当事人任何宽限期，以使其对不符合要求的专家报告进行补正。[1]

（三）单一专家

过去专家证人都是当事人各自委托，但是《民事诉讼规则》却打破了这样的惯例，如果双方当事人希望就某一特定问题通过专家证据来证明，法庭可以根据需要指定一位专家就该特定问题出具专家证据。虽然《民事诉讼规则》没有强制性规定只能有一位专家证人，但实务中如果当事人共同委托一个专家证人，能够节省案件费用，确保客观公正，保证当事人处于平等的地位。

对于一方当事人能够获得的其专家证据所依赖的基础事实的信息，当另一方当事人通过合理途径不能获得时，法庭将会要求能够获得该基础信息的当事人通过书面形式向另一方当事人提供。书面形式的文件内容包括该专家证据的任何基础事实的材料，以及相关检测的具体内容，确保另一方当事人能够合理、客观地评估该信息。

（四）当事人提问

专家报告涉及的内容很多，对方当事人很少能够有机会就报告中的相关问题与专家证人进行确认，包括就专家报告中的专家意见依赖的材料、论证方法、不同的专家意见，以及其他任何内容向专家提出质疑。1999 年《民事诉讼规则》允许当事人庭前向专家提出书面问题，书面问题必须是为了澄清报告的内容，否则应当经过法庭许可或者另一方当事人同意。专家证人对当事人提出的书面问题的答案构成专家报告的组成部分，如果专家证人对提出的问题不予回应，法庭将向委托该专家证人的当事人签发命令，命令包括以下选项：委托该专家证人的当事人不得使用该专家证人出具的专家报告；该当事人向专家证人支付的费用不得向其他当事人收取。

---

〔1〕　Charles Plant, *Blackstone's Civil Practice*, Blackstone Press Limited ，2000，p. 565.

（五）讨论制度

从节约法庭的时间以及降低当事人诉讼成本考虑，专家证人制度还规定了专家证人讨论规则。相关规则是指当事人经过法庭许可后，在任何情况下，各自的专家证人可以就诉讼中的特殊问题进行充分的讨论，从而对相关问题进行确认。如果双方专家证人就某个问题达成一致意见，法院还可以要求专家在讨论后向法院提交一份声明，记载专家达成一致意见的事项，以及没有达成一致意见的理由。即便双方专家证人就某专业问题达成一致意见，也并不影响当事人的权利义务，对他们没有约束力，但当事人声明愿意受此约束的除外。

第四节　我国专家辅助人制度研究评述

2019 年 1 月 15 日进入"http://www.pkulaw.cn"，北大法宝共收录了 178 种期刊。点击"法学期刊"，输入"专家辅助人"，选择"标题""精确"检索，有 45 篇文献。其中《中国司法鉴定》16 篇，《法律适用》《人民警察》《黑龙江省政法管理干部学院学报》各 2 篇，其他刊物 1 篇；发表年份集中在 2014 年至 2018 年；专业类别，刑事诉讼法 20 篇，民事诉讼法 10 篇。研究视角大多是综合性的，较少针对专家辅助人制度中的某一个问题展开。具体而言，主要涉及以下主题：

一、关于诉讼地位

所谓诉讼地位是指在诉讼活动中，参与诉讼的当事人、代理人等诉讼主体在诉讼法律关系中所处的位置。根据各方在民事诉讼中的地位和作用，民事诉讼主体包括人民法院、人民检察院（监督机关）、当事人及其诉讼代理人以及其他诉讼参与人。当事人及其代理人被称为诉讼参加人，证人、鉴定人、专家辅助人、翻译人员和勘验人员等是为了协助法院审理案件与案件处理结果没有直接的法律上的利害关系人，被称为诉讼参与人。

考察专家辅助人的诉讼地位是解决其参与诉讼的程序规则、权利义务和法律责任的前提。现行法律没有明确专家辅助人的诉讼地位，实务中也有区别。值得注意的是，最高人民法院在 2015 年出台的民事诉讼法司法解释中将专家辅助人等同于当事人地位，将专家辅助人就专门问题提出的意见视为当事人陈述，这一观念和做法导致专家辅助人失去了独立性。

（一）学理上的观点

第一种"专家证人说"。持该种观点的人大多受到英美法系的影响。樊崇义教授就认为"专家辅助人在一定程度上类似于英美法系国家的专家证人"，[1]李浩教授也在其文章中将具有专业知识、能够帮助一方当事人进行诉讼的人称为专家证人。[2]还有学者将专家辅助人理解为广泛的证人。[3]

第二种"广义证人说"。持该种观点的学者，大多是受英美法系的影响，将专家证人的意见视为意见证据，归为证人范畴，这在英美法系中有明确的体现。持该种观点的学者还认为，专家辅助人制度是大陆法系效仿英美法系的专家证人制度而来，是为了制约鉴定人制度，增强双方当事人质证抗衡能力，因此将专家辅助人定位为广义的证人符合逻辑。[4]

第三种"诉讼辅佐人说"，该类学者认为，我国的专家辅助人与日本的专家辅佐人比较，两者在出庭目的、出庭方式等方面非常类似，因此，将专家辅助人等同于专家辅佐人符合立法本意。[5]

第四种"区分说"。持该观点者属于实用主义者，他们根据需要并依据专家辅助人发挥的作用，将专家辅助人分为两类：一类是证人型专家辅助人，另一类是代理人型专家辅助人。前者主要出庭接受询问，后者主要代表当事人发表意见以及参与质证。[6]

第五种"独立诉讼参与人说"。持这种观点的学者也比较多。专家辅助人的法律地位应当由其在诉讼中的功能决定。首先，专家辅助人基于司法实践需要而产生，是为了制约鉴定人制度，因此在整个诉讼制度中考察专家辅助人制度才具有意义。对当事人而言，专家辅助人的作用不可替代，其帮助当事人理解专业性问题，并在此基础上提高质证效果，维护当事人诉讼权利；对法庭而言，如果案件有专家辅助人参与，有助于法官提高对技术事实的审理能力，查明案件事实；对鉴定人而言，有了可以抗衡的质证对手，可以在

---

〔1〕　樊崇义、李思远："以审判为中心诉讼制度下鉴定人出庭制度研究"，载《中国司法鉴定》2015年第4期。

〔2〕　李浩："民事证据制度的再修订"，载《中外法学》2013年第1期。

〔3〕　苏青：《鉴定意见证据规则研究》，法律出版社2016年版，第161页。

〔4〕　苏青、张涛："专家辅助人的角色定位及制度完善"，载《中国司法鉴定》2017年第4期。

〔5〕　江伟、肖建国主编：《民事诉讼法》，中国人民大学出版社2015年版，第121页。

〔6〕　李瑞钦："民事诉讼专家辅助人的法律定位与制度优化"，载《人民司法》2014年第21期。

平等的地位上交流，询问、质证更具有效率，所谓事实越辩越明。2015 年出台的司法解释将专家辅助人意见等同于当事人陈述，有可能导致专家辅助人将维护委托人的利益置于首位，而罔顾案件事实。这种现象的出现将与专家辅助人立法的初衷相违背，也会影响法官对专家辅助人意见的采纳。[1]

上述观点有各自的合理性，归根结底是各自的参照系不同。相比较而言，笔者支持第五种观点，应当赋予专家辅助人独立的法律地位，不能将专家辅助人置于当事人辅助地位，否则会导致当事人争夺稀有的专家辅助人资源，破坏司法公正和司法形象。

（二）最高人民法院观点

《民诉证据规定》颁布后，最高人民法院在相关司法解释中将具有专门知识的人表述为"诉讼辅助人"。[2]但是其于 2009 年答复网名 31 个意见和建议时，又将出庭说明专门性问题的人称为专家证人。[3]2012 修订的《民事诉讼法》将专家辅助人正式入法后，最高人民法院相关部门在相关著作中又将专家辅助人等同于当事人的代表人。[4]然而，2015 年最高人民法院正式发布的针对民诉法的司法解释又将"具有专门知识的人在法庭上就专业问题提出的意见，视为当事人的陈述"。该民事诉讼法司法解释实务指南还将专家辅助人与日本专家辅佐人联系起来。[5]因此，根据时间轴线，最高人民法院针对专家辅助人的地位，先后有"诉讼辅助人说""专家证人说""当事人陈述说"以及"诉讼辅佐人说"。

最高人民法院对专家辅助人法律地位和身份认识的不确定性，也导致各级法院裁判文书表述无所适从。2019 年 1 月 20 日，笔者进入无讼网，输入关键词"专家辅助人"，共有 1036 篇法律文书（未排除重复检索结果）。其中民事诉讼案由为知识产权与竞争纠纷的合计 107 篇，裁判年份自 2008 年至 2018 年；输入关键词"专家证人"，共有 1080 篇裁判文书，其中民事诉讼案由为

---

[1] 李永泉："功能主义视角下专家辅助人诉讼地位再认识"，载《现代法学》2018 年第 1 期。

[2] 最高人民法院民事审判第一庭编，黄松有主编：《民事诉讼证据司法解释的理解与适用》，中国法制出版社 2002 年版，第 296 页。

[3] "最高法公布对网民 31 个意见建议答复情况"，载 http://www.chinanews.com/gn/news/2009/12-23/2034782.shtml.

[4] 江必新主编：《新民事诉讼法理解适用与实务指南》，法律出版社 2015 年版，第 328 页。

[5] 杜万华主编：《最高人民法院民事诉讼法司法解释实务指南》，中国法制出版社 2015 年版，第 211 页。

知识产权与竞争纠纷的合计 65 篇，时间为 2009 年至 2018 年；输入关键词"诉讼辅助人"，共检索到 28 篇法律文书，民事案由为知识产权与竞争纠纷的合计 6 篇，时间为 2005 年至 2018 年。从上述数据分析，全国各级人民法院包括最高人民法院，同一法院不同时期的裁判文书，甚至是相同时期的裁判文书，在对专家辅助人的称谓上都是不统一的。

　　笔者认为，专家参与诉讼，无论其称呼是"专家辅助人"还是"专家证人"，抑或者其他，都不能否认专家意见具有天然的倾向性，或者是基于情感，或者是基于专业观点，这些都不是阻碍专家制度发挥作用的关键。要发挥专家在诉讼中发现事实的客观作用，还是需要通过制度来制约。既然专家制度起源于英美法系，其发展相对成熟，我们可以借鉴英美法系的一些做法，通过专家参与诉讼的程序规则制约其专家意见，确保其专家意见的客观中立。比如，专家对法庭的职责优先于专家证人对委托或聘任其当事人的职责；未经法庭许可，专家证人不得出庭参加诉讼，当事人也不能提交专家证据等。

二、关于专家辅助人的资质

　　关于专家辅助人的资质要求，学界有两种截然相反的观点。

　　一种观点认为，专家辅助人资格审查应采用较为宽松的标准，只要具有与案件审理事实相应的专业知识、技能与经验即可，不必对学历、职称或学术地位提出严格要求，持这种观点的学者占多数。主要理由有几点：一方面，鉴定人制度已经对鉴定人资质提出了要求，专家辅助人仅仅是就专门问题协助当事人提出意见或进行质证，鉴于与鉴定人制度的功能的差异，不应当对专家辅助人资质提出苛刻要求；另一方面，诉讼涉及的专业领域很广，有些领域没有建立执业资格标准或无法建立，抑或者不需要，比如，在一些艺术创作领域，从业人员是否具有一定的资质，关键是看其在相关从业人员中的口碑，试图通过学历、职称、执业资格等进行评价是无意义的也是行不通的。有时候，一些案件虽然具有专业性，但问题并不深奥，一般专业人员也能依据经验和从业经历作出专业的意见。比如，在一起技术转让合同纠纷中，专业领域属于化学工艺染料合成，受让方主张转让的技术因不符合合同约定而不能实施，并委托两名普通的技术人员出庭就相关问题进行说明。出让方主张两名技术人员不符合出庭资格。法庭则认为，本案的专业问题并不复杂，出庭的技术人员所具有的专业知识能够解释相关技术问题，符合本案要求。[1]

持这种观点的学者进一步认为，虽然不宜对专家辅助人的资质作严格的规定，但法院至少应当对参与诉讼的专业人员的擅长领域进行记载，并注明其从业的经历和经验，保障对方当事人的知情权，也便于法庭的形式审查。该制度的完善还可以参考意大利的技术顾问制度，禁止某些具有道德瑕疵或心智不健全的人员担任专家辅助人，如未成年人、存在故意犯罪行为者等。当然，也有学者从比较法角度分析，既然英美法系的专家证人都没有规定资质，那么专家辅助人也没有必要规定。当事人为维护自身利益，都有选任最佳专家证人的动力，法院自然应当尊重当事人的意思自治。

另一种观点认为，为了保证专家意见质量、提高诉讼效率，专家辅助人的资质应当与鉴定人相对，并且从鉴定人名册中选任。坚持这种观点的学者不外乎基于以下理由：首先，我国对鉴定机构和鉴定人的管理已经逐步规范，建立了鉴定人名册，经过多年的发展，鉴定人的数量庞大，足以满足司法对专家辅助人的需求；其次，从鉴定人名册中选任专家辅助人，可以防止诉讼程序延迟，节约司法成本、提高诉讼效率，并能确保专家辅助人的水平。在特殊情况下，即便需要从鉴定人名册以外选任专家辅助人，也应当赋予法院严格的审查权限，当然，也要防止法官滥用自由裁量权。[2]

关于专家辅助人是否需要特定资质，笔者持否定观点。就专家辅助人制度的产生而言，其是为了制约鉴定人制度，鉴定人和鉴定机构已经实施了资格资质许可制度，专家辅助人不需要与此相对应，仅仅需要专业知识的对等就可以了。这也能充分发挥专家辅助人制度的灵活性，满足当事人对专业问题解答的需求。

三、专家辅助人启动程序

大多数学者均认为，法官基于对整个案情的掌握，对于案件是否涉及专业性问题，以及是否需要专家辅助人出庭，有相对清晰的认识也更有发言权。关键的问题是，如果案件涉及的争议焦点属于专门性问题，但当事人没有提

---

〔1〕 宋健："专家证人制度在知识产权诉讼中的运用及其完善"，载《知识产权》2013 年第 4 期。

〔2〕 冀敏、吕升运："专家辅助人制度的构建与完善"，载《甘肃政法学院学报》2016 年第 2 期。

出申请专家辅助人出庭，此时法院是否可以直接向当事人提出要求，或者直接指定。有学者建议，此时可以由法官行使释明权，建议当事人申请专家辅助人出庭。对于特殊的案件，如果鉴定人不能够鉴定，或者双方就鉴定人的选任不能达成共识，此时当事人可以委托法庭选定专家辅助人，法庭可以允许专家辅助人参与诉讼。实务中，需要将单方当事人申请专家辅助人的启动模式与法庭启动专家辅助人的模式相区分。[1]

关于专家辅助人的启动方式，笔者以为应当由法庭决定。针对案件的某一事实问题，如果当事人分歧严重且法官无法形成心里确信，一方面，可以由法庭行使释明权，询问当事人意见，得到肯定的答复后，由法庭通过一定程序，从其专家委员会中抽取一名专家作为共同专家；另一方面，如果当事人不能形成统一意见，法官也可以委托法庭的专家委员会成员为当事人服务，或者由当事人自行委托专家辅助人，向法官说明、解释某一技术事实的相关问题。

四、诉讼权利和诉讼义务

民事诉讼活动都以法庭为平台和载体，并在该平台上展现，专家辅助人制度是否完善，关键是看专家辅助人在庭审中的作用。但法庭庭审不仅表现为开庭审理这一种形式，开庭审理仅仅是法庭审理案件的集中体现，在庭前庭后还有许多工作要做。权利、义务和责任是否明确是检验一项制度是否成熟的根本，如果不明确专家辅助人在诉讼活动中的权利、义务和责任，该制度就不能被称为完善。

根据意大利的法律，意大利的技术顾问在案件审理中可以参与更多的诉讼活动，不仅可以参与庭审，发表专家意见，还可以参与庭前的鉴定活动，对鉴定活动进行监督、评论。如果没有参与庭前鉴定，庭审中经过法官同意，技术顾问可以询问鉴定人，对鉴定物品进行检验。在技术顾问制度下，当事人委托的技术专家能够全面参与案件，对当事人权益的保护具有积极意义。

最高人民检察院于 2018 年发布了《关于指派、聘请有专门知识的人参与办案若干问题的规定（试行）》，进一步扩大了掌握专门知识人参与案件的工作范围，除对专门问题进行解释、说明、回答和评估外，还能参与勘验现场

---

〔1〕　沈明磊、董蕾蕾：“民事诉讼专家辅助人制度适用问题研究”，载《法律适用》2017 年第 1 期。

和物证，对鉴定事项提出意见，对行政执法机关案卷中涉及的专门问题进行审查，等等。

民事诉讼法将专家辅助人的作用局限于开庭审理阶段，不能发挥专家辅助人的积极作用，如果专家辅助人不参与庭前诉讼活动，无法获取相关的诉讼资料，就无法保障其能够针对专门性问题提出有效的意见。值得关注的是，实务中，法庭允许专家辅助人参与庭前诉讼活动，包括参与鉴定活动、陈述案情以及案件调解等。

（一）专家辅助人权利

专家辅助人的权利主要体现在两个方面：第一，获取资料权利。法律明确规定专家辅助人针对专门问题发表意见，参与质证，如果其不掌握相关信息，不对案情有全面的了解，其就不能真正发挥质证的作用。因此，赋予其获取相关资料的权利是非常必要的。第二，质证权。只有赋予专家辅助人质证权，其就专门问题发表意见的权利才具有意义。对有鉴定人参与的诉讼，通过鉴定人与专家辅助人之间密切的互动、相互的质证，才能将鉴定依据的理论、方法和标准、过程等清楚地呈现在当事人面前，从而更好地确定鉴定意见的效力，查明案件事实。即便是没有鉴定人参与的案件，通过专家辅助人的质证，当事人可以更好地理解专门问题，对专家意见的真实性、客观性也有更清晰的认识。第三，其他诉讼权利。比如，涉及鉴定的案件，专家辅助人应当有权从庭前阶段就参与进来，从而在源头参与专门性问题，制约和监督鉴定活动中的鉴定人行为，促使其规范和有效。

（二）专家辅助人义务

关于专家辅助人的义务，主要有以下方面：

第一，协助法庭义务。尽管专家辅助人由当事人聘任并委托，当事人支付费用，应当对当事人负责，但与专家辅助人类似的英美法系专家证人制度的发展和完善已经为我们提供了经验，专家证人首先在专业上应当对法庭承担优先责任，我国的专家辅助人既然是因为专业问题而出现的，同样也应当就专业问题首先对法庭负责，而不能将维护委托人利益放在首位，优先对法庭负责，即客观、公正地发表专业意见，帮助法庭理解专业问题，查明案件事实。

第二，说明观点义务。专家辅助人不仅应当说明其意见本身，还应当说明其意见依据的事实依据，以及通过何种逻辑推理而得，只有这样法官才能在专家辅助人意见的可采性方面做出判断，并具有充分的说服力。在这个方面，鉴定意见做得就比较好。目前，相关行政职能部门关于鉴定意见的出具都有明确的程序性要求和规范，不符合规范的鉴定意见不能被采信。但在专家辅助人意见出具方面，我国还没有规范的要求。英国的做法值得我们借鉴。英国在《诉讼指引》等法律中明确规定，提交给法院的专家意见应当说明其依据的所有文献资料，以及所采用的测试或试验的操作方法、操作人员，操作过程是否在其监督下执行，操作人员的资格，以及如果有其他不同的观点，这些观点是什么，并阐明自己观点的理由，等等。

第三，观点客观义务。我国专家辅助人被视为当事人，因此，要求其提供客观中立观点的义务似乎是不可为的。但在英国，专家证据应当是专家独立的作品，专家证人不因其受雇于当事人的不同而作出不同的专家意见，专家意见应当是其就特殊问题基于专业知识和经验作出的客观的、无偏见的意见。

第四，其他义务。这里的其他义务主要是一些程序性的义务，如回避义务等。专家辅助人虽然是当事人专家，但其地位并不是不可取代的，如果一方当事人委托的专家辅助人与另一方当事人委托的鉴定人来自同一个鉴定机构，具有利益冲突，此时就需要回避。

诚然，专家辅助人制度从立法之初至今已有多年，但由于制度规范性不足，许多问题也是通过司法解释弥补，权威性不够，导致该制度没有发挥应有的作用。

五、专家辅助人意见

关于专家辅助人的意见，曾经有不同的认知。自最高人民法院的相关司法解释作出规定后，实务中都将专家辅助人意见视为当事人的陈述，默认了专家辅助人意见的倾向性。在司法实务中，法官通常采信那些表现为中立性的专家意见。所谓表现为中立性的意见，是指该专家辅助人在专家意见中能够说明其意见依据的资料，展示不同的观点，并分析其意见成立的原因。在学术界，关于专家意见应当秉持的立场依然存在争议，主要有以下观点：

第一种，天然倾向性观点。有学者从专家辅助人制度的起源分析，认为其借鉴英美法系的专家证人，被聘任的专家证人在一定程度上会倾向于当事人立场。[1]事实上，自从英国证据规则要求专家证人对法庭的责任优先于当事人后，该观点已经在一定程度上被摈弃。持该观点的学者认为，尽管决定专家辅助人介入程序的权力在法庭，但如果没有当事人的委托以及当事人向法院提出的申请，专家辅助人无法参与诉讼，因此当事人与专家辅助人的关系决定了专家辅助人在提供专家意见时会选择性地提供对当事人有利的信息，呈现意见的倾向性。[2]有学者从意见倾向性影响分析，认为应当正确认识专家辅助人的意见倾向性现象，不应当片面地认为专家意见的倾向性必然会导致专家恣意妄为，随意出具专家意见，影响法官事实认定。事实上，不同的倾向性意见可以相互制约，特别是当法庭有自己聘任的专家时，这一点很重要，通过这种对抗，或者说事实上可能是不同的、截然相反的专家意见，法官能够更好地分析案情，发现事实真相。[3]

第二种，中立性观点。与倾向性观点相对应，持本观点的学者，也有人从比较法的角度为自己寻找制度支撑。他们认为，英美法专家证人的职责是对法庭负责而不是对委托他的当事人负责，其首要任务是帮助法官查明案件事实，而不是帮助当事人赢得诉讼。[4]也有人从专家辅助人概念本身分析，所谓"辅助"是指对事实认定者，如果案件本身专门性问题比较简单，即使当事人委托专家辅助人，法庭也不会同意。当当事人就专门性问题产生争议，事实裁判者认为必要时，其会同意当事人委托专家辅助人对专门性问题进行说明，专家应当从专业角度，帮助法官厘清事实。在这一意义上，对于当事人而言，专家辅助人帮助当事人举证质证恰恰是辅助的。[5]还有学者从诉讼制度、立法设计的安排等角度分析该问题。他们认为，专家辅助人出现在《民事诉讼法》第六章证据部分，其目的毫无疑问应当是为查明案件事实这一主导目的服务的。同时，《民诉解释》第 122 条和第 123 条又表明专家辅助人

---

〔1〕 郭华："鉴定人与专家证人制度的冲突及其解决——评最高院有关专家证人的相关答复"，载《法学》2010 年第 5 期。

〔2〕 李学军、朱梦妮："专家辅助人制度研析"，载《法学家》2015 年第 1 期。

〔3〕 毕玉谦："辨识与解析：民事诉讼专家辅助人——制度定位的经纬范畴"，载《比较法研究》2016 年第 2 期。

〔4〕 李康宁、李乔珊："法律规范逻辑结构理论思维的错位与修正——兼论'法律规定'的逻辑结构"，载《西部法学评论》2014 年第 1 期。

〔5〕 张立平、杨丹："民事诉讼专家辅助人的法律定位及其制度完善——以法条与司法解释的逻辑解读为基点"，载《湘潭大学学报（哲学社会科学版）》2014 年第 1 期。

制度设计具有对抗鉴定人制度的目的，以及服务当事人的法律地位。因此，通过制度制衡可以将专家辅助人的作用发挥好，即在查清案件事实、对抗鉴定人的制度设计的基础上，正向制约专家的倾向性意见。

第三种，倾向性制约观点。持该种观点的学者认为，专家辅助人具有倾向性观点具有客观现实性，关键是需要通过制度对这种倾向性观点进行制约。有学者认为，应当从内部和外部两个方面建立纠错或纠偏机制，内部机制是指法庭审理专门问题能力的提升，包括建立技术调查官制度、专家陪审制度、专家咨询制度等对抗机制；外部机制是指对现行专家辅助人制度的改进或者完善，包括建立专家遴选机制和专家责任机制，以增强专家的中立性、培养专家的责任感。[1]有学者就建立专家辅助人意见制约机制进行了具体分析，认为可以从建立职业伦理规范，宣誓、出具具结保证书等方面进行预防，对作虚假陈述、扰乱法庭秩序的专家辅助人追究法律责任，建立出庭记录不良和黑名单制度，监督专家辅助人参与诉讼活动，确保其意见的真实性和可靠性。[2]

笔者以为，专家辅助人的意见与其法律地位是相对应的，要想解决其观点倾向性问题，维护司法中立和权威，还是需要通过制度进行制约：一是法庭不能依赖专家辅助人，法官是事实的认定者和裁判者，自身有厘清事实问题的需求，其既可以通过合议庭成员的专业化解决（如专家陪审员），也可以通过技术调查官、专家顾问等方式解决；二是加强对专家辅助人的启动、审核及归责研究，要求专家辅助人对法庭负责并宣誓，审核其执业道德历史，建立黑名单，强化专家辅助人的责任意识；三是加强专家辅助人意见的说理，对意见赖以建立的基础事实予以澄清、说明，以便法官检视意见的可采性。

---

〔1〕　李盛荣、张璇："专家辅助人立场定位中的紧张关系及其消解——以知识产权审判为视角"，载《法律适用》2018 年第 5 期。

〔2〕　沈明磊、董蕾蕾："民事诉讼专家辅助人制度适用问题研究"，载《法律适用》2017 年第 1 期。

技术调查官制度及相关问题研究

随着知识产权增量的提升，近两年，全国知识产权纠纷数量平均以两位数的百分比增加，查明技术事实的难题也一直困扰着法官。为顺应知识产权审判技术化、专门化的趋势，提升裁判人员理解、审查技术事实的能力，2014 年始，我国借鉴域外经验引入了技术调查官制度，使专业技术人员以司法辅助人员（2019 年相关文件变更为"审判辅助人员"）身份参与到知识产权技术类案件的审理之中，旨在增强技术事实查明的科学性、高效性和公正性。这项制度经过几年实践，一方面发挥了提升裁判质量和审理效率的作用，另一方面暴露了一些（如损害当事人正当程序利益的）问题，技术调查官制度有必要进一步规范和完善。

第一节　我国技术调查官制度概述

虽然我国建立技术调查官制度稍晚，但学者们对该问题的研究其实很早。根据知网发布的文献检索信息，2005 年就有学者在介绍东京知识产权高等法院时谈到了技术调查官的相关信息，2009 年也有学者专门介绍了日本处理知识产权纠纷的法院机制，其中就包括了技术审查官制度。从文献数据来看，学者们对域外相关制度的关注主要集中于日本。

一、技术调查官制度在我国的实践和发展

自全国人大常委会作出在北京、上海和广州设立知识产权法院的决定后，上述三个知识产权专门法院相继设立。最高人民法院为了提升知识产权法院审理案件的水平，随后发布了在知识产权法院配备技术调查官参与诉讼活动的规定。三家知识产权法院在此基础上，针对技术调查官参与诉讼活动制定了具体的适用规则。

关于技术调查官的选任标准，三家法院都要求技术调查官属于自然科学领域内具有一定工作经验和一般专业水平的普通技术人员。以北京知识产权法院为例，到 2017 年底，共任命了 39 名技术调查官，他们都是交流人员或兼职人员，其工资等人事关系都不在知识产权法院，不占有编制。在交流人员中，有的来自国家知识产权局、专利复审委以及专利审查协作中心，兼职人员一般来自高校、科研机构、企事业单位等。[1]与此同时，北京知识产权法院还组建了技术专家委员会，成员由高校或科研机构内具有正高以上职称的人担任，当涉及重大疑难技术问题时，技术专家委员会通过研讨会方式听取专家意见，并将最终讨论结果提交给技术调查官，技术调查官在此基础上制作书面审查意见并提供给法官。

最近两年，国家相关部门一直重视对知识产权案件审判工作的改革，密集发布相关文件。2018 年，中共中央办公厅、国务院办公厅印发了《关于加强知识产权审判领域改革创新若干问题的意见》，文件要求加强技术调查官队伍建设，对相关机制加强研究和探索，主要包括对技术调查官的选任、培养、管理，以及对技术调查官作出的审查意见的采信等方面，使得技术调查官在审理复杂疑难知识产权案件中发挥积极的作用，提高技术事实认定的科学性、中立性和客观性。2019 年《最高人民法院关于技术调查官参与知识产权案件诉讼活动的若干规定》（以下简称《规定》）发布，该文件是迄今为止对技术调查官参与诉讼活动规范最全面、效力最高的文件。主要包括以下内容：一是技术调查官参与案件类型，不再局限于知识产权法院，只要符合一定的类型，技术调查官均可以参与，主要列举了专利、植物新品种等六类案件；二是技术调查官回避规定，其回避参照诉讼其他人员回避的规定，相对比较简单；三是技术调查官职责规定，所谓职责也可以理解为职权，技术调查官不仅参与案件的调查取证、勘验、保全等临时救济措施，也参与庭前、庭审、庭后评议等环节，可以全程参与案件；四是技术调查意见效力规定，在知识产权案件的审判过程中，合议庭是第一责任人，同时明确合议庭成员不包括技术调查官，技术调查官出具的技术调查意见并不能直接作为裁判的依据，仅仅只是作为合议庭认定技术事实时的参考。

---

〔1〕　李响："知识产权审判中的技术调查官制度刍议"，载《南京大学学报（哲学·人文科学·社会科学）》2017 年第 6 期。

总之，国家从多层面强调技术调查官制度在审理知识产权案件中的作用，并计划对该制度进行逐步完善，充分发挥技术调查官的作用，确保技术事实认定的科学性、中立性和客观性。该制度恰好也是鉴定制度和专家辅助人制度的有益补充。

二、技术调查官制度的主要内容

《规定》虽然条款不多，但信息量非常大，涵盖技术调查官制度的方方面面。

（一）技术调查官身份定位

第一，称呼的变化。《规定》第2条第1款规定："技术调查官属于审判辅助人员。"这与先前的规定有些区别，原先将技术调查官归类为司法辅助人员。事实上，司法辅助人员或审判辅助人员，两者仅仅是称呼的变化，没有本质的区别，都是指除审判人员以外的协助进行审判工作的其他工作人员，如书记员、执行员、法医和司法警察等。最高人民法院在近期的文件中都采用审判辅助人员这一表述，从逻辑上分析，司法的相对范围更大，包括检察机关等国家机关的法律适用活动，审判则特指人民法院的司法活动，所以用审判辅助人员更加贴切。

第二，技术调查官的法律定位。无论在编与否，均有以下特点：首先，技术调查官不同于法院聘请的技术咨询专家，其全程参与案件的审理，深度介入诉讼程序，而后者仅仅是某个程序的参与；其次，我国技术调查官没有独立的审判职权，这与其他国家的技术法官具有显著的区别，我国技术调查官仅仅是协助法官审理案件，帮助法官理解技术，查明案件事实中涉及的技术问题，是法官的技术助手，为法官提供技术支持。最后，技术调查官事务可通过购买社会服务解决，与一般的法官法律地位具有本质的区别。

由于技术调查官的法律地位比较尴尬，因此难以吸引优秀人才加入其中。

（二）技术调查官职责

技术调查官的职责取决于其法律定位，即身份定位。一般而言，技术调查官是受法官的指导，并根据其要求从事诉讼活动，关键是厘清争议焦点，对于涉及技术问题的，要找出解决问题的思路，并为法官提供技术审查意见以供法官参考。从诉讼阶段分析，主要有以下职责：

第一，庭审前阶段。技术调查官接受法官委托，为法官解读案件的相关技术背景，帮助法官理解涉案技术方案，包括解决的技术问题是什么，技术方案中包括哪些技术手段，达到了什么技术效果，与现有技术相比其是否具有创造性，创造性体现在哪里，涉案专利与被控侵权物的对比有哪些差异，等等。当事人在申请采取调查取证、保全、勘验等临时措施时，技术调查官应当参与，并就相关证据的保全提出专业的意见，确保取证的有效性。如果法官计划安排庭前会议，邀请技术调查官参加，通过技术调查官就技术事实专门问题的询问，可以达到两个效果：一是固定无争议的事实；二是了解当事人的主张，并确定双方当事人对技术事实存在争议的焦点。

第二，庭审阶段。本阶段是诉讼的关键环节，在得到法官的同意后，技术调查官可以向当事人、当事人的诉讼代理人以及当事人委托的专家辅助人发问，也可以向鉴定人提问。发问的顺序没有严格限制。通过听取各方陈述或意见，技术调查官可以梳理案件关键事实，进一步厘清案件事实争议的关键点，帮助法官对相关事实问题形成心证。

第三，庭审后阶段。庭审后，技术调查官根据当事人举证、质证信息，包括当事人陈述、专家辅助人意见、鉴定意见等，把握本领域技术人员的专业知识水准，依据自身经验，就案件事实问题和相关法律问题撰写技术调查意见，并为案件评议提供建议。根据《规定》，在案件评议时，技术调查官有权列席，接受法官询问，阐述案件技术事实。在合议庭提出要求时，可以帮助法官审核裁判文书中相关技术事实的内容，并提出意见供法官参考。

三、技术调查官制度有待改进的问题

尽管从《最高人民法院关于知识产权法院技术调查官参与诉讼活动若干问题的暂行规定》（以下简称《暂行规定》）到《规定》，我国的技术调查官制度已经有所完善，似乎上了一个台阶，但制度的构建是一个系统工程，仍然需要回应现实，并与其他制度相吻合。

（一）技术调查官的编制问题

针对技术调查官的任免，《暂行规定》曾经要求具有编制，属于法院常任工作人员，以保证技术调查管队伍的稳定性，以及技术调查意见的中立性，但其在现实中难以贯彻实施。自《暂行规定》实施以来，北京、上海以及广州知识产权法院的技术调查官基本都是兼职的，也有部分属于国家机关人才交流形式。难以招聘在编的技术调查官的主要因素有以下几点：一是涉及的专业领域比较广，编制少，无法涵盖各领域，技术领域也无法区分轻重缓急；二是科技发展日新月异，产品更新换代周期短，技术调查官需要不断的知识更新才能跟上司法审判的需要，人员在编规定会影响技术调查官知识的更新；三是技术调查官的待遇，这可能是最关键的因素，技术调查官对从业人员综合知识、技能和素养的要求都比较高，但其待遇与社会相比明显不符，没有吸引力和竞争力。

《规定》没有就技术调查官的编制作出强制性规定，但这也造成来了一些问题：一是增加管理难度，兼职和交流的技术调查官责任心相对低，工作没有延续性，刚经过岗位培训就换人，队伍不稳定，不利于开展工作；二是无法掌握技术调查官与案件的利害关系，也无法以法院正式工作人员的纪律来约束兼职或交流人员。

关于技术调查官的选任，特别是人事管理制度的设计，应当与司法体制改革与公务员管理分类相协调，制定合理的任职标准、职能定位，并对其任职提供一定的制度保障，使得加入技术调查官队伍的人员愿意做这份工作。

（二）技术调查官职能与司法公开、公正和辩论原则相冲突

根据《规定》，技术调查官的工作职责大致包括组织、协查、询问，对事实认定（包括技术事实认定）都没有决定权，仅仅对指派其任务的法官负责，对当事人没有任何诉讼程序上的义务。不能公开自己的意见，也不需要接受当事人的质询。目前，我国知识产权法院对技术审查意见的采纳率是100%。[1]事实上，法官在事实认定方面基于对技术调查官的依赖，有意无意地让渡了审判权，而技术调查官则攫取了实际上的事实认定之权，成了"影子法官"，享有法官的权力，却不用承担责任。技术调查官不用像法官那样承担心证公开的义务，在当事人眼里就是一个神秘人物。他对法官说什么，法官就信什么，对审判结果有哪些影响，当事人一无所知。

根据《规定》，虽然技术调查官在整个诉讼程序中都有机会参与案件，但技术调查官不需要接受当事人公开质询，也不公开其技术审查意见，这些规定都不符合公开公正原则。首先，发问是单向的。在证据调查中，技术调查官经法官同意，可以向当事人询问，包括其他人（如代理人）等。但是法律

---

〔1〕 章宁丹、肖晟程："广州知识产权法院强化案件技术事实查明工作"，载《法制日报》2017年5月2日。

没有规定当事人、代理人及专家辅助人是否可以向技术调查官提问，至少在实务中是不可以的。其次，当事人对技术调查意见没有质疑权。尽管《规定》说技术调查意见仅仅为法官提供参考意见，但事实上，技术调查官对技术事实的认定具有一定的权威。然而，当事人却没有任何的机会或权利对技术调查意见提出任何质疑，这不符合辩论原则。最后，技术调查官对法官的影响不公开。技术调查官通过各种非公开的途径向法官提供意见，包括口头的和书面的，法官对技术事实认定的心证在很大程度上受此影响，而关于这一点，当事人一无所知，甚至比当事人辩论对法官的影响更大，违背了公开原则。

（三）技术调查官制度与相关制度之间的关系没有理顺

技术调查官制度与鉴定制度之间的关系。技术调查官制度的引入，打破了我国原有的技术类事实查明机制。过去，由于法官与鉴定人沟通不够，阅读鉴定意见困难，造成法官对鉴定意见不进行实质审查，对鉴定意见无原则依赖。此外，基于鉴定制度本身的不健全，鉴定意见的质量也无法得到保障，这极大地损害了司法权威和当事人权益。随着技术调查官制度的建立，当事人申请鉴定并经法院同意的案例越来越少，法官对鉴定意见的重视程度也有所下降。那么，技术调查官的功能能够取代鉴定制度吗？尽管技术调查官与鉴定专家角色有一定的重叠，职业基础有一定的共性，即借助科学原理和工具，就专门性问题依据掌握的知识和技能提供专家意见。尽管如此，两者还是有不同：首先，法律赋予的职责不同、定位不同、人数规模不同。处于行政化体制内的技术调查官，无论是兼职抑或是交流，其人员规模均相对较小，很难涉及所有的技术领域。知识产权法院通常仅对需求频率比较高的技术领域选任技术调查官，而鉴定机构一般都是按照市场化运作，鉴定人员队伍庞大，基本能够满足当事人的需求。其次，制度运行方面也有许多区别。鉴定制度对当事人更具有开放性，当事人有申请鉴定权、查阅鉴定意见权、要求鉴定人出庭权、对鉴定意见的质证权以及申请补充鉴定和重新鉴定的权利。技术调查官制度不同，该制度对法官是开放的，技术调查官对法官负责，为法官服务。仅就鉴定程序而言，技术调查官参与组织协调，对鉴定对象的确定、鉴定材料的选取、鉴定机构的选任等方面发挥积极的作用，帮助法官解决技术理解的障碍。

技术调查官制度与专家辅助人制度之间的关系。知识产权案件事实查明过程中，当事人根据需要，可以向法院申请专家辅助人加入诉讼活动，专家辅助人利用自己的专业知识帮助当事人理解技术方案，并接受对方当事人、法庭的质询。尽管我国法律没有对专家辅助人的资质条件、权利义务等作出明确规定，但在司法实务中当事人还是偏向该制度，其费用、时间相对鉴定而言具有优势。由于专家辅助人的费用由当事人支付，容易沦为当事人的枪手，违背客观性和中立性。当然，在一些简单的知识产权诉讼中，如果涉及的技术不是很复杂，为了加快进程和节约诉讼成本，当事人通过委托专家辅助人参与诉讼就可以解决问题，法官在技术调查官的帮助下，与当事人委托的专家辅助人就专门性技术问题，相互沟通，还是能够有效地、积极地促进技术问题的解决的。有些法院还会召开庭前会议，邀请当事人的专家辅助人一起参与，适当提高了案件审理效率。

技术调查官制度与专家陪审制度。专家陪审是人民陪审制度的创新，是针对专门领域出现纠纷而设置的，在知识产权诉讼案中，如果人民陪审员由专家担任，有利于案件的审理。这不仅针对知识产权类技术案件，还包括其他涉及特定专业知识的案件，如环境案件等。技术调查官与专家陪审员相比在职能定位上有显著区别，前者仅仅是审判辅助人员，列席合议庭会议不能参与表决；后者参加审理、评议，与法官具有同等的职能权限。但由于该条规定违背了陪审制度的人民性，在理论上受到了学者的批评，且专家陪审员限于工作经历和惯性思维，对技术事实认定易存在偏见，可能会不正常地限制其他法官的作用。

技术调查官制度与专家委员会。在司法实务中，不少法院还组建了由本地知名学者教授构成的专家库或专家委员会，并在审理涉及重大、复杂、疑难的技术案件时向库内专家咨询。这种做法对法院审理案件来说方式比较灵活，但无法保障专家的时间、工作责任心等，且法官不向当事人披露专家人员信息，当事人正当程序权利就会受到侵害。当然，如果邀请专家组成员参与庭前会议，允许专家查看相关部分的卷宗材料，并和当事人当面交流，将有助于法官明确当事人及其代理人的主张，掌握案件的技术难点和争议焦点。

技术调查官制度对于合议庭查明案件事实具有一定的促进作用，然而，我们不能否定现有事实查明机制中各项制度的积极作用。只有发挥各项制度的优势，相互取长补短，才能促进知识产权诉讼中各项制度和机制的有效运行。

第二节　日本技术调查官制度介绍

日本的技术调查官主要是指在知识产权案件的审理中，一些专业人员参与技术性事项的审理，辅佐审判员的制度。日本同时还实行"专门委员制度"，指邀请各专业领域内享有较高权威的学者、研究人员或者在专利商标注册代理领域具有丰富经验的代理人参与诉讼程序，从专业性的角度，作为公平、中立的建议者，对审判员和当事人解释诉讼涉及的技术问题，设法迅速解决案件。日本全国现有两百多名专家被任命为专家委员。专门委员会每年定期举行专门委员实际业务研究会，他们与审判员一起，就应如何参与案件，参与方法等进行坦率的意见交流。技术调查官制度和专门委员制度共同支持裁判官解决知识产权案件，是两个不可分割的制度设计。

一、日本技术调查官制度的建立和发展

《日本民事诉讼法》第五章第二部分规定了"技术调查官"和"专门委员"的内容。

（一）相关内容

日本的技术调查官制度也是在其民事诉讼法中规定的仅适用知识产权案件的特别制度，技术调查官根据主审法官的指令，享有以下职权并负责以下事务：向当事人、证人、专家证人等提问；督促当事人提供证明有关事实的证据；当事人如果和解，帮助其提供专业性意见；就专门性问题，向法官陈述和发表意见；等等。

技术调查官的回避要求和回避程序与法官一致。当事人如果认为技术调查官有需要回避的情形，可以向法庭提出，法庭接到当事人申请之日，被申请回避的技术调查官将暂时不再参与案件的审理，并最终由法庭作出的回避决定确认。

（二）具体实施

日本大部分知识产权裁判所配置的技术调查官都是复合型人才，不仅拥有相应的专门领域的知识，还掌握与专利相关的特许法知识。这些人员通常由拥有专利代理人经验或者特许厅工作经验的人担任。这些技术调查官通常为特许厅审判部的资深审判员，有部分为专利代理人，由专利代理人协会推

荐。技术调查官的管理方式主要是采用任期制。从特许厅派出的技术调查官，不再参与原单位的事务，任期为 3 年，必要时延长 1 年。任期结束后回到特许厅，其他审查员再进行轮换。除了任期专职，一些法院还有兼职的技术调查官，如大阪高等法院和地方法院的技术调查官为兼职。技术调查官仅对具体案件负责，根据裁判所要求参与案件审理。

技术调查官参与知识产权诉讼案件，对案件技术事实有充分的了解和认识，但技术调查官针对案情作出的调查报告不对当事人公开，仅向合议庭披露，调查结果也不能作为合议庭认定案件事实的直接依据。技术调查官一般在无效案件中发挥的作用较大，其他类型案件法官更相信自己的判断。

（三）存在问题

技术调查官制度存在的问题：

（1）审判模式的冲突和协调。知识产权侵权纠纷多属于平等主体之间的民事纠纷，举证、质证的主体是诉讼当事人，法院基于公平、公正的立场审理案件，对于当事人没有主张的事实，法院不应当审理，也不能代替当事人主动调查其没有收集的证据，并作为裁判的基础。案件事实不清时，如果当事人怠于举证，就应当承担不利后果，法院不能以探究事实真相为由，主动弥补一方当事人的举证不足，违背当事人主义。

（2）技术调查报告公开与否。尽管日本民事诉讼法也没有要求技术调查报告对当事人公开，但是否应该公开的话题一直有争议。如果不公开的内容正好对法官的裁判产生影响，则不公开会剥夺该当事人的反驳机会和权利，对该当事人造成不公平；如果不公开的内容对法官的裁判不产生影响，一方当事人却利用公开要求推迟诉讼，则可能导致延迟诉讼。总的来说，从公正角度而言，既然法律赋予技术调查官发问当事人的权力，法律也应当要求公开技术调查官的意见，可以是法官通过适当的程序公开该意见。

二、专门委员制度

随着民事诉讼领域的分工越来越细，专业性凸显，计算机软件、集成电路、生物制药、环境等领域的纠纷越来越多，对审判人员的要求也越来越高。2003 年日本在修订《民事诉讼法》时，为了适应这一客观形势，建立了专门委员制度，对专门委员的任免、参与诉讼的程序、工作范围等事项作出了相对详细规定。

（一）相关内容

专门委员的任免。一般由大学教授或研究机构的研究人员担任，属于兼职人员，任期2年。因为是兼职人员，案件需要时难免会与本职工作发生冲突。对于案件是否需要聘请专门委员，通常由当事人决定，如果当事人不愿意委托专门委员，法庭就需要启动其他程序解决专业技术事实认定问题。针对知识产权诉讼案件，此时就需要启动技术调查官程序。

专业委员的任免、工作范围、回避等参与诉讼程序的事项，以及专业委员参与诉讼时获得的津贴、费用补贴等都由日本最高法院规定。

专门委员参与工作的范围。根据《日本民事诉讼法》的规定，专业委员可参与争议焦点、证据调查以及认定等过程，发挥其专业性作用，使得法官能够全面听取其意见。在参与程序中，专门委员有询问权，可以向鉴定人发问，也可以向证人、当事人发问。关于专门委员参与诉讼的方式，在特殊情况下（如路途遥远），可以远程提供专业意见。对于专门委员的回避，或者当事人认为不适格，可以向法庭提出申请并注明理由，专门委员暂停工作直到法庭作出最终决定。

（二）实施情况

根据相关数据，专门委员年龄分布在50岁至70岁之间，都是全国从事科技研究的最尖端专家，有些是大学教授，有些是科研院所的研究人员，涉及的领域多是一些新兴技术领域，如信息通信技术、生物工程等。实践中，机械领域的案件最多，其次是化学领域。就化学领域而言，合议庭对权利要求的理解以及对专利有效性的判定都需要专门委员参与。有时，针对复杂的案件（比如复杂的知识产权诉讼），由3名专业委员通过技术说明会的形式对案件技术问题进行说明。

专门委员在案件中的作用，主要是依据其专业知识解释一些技术术语、技术事实，便于法官理解案件以及组织质证。专门委员的解释仅仅帮助当事人和法官更好地理解案情，特别是与技术相关的问题，法官不得依据专门委员的说明、解释等直接认定案件事实以及处理当事人争议。

专门委员参与诉讼案件虽然不涉及当事人权利义务认定，但对案件的准确和快速审理却发挥了积极的作用。

三、专门委员、技术调查官与鉴定人之间的配合与衔接

如果案件涉及非常复杂的技术问题，有时候，专门委员、技术调查官以及鉴定人都会参与案件。在这类案件中，法院在指派技术调查官参与案件审理时，还可以指派专门委员参与，甚至指派 3 名专门委员参加，并由法院组织技术调查官、专门委员以及当事人及其代理人三方参加的技术说明会。

对于特殊的案件，即使技术调查官、专门委员和鉴定人都参与案件，但他们的法律地位和职能是不同的，专门委员接受最高人民法院的任免，并非法院的在职员工，参与案件领取津贴，不参与案件事实认定，以及当事人权利义务的确认，仅就技术问题及相关技术术语进行说明，可以询问当事人，但不接受当事人的询问。

技术调查官是裁判所的专职司法人员，案件需要时由法官指派参与审理案件，一般参与案件的所有诉讼程序，对技术事实进行调查，有权询问当事人但不接受当事人的询问。技术调查官的意见和报告不对当事人公开，也不作为认定事实的直接证据，但法院可以借此作出自由心证。

技术鉴定人不是裁判所的职员，是当事人根据法律提出申请并由法庭决定参与案件的专业人员，鉴定人员应当接受当事人的质询，如果当事人没有证据反驳鉴定人作出的鉴定意见，法官将以该鉴定意见认定案件事实并作出裁判。

这三方力量参与知识产权案件的审理，相互配合、相互制约，履行各自的职责，有效促进法官厘清案件事实，作出公正裁判。

第三节　我国技术调查官制度的完善

我国的技术调查官制度是在借鉴他国经验的基础上确立的，目的高度一致，即通过掌握法律知识及专门技术领域背景知识的人员参与案件的审理，协助法官准确、高效地审理案件技术事实问题。自 2015 年在知识产权法院配备技术调查官以来，技术调查官的作用已经得到了一定的体现，但也存在一些问题，需要进一步完善。

一、技术调查官的法律定位

从现有的人民法院聘用技术调查官的情况分析，中国技术调查官的地位不明确，未能够充分发挥审判辅助人员的职能或功能。为此，还需要协调好以下关系：

（一）处理好专职与兼职技术调查官的关系

随着知识产权增量的大幅增长，以及国家重视对知识产权的保护，近两年，全国知识产权纠纷案件每年都呈现两位数的增长，为了确保知识产权案件技术事实的查明和案件的质量，技术调查官就必须要投入大量的时间和精力参与案件审理。但由于我国知识产权专门法院的技术调查官基本是兼职和交流为主、聘用制为辅，不能保障技术调查官参与案件的时间，且公正性也受到质疑。日本的技术调查官多以专职为主，取得了很好的效果。因此，我们需要进一步调研分析知识产权专门法院聘用专业技术调查官的可行性和方案。

由于我国是知识产权大国，在知识产权保有量处于高位的情况下，知识产权争议也相对增多，对技术调查官的需求也多，为降低财政压力，可先考虑知识产权专门法院，其对应的高级人民法院，以及最高人民法院聘用一定的专职技术调查官，同时聘请一定的交流人员和兼职人员，一段时间后，可对各类技术调查官的工作进行评估，并加以完善。

（二）处理好技术调查官与技术专家、专家顾问委员会的关系

当技术调查官制度在普通法院实施后，其与原来法院聘请的专家委员会、专家咨询会之间的关系就显得模糊起来。我国的技术调查官与专家委员会的委员在案件中发挥的作用不像日本那样区分得那么明显，是由于国家层面相关制度的缺乏。我国的专家委员会委员是兼职的，而技术调查官也以兼职或交流为主，有些身份还是重合的，身份的模糊会影响其作用的发挥，甚至阻碍其作用的发挥。日本的专门委员接受最高法院的聘任，根据案件需要仅对技术问题和技术术语进行说明，在该领域是全国的权威人士，不需要了解法律知识。日本现行法律对技术调查官和专门委员的职责进行了明显的区分，裁判所会根据案件需要，随时启动相关制度。我国的地域很大，可以在全国或省级层面建立专门委员数据库，由最高人民法院协调明确兼职技术调查官与专门委员会委员之间的关系以及各自的定位。

就技术调查官的委任，笔者认为，应当在具有技术背景的同时，具有专利法知识。这是因为，在现实中，技术调查官面对的事实问题通常也是法律问题，如等同特征〔1〕的认定，就不仅仅是单纯的事实问题。事实上，在专利纠纷中，"权利要求的解释、修改超范围"等问题，不仅仅涉及技术问题，还与法律有千丝万缕的关系。所以，技术调查官与技术专家的主要区别在于，后者仅就单一问题接受咨询，并且明显是技术问题，如现有技术对某个化学基团的功能的认定等，前者全程参与诉讼程序和案件审理，需要对专利法律知识有一定的了解和认知。这样，其制作的技术调查意见对法官的影响才可放心。

（三）处理好技术调查官与法官的关系

根据最高人民法院的规定，技术调查官仅仅是审判辅助人员，不属于合议庭成员，其出具的技术调查意见也仅仅是合议庭认定技术事实的参考。问题是，怎么制约法官仅仅是将调查意见作为参考，关于这一点，《规定》并没有涉及。大家设想一下，如果合议庭合议时，关于技术事实的认定，只有技术调查官提出意见或出具报告，尽管他仅仅是参与，但其他法官没有任何的技术背景，即便对意见或报告提出质疑，也很难使他人信服，此时技术调查意见是很难被撼动的。事实上，此时的技术调查官已经不是法官的助手，而是无形中截取了法官对事实认定的裁判权。因此，技术调查官制度实施过程中，关键的问题之一是处理好法官与技术调查官之间的关系。

笔者认为，应当对法官如何将技术调查意见作为"参考"作出规定。参考是一个含糊的词语，不能发挥规范法官利用技术调查意见的作用。这里主要关注两个问题：什么是参考？如果法官参考意见时有什么义务？根据汉语字典的解释，参考包括将材料用来学习和了解，或者将材料用来对照。法官在参考时不外乎两者情形：一是通过学习，肯定技术调查官的意见，此时法官就会将意见的论证过程转化为自己的论证过程；二是通过学习，否定技术调查官的意见，此时法官应当对事实认定问题作出自己的判定并进行论证。那么，无论接受与否，技术调查意见通常都会对一方或双方当事人的权益产

---

〔1〕《最高人民法院关于审理专利纠纷案件适用法律问题的若干规定》第17条第1款规定："等同特征是指与所记载的技术特征以基本相同的手段，实现基本相同的功能，达到基本相同的效果，并且本领域的普通技术人员无需经过创造性劳动就能够联想到的特征。"

生影响，此时（技术说明会后或者其他时机）不妨将技术调查官的倾向性意见向当事人披露，给当事人一次陈述意见的机会，如此即便法官参考技术调查官的意见并作出裁判，当事人对接受案件审理结果也会有一个很好的预期，可以达到息诉目的。

（四）处理好技术调查官与其他诉讼参与人的关系

第一，技术调查官与鉴定人之间的关系。鉴定人与技术调查官都掌握专业知识，具有专业背景，但两者的法律定位是不同的。技术调查官尽管有兼职或交流人员，但都属于审判辅助人员，属于系统内的人员，而鉴定人是外部人员；技术调查官参与案件的整个诉讼程序，而鉴定人就鉴定事项参与案件；鉴定意见属于证据，需要接受当事人质证，而技术调查意见不对当事人公开，不属于证据；技术调查官可以询问当事人，但不接受当事人质询，鉴定人应当接受当事人质询；技术复杂时，可能无法找到合适的鉴定机构鉴定；技术调查官既保持中立，又能够协助法官处理技术事实方面的问题，相比于鉴定制度更为高效、便捷，法院指定技术调查官即可，不需要双方当事人同意。

相对而言，鉴定人制度建立时间长，制度相对健全，但发现的问题也不少，目前正进行改革，鉴定人、鉴定机构通过市场竞争机制的洗礼，将会更好地健康发展。

第二，技术调查官与专家辅助人之间的关系。专家辅助人是由当事人申请出庭就专门性问题进行说明的人，由当事人委托，我国法律并没有规定其对法庭有优先职责，因此一般不具有中立性。专家辅助人既可以询问鉴定人，也应当接受对方当事人聘请的专家辅助人的询问。

技术调查官与专家辅助人的地位具有明显的不同，两者关系的处理，关键是技术事实查明机制的协调，即对技术调查官、鉴定人、专家辅助人、专家委员等的定位和协调。为此应注意几点：首先，维护当事人对各类技术专家相关个人信息的知情权和回避申请权，确保技术专家参与案件的中立性。其次，维护当事人对技术专家就技术事实的询问权和争辩权，最低限度地维护当事人充分表达意见的机会，最大限度地保障法官自由心证的全面性、客观性和科学性。再次，尊重当事人选择庭前会议的请求，给予充分开证、质证的机会。最后，无论技术专家出庭的身份是技术调查官、专家辅助人还是鉴定人，作为职业共同体，都应当建立一个技术专家职业道德基本规范，建立黑名单制度，确保技术专家在对法庭负责的前提下，尊重事实，并就专业问题提供自身的专业意见。

二、技术调查官的选任与管理

技术调查官制度能够按照预定的设想发挥作用，离不开一支专业知识背景过硬、职业道德高、管理有素的队伍，那么技术调查官需要什么的条件才能胜任呢？

（一）任职条件

一般要从两个方面考量：一是专业素质，二是道德素养。

专业素质。关于技术调查官的专业素质要求，我们可以参考美国联邦证据规则对专家证人的要求以及日本对技术审查官的要求。虽然技术调查官与专家证人是两种不同的制度，但其追求的目的是一致的，都是解决诉讼中的技术问题，人员都要求具有一定专业知识，两者的关键区别是服务的对象或者说法律定位不同。此外，技术调查官不仅要有专业知识，还要掌握知识产权法律知识。美国专家证人选任条件是，在知识、技能、经验等方面，通过训练或者教育具备专家资格的证人。我国技术调查官的选任，一方面，通过可识别的指标进行考量，如学历证书、资格证书、职称、荣誉证书等，假如某技术领域的人员，无论是医疗、机械、化工领域，还是光电领域，其具有本领域普通技术人员应当掌握知识和技能，同时又有专利代理师证，其选任为技术调查官就具有说服力。另一方面，知识和技能的获得不仅仅通过教育，有时候一些经验（特别是通过实践训练获得的经验）也是很重要的，这些掌握经验的人甚至比拥有博士学位的人更适合担任技术专家，如果再掌握一些法律知识就更好了。技术类纠纷如专利纠纷不仅涉及技术问题，更多的是一个法律问题，法律是解决技术问题的工具或手段，以法律的视角分析技术问题，所以，专利法律素养也是必须具备的。

道德素养。道德是指一个社会在一定时期评价或规范人们行为的准则，司法是公正的象征，要求司法人员具有较高的道德素养。这里包含几个方面的要求：首先，技术调查官是守法者，法律是道德的底线，其没有被追究过刑事责任，也没有受过刑事处罚，没有其他违法乱纪的记录。其次，技术调查官执业道德记录良好，在专业技术领域，有较高的执业操守和执业荣誉感，坚持实事求是和客观公正。关于道德素养的要求，需要在聘任前对其进行审查，一旦聘任还需要建立履职跟踪评价机制。

（二）管理

确定技术调查官选任条件是基础，加强对技术调查官队伍的管理，是确保该制度高效运行的条件。主要包括以下几个方面：

（1）技术调查官选任方式。选任条件解决什么样的人能够胜任技术调查官，选任方式解决具备条件的人能够被引进技术调查官队伍。技术调查官的选任不同于一般的公务员，在招录考试中应实行独立的制度，可以通过聘任的方式招录技术调查官，并确保人才进出的双向自由流动，使得技术调查官的专业知识紧跟时代步伐，不至于与技术的发展脱节。

（2）技术调查官数据库。为了发挥技术调查官参与案件审理的效率，可以通过数据库对其进行管理和调配，在符合回避条件的情形下，允许法院对数据库内的专职技术调查官提出申请，由相关法院进行统一聘任和调配。这种调配是最高人民法院还是省高级人民法院层级，对这个问题可以在调研的基础上确认。运用大数据对技术调查官进行管理，不仅可以提高技术调查官参与审理案件的效率和作用，还能够确保前沿学科领域有限的技术调查官资源共享。这种数据库应当是动态的，满足条件就可以入库。

（3）技术调查官教育、培训与考核。科技不断更新、日新月异，法律也会不定期修订，因此需要定期和不定期地对技术调查官进行培训和教育，确保其知识不过时。同时，还要建立考核、激励和晋升制度，以优化配置人力资源，提高其参与案件审理的积极性，高效发挥其辅助法官审理案件的作用。

2019年11月7日，最高人民法院知识产权庭代表最高人民法院宣布"全国法院技术调查人才库"建成并使用，同时还启动了技术调查人员共享机制，对技术调查官参与案件的具体规则也进行了梳理，撰写了《技术调查官手册》，内容全面涉及技术调查官参与案件的各个程序。具体包括技术调查官的指派和调派程序规则，技术调查官参与调查取证、勘验和保全的程序规则，技术调查官参与询问、听证以及庭前会议和庭审的程序规则，技术调查官撰写调查意见的要求以及具体指引，对技术调查官进行管理和考核的规则，以及技术调查官与其他相关制度的协调等内容。最高人民法院的该项行动对于知识产权诉讼技术事实的查明具有重大意义。

三、技术调查官参与程序规则

关于技术调查官参与案件的程序，最高人民法院的文件虽然规定了启动方式、回避、出庭以及发表意见等规则，但当事人参与度以及当事人权益保护不够，有待进一步完善。

（1）当事人申请技术调查官参与案件的权利。文件规定，法官在面对复杂技术问题时可以依据职权申请技术调查官介入案件，那么，如果当事人对技术问题产生争议，是不是也应当允许当事人向法庭申请技术调查官介入并由法庭裁决呢？笔者以为，应当赋予当事人申请权，这既是尊重当事人对技术调查官的信任，也能增强审理技术纠纷的力量，可在答辩期限内允许当事人申请，但为了防止当事人恣意妄为、浪费资源，应由法庭进行审查并作出裁决。

（2）保密和中立。技术调查官无论是专职还是兼职或交流，都应当遵循保密规则，维护当事人合法权益，确保司法公正独立。技术调查官因参与案件审理，知悉其掌握的当事人资料，应当严格保密，禁止向外界透露案件的任何情况，在案件审理阶段，谨慎参加可能影响案件公正审理的各项活动。

（3）回避制度的规范。技术调查官参与案件，即便不是合议庭成员，由于其对法官自由心证有很大的意向，同样应当对当事人披露，赋予当事人回避申请权。根据最高人民法院的有关规定，对技术调查官的回避处理参照诉讼其他人员的回避规定，如证人、鉴定人等，该规定有弱化技术调查官地位的嫌疑，尽管技术调查官不是合议庭成员，但可对案件审理发挥不可取代的作用，其回避规定应当参照合议庭成员的规定。我国的技术调查官制度类似于日本的相关制度，但日本的技术调查官的回避要求和程序实行与法官相同的制度。由于我国技术调查官以兼职和交流为主，当事人及其代理人对技术调查官的中立性持质疑态度。因此，有必要在增加技术调查官专职规模的基础上，进一步完善技术调查官的回避制度。

四、技术调查意见的公开

关于技术调查意见是否公开，学术界和实务界的争议较多。大多数学者还是从审判公开的基本要求出发，主张技术调查意见公开。如审判公开原则包括三个层面的公开：一是审理案件和案件的宣判要公开，二是审理全过程的公开，三是向当事人和社会公开。[1]还有学者认为，诉讼公开原则是公民知情权在民事诉讼制度中的必然延伸，认为只要是与当事人诉讼活动密切相关的信息、对当事人诉讼请求产生实质影响的信息，都应当属于知情权的范围。[2]当然，公开也不是没有限制的，其首先要符合民诉法的总体规定，其次合议庭的评议过程不应当公开，以免影响法官独立行使司法审判权。

（一）借鉴

下面，笔者介绍一下美国关于技术审查官意见公开的相关规定。

除当事人聘请专家证人外，美国法院也会通过一些途径任命技术专家协助处理技术问题。

（1）特别专家。《美国联邦民事诉讼程序规则》第53条规定了特别专家的任命规则。一项调查发现，被任命为特别专家的对象都是律师，而且都是平均执业30年以上具有专利法执业背景和理工背景的律师。特别专家的主要任务是主导双方当事人证据的开示或者权利要求的解释，除非有特别规定，否则特别专家向法庭提交的工作报告应当及时向当事人送达副本。

特别专家与专家证人的区别：特别专家的法律定位是法官助手，代表法官处理事务，法院任命的专家证人属于独立的第三方，既不代理法官也不代表当事人；特别专家不属于证人，不需要接受当事人的询问，而专家证人在法庭上要接受当事人的询问；特别专家处理的事务侧重于法律问题，且通常在庭审前，如证据的开示或权利要求解释，而专家证人的事务侧重于技术事实，其处理的事务通常是庭审之时。

（2）技术顾问。美国无论是证据规则还是联邦民事诉讼程序规则基本上都没有涉及技术顾问制度，该制度是通过判例发展起来的。顾名思义，技术顾问是帮助法官理解复杂的技术问题，在不同案件中技术顾问的职责有些许的不同。在"Tech Search案"中，美国联邦巡回上诉法院认为，技术顾问应当聘用中立的第三方，通过公开的程序或以书面的形式将技术顾问的职责、专业能力等披露给双方当事人，技术顾问应当遵守相应的程序规则。[3]

如果特别专家和技术顾问在履职过程中向法院提交书面工作成果，美国

---

〔1〕 左卫民、周洪波："论公开审判"，载《社会科学研究》1999年第3期。

〔2〕 黄娟："论民事诉讼中当事人的'知情权'"，载《法学评论》2004年第1期。

〔3〕 Joshua R. Nightingale，" An Empirical Study on the Use of Technical Advisors in Patent Cases"，93 J. Pat. & Trademark Off. Socy，400（2011），p. 422.

立法和判例还要求其应当向当事人披露。该项规定源于美国宪法中的"正当程序"理论。该理论要求任何公民的生命、自由和财产在被剥夺之前都享有听证的权利，所谓听证就是陈述和申辩，也即辩论权，而知情权是听证的前提，所以告知是法院的基本义务。

英国的技术陪审员制度与韩国、日本和我国的技术调查官制度类似，其技术陪审员隶属于法院，由法院委任并参与诉讼程序，出席庭审活动，协助法官处理技术事实认定问题，并向法官提交技术报告，法院按照一定的程序向当事人送达。[1]

（二）相关调研分析

北京知识产权法院曾经就技术调查意见利用情况进行过内部的调查，接近99%的被调查者认为技术调查官提交的审查意见具有很高的价值。[2]该调查报告认为，公开技术调查意见符合司法中立、公开和公信力的要求，但也认为，如果技术调查意见公开会产生弊端：一是调查意见公开后，当事人必将要求新一轮的质证，或者法庭是否考虑给当事人一次陈述意见的机会，如此循环往复，会影响审判效率；二是向当事人公开调查意见，会导致审判结果或者倾向性结论会提前公布，影响审判的正常进行；三是简单的技术术语等内容不会对案件产生实质影响；四是对技术调查官个人会产生不利影响。

上述四点弊端分析，仅有第一点成立，可妥善解决，其他三点理由不充分。第一，所谓技术调查意见公开会导致裁判倾向的提前公布，消极影响当事人情绪。事实上，当事人通过双方的举证、质证，对案情已经有清晰的认识，即事实越辩越明，技术调查意见向当事人公开，并给当事人一个陈述意见的机会，将使得当事人对案件判决结果有更合理的预期，公开反而会对当事人的诉讼行为有积极的引导意义。第二，所谓没有实质影响的内容不需要公开的说法也难以成立。对案件是否产生实质影响，应当由当事人判断，且内容是否对案件的裁判产生影响不应当是公开与否的判断标准。第三，所谓对技术调查员个人产生不利影响更加是从根本上否定技术调查员制度。鉴定意见、法院判决文书等，可能对当事人有利也可能对当事人不利，鉴定人、

---

〔1〕 宋汉林："知识产权诉讼中的技术事实认定——兼论我国知识产权诉讼技术调查官制度"，载《西部法学评论》2015年第5期。

〔2〕 参见李青等："我国知识产权审判中技术审查意见公开机制的研究"，载http://bjzcfy. chinacourt. gov. cn/article/detail/2018/04/id/3278606. shtml，最后访问日期：2019年8月28日。

法官是一种执业，只要恪守职业道德，根据规范、程序作出相应的意见或报告，就会得到当事人的尊重。因为，人们天生就有追求公正的信仰。当然，当事人胡搅蛮缠的特例也是不能避免的。

（三）技术调查意见公开建议

为了保障当事人的知情权、辩论权，维护其享有的正当程序的权利，技术调查意见应当公开。技术调查意见公开，应当关注以下问题：

1. 技术调查意见公开的主体

由于技术调查官的定位是审判辅助人员，不属于合议庭成员，在案件评议时没有表决权，提交的技术调查意见也仅仅是法官认定案件技术事实的参考，因此，技术调查意见即便公开，公开者也应当是法庭，由法庭通过一定的程序向当事人公开，并由法庭承担因公开调查意见产生的相应的法律责任。

2. 技术调查意见公开的范围

北京知识产权法院相关课题组提出了"适当公开"的观点，还有学者提出了部分公开的观点，这些观点没有实质区别。笔者以为，这些观点没有说服力。首先，技术调查意见是一份完整的报告。相互之间是密切关联的，每一部分都有其存在的价值，就好像法官的判决书，当事人举证、质证，从证据认定到事实认定和法律适用，是一个辩证的、循序渐进的过程，每个部分都很重要，不能将结果直接告知就算履行了公开义务，还需要将技术调查官推论的过程展示给当事人。其次，内容的重要性和价值判断不是恒定的。对于不同的当事人而言，结论是不同的，何为适当，应当由当事人判断，否则适当公开就没有了意义，也不能实现司法公开的价值。再次，在技术事实认定中，相关背景技术、特定技术领域的技术术语、公知常识等相关内容同等重要，有学者认为可以不公开，这种观点是不正确的。事实上，这些信息非常重要，技术领域、技术背景以及公知常识的认定会直接影响创造性的判定，怎么能说是不具有实质影响呢？创造性是相对于现有技术，技术手段是否属于公知常识对当事人利益影响重大。最后，所谓适当公开就保障了当事人的诉讼权利，该说法没有依据。适当公开不代表公开，法官的"内心确信"，需要对所有可能影响法官裁判的信息都应当公开，这是司法公开的必然要求。

所以，笔者支持全部公开，当然，应当排除法律规定的不应当公开的内容。如涉及商业秘密的内容，应当按照特定的规则对特定的人公开。

3. 技术调查意见公开的时机

有学者认为，如果技术调查意见公开，可能会造成循环辩论，影响审判效率，此说法是忽视了技术调查官的定位。技术调查官是法官的技术助手，从其职责看，参与案件的整个过程，包括争议焦点的建议、证据的取证、开庭审理、后期提交事实调查报告等，技术调查官比当事人更全面、更客观地了解案情，对案件审理的走向有较清晰的认识和判定。因此，在当事人都已经举证、质证完毕后，技术调查官就可以撰写意见报告并提交给法庭，法庭向当事人披露并给当事人书面陈述意见的机会。此时，技术调查官不需要针对当事人的陈述或申辩作出回复，法官可在当事人陈述或申辩的基础上，综合评定案件事实，决定是否参考技术调查官的意见。

技术调查官制度建立时间短，各地法院还在持续探索中，制度的完善也是一个渐进的过程。技术调查官制度的完善关键是技术事实查明机制的有效运转，既包括技术调查官、技术专家顾问、技术陪审员之间制度的协调，也包括技术调查官、专家辅助人、鉴定人制度之间的协调，这些都属于诉讼程序中的诉讼参与人制度。这些制度，既包括诉讼参与人的地位、法律定位以及管理问题，还要关注他们的诉讼行为、法律效力，相互之间的影响和协调，是一个系统工程。只要我们遵循司法公开、公正原则，充分保障当事人知情权、辩论权，技术事实查明机制就会健康、有序运转，技术调查官制度也会发挥其积极的、应有的作用。

第二部分

法律适用规则

《专利法》第33条法律适用问题研究

对专利文件进行修改，有两种情形：一种是对专利申请文件的修改；还有一种是对专利公告文件的修改。前者处于审查授权程序，后者处于无效宣告程序。第一种情形，申请人对专利申请文件进行修改，一方面是为了满足专利授权的条件，另一方面是为了更好地保护技术方案。对于第二种情形，专利权人对专利公告文件进行的修改，目的非常单一，就是确保专利授权符合法律规定的实质要件。为了防止申请人把申请日之后的技术方案利用修改的机会增加到原始申请文件中，各国法律都规定"修改不得超出原申请文件（原说明书和原权利要求书）范围"。[1]我国《专利法》第33条记载了与各国相一致的修改原则。

近年来，因修改是否超范围产生的争议越来越多。2018年5月17日，进入"http://openlaw.cn/"检索，输入关键词"专利"和"修改超范围"共检索到380个裁判文书结果。其中2001年前只有2份裁判文书，2009年开始每年达到两位数，2017年数量最多达到51份，其中一审文书179份，二审文书173份，再审文书13份。该数据在一定程度上既说明了《专利法》第33条对当事人权益的影响逐步体现，也说明了专利审查部门、各级人民法院对该条款的适用存在一定的偏差。本章节将针对第一种情形下的修改问题进行探讨。

第一节 专利申请文件修改依据的历史变迁

我国专利法及其实施细则包括专利审查指南都有关于修改专利文件的规定。

---

[1] 《专利法》第33条规定："申请人可以对其专利申请文件进行修改，但是，对发明和实用新型专利申请文件的修改不得超出原说明书和权利要求书记载的范围。"

一、法律规范的历史变迁

我国专利文件修改制度是逐步完善起来的，其历史变迁主要体现在以下方面：

1.《专利法》相关变化

我国现行《专利法》是于 1984 年颁布的，相关内容规定，"申请人可以对专利申请文件进行修改，但是修改不得超出原说明书记载的范围"。

1992 年第一次修订《专利法》时，该条款对后半段的内容进行了修改，即"修改不得超出原说明书和权利要求书记载的范围"。此后，2000 年和 2008 年对《专利法》进行修改时该条款内容没有变。这一修改，说明立法者对专利申请文件中说明书和权利要求书的法律意义和法律性质有了实质性的认知。对申请人而言，申请日提交的权利要求书和说明书既是独立的法律文书，又是一个整体，可以相互补充和支持。

2.《专利法实施细则》和《专利审查指南》相关变化

1985 年、1992 年、2001 年和 2010 年的《专利法实施细则》在内容上没有区别。仅对专利申请文件修改的时机和方式进行了规范，一方面保障当事人有适当的主动修改时间，另一方面保障审查机关提高审查效率。

《专利审查指南》具体指导审查员的审查业务，对修改行为的规范更具体。国家知识产权局共颁布了 1993 年、2001 年、2006 年和 2010 年的《专利审查指南》，但 1993 年版本官网已经无法查询。

（1）2001 年《专利审查指南》与 2010 年《专利审查指南》比较。[1]

第一，允许修改的内容。关于发明所解决的技术问题的修改，前者要求"修改后的内容应在原说明书中有记载或者能从原说明书记载的内容直接导出"，后者要求"不应超出原说明书和权利要求书记载的范围"；关于发明有益效果的修改，前者要求"只有在某一或某些技术特征在原始申请文件中已清楚地公开"，后者要求"清楚地记载"，前者要求"所属技术领域的技术人员可以直接地、毫无困难地"推断这种效果，后者要求"直接地、毫无疑义地"推断这种效果。

第二，不允许修改的内容。如果任何的增加、删除、改变，使本领域的

---

[1] 参见《专利审查指南》第二部分第八章第五节"发明专利实质审查程序"。

技术人员看到的信息不同，这种修改便是不被允许的。关于"信息"，前者指"公开信息"，后者指"记载信息"；关于修改内容不能从原始公开信息中得到，前者用"直接、毫无疑异地导出"，后者用"毫无疑义地确定"，这是两者的差异，这种差异不仅仅是表述的不同，两者的区别后文将详细阐述。

第三，不允许增加的内容。与不允许修改内容的规定类似，前者表述为"直接明确地导出也不能由所属技术领域技术人员的常识直接获得的信息"，后者表述为"直接地、毫无疑义地确定的信息"。

第四，不允许改变的内容。如技术特征的改变，前者表述为不同于原申请"公开"内容，后者表述为"记载"内容。

第五，不允许删除的内容。如技术方案技术术语的删除，前者用说明书"公开"表述，后者用说明书"记载"表述。

（2）2006 年《专利审查指南》与 2010 年《专利审查指南》比较。

2006 年版本的内容方面已经接近于 2010 年的版本。

共同点。都对专利法条款"原说明书和权利要求书记载的范围"进行了解释，认为该内容是指"包括原说明书和权利要求书文字记载的内容和根据原说明书和权利要求书文字记载的内容以及说明书附图能直接地、毫无疑义地确定的内容"。其他具体修改规则也基本相同。

不同点。首先，2010 年《专利审查指南》把"修改的要求"明确区分为三个部分，包括修改的内容与范围、主动修改的时机和答复审查意见通知书时的修改方式三个部分，更具有逻辑性和层次性。其次，关于答复审查意见通知书的修改，如果修改导致请求保护的范围扩大，则是不允许的。

二、法律规范变迁的总结

主要有以下几点：首先，《专利审查指南》对修改行为的规范越来越重视，内容越来越丰富；其次，对重要的概念进行解读，以便执法者掌握统一的标准。再次，由于对申请文件修改这一命题缺乏根本的认知和统一的指导思想，寄希望通过文字表述规范修改行为难以达到目的。这一点可以从一些文字的表述变化予以判断，如从"公开"到"记载"、从"直接地、毫无困难地"到"直接地、毫无疑异地"再到"直接地、毫无疑义地"、从"推导/导出"到"确定"。不过，在 2010 年版中，我们依然可以看到"导出"的踪影。最后，三个版本皆规定，答复审查意见通知书时，即使修改内容符合专利法的规定，没有超出原始记载的范围，但因为不利于节约专利审查程序，所以审查员不予接受。

尽管专利申请文件修改的立法依据一直在进行修正和调整，但以文字性的变化为主，关于修改条款的立法宗旨和指导思想一直空白。

第二节　国外相关立法规定及司法实践经验

关于修改是否超范围问题，国外的一些做法和经验值得我们借鉴。

一、欧盟将"排除合理疑问的证明标准"与"直接地、确定地得到"修改标准相结合

欧盟 T383/88 号案例[1]是一个经典案例，涉及两处修改：其一，将原始权利要求中的"碳酸盐"改为上位概念"盐"；其二，将原始文件中的"二甲苯溶剂"改为上位概念"惰性溶剂"，并删除了温度和时间等相关技术特征。申请人在案件审理时针对第一处修改提交了一位专家证人的宣誓书和一本教科书作为证据。德国法律判断修改是否应被允许的标准是，如果所述领域的技术人员对修改内容存疑，认为修改后的文件不同于未修改的文件，则这种修改就不被允许。上诉委员会在案件审理时向当事人阐述了这一标准，上诉委员会还认为"修改超范围标准"等同于"排除合理疑问"的证明标准。

关于第一处修改，上诉委员会认为专家证人的资质太高，不属于所述领域的普通技术人员，其出具的专家意见也不能证明是公知常识。此外，申请人提交的教科书中的信息仅仅涉及盐的概括的定义，没有具体的化学反应案例。因此，申请人提交的证据不足以证明本领域技术人员在面对原始申请文件时能够将碳酸盐自然地类推为其他类型的盐并概括为盐。由于申请人没有达到排除合理疑问的证明标准，第一处修改不被接受，需要承担该不利后果。关于第二处修改，由于本申请化学反应的条件仅要求是惰性溶剂，并没有对惰性溶剂有特殊的要求，且该化学反应的发生不取决于温度和时间的具体要

---

〔1〕 E. Standard of Proof for Allowing Amendments and Corrections, *Case Law of the Boards of Appeal of the European Patent Office*, 5th, 2006, p. 280.

求，仅要求能够发生理想的化学反应即可，本领域的技术人员能够选择反应的温度和时间。因此，上诉委员会认为所属领域的技术人员由原始申请文件能够立即明白二甲苯惰性溶剂、化学反应时间和温度这些具体技术特征是化学反应的典型例子，对制备本发明的化合物并不是必须限制的条件，该修改应当得到允许。

本案例之后，上诉委员会的其他判例基本都援引了该判例，并逐步建立了"排除合理疑问"的标准。

二、日本将技术问题、技术方案和技术效果作为一个整体进行判定是否修改超范围

日本有两个典型的案例。案例之一，[1] 涉案申请原始的权利要求 1 为"一种床，包括方管状的床架，其具有头侧框架和脚侧框架……"针对审查员的审查意见，代理人答复时根据专利申请人的指示删除了"方管状的"这一限定表述，修改为"一种床，包括床架，其具有头侧框架和脚侧框架……"该专利申请同时在日本和中国提出，中国审查员认为删除"方管状的"这一限定语不能接受，属于修改超范围。根据本案的专利申请文本，本发明的发明点在于对床架通过专用大腿支撑机构实现单独的支撑功能，发明解决的技术问题与床架的形状没有关系。针对同样的修改，日本审查员则认为删除的"方管状的"这一限定特征不会增加新的技术内容，也没有技术上的含义，没有超出原始申请记载的内容。从本发明所解决的技术问题、实施的技术方案和技术效果而言，删除的"方管状的"这一任意的附加特征，与发明解决的技术问题没有关系，不属于必要的技术特征，不影响技术问题的解决，也不影响技术效果的实现，这样的删除是可以接受的。该案中，无论床架是方管形的、圆管形的或者其他形状，都能够实现发明目的，所属领域技术人员显而易见。

另一案例，原始记载的权利要求为"一种硅晶片清洗装置，……混合气体喷射到硅晶片上"，审查程序中申请人对该权利要求进行了修改，增加了限

---

[1] 毛立群、杨楷："中、日两国'修改超范围'判断标准的实务比较研究"，载《全面实施国家知识产权战略，加快提升专利代理服务能力——2011 年中华全国专利代理人协会年会暨第二届知识产权论坛》2011 年，第 309～311 页。

制用语混合气体"以 2mm 以下的间隔"喷射到硅晶片上。关于该修改，原始申请说明书中记载"混合气体喷嘴与晶片之间的间隔大约为 1mm，但该间隔越小越好。若上述间隔超过 2mm，氢自由基会消失，将无法充分进行氢封端处理"。按照日本的审查，虽然"以 2mm 以下的间隔"的内容没有被直接记载在原始申请文件中，但是根据原始说明书明确记载的内容，所述技术领域的技术人员也能够判断，"如果间隔超过 2mm，氢自由基就会消失，也无法进行氢封端处理"。因此，根据申请日前本领域的公知常识或常规技术手段，技术人员不会采取超过 2mm 间隔的技术方案，因此权利要求增加的技术特征即使没有在原始权利要求书中有记载，但是根据说明书的记载，该修改对所述技术领域的技术人员而言是不言自明的事项，因此该修改并没有超出原始记载的申请文件的范围。

从上述案例我们能够得出，日本等国家的修改超范围的规定是比较合理的，允许申请人在不增加新的技术内容的基础上，将原始申请文件能够明确得到的信息增加到权利要求中，以弥补申请时撰写的欠缺。这一指导思想对申请人而言是公平的，其作出了发明创造，理应获得相应的合理保护，同时该政策也不会侵犯公众的信赖利益。

第三节 《专利法》第 33 条法律适用典型案例分析

我国《专利法》《专利法实施细则》以及国家知识产权局颁布的《专利审查指南》都对专利申请文件的修改作出了规定，法律和条例主要是原则性的规定，部门规章从积极和消极两个方面列举了大量的示例，但对于《专利法》第 33 条的法律适用分歧依然很大，学者们对该问题的探讨也越来越多。其中，学者朱理对最高人民法院从 2010 年到 2015 年受理的 11 件案件进行了专门分析。[1]本书试从不同视角对两个典型案例进行分析。

一、"墨盒案"[2]分析

该案系最高人民法院公报案例，本案涉及名称为"墨盒"的发明专利，

---

〔1〕 朱理："专利文件修改超范围的判断标准及其救济方案——以最高人民法院的判例为研究基础"，载《专利代理》2016 年第 5 期。

〔2〕 参见最高人民法院［2010］知行字第 53 号行政裁定书。

分案申请时专利申请人对原始申请文件的权利要求进行了修改，将"半导体存储装置"改为上位概念"存储装置"，这一修改后来被审查员接受了，并且获得了授权。但在专利无效程序中，专利复审委认为，涉案专利原始提交的权利要求书和说明书记载的都是半导体存储装置，文字中并没有记载或者披露其他的存储装置，相关领域的技术人员通过原始申请文件也不能毫无疑义地得到其他存储装置，专利复审委认为修改增加了技术内容。因此，这种修改不符合《专利法》第33条的规定，宣告本专利全部无效。一审法院维持了复审委的决定。二审法院认为，"存储装置"虽然有其普遍的含义，但涉案专利所属领域背景技术中明确为半导体存储装置，本领域技术人员不会将其理解为上位概念——存储装置。实质审查阶段，为了获得授权，申请人将修改后的"存储装置"限定为半导体存储装置，即原始申请说明书图7（b）中所示的半导体存储装置。二审法院认为，一审判决及无效宣告决定关于"存储装置"的理解有误，予以纠正，复审委应当就此重新作出审查决定。

再审程序中，最高人民法院在该判决书中明确了几点：其一，对"原记载范围"的解释。除原始申请文件记载的内容，还包括根据原始申请文件能够直接、明确导出的内容，只要该导出内容是所属领域普通技术人员能够显而易见的，不能仅仅对修改前后的文字进行字面对比，也不能将能够直接、明确导出的内容理解为数理逻辑上对应的内容。其二，对"修改超范围"的判断。对所属领域普通技术人员而言，通过综合该原始专利申请文件，很容易联想到可以用其他存储装置替换半导体存储装置，修改未引入新的技术内容，符合《专利法》第33条的规定。

（一）案件值得肯定的方面

第一，明确了《专利法》第33条的立法目的。实现了先申请制下专利申请人与社会公众之间的利益平衡。修改既可以补正瑕疵，也可以调整保护的范围，同时防止增加申请日未提交的发明内容以获得不当利益。

第二，对"原记载范围"的理解。应当包括原记载明确表达的内容，以及所属领域普通技术人员通过原记载直接、明确推导出的内容。关于推导的内容，只要是所属领域普通技术人员能够通过原始记载内容显而易见地获得即可。反对对修改前后的文字进行字面对比得出结论，或作机械理解，或者以数理逻辑将能够直接、明确推导出的内容限定为唯一确定的内容。

（二）案件值得商榷的方面

（1）二审法院对"存储装置"含义的认定。对于技术术语含义解释规则，《专利审查指南》已经作出了明确的规定。[1]本案中，本领域技术人员都清楚存储装置是指保存信息数据的装置，包括磁芯存储器、半导体存储装置等类型，是所述类型的上位概念。专利申请人在分案申请时将半导体存储装置改为存储装置，而存储装置是原申请文件中没有记载的，即便申请人在答复审查意见通知书时对存储装置作出限定，该限定也不能代替说明书的限定，本案申请人没有在说明书中专门界定"存储装置"不同于通常的含义。因此，对于"存储装置"应按照通常的意义理解。

（2）最高人民法院用"显而易见"限定"直接、明确导出的内容"。"非显而易见性"是判断发明创造性的标准，把"显而易见"作为《专利法》第33条的判断尺度，容易产生歧义和误解。直接、明确导出的内容应当是隐含公开的内容，本领域技术人员凭其知识水平、认知能力，能够直接获得，与创造性判定没有任何关联。"显而易见"一词在该处的使用，是司法人员把修改范围与等同特征或等同原则适用相混淆，两者的立法精神是不相同的。

（3）修改是否超范围，还应当由《专利法》第26条第4款检测。根据《专利审理指南》的规定，[2]"存储装置"是"半导体存储器"的上位概念，修改扩大了权利要求的保护范围。所谓修改不超范围，应当包括权利要求修改得到了说明书的支持，或者说得到了原说明书和原权利要求书的支持。所属技术领域的技术人员运用掌握的知识和技能能够想到用其他存储装置替换半导体存储装置，不仅解决相同的技术问题，实现本发明的目的，还能够获得相同的技术效果。只有如此，"存储装置"的概括修改才能既得到说明书的支持，又能满足《专利法》第33条的规定。

---

〔1〕 参见《专利审查指南》第二部分第二章3.2.2节"清楚"。权利要求的用词应当理解为相关技术领域通常具有的含义，特定情况下，如果说明书指明了某词具有特定的含义，并且使用了该词的权利要求的保护范围由于说明书对该词的说明而限定足够清楚，这种情况是允许的。

〔2〕 参见《专利审查指南》第二部分第二章第3.2.1节"以说明书为依据"。对于用上位概念概括的权利要求，应当审查这种概括是否得到说明书的支持。如果说明书给出的信息不充分，所属技术领域的技术人员用常规的实验或者分析方法不足以把说明书记载的内容扩展到权利要求所述的保护范围时，审查员应当要求申请人作出解释，说明所属技术领域的技术人员在说明书给出信息的基础上，能够容易地将发明或者实用新型扩展到权利要求的保护范围。

二、"后换挡器支架案"[1]分析

本案涉及名称为"后换挡器支架"的发明专利，第一处修改是将权利要求 1 中第一连接结构和第二连接结构的"圆的螺栓孔"修改为"圆形孔"，第二处修改是把模压改为压制，以及其他修改。专利复审委认为，对机械领域技术人员而言，圆形孔是对孔形状的界定，包括各种功能的连接孔，如螺栓连接的孔、销定位的孔等，不能因为附图显示的孔为圆形的，就认定"圆形孔"和"圆形螺栓孔"或"螺栓孔"是相同的含义；模压和压制为不同含义的技术术语，对本领域的技术人员来说，原说明书中的"模压"和修改后专利权利要求 2 以及说明书中"压制"表达的是不同的信息，修改不符合《专利法》第 33 条的规定，宣告专利权全部无效。

一审法院认为，将原申请文件中的圆的螺栓孔、圆形螺栓孔、螺栓孔概括为圆形孔，将原申请文件中的必要技术特征"用于螺栓穿过"删除，该修改不能从原申请文件记载的内容毫无疑义地确定，对所属领域技术人员而言，压制属于模压的上位概念，两者含义不同。一审判决维持无效宣告决定。二审判决驳回上诉，维持原判。

再审法院认为，原申请文本中，8a 和 8b 实质上由两个技术特征共同限定：一是圆形孔；二是螺栓穿过。所属技术领域技术人员认为这两个技术特征具有不同的技术含义。尽管原说明书记载"螺栓孔 8a 和 8b 可以用其他任何形式的结构代替"，"其他任何形式的结构"范围宽泛且不确定，不能据此认定其可以概括为圆形孔，更不能证明"圆形孔"与"圆的螺栓孔"具有相同的技术含义。模压是指在压力加工过程中，使用模具或者模具类似物进行加工；而压制是指用压的方法进行制造，其并不必然涉及模具的使用，还包括锻压、冲压等技术手段。压制属于模压的上位概念，两者的含义不同，对权利要求 1 的修改超过了范围，同时认为对权利要求 6 的修改没有超出原说明书和权利要求书记载的范围。再审撤销二审和一审判决，撤销无效宣告决定，要求专利复审委重新作出复审决定。

（一）案件值得肯定的方面

与"墨盒案"基本相同，判定修改是否超范围，应当综合考虑所属技术

---

[1] 参见最高人民法院［2013］行提字第 21 号。

领域的技术特点及其技术人员的知识水平和认知能力、技术方案内在联系等因素，以正确确定"原记载范围"。

（二）案件值得商榷的方面

一审法院认为，既然是"必要技术特征"，就不应当修改，该观点有待商榷。所谓"必要技术特征"[1]具有相对性，解决的技术问题不同，"必要技术特征"也就不同；撰写水平不同，权利要求中的必要技术特征也会有差别；是否为必要技术特征，与修改是否超范围没有必然的联系。同样，最高人民法院也认为，适用《专利法》第33条时，应当区分"发明点"和"非发明点"，并建议设置"恢复程序"解决该问题。对该问题的观点，笔者将在后文进行阐述。

总体而言，第一个案例的判断尺度太宽松，第二个案例与第一个案例相比，判断是否超范围过于谨慎，认为"圆形孔"与"圆的螺栓孔"技术含义不同就不可以修改，该判断实质上还是文字对比得出的结论。

第四节　《专利法》第33条的立法宗旨及其完善

由于对专利申请文件修改条款的立法缺少明确的指导思想，导致对相关条款的表述和解释出现反复，不当限制了专利申请人的正当权益。

一、立法宗旨

各国专利法都赋予了专利申请人修改专利申请文件的权利并加以限制。《美国专利法》第132条规定，[2]修改不应引入新的内容，并且规定，不得在再公告申请中引入新内容。《欧洲专利公约》第123条规定："（1）欧洲专利申请或欧洲专利可以在欧洲专利局的各项程序中根据实施细则而修改。无论如何，应当给予申请人至少一次机会主动修改该申请。（2）欧洲专利申请或欧洲专利经修改后，不得包含超出（原始）提交时的申请内容的客体。"[3]

---

〔1〕　参见《专利审查指南》第二部分第二章第3.1.2节"独立权利要求和从属权利要求"。必要技术特征是指，发明或者实用新型为解决其技术问题所不可缺少的技术特征，其总和足以构成发明或者实用新型的技术方案，使之区别于背景技术中所述的其他技术方案。

〔2〕　See 35 U. S. C. 132.

〔3〕　See EPC. . 123.

其体现的修改立法宗旨是：一方面，不允许申请人通过修改改善其处境，获得不正当利益；另一方面，不允许修改损害第三方的信赖利益或者法的安定性。

1. 赋予修改权利的正当性

发明创造属于技术的范畴，用文字或图形把复杂的技术表现出来，不是一件简单的事情，如果要形成具有法律意义的文书，更加需要一定的经验和技巧。一是要满足公众对技术信息的理解和利用，如权利要求"清楚、简要"、说明书"清楚、完整、能够实现"；二是申请人为自己寻求一个合理的、适当的权利保护范围，如权利要求保护范围与说明书公开范围一致；三是满足专利授权的条件，符合"新颖性、创造性"等要求。可以这么说，专利申请文件的撰写，没有最好，只有更好。因此，允许申请人在申请日后对申请文件进行修改，就具有了正当性。

2. 限制修改权利的必要性

尽管赋予申请人修改申请文书的权利具有一定的正当性，但如不加以限制，会导致整个专利法律制度运行的混乱。

（1）遵循先申请原则。我国专利授权采用先申请原则，而先申请的判断基础又是以申请日为准。因此，申请日提交的申请文件就具有了法律意义。申请人不能在申请日后，将原文件中没有的技术内容补入原申请文件，否则将侵害竞争对手、其他第三人的利益，破坏法的安定性。

（2）遵循程序节约原则。申请文件的完善是无止境的。《专利法实施细则》第 51 条第 3 款规定："申请人在收到国务院专利行政部门发出的审查意见通知书后对专利申请文件进行修改的，应当针对通知书指出的缺陷进行修改。"该条款也间接说明，对于主动修改，具有较大的自主权，可以在遵循修改原则及其他原则的基础上重新要求合适的专利保护范围。程序节约原则不仅仅是为了实现行政效率，更是为了促进专利申请早日公开和授权，促进科学技术进步和社会发展，符合专利制度的立法目的。因此，即便对于主动修改不能以牺牲程序节约原则为代价，作为一种权衡，对主动修改的时间和次数进行限制也就具有了一定的必要性。

因此，我国专利法修改条款的立法宗旨或指导思想应是：专利申请人不能通过修改获取不正当利益，以维护先申请原则、法的安定性，同时，修改还应当遵循程序节约原则。

二、立法完善

基于前文分析，借鉴国外的立法经验，笔者建议进行以下修改：

（1）将《专利法》第 33 条的"记载"恢复为"公开"。就汉字的理解而言，"公开"更能体现专利申请文件修改的立法宗旨，"记载"更多地局限于具有逻辑关系的文字对应关系，而逻辑对应关系的修改，通过文件补正就能够解决，不是真正意义上的专利申请文件修改。

（2）《专利法实施细则》第 51 条增加第 1 款，并对原第 2 款进行修改。具体如下：

申请人有一次主动修改专利申请文件的机会。

发明专利申请人可以自申请日起 12 个月内主动提交修改文件，申请人主动提出实质审查请求或申请专利优先审查的，提交主动修改文件的日期不晚于该日期。

上述修改，既保障了申请人主动修改的权益，同时又避免了审查文本的不确定性耽误文献公开以及影响审查效率。

（3）《审查指南》关于修改的完善。可以参考《审查指南》关于" 对比文件公开的技术内容"的解读。[1]具体表述如下：原说明书和权利要求书公开的范围包括原说明书和权利要求书文字记载的内容和所属技术领域的技术人员根据原说明书和权利要求书可直接地、毫无疑义地确定的内容。

此处，"直接地、毫无疑义地确定的内容"不是文字对应关系，其适用应当遵循《专利法》第 33 条的立法宗旨。《专利审查指南》中的示例，应当吸收经典案例，并区分主动修改和根据审查意见通知书进行的修改两类情形。

第五节 《专利法》 第 33 条的法律适用问题及完善

有学者将《专利法》第 33 条的适用贴上了一些标签，如把"直接地、毫

---

[1] 参见《专利审查指南》第二部分第三章第 2.3 节 "对比文件"。

无疑义地确定"冠为"唯一性"标准〔1〕、"支持性"标准〔2〕或"修正形式判断说"。〔3〕

　　我们的研究思路不能仅局限于行政机关或司法机关的价值判断。修改是否超范围的判断不是一个机械过程，也不是简单的文字对比关系，在明确立法宗旨的前提下，还需要把立法宗旨贯彻到具体的法律适用中，如举证责任分配、证明标准以及一事不再理等问题的处理。

一、"举证责任分配"在《专利法》第 33 条判定中的适用

　　专利领域的举证责任研究多集中于侵权领域，关于专利授权确权等方面的举证责任研究相对较少。陶鑫良认为，关于公知常识提供证据的责任，〔4〕不同的程序应当遵循不同的规则：在专利实质审查程序中，专利局可选择性地承担或"提供公知常识性证据"，或"能够说明理由"借以替代的责任；在专利复审程序中，专利复审委员会必须善尽"提供公知常识性证据"的责任；在行政诉讼程序中，"依职权认定公知常识"应视为专利复审委员会具体行政行为的组成部分，专利复审委员会依法应就其"依职权认定公知常识"承担"提供公知常识性证据"及其规范依据的举证责任。〔5〕也有学者认为，在审批程序中，审查员应承担初步举证责任；在无效程序中，应根据公平和诚实信用原则，合理分配无效请求人与专利权人的举证责任。〔6〕

　　关于《专利法》第 33 条的举证责任分配，应当由专利申请人就专利授权

---

　　〔1〕　王燕花等："浅谈修改超范围的'唯一性'标准"，载《中国发明与专利》2013 年第 6 期。

　　〔2〕　李春晖："专利法第 33 条与第 26 条第 4 款的立法本意与执行尺度"，载《中国发明与专利》2012 年第 3 期。

　　〔3〕　张鹏："专利法中'修改超范围判断'的原理与实践"，载《清华知识产权评论》2015 年第 0 期。

　　〔4〕　大陆法系的举证责任有两方面的含义：一是指主观的举证责任，也被称为行为责任或立证责任；二是指客观上的举证责任，也被称为结果责任，由不能举证的当事人承担诉讼上的不利后果。"举证责任者，简言之，即当事人为避免败诉之结果，而有证明待证事实之必要也。"（〔日〕松冈义正：《民事证据法》，会文堂新记书局 1933 年版，第 49~50 页。）我国《民事诉讼法》第 64 条第 1 款规定，实属行为责任，而《关于适用〈民事诉讼法〉若干问题的意见》第 74 条和第 75 条规定，实属结果责任。

　　〔5〕　陶鑫良、韩颖、杨宇宙："专利申请中依职权认定公知常识之提供证据的责任"，载《中国发明与专利》2016 年第 5 期。

　　〔6〕　魏聪："新颖性推定方式及举证责任分配原则的探讨——医药生物领域专利新颖性评判热点问题分析"，载《药学进展》2015 年第 8 期。

符合实质性要件承担举证的结果责任，这种责任的承担不应当在专利实质审查程序、专利复审程序或行政诉讼程序中有所区分。

（一）从专利权性质和诚信原则考虑

无论是实体法还是程序法，都根据一定的价值取向确定举证责任的分配原则。专利权是一种垄断权利，权利具有排他性，但权利的确认必须符合一定的条件，不能将本属于公共领域的信息授予专利权，否则将剥夺社会公众对该技术信息的正当使用权。因此，就专利的实质授权条件而言，申请人必须举证证明其符合授权条件，并承担结果责任。只有这样，其权利的取得才具有正当性，否则对社会公众是不公平的。

此外，申请人对专利申请涉及的技术问题研究比较深入，对该技术问题所属技术领域的公知常识、常规的技术手段也很了解，与审查员这一虚拟的所属领域技术人员的角色相比，其更接近于所述领域的技术人员。同时，申请人的技术研究都是基于客观的资料和数据，离证据更近，获取证据的可能性更高，举证也相对容易，法律分配由申请人就其专利申请（如修改申请文书）符合第33条进行举证，符合诚信原则。有学者认为："让较少有条件获取信息的当事人提供信息，既不经济，又不公平。"[1]

（二）从专利授权确权行为性质考虑

专利授权确权行为虽然是行政行为，但与其他行政行为相比有其特殊性。在专利审查程序中，专利局承担两个角色：一是充当居中裁判者；二是代表公众利益。前一个角色是主导性的，也直接决定了行为的特殊性，即以居中裁判者的身份，在仅有专利申请人出场而社会公众缺席的情形下，基于公开文献的检索结果，就专利授权与否作出裁判。后一个身份是暂时的或辅助性的，一旦进入专利无效程序，就由具体的公众利益的一员（无效宣告请求人）就专利的可专利性与否与专利权人直接对决，而此时专利复审委员会仅扮演居中裁判者角色，不承担全面审查专利有效性的义务。同样，在专利复审程序中，复审委的角色与专利局类似。

韩国等国家考虑知识产权确权制度的特殊性，认为专利确权行政诉讼案件不同于一般的行政诉讼案件，一是作出行政决定的行政机关不是诉讼当事

---

[1] 参见［美］迈克尔·D. 贝勒斯：《法律的原则——一个规范的分析》，张文显等译，中国大百科全书出版社1996年版。

人，二是建立了技术审查官制度，通过专门的技术人员参与案件的审理，解决专利确权审判中的技术问题。目前，我国法院审判人员的组成也在借鉴这些国家的做法，但在诉讼当事人制度的安排上还有许多需要改进的方面，从而避免循环诉讼以及行政机关的诉累。

所以，基于专利局角色的特殊性，对于修改超范围判定，如需引入公知常识、常规技术手段等证据，专利局仅仅承担举证的行为责任，如果专利申请人否认某一事实是公知常识或常规手段，则应当承担举证的结果责任。

（三）典型案例

"一种蛋制品及其加工方法、加工蛋制品的装置专利无效案"，[1]将"鸡蛋粉"修改为"蛋粉或蛋液"，无效宣告请求人主张，原说明书和权利要求书没有记载鸡蛋粉以外的原料，本领域技术人员无法直接地、毫无疑义地确定使用其他原料、用相同的加工方法均会产生相同的技术效果。此时，如果专利权人不能完成举证的结果责任，即"选择鸭蛋或其他蛋原料，使用相同的加工方法能够解决相同的技术问题，产生相同的技术效果"，专利权人将要承担专利被宣告无效的法律后果。

无论涉及何种程序，与专利申请人或专利权人相对的另一方当事人主张专利授权不符合实质要件，如不符合《专利法》第 33 条，仅仅承担举证的行为责任，而不承担举证的结果责任。此外，只要涉及专利授权的实质要件，即便是公知常识证据，举证分配的原则亦如此。[2]

二、"排除合理怀疑"证明标准在《专利法》第 33 条判定中的适用

举证责任分配关系到何人承担举证的行为责任和结果责任问题，证明标准则是关系到举证至何种程度能够被裁判者采信。

（一）"排除合理怀疑"渊源、含义

"排除合理怀疑"（beyond a reasonable doubt，也有译为"超越合理怀

---

[1] 参见北京市高级人民法院［2016］京行终 5664 号行政判决书。

[2] 参见北京知识产权法院［2017］京 73 行初 842 号行政判决书。北京知识产权法院认为，在专利授权确权案件中，若一方当事人已经通过充分说明的方式主张相应的技术手段或技术特征属于公知常识或常规技术手段，除非另一当事人提出明确的反证证明或者详尽的理由说明相应的技术手段并非公知常识或常规技术手段。在通常情况下，对于相应的技术手段是否属于公知常识或常规技术手段无需再行举证证明。

疑"）制度产生于英国，适用于刑事案件定罪与否。该证明标准的产生，与当时社会上的宗教思想以及哲学思潮的兴起具有密切的联系。[1]而哲学思潮最典型的就是"道德确定性"理念和"排除合理怀疑"理念。所谓道德确定性，是指对事物的认识和确信并不需要达到排除所有怀疑的程度，只要人们根据自身的社会经验和常识，对已有证据进行考量后，能够对事物的性质予以确信没有合理的怀疑即可。

进一步地，关于"合理怀疑"的含义一直存在争议。美国联邦最高法院指出，"合理怀疑"一词属于不证自明的概念，难以再进一步对其进行定义。[2]也有法学家对此作出了类似的评价。威格莫尔认为："合理怀疑是捉摸不定的、不可确定的一种思想状态，如对该概念作出进一步的解释，是不明智的。"[3]

无论是"证据确实充分"，还是"排除合理怀疑"等标准，都是对案件事实的主观认识，本质上都摆脱不了主观性。法官的内心确信是多个国家的刑事诉讼证明标准，德国也不例外，其要求法官根据在案件审理过程中建立的内心确信，对证据进行审查并认定结果。德国的诉讼法还要求法官应当在裁判文书中载明裁判的理由，无论是有罪认定还是无罪认定，对法律的适用和事实的认定都应当说明理由，以便确认和验证心证的过程。[4]

综上，就证据证明规律而言，"排除合理怀疑"应当具有以下含义：一是基于证据作出判断；二是基于对证据缜密细致的分析、符合逻辑的推理作出判断；三是裁判符合经验法则；四是足以动摇内心确信。"排除合理怀疑"应当通过对事实认定的说理，展示心证形成的过程，以此保障司法的公正和司法质量。

（二）"排除合理怀疑"的适用

这一内容从三个方面对这个问题进行分析。

（1）《专利法》第 33 条审查必须达到审查员内心的确信程度，才能保证

---

〔1〕［美］巴巴拉·J. 夏皮罗："对英美'排除合理怀疑'主义之历史透视"，熊秋红译，载王敏远编：《公法》（第 4 卷），法律出版社 2003 年版。

〔2〕See Holland v. United States, 348 U. S. 121, 140 (1954).

〔3〕J. Wigmore, *A Treatise on the System of Evidence in Trials at Common Law*, 3ed, repr. Holmes Beach；Gaunt, 2003, p. 3542, 转引自张斌："论英美刑事证明标准的神学渊源及启示——以'怀疑'的道德蕴涵为中心"，载《清华法学》2009 年第 5 期。

〔4〕《德国刑事诉讼法》第 267 条。

权利取得的正当性。

专利权的垄断性要求授权确权审查必须严谨，与"排除合理怀疑"的内涵价值一致。同样的发明创造只能授予一项专利权，权利的排他性和垄断性决定了专利权的取得不能有瑕疵。就专利权授权的实质要件而言，任一要件不符合，既没有保护的必要，也会失去存在的正当性。

在《专利法》第 26 条第 4 款（权利要求得到说明书支持）审查中，《专利审查指南》现有规定[1]与此相印证：专利权利要求的概括对所属领域的技术人员而言如果有合理的理由怀疑其概括的，或者并列的技术特征所包含的内容，如一种或多种下位概念或选择方式，不能解决发明所要解决的技术问题，也不能达到相同或基本相同的技术效果，则该权利要求没有得到说明书的支持。《专利法》第 26 条第 4 款与第 33 条的立法宗旨就利益平衡而言是一致的。前者从说明书公开的范围得到或概括得到权利要求书，后者从原说明书和权利要求书公开的范围得到（隐含得到或概括得到）修改后的说明书和权利要求书，因而，评判的价值尺度、证明标准也应当一致。

（2）《专利法》第 33 条的证明过程应当与"排除合理怀疑"的逻辑推理过程一致。

证明过程是证据的客观性与思维的主观性相融合的过程。根据最高人民法院发布的《人民法院民事裁判文书制作规范》（2016 年），裁判文书正文中事实认定部分以及裁判理由部分都要进行说理，阐述支持或者不支持的理由。该要求既是证明过程本质特征的体现，也是对法官自由心证监督的必然要求。

证据是逻辑推理的生命，缺少证据的推理是苍白无力的。在"墨盒案"中，最高人民法院认为，通过原始申请文件，本领域的技术人员很容易联想到其他存储装置也能够替换半导体存储装置，并同样适用于使用半导体存储装置的墨盒。在此基础上，认为将"半导体存储装置"修改为"存储装置"，没有引入新的技术内容，符合《专利法》第 33 条的规定。笔者以为，该裁判缺少证据支撑和符合逻辑的推理。对于所属技术领域的技术人员而言，"存储装置"包含磁芯存储器、半导体存储器、光电存储器、磁膜、磁泡和其他磁表面存储器等。那么，其他存储装置能否替代半导体存储器解决本发明所要解决的技术问题，并达到同样的技术效果？是否需要专利申请人在申请文件

---

[1] 参见《专利审查指南》第二部分第二章第 3.2.1 节 "以说明书为依据"。

中记载，或者任何类型的存储装置都不影响本发明的实施，与本发明的发明点没有任何关系，专利权人需要对该问题进行说明。如果存储装置不属于本发明要解决的技术问题，并与本发明的发明点没有关系，也许上述问题不存在，但判决文书中没有反映出来。外部控制装置通过触点访问半导体存储装置，其他存储装置的替代对这一连接关系是否有不同的效果？这些事实，专利权人都没有进行举证，即便是公知常识，也应当进行说明。在"后换挡器支架案"中，法院阐述，对本领域的普通技术人员而言，"圆形孔"与"圆的螺栓孔"具有不同的技术含义。事实上，本案的争议点不是两者的技术含义，而是没有螺栓结构的圆形孔能否解决技术问题并达到本案的技术效果。任何的合理怀疑必须是基于事实之上，并通过司法经验如公知常识等推理而得。上述案例中，"圆的螺栓孔"修改为"圆形孔"超范围，而"半导体存储装置"修改为"存储装置"不超范围，法院的论证过程和逻辑推理都是难以让人信服的。

（3）区分是否是"发明点"或"必要技术特征"对"排除合理怀疑"证明标准的适用不具有正当性。

在"后换挡器支架案"中，株式会社岛野主张导致本专利被宣告无效的两处修改均与发明点无关，涉案专利被无效，违背了《专利法》第 33 条的立法本意。再审法院认可了株式会社岛野的上述观点，其将体现发明创造对现有技术做出贡献的技术特征称为"发明点"，认为《专利法》第 33 条适用时应当区分发明点和非发明点，并采取不同的标准，这不仅有违实质公平，也有悖《专利法》第 33 条的立法本意。

笔者以为，上述案例体现的认知与专利法制度相悖：

第一，《专利法》第 33 条的立法本意不是保护发明的创造性。关于《专利法》第 33 条的立法本意或立法宗旨笔者在前文中已经阐述过，是禁止申请人不当获利，维护先申请原则，平衡申请人、竞争者、社会公众的利益。保护创造性发明创造的任务是由《专利法》第 22 条担当的，这也是发明创造被授予专利权的实质要件之一。

第二，判定修改是否超范围，应当以原说明书和原权利要求书的全部内容为准。当然，该条款的适用不能是机械地适用，比如对说明书修改部分，[1] 发

---

［1］ 参见《专利审查指南》第二部分第八章第 5.2.2.2 节"对说明书及其摘要的修改"。

明名称、技术领域以及背景技术部分是为了理解发明内容，发明内容中的技术问题、技术方案和技术效果系申请文书的核心部分，修改必须严格执行"排除合理怀疑"标准。关于"发明点"和"非发明点"，以及"非必要技术特征"或"任意的附加性特征"的区别对待，不具有正当性。一是上述概念不是法律概念，界定不规范，即便是"必要技术特征"，也仅仅是一个理想化的法律概念。这个概念具有相对性，解决的技术问题不同，必要技术特征就会有所区别。专利保护范围以技术方案为基础，各个技术特征都影响着权利要求保护的范围，因此对各个技术特征的修改不应当区分是否属于某特定技术问题的必要技术特征，而应当从修改内容对技术问题的解决以及技术效果的影响等方面进行综合判断。

三、"一事不再理"在《专利法》第33条判定中的适用

专利权人的信赖利益保护以及"一事不再理"原则与专利制度之间存在冲突。

（一）"一事不再理"含义及相关法律规定

一事不再理原则主要是维护法院生效裁判的既判力，在大陆法系国家诉讼制度中都有体现。目的主要有两点：一是维护法的安定性。广义的法包括法院的裁判文书，法的安定性也就是法的权威性。法的效力性，体现法的公平正义，不能朝令夕改，处于不断变化之。二是维护社会关系稳定性的需要。裁判发生法律效力后，当事人即处于由生效裁判确定的社会关系之中，这种关系需要相对稳定，人们对其行为的后果才可预见，社会秩序才能得以维护。

我国《民事诉讼法》也明确规定了一事不再理原则，对已经生效的法院裁判，当事人起诉的，法院不会受理，只能通过申诉处理。但是，案件曾经被撤诉处理的可以例外。又如，《专利审查指南》规定："在专利复审委员会就一项专利权已作出无效宣告请求审查决定后，又以同样的理由和证据提出无效宣告请求的，不予受理……"[1]

（二）专利权人信赖利益、"一事不再理"原则与专利制度之间的协调

《专利法》第33条既是专利权授予的实质条件，也是专利权无效宣告的理由。面对同样修改的事实，在专利授权确权程序中，申请人的修改行为得

---

[1] 参见《专利审查指南》第四部分第三章第3.3节"无效宣告请求范围以及理由和证据"。

到了专利局或专利复审委的认可，无效宣告程序第三人主张修改超范围，如果作出了不同的认定，是否违反了行政法的信赖保护原则？行政法的信赖利益是指行政相对人基于对行政机关的信赖，根据行政机关的行政行为作出一定的呼应（比如根据行政许可决定），购置设备厂房进行生产，后来行政机关基于非相对人的原因撤销行政许可，导致行政相对人利益受损，行政机关对行政相对人的损失给予补偿的制度。

在"后换挡器支架案"中，该修改在审查程序中是得到了审查员的认可的。针对这一问题，最高人民法院建议设置"恢复程序"，允许专利申请人和专利权人放弃不符合法律的修改内容，将专利申请和授权文本再修改回到申请日提交的原始文本状态。就授权文本而言，如果因为法院判决和行政机关决定不同就允许改回去，将会出现以下问题：一是改回去之后是否需要重新进行审查，有没有可能出现其他不符合授权的情形？二是允许改回去是在什么程序中执行？三是允许改回去对公众的信赖权如何保障？该建议显然不具有合理性和可操作性。

首先，专利授权行为不存在信赖保护利益。主要是基于两点考虑：一是基于专利权特点，对此，上文已经多次阐述；二是基于授权程序的单方性。专利审查授权程序仅仅只有专利申请人参与，即便公众根据法律规定可以向专利局提供资料，但专利局也仅仅是参考，且专利局对公众意见的处理情况没有义务通知提出公众意见的人。所以，即便专利申请人与专利局就某个争点的处理达成合意，也不能剥夺第三人就该争点提出自己的观点和主张，此乃正当取得专利权的程序性保障。

其次，无论基于何种情形，以"同样的理由和证据"限制第三人无效宣告请求权均违背公正原则。一是剥夺了第三人请求权。《专利法》中明确规定，专利权自公告之日起，任何人都可以请求专利复审委员会宣告该专利权无效。对此，立法者不需要担心专利权人的诉累。根据现行法律，如果针对同一专利权的无效宣告理由没有新的证据或争点，根本撼动不了专利权的有效性，专利权人可以选择不进行答复和出庭，复审委可以径直作出无效宣告决定。二是"同样的理由和证据"不代表同样的争点。比如，将"圆的螺栓孔"修改为"圆形孔"，同样的无效理由和证据，如果争议点不同，案情处理结果就是另一番天地。这里，争议点可以是解决的技术问题，也可以是技术效果，还可以是某个更小的争议点。简单地以同样的理由和证据限制第三人的无效宣告请求权是不公正的。

专利申请文件修改条款既是专利授权条件，也是专利无效宣告理由，关系到专利申请人、竞争者以及社会公众的利益，确立修改规则的立法思想和宗旨，协调好举证责任分配、"排除合理怀疑"证明标准以及"一事不再理"等相关法律问题与《专利法》第 33 条的适用仅仅是前提，只有充分发挥执法人员的能动性和法律文书的释法说理，才能提升法律适用的统一性和可接受性。

专利侵权判定原则及相关问题研究

专利侵权判定基本原则经历了从"多余指定原则"到"全面覆盖原则"，彰显了权利要求以公示为准的基本宗旨，维护了社会公众和竞争者的正当权益。所谓"全面覆盖原则"，是指被控侵权物必须包含权利要求记载的全部技术特征才能被认定为侵权，通常也被称为字面侵权。所谓等同原则是对全面覆盖原则的补充，对权利人是有利的，但与专利公示制度相冲突，应当严格和谨慎适用，并且通过禁止反悔原则和现有技术抗辩等进行限制。等同原则判定标准包括实质性相同的判定标准和联想容易性判断标准，实质性相同是指权利要求记载的技术特征与被控侵权物之间只具有"非实质性"差异。我国采用"手段—功能—效果"三一致+无创造性判断标准，且对与专利技术不具有相同技术发明思想的方案，应当排除等同范围。联想容易性判断标准是指，尽管技术特征字面不同但所属领域的技术人员无需创造性劳动就能够联想到的，该种情形同样属于等同侵权。

第一节　我国专利侵权判定原则立法现状

专利侵权判定原则包括全面覆盖原则、等同原则、捐献原则、禁止反悔原则等，主要是通过司法解释和政策性文件规定的，有中央的，也有地方的。

一、现行法律规范

（一）司法解释

（1）《最高人民法院关于审理专利纠纷案件适用法律问题的若干规定》（以下简称《规定》）第17条首次规定了专利侵权全面覆盖原则的适用，以及等同原则的适用。

（2）《最高人民法院关于审理侵犯专利权纠纷案件应用法律若干问题的解

释》（以下简称《解释一》）首次对捐献原则的适用作出了规定，其第 7 条对全面覆盖原则进行了进一步完善，第 14 条对现有技术抗辩作出了相对详细的规定。

（二）司法文件

（1）《最高人民法院关于全面加强知识产权审判工作为建设创新型国家提供司法保障的意见》文件第 8 条规定："严格掌握专利侵权案件认定等同特征的条件。"

（2）《最高人民法院副院长在第二次全国法院知识产权审判工作会议上的讲话》提出："严格按照司法解释规定的条件认定等同特征。"

（3）《最高人民法院副院长在全国法院知识产权审判工作座谈会暨知识产权审判工作先进集体和先进个人表彰大会上的讲话》提出："适度从严把握等同侵权的适用条件。"

（4）《最高人民法院关于贯彻实施国家知识产权战略若干问题的意见》第 9 条对等同侵权认定的态度保持一贯，从严适用，合理确定范围，避免过度适用等同原则。

（5）《最高人民法院关于当前经济形势下知识产权审判服务大局若干问题的意见》第 4 条提出："严格等同侵权的适用条件……防止不适当地扩张保护范围。"

（6）《最高人民法院副院长在全国法院知识产权审判工作座谈会上的讲话》提出，对等同原则从严适用，避免适用过宽过滥。

（7）《最高人民法院关于充分发挥知识产权审判职能作用推动社会主义文化大发展大繁荣和促进经济自主协调发展若干问题的意见》提出，对等同原则的适用针对不同类型的发明创造应当区别对待。

（8）《最高人民法院关于充分发挥审判职能作用为深化科技体制改革和加快国家创新体系建设提供司法保障的意见》提出，从严适用等同原则，防止不适当地扩大专利权的保护范围，损害公共利益、阻碍改进型发明创造。

（9）《最高人民法院副院长在第三次全国法院知识产权审判工作座谈会上的讲话》文件提出："适度从严把握等同侵权的适用条件。"

（10）《最高人民法院知识产权庭庭长在 2014 全国法院知识产权审判工作座谈会上的总结讲话》提出："等同侵权要在区别情况的基础上适当从严把握适用条件。"

（11）《最高人民法院知识产权案件年度报告（2015 年）摘要》文件规定，对于等同特征的适用，要求区分情形，如果不属于发明点的技术特征，对等同特征的范围不宜严格限制。

（三）其他文件

（1）《国家知识产权局关于印发〈关于严格专利保护的若干意见〉的通知》（2017 年）与最高人民法院发布文件不同的是，该文件主张积极适用等同侵权判定原则。

（2）北京市高级人民法院发布的《专利侵权判定指南（2017）》对等同侵权原则的适用作出了相对详细的规定。

除上述文件外，还有其他层次的相关文件，包括最高人民法院的指导案例等。

二、法律规范特点

综合归纳上述规范性文件，具有如下特点：

（1）侵权认定原则及判定规则立法层次比较低。侵权判定问题，属于专利制度中的基本问题，应当在专利法中明确规定，但现行专利法没有规定该问题，说明一些原则和规则还不是很成熟，有待实践的进一步检验和完善。

（2）等同原则适用是专利侵权认定的焦点。通过梳理文件笔者还发现，最高人民法院通过全国司法工作总结会议的形式多次对等同原则适用问题发表观点，表明司法实践中该问题的争议很大。等同侵权原则，概括讲就是将专利保护范围扩展到权利要求的字面保护范围之外，这与专利权利要求公示制度是冲突的。笔者以为，从利益平衡的角度考虑，该原则的适用应当谨慎，并通过详细的规则设计严格该原则的适用。

（3）专利权行政保护和司法保护中对等同原则适用的尺度标准不一致。根据行政法理论，行政权都应当受到司法权的监督，除法律有特殊规定外，公民、法人或其他组织认为行政机关以及其他授权的主体作出的行政行为侵犯了其合法利益的，都可以依法向人民法院提起行政诉讼，由法院对行政主体作出的行政行为进行全面的司法审查，包括法律适用、事实认定等问题。当行政机关和人民法院对等同侵权认定原则的适用宽严有别时，当事人如果认为司法机关的处理更有利于自己，就会进一步寻求司法救济，行政机关将发挥不了定分止争的作用，不仅浪费资源，还会对当事人造成困惑，对法律的权威性和统一性产生怀疑。

（4）北京市高级人民法院颁布的文件对等同侵权判定原则的适用相对更规范。由于北京市高级人民法院审理的专利案件相对比较多，审判经验丰富，其颁布的《专利侵权判定指南（2017）》可操作性强，共有 21 条，是对等同侵权判定规则规定得最详细的规范性文件，对基本相同的手段、基本相同的功能、基本相同的效果（包括无需创造性联想）进行了详细的说明，同时对功能性技术特征、数值范围的等同侵权的适用也作出了规定，并且明确等同侵权的适用由权利人举证或充分说明。该规范对于法官适用等同侵权判定原则的自由裁量权具有一定制约作用。

三、司法对等同侵权原则适用的导向

等同侵权判定原则是专利侵权判定原则中最复杂、争议最多的一项原则。等同侵权是在字面侵权的基础上，扩大权利要求的保护范围，以维护专利权人的合法权益。等同侵权判定的主观性比较强，有些裁判者把握的尺度比较严，保护范围基本限定在权利要求记载的范围内，这种情形对专利权人不利，侵权人通过等同替代很难被认定为侵权；有些裁判者把握的尺度比较松，专利权的保护范围超过了权利要求明确记载的范围，这种情形对专利权人有利，侵权人通过等同替代实现基本功能和效果，基本都会被认定为侵权。

专利制度的实施是为了促进科技进步，增进人类福祉，前提是必须给予权利人足够的激励，才能促进发明创造。因此，专利制度的实施必须兼顾专利权人的利益、社会公众利益和竞争者的利益，等同原则的法律适用亦如此。此外，专利制度还要兼顾科技发展现状，目前我国科技发展水平已经进入新阶段，专利数量和专利撰写服务质量已经逐步提升，因此等同侵权判定宽严适用标准应当与我国当前的实情相符。

在专利侵权判定原则中，最难把握的就是等同原则的适用。上文列举的等同侵权适用规范具有以下特点：2007 年至 2010 年，一直强调严格标准；2011 年至 2014 年，基本的基调是要求宽严适度；2015 年开始，关于等同侵权原则的适用，更注重区别对待，不能僵化理解和适用。2016 年最高人民法院对知识产权保护的政策进行了归纳总结，主要体现为 16 字方针，"司法主导、严格保护、分类政策、比例协调"，对等同侵权原则也提出了科学化、合理化的要求，以趋严为导向，根据个案确立恰当的合适标准。

个案审理中，等同侵权原则的适用应当考虑以下因素：

1. 发明创造的类型

就发明和实用新型而言，两者授予专利权的条件不同，相对于现有技术，发明要求具有突出的实质性特点和显著进步，而实用新型仅要求具有实质性特点和进步，也就是说实用新型相对于现有技术的进步是比较低的，如果在此基础上适用较宽松的等同原则，不利于对后人的创新保护。因此，实用新型适用较严的等同侵权原则，发明适用相对较宽松的等同侵权原则。

2. 发明创造的创造性

即使是同一类型的专利，其对科技进步的贡献也是不同的，就发明而言，开拓性发明比改进型发明对社会、经济的发展更具有价值和意义，赋予其较大垄断权具有合理性。因此，可以在适用等同侵权原则时适当放宽标准，在一定程度上扩大专利权的保护范围，其他对社会发展、环境保护具有重大影响的发明创造也可以适用宽松的标准。

3. 适用等同特征在发明创造中的地位

发明创造的保护范围以权利要求为准，但通常起决定作用的是某一技术特征，或者某些技术特征，这些技术特征通常也是发明的创新点，或者针对发明所要解决的技术问题而言，也是与现有技术产生区别的根本所在。因此，当这些技术特征涉及等同侵权认定时，应当适用较宽松的标准，其他技术特征的等同侵权，应当适用严格的标准。

4. 现有技术的启示

如果所属技术领域的技术人员通过阅读现有技术的文献很容易得到替代技术特征，则应当严格适用等同侵权原则。因为这种情形说明，专利权人对该容易替代的技术特征有放弃保护之虞。[1]

第二节　全面覆盖原则和捐献原则

专利侵权判定中，全面覆盖原则和等同原则通常是主张他人侵权一方通过证据证明对方侵权时主动适用的原则，而捐献原则、禁止反悔原则通常是

---

〔1〕　袁秀挺、王翠平："等同侵权的司法实践：原则、限制和案例——'专利等同侵权的司法认定'研讨会综述"，载《知识产权》2013 年第 8 期。

被控侵权人在抗辩时所选择适用的原则。上述原则，就其内涵而言，全面覆盖原则和捐献原则比较简单，在司法适用中产生的争议较少；等同原则和禁止反悔原则，内涵相对丰富，司法适用比较复杂，也容易产生争议。关于禁止反悔原则，笔者将在后文中用专章进行介绍，本章重点也以等同原则的适用研究为主。

一、全面覆盖原则

《规定》（2001 年颁布，2015 年修订）第 17 条对《专利法》第 59 条第 1 款进行解释，专利权权利要求的内容是指权利要求记载的全部技术特征所确定的范围，如果被控侵权物包括了权利要求记载的全部技术特征，则构成侵权，此为全面覆盖原则。如果被控侵权物缺少专利权利要求记载的一个及以上技术特征，就不构成侵权。

该条款最初颁布时，是用"全部必要技术特征"表述，2015 年改为"全部技术特征"，关于必要技术特征的概念在《专利审查指南》中有规定，是指解决技术问题不可缺少的技术特征，技术问题也是对于现有技术所要解决的问题，而不是发明人自认为解决的问题，必要技术特征构成的方案区别于现有技术中其他的方案。[1]

这一修改更具有合理性。由于撰写技巧的原因，撰写人经常将不属于解决技术问题的技术特征也写入权利要求之中。如某种药物组合物，由 A 和 B 组成，能够治疗心脏病，更优的技术方案是对组分的含量进行限定，如 A 和 B 的重量比为 0.5∶2，撰写人撰写独立权利要求时将重量比这一技术特征也写了，就属于非必要技术特征，正确的撰写方式应当是某种药物组合物由 A 和 B 的组成就构成独立权利要求，重量比作为附加的技术特征写在从属权利要求中即可。该案例中，如果专利申请被授权，撰写方式缩小了权利人的保护范围，因为专利权的保护范围是指权利要求中所有技术特征构成的技术方案。

"多余指定原则"，[2]该原则曾经是司法实务中判定侵权的基本原则，是指专利侵权判定时，不考虑记载在权利要求中的附加技术特征（也就是非必

---

〔1〕 参见《专利审查指南》第二部分第二章第 3.1.2 节。

〔2〕 北京市高级人民法院颁布的《专利侵权判定若干问题的意见（试行）》第 47 条。

要技术特征，或者多余特征），仅仅考虑记载在权利要求中的必要技术特征。在此基础上通过判断被控侵权物是否覆盖了专利权利要求的必要技术特征来判定是否侵权。就前文所述药物专利案例来看，如果被控侵权物也是由 A 和 B 两种组分组成，但 A 和 B 的重量比为 2∶5，此时，按照多余制定原则，专利权的保护范围就是 A 和 B 组分组成的药物，就会判定被控侵权物落入了专利权保护的范围。多余指定原则与专利权取得公告公示制度相冲突，侵犯了社会公众的信赖利益，使社会公众无所适从。不知道哪些技术特征是多余的，专利权的保护范如何确定？该原则曾经在司法实务中适用了一段时间，受到了很多人的批判，后来被全面覆盖原则所代替。多余制定原则有其存在的历史背景，因为在我国专利制度实施初期，撰写人的水平比较低，如果严格按照全面覆盖原则，已经授权的专利将基本难以得到保护。不过在权衡各方利益后，我国还是放弃了这一侵权判定原则。

司法实务中适用该原则最有影响的案例包括"周某诉他人侵犯其'人体频谱匹配效应场治疗装置及生产方法'发明专利案"。涉案专利独立权利要求包括 7 个技术特征，其中 6 个技术特征确定了频谱治疗仪解决的技术问题，构成了专利权的保护范围，第七个技术特征虽然记载在独立权利要求中，但该技术特征并不能解决任何技术问题，也不能带来技术效果，属于专利申请人撰写时不当写入，系多余指定，只要被控侵权物覆盖了其他 6 个技术特征就属于侵权。

从权利要求解释的角度分析，根据全面覆盖原则，权利要求记载的全部技术特征（包括发明名称的限定语），在对权利要求的保护范围进行解释时都要考虑，不能被忽视。全面覆盖原则与专利权利公示制度相一致，维护了公众信赖利益，提高了专利保护范围的确定性，对社会公众而言，能够恰当预判其行为，维护了公共秩序的稳定性。

二、捐献原则

捐献原则被规定在 2009 年发布的司法解释中，所谓捐献原则是指在说明书或说明书附图中记载但权利要求书却没有记载的技术方案，该技术方案被视为贡献给了公众，公众可以免费使用。该原则从另一个角度强调了专利权的保护范围以权利要求为准，没有记载在权利要求中的技术方案，即使具有新颖性和创造性，属于发明人的贡献，也不属于其权利的范围，专利权人无法阻止他人使用。

（一）法理基础

对正义的理解，亚里士多德的观点比较经典。他认为，正义分为两种：一种是分配的正义，一种是纠正的正义。前者是指立法者根据平等原则，将私权以及参与治理国家的政治权利分配给国民，国民基于其身份获得共享的公共福利。当然，分配的正义也是相对的平等、比例的平等。[1]后者是指当前者被不法侵害时，立法者保护这种分配正义，并使其恢复到被侵犯前状态或采取补救措施。比如专利权是立法者赋予发明创造者的一种垄断权，当有人侵犯其专利权时，专利权人可以向法院起诉要求其承担相应的法律责任。[2]

为什么要赋予专利权人垄断权？这种分配正义体现在哪里？专利发明人通过自己的发明创造，为社会的技术总量提供了增量，社会公众接触该发明创造，进一步推动了科技的进步，极大地丰富了社会资源，立法者基于平等原则，赋予其一定的针对该技术的垄断权，专利权人可以禁止他人未经许可的使用，禁止他人擅自复制和模仿。该制度充分体现了分配正义的内涵，一方面通过专利权利要求对专利权进行垄断，另一方面要求专利权人通过说明书及其附图对发明创造进行充分公开。

捐献原则体现了分配正义和纠正正义两方面。首先，授予专利权的发明创造应当具有新颖性和创造性，由于专利权的保护范围以权利要求为准，审查员审查时仅仅审查权利要求书是否符合授权要求，因而说明书及附图中公开的技术方案无法确认是否符合授权条件，不给予保护是分配正义的要求。其次，即便说明书及附图公开的技术方案符合授权条件，但专利权人在明确专利授权机制的基础上，依然放弃将其纳入权利要求书，国家就没有必要给予保护，此为纠正的正义，是为了维护分配正义的权利。

（二）功能——公众信赖利益的保护

专利权属于垄断权，这种垄断权要求社会公众未经其许可不得实施其专利权，如此就需要对专利权的边界进行界定并告知公众。专利权不同于物权，

---

〔1〕［加拿大］欧内斯特·J.温里布：《私法的理念》，徐爱国译，北京大学出版社2007年版，第65页。

〔2〕［古希腊］亚里士多德：《尼各马可伦理学》，廖申白译注，商务印书馆2003年版，第67页。

具有非物质性特点，没有物理形态，以一定的载体通过信息呈现。当公众通过专利文件接收到专利信息时，可以轻易地大量复制，复制的人越多价值越能够得到体现。此时，如果不通过一定的形式向公众宣告专利权人的边界，公众将无所适从。由于不能确定自己的行为是否会侵权，专利信息公开的积极作用将无法呈现，为此，专利权公告制度应运而生。所谓专利权公告制度，是指专利审查部门对符合授权的专利在作出授权时，应当进行公告。公告内容包括专利权利要求内容和说明书及附图，专利权的保护范围以公告的权利要求为准，并登记在专利登记簿上。该制度类似于不动产登记制度。通过公告，告知社会公众专利权的边界，只有实施权利边界内的技术方案才属于侵权，对于说明书中记载但权利要求没有记载的内容，不在专利权的保护范围内，实施该技术方案不受专利权人的控制。

第三节　等同侵权判定原则与规则

由于文字表述技术方案的限制，人们无法在撰写专利申请文件时将授权后可能的非实质性变动的实施例通过权利要求全部予以覆盖。针对现实中的类似侵权行为，学者们总结出了等同侵权判定理论。等同侵权原则是在字面侵权的基础上，对权利要求保护范围做适当的扩张，把那些相对于专利权没有作出实质性变换的技术方案纳入保护范围，该原则更多地是为了维护专利权人的权益。但是扩张到何种程度能够被公众或第三人接受，就涉及等同侵权原则的判定规则问题了，这是司法实务中的难点。

等同侵权原则是那些早就实施专利制度的国家通过司法实践总结出来的经验，各国的等同理论稍有区别，但都是为制裁第三人规避权利要求书的简单替换行为，维护专利权的权益而产生的。

一、等同侵权理论与适用规则

（一）专利等同侵权理论

等同理论，又称等同侵权，是相对于字面侵权而言的。字面侵权和等同侵权的概念已经在前文介绍过，字面侵权和等同侵权都属于直接侵权。等同理论的适用具有一定的合理性，一方面是维护专利制度促进技术发展的宗旨，避免他人以不重要的和非实质性的变化规避专利权；另一方面是受制于文字语言描述技术的局限性，防止侵权人利用这种局限性不正当地规避专利保护范围。但是，等同理论的适用将专利权利要求的保护范围扩大到权利要求字面含义以外，导致专利权的保护范围有很大的不确定性，有悖法定的权利要求书的双重功能：界定权利和通告公众。

等同理论的适用，无论是适用于整体的发明，还是适用于具体的技术要素，均与权利要求保护范围理论相关。一般来说，权利要求保护范围有三种理论：第一种是中心限定原则。该原则认为，专利保护的是发明的创意，权利要求书虽然仅仅记载了一种或有限的实施方式或实施例，但被控侵权物只要利用了涉案专利的创意，就属于侵权。第二种是周边限定原则。按照这种解释方式，专利申请人通过具体技术要素的描述，已经划定了受保护发明的周边范围，专利权利要求一旦公告就限定了专利权的保护范围，法庭只有在需要时才对权利要求进行解释。第三种被称为折中原则。《欧洲专利公约》就是适用该原则。其第 69 条规定，欧洲专利的保护由权利要求的措辞确定，说明书和附图用于解释权利要求。事实上，第三种原则是前两种原则的折中产物，我国专利法也是采取的这一原则。美国最初的专利法实行的是中心限定原则，后来过渡到周边限定，现在也是折中原则。美国最高法院认为，专利权保护范围的界定，权利要求中的任何一个技术特征都是重要的，而不是发明的整个方案的等同，这也反映了等同理论思想的转变过程，即从中心限定向周边限定再到折中的过程。

（二）等同侵权适用规则

1. 技术特征的划分

无论是字面侵权还是等同侵权，首要任务都是准确划分与解释权利要求技术方案的技术特征。所谓技术特征，是指构成技术方案的技术单元，通过技术手段实现相对独立的技术功能，实现相应的技术效果。技术特征的确认具有相对性。

试举一例，以说明准确划分技术特征的必要性。在"张某、烟台市栖霞大易工贸有限公司及魏二有实用新型专利侵权纠纷案"中，[1]涉案专利是一种多功能拳击训练器，包括五个靶标，以及其他实现相应功能的技术特征（如测力传感器、语音处理芯片等）。根据专利说明书记载，五个靶位分别位

---

〔1〕　参见［2012］民申字第 137 号。

于头部、胸部、腹部，每个靶位内都安装有靶标。被诉侵权产品有九个靶标，分别位于左头击打部位、右头击打部位，以及左臂、右臂、左肋、右肋、腹部、左胯、右胯击打部位。原审法院认为，涉案专利的训练器包括五个靶标，而被诉侵权产品包括九个击打靶标，专利权人在申请时应当知道靶标的数量是可以变化的，但仍然限定靶标的数量，并主张构成等同，不予支持并驳回专利权人的诉讼请求。最高人民法院再审认为，专利侵权判定时，划分技术特征以能够实现相对独立的技术功能为准则，实现多个功能的技术特征应当进一步划分。本案涉案专利五个靶标实现的功能有所不同，因此不能作为一个独立的技术特征。被控侵权物系位于头部、腹部和胯部的靶标，根据其功能和效果，与涉案专利头部、胸部、腹部靶标的功能和效果是基本相同的，而一审法院认为被控侵权物的九个靶标与涉案专利五个靶标不构成等同，在事实认定正确的基础上，法律适用错误。本案中，原审法院关键的错误认知是对五个靶标的解读，五个靶标位于人体不同的五个靶位，对应人体不同的脏器，所要实现的功能和效果是不同的，并不仅仅是数字的概念。

2. 三一致+无创造性标准

关于等同原则的适用规则，《规定》予以明确，是指"被控侵权物的某一技术特征以与涉案专利相应的技术特征以基本相同的手段，实现基本相同的功能，达到基本相同的效果，并且本领域技术人员不需要创造性劳动就能够联想"。也即这种替代对本领域技术人员而言是显而易见的。

（1）基本相同手段的判断。技术特征在手段上的区别主要表现为数量、位置、顺序、运动方式、组织方式等的不同，是等同判定中相对客观的要素。判定主体是本领域的技术人员，以他们的视角分析这种手段的不同是否属于常规的替换方式，或者原理基本相同的技术手段，如果属于，则等同成立。

在"里特机械公司与常州市同和纺织机械制造有限公司侵害发明专利权纠纷案"中，[1] 该案专利权人主张的权利要求的相关特征描述为，抽吸件由壳体和插接件组成，插接件通过导向机构相对于壳体移动，并可以相对壳体锁定，被控侵权物对应的技术特征抽吸件由左右两个插接件通过其侧面上的凹凸槽插接后连接。法院生效判决认为，被控侵权物的抽吸件的组成与专利权不同，不具有壳体，由左右两个插接件通过其侧面上的凹凸槽插接后连接，

---

〔1〕 参见［2014］沪高民三（知）终字第 109 号。

两种技术方案不仅组成的部件不同，连接关系和连接方式不同，技术手段也有较大的差异。因此，仅就两者的技术手段判定，既不相同也不等同，被控侵权物没有落入涉案专利权的保护范围。

（2）基本相同功能的判断。关于基本相同的功能，是指被控侵权物的技术手段与涉案专利的相应技术手段具有相同的目的，如果被控侵权物的技术特征与专利权利要求的技术特征功能完全不同，前者不能实现后者的功能，则不属于等同。

在"夏某丽、东莞怡信磁碟有限公司等侵害实用新型专利权纠纷申请再审案"中，[1]涉案权利要求1保护的是一种便携式可充式喷液瓶包括内瓶、外壳、排气结构等，排气结构设置在内瓶上，外壳与排气结构相互配合，喷液时排气结构瞬间密封，液体能够顺利喷出，但在充液时喷气结构缓慢排气；涉案侵权产品，喷气结构与外壳之间不存在配合关系，而喷气结构与充液机构连动的，喷液时外壳不会对设置在内瓶上的排气结构进行密封，充液也不会具有缓慢排气的功能。因此最高人民法院认为，两者的功能不同，不能认定为等同特征。

（3）基本相同效果的判断。实质上是对不同技术特征对各自产生功能达到的技术效果进行评判，通常只有在两个技术特征的功能基本相同的前提下，才会对两者的技术效果进行比对，如果涉案专利的某一技术特征与被控侵权物的技术特征功能根本不同，就没有对比的必要。

在"中山市小天鸽五金制品有限公司与广东惠洁宝电器有限公司侵害发明专利权纠纷案"中，[2]涉案权利要求2中被诉侵权设备通过十字槽的方式实现的圆周运动能够在越过两端的圆弧后进行高速运动，与专利权利要求2记载的动力结构上相比，两者仅在实现沿着环形轨道周向运动的技术思想上相同，但二者在驱动原理、驱动部件结构、布置位置上均不相同。并且，被诉侵权设备非匀速（高速）的运动效果，生产效率更高，本案专利明显不具备。因此，二者不构成等同技术特征。

此外，将被诉侵权物与涉案专利权利要求5进行比对，惠洁宝公司认为二者的区别在于被诉侵权设备不具备收缩结构。法院认为，涉案专利收缩结

---

〔1〕　参见［2016］最高法民再180号
〔2〕　参见［2017］粤73民初4270号。

构是功能性限定特征，被诉侵权设备锥形部件及外部环形弹簧相当于收缩结构，锥形部件进入，内支撑结构扩张，锥形部件退出，受外部环形弹簧收紧而收缩，使得筒体退出。因此，从技术效果判断，被诉侵权物具有收缩结构，落入权利要求 5 的保护范围。

本案审理比较简单，法官没有对功能性限定特征进行解释，确认其保护范围，有将所有的收缩结构纳入保护范围的风险。

（4）无需创造性的判断。最高人民法院在相关司法文件以及判例中将"本领域技术人员无需创造性劳动即可联想到"解读为"本领域技术人员采取替换技术手段是显而易见的事"，也可称为"显而易见"要件。值得注意的是，非显而易见是发明创造性评判时引进和使用的一个概念，此处将其对应的概念显而易见地用在等同特征的判定中，易产生混淆，且在判定创造性时是结合对比，特别是发明是将一份或多份对比文件中的现有技术特征结合判定创造性，而等同判定仅仅是涉案专利技术特征与被控侵权物技术特征之间替代的容易性的判定，显而易见的判定标准无疑扩大了等同保护的范围，对第三人和社会公众不利。

此外，即便被控侵权物的技术手段相对于专利技术手段是容易联想的，但如果两者的功能和效果存在实质性差异，也不能认定为等同。在"陕西竞业玻璃钢有限公司与永昌积水复合材料有限公司侵犯专利权纠纷再审案"中，[1]最高人民法院认为，尽管本领域技术人员在现有技术所给出的技术启示下，显而易见地想到被诉侵权产品中的技术特征，即便没有付出创造性劳动，但由于被控侵权技术特征与专利相应技术特征在手段、功能、效果上均存在实质性差异，二者不属于等同技术特征。

二、美国等同理论适用和判例

美国等同理论及具体判断标准是在司法实践过程中逐步确立的。1950 年美国法院适用等同侵权判定"格拉夫案"后，近五十年的时间里没有受理过该类型案件。然而，巡回法院和地方法院就如何适用等同理论一直有争议，判决也不尽相同，有时候甚至相反。美国最高法院于 1997 年对"华纳案"作出判决，澄清了相关问题。在该案中，双方都生产食品、药品以及化妆品用

---

〔1〕 参见［2010］民申字第 181 号。

的颜料，其中颜料的生产需要使用昂贵且浪费很大的"盐析"工艺，以纯化颜料。希尔顿公司完成了一系列薄膜过滤发明，并申请了专利。该专利是方法专利，其中一项专利的权利要求的技术特征包括 PH 值的限定，其数值范围为 6.0~9.0 之间。该数值范围在最初的权利要求中并没有出现，只是在审查时，审查员检索到披露类似的过滤方法，该方法的 PH 值在 9.0 以上，因此专利权人在权利要求中加入了 PH 值限定这一技术特征。将 PH 值上限定位 9.0 是为了区别现有技术，但是不清楚专利权人为什么将下限定为 6.0，而被控侵权人华纳公司使用的过滤方法 PH 值小于 6.0。初审法院判定，希尔顿公司的专利有效，华纳公司的等同侵权成立。初审法院就此向华纳公司发布永久禁令，华纳公司不得在 PH 值在 9.0 以下和流体静力压强 500 磅/每平方英寸以下范围内实施外在过滤法。华纳公司对此禁令不服，向联邦巡回上诉法院提起上诉，巡回法院非常重视该案，组成了由 12 名陪审员构成的陪审团，对此案进行听审。多数意见认为，等同理论应当由陪审团适用，并且支持了初审法院的判决。该案同时对等同理论、禁止反悔适用等问题进行了评论。但是，尼斯法官发表了不同的观点。其认为，等同理论适用于技术方案中每个技术特征，而不是适用于整体的被控侵权的产品或方法，也就是说不是技术方案等同。美国最高法院在"华纳案"的判决中，赞同尼斯法官关于等同理论"逐一技术要素"的适用原则，权利要求解释时，是对技术特征逐一解释，而不能是整体方案的解释。巡回上诉法院多数法官对被告侵权方案与专利技术方案是从整体上进行对比，比较两者是否实质上不同，为此，美国联邦最高法院撤销巡回法院的判决，发回重审。[1]

美国适用等同侵权判定的标准。美国司法实践中，普遍使用"三一致"标准。关于这个检测标准，美国最高法院在 1878 年的"墨菲案"中曾作出过表述，从专利法角度讲，某物实质性等同物就是指相同的东西。具体是说，对两者进行比较，如果两者在作用方式上相同、实现的功能相同、产生的技术效果实质上也相同，则两者就是相同的，即便两者的名称不同，形式上或形状上两者的表现也不同。当然，这种等同的判定必须是基于逐一技术要素，即某一技术特征之间的对比是否存在"三一致"。如果抛开了"逐一技术要素"的前提，就是对专利技术方案与侵权物整体进行比较，会扩大专利权的

<hr>

〔1〕　Warner Jenkinson Co, Inc. v. Hilton Davis Chemical Co., 117 S. Ct. 1040 (1997).

保护范围，损害社会公众的利益。"华纳案"联邦巡回上诉法院就是由此分析原告的专利方法和被告的方法，得出了等同侵权的结论，但最后被联邦最高法院推翻。[1]

关于禁止反悔原则与等同原则的关系，学者们大多认为前者能有效限制后者的适用。所谓禁止反悔原则，指在专利申请时，为了满足授权的要求，申请人放弃某些内容。但在专利授权后，在专利权人主张的侵权诉讼中，权利人又将放弃的范围以等同原则纳入专利权的保护范围。该种情形是不被允许的，被称为禁止反悔原则。在两者的关系上，美国最高法院确立了一项新的规则，即在有关禁止反悔的适用中，专利权人有举证的义务，以说明权利要求修改的原因，以及不适用禁止反悔的理由。在此基础上，由法院考虑禁止反悔是否适用，等同理论是否适用。美国最高法院指出，缩小权利要求范围，并不意味着专利权人放弃了所有的不可预见的等同物。如果有些修改是无关紧要的，就不能因为修改就视为放弃了等同物的保护。因此，即使权利人修改了权利要求，缩小了权利要求的范围，该种情形仍然可以适用等同理论，不能将保护范围限制在权利要求的字面含义之内。美国最高法院在回顾"华纳案"时指出，专利权人应当在产生争议时说明其当初修改的目的，只有修改目的与专利权的获得要件没有关系时，才不适用禁止反悔原则。同时，专利权人还应当说明其修改没有导致放弃特定的等同物，且在当初修改相关内容时，所属技术领域的技术人员不可能将产生争议的等同物纳入权利要求中。

与等同原则相对应的还有一个逆向等同原则，指即便专利权人的权利要求覆盖了某一涉案技术方案，但两者之间的技术思想是不相同的，与发明的思路有本质不同，此时侵权不能成立。逆向等同原则也是通过案例确认的，并在1950的"Grave案"中得到了美国联邦最高法院的认可。此外，日本以及东南亚部分大陆法系国家也采用这一规则，以此作为对等同侵权保护的一种制约。

总之，等同原则扩大了专利权的保护范围，对阻止他人通过简单的替换而规避侵权具有一定的积极作用。但该原则在适用时，公众难以评估侵权风险，不可预测，带来了一定的消极影响，使专利权的保护难度增加。自1995

---

〔1〕 Machine Co. v. Murphy, 97 U. S. 120（1878）.

年后，在专利权保护中，美国将专利权利要求解释的重要性逐步提升，降低了等同原则的适用。

三、德国专利制度中等同原则的适用和判例

德国等同原则也是通过判例确立起来的，其对等同原则的适用提出了两个原则性要求或者说两个条件，使得等同原则的适用更加合理：一是等同解释应当兼顾权利要求公示性要求；二是等同范围应当符合专利授权条件，即可专利性。与此相对应，前者被称为适用等同原则的积极标准，后者也被称为适用等同原则的消极标准。

在司法实务中，等同原则的积极标准包括三个要件：首先，效果同一性。具体指被控侵权物所采用的手段与涉案专利相应的手段不同，但是解决的技术问题相同，技术效果相同或者实质相同。值得注意的是，效果同一性是在技术问题和技术效果一致基础上的同一性，且对该问题的判定针对的是技术手段。其次，联想容易性。是指替代手段联想的容易性，具体是说相关领域的技术人员在申请日时基于自身专业知识、技能、经验以及现有技术（申请日或优先权日）能够联想到的替代手段，并且具有相同的技术效果。最后，与专利技术思想的等效性。这里是指在替代手段具有效果同一性、联想容易性的前提下，所属领域的技术人员认为两者属于等价的解决问题的方式，如果替代手段不具有涉案专利的优点，两者也不等同。技术思想等效性的判定是在前两者符合条件的基础上，只有在上述三个要件都符合的情形下，等同侵权积极要件才算完整了。[1]

在"路边缘石型材案"中，原告是一项德国专利的专利权人，该专利涉及一种成型镶边石，街道上使用其能够有效排放积水，以确保行人安全。被告修建了一条街道，使用的是一般的人行街道边石，却被专利权人指控侵权，地区法院支持原告的诉讼请求，上诉法院推翻一审判决，同时驳回了专利权人的诉讼请求，专利权人上诉至最高法院，最高法院撤销了上诉法院的判决，发回上诉法院重审。最高法院在本案中认为，判定是否等同，不仅要考虑制作方法是否相同，而且还包括相同效果和等价手段，而不应当仅仅以制作方法与专利权利要求的制作方法是否相同来判定侵权与否，因为是否侵犯专利

---

[1] 杨志敏："德国法院对专利等同原则的适用及其启示"，载《法商研究》2011年第4期。

权不是以制作方法是否相同为认定的唯一考量要素，还要考虑技术效果和技术手段要素的替代是否构成等同，而该种替代是所属领域技术人员在阅读专利文件的基础上获得被控侵权物中的替代手段，带来相同的技术效果。上述条件都构成，则侵权成立，否则侵权不成立。

现有技术抗辩，或者侵权消极要件——不具有可专利性。具体是指，在适用等同侵权时，被控侵权人可以主张被控侵权物是专利申请日前的现有技术，不具有可专利性。此时，被控侵权的技术可以是现有技术的直接实施，也可以是相对于现有技术不具备创造性的技术范围的实施，这些都不在专利权的保护范围内。也就是说，德国的现有技术范围不仅包括已知的现有技术范围，还包括从现有技术获得的不具有创造性的范围，根据专利法的精神，专利权的保护范围不应该延伸至不可专利性部分，防止专利权的保护范围不适当地扩大。也就是说，权利要求的等同解释不能逾越至不可专利权范围。

德国专利法中也有通过禁止反悔原则限制等同原则适用的规定。

第四节　专利等同侵权司法适用典型案例解析

由于我国等同侵权判定原则缺乏规范化、体系化，因此容易造成行政案件、司法案件处理中等同侵权判定的任意性，权利要求保护范围不确定，从而损害社会公众利益。特别是行政保护鼓励等同侵权认定的做法，更值得反思。我国对等同侵权原则的热衷，类似于美国等同侵权原则确立初期的繁荣情形。

2017年9月7日进入无讼网，输入关键词"专利侵权"和"等同"，选取最高人民法院审判的66个案例分析。其中，当事人主张等同特征侵权的有97个，法院认定构成等同特征的有21个，概率达到22%；选取中级人民法院审理的31个案例分析，当事人主张等同特征的共计57个，法院认定构成等同特征的有21个，概率达到37%。上述数据说明，在一定的阶段，我国法院倾向于适用等同侵权判定原则，而下级人民法院比上级人民法院表现得更突出。

一、被控侵权物与专利技术效果有一定的差异，但被控侵权技术手段是本领域实现相同功能的常规技术手段，且技术效果的差异不影响发明目的，两者构成等同

在"福建侨龙专用汽车有限公司与亚太泵阀有限公司专利侵权案"中，[1]最高人民法院再审认为，等同特征认定时，应当对手段、功能、效果以及是否需要创造性劳动联想进行全面审查，既不能忽略其中任一要件，也要注意各要件之间的相互影响和关联，不能仅对某一要件孤立地进行审查。具体来说，手段是等同判断的考察起点和基础；而功能和效果作为技术特征的外部表现，是评价手段是否实现技术方案目的，以及成效如何的标准和依据。同时，还要从本领域普通技术人员的角度出发，检验技术特征的替换是否属于其无需经过创造性劳动就能联想到的，如是否属于本领域的惯用技术手段等。通过将本案被控侵权物特定技术特征与涉案权利要求对应技术特征进行比较，二者的区别在于前者以"液压油缸"替换了后者的"钢丝绳、绞盘"。从涉案专利说明书的记载来看："绞盘安装在伸缩管支架靠近铰链的底部，并通过钢丝绳与伸缩管支架上滑动架连接……由于绞盘的作用，可使滑动架沿伸缩管支架运动。"可见，"钢丝绳、绞盘"这一传动手段的设置是为了实现滑动架沿伸缩管支架方向滑动的功能。根据一、二审法院现场勘验的结果，被诉侵权技术方案中的"液压油缸"采取了液压传动的方式，但也是为实现滑动架沿伸缩管支架方向滑动而设置的技术手段。此外，根据福建侨龙公司提供的由北京理工大学出版社公开出版发行的《专业汽车结构与设计》一书记载："升降运动……驱动方式也可以采用液压传动或钢丝绳滑轮传动。"可见，"钢丝绳、绞盘""液压油缸"均属于本领域实现上述作业的常规技术手段。在本案的手段、功能无实质差异的情况下，一、二审法院仅以"液压油缸"相对于"钢丝绳、绞盘"在某些具体效果上存在差别为由认定二者不构成等同，有所不当，且其中所叙述的某些效果与实现专利发明目的没有直接关联。

---

[1]　参见［2017］最高法民申 4138 号。

二、等同侵权判定原则适用的前提，一是现有证据不能证明涉案专利不具有可专利性，二是不能缺少权利要求一个以上的技术特征

在"付某光与耿某杰、时某胜专利侵权纠纷案"中，[1]涉案专利是实用新型，权利人起诉时提交了委托职能部门出具的检索报告（现行法律改为评价报告）。该检索报告分析意见认为，付某光涉案专利的全部权利要求均不具有实质性特点，不具有《专利法》第22条第3款规定的创造性。一审法院在综合分析涉案权利要求书、检索报告、对比文件、现有技术等文件的基础上，认为因为国务院专利行政部门对涉案实用新型专利作出的检索报告将（CN86206736U）实用新型专利申请说明书所体现的技术方案确定为与付某光涉案实用新型专利最接近的现有技术并不恰当，所以检索报告所得出的付某光涉案实用新型专利请求保护的技术方案不具有创造性的结论不能成立，法院不应依据检索报告认定涉案实用新型专利请求保护的技术方案不具有创造性。一审法院认为，将被控侵权产品与涉案专利权利要求的技术方案对比，被控侵权物缺少五个技术特征，因此，被控侵权物显然没有落入涉案专利权的保护范围。权利人主张被告构成等同侵权，但由于被控侵权物与涉案专利权利要求的全部技术特征相比缺少一个以上的技术特征，不符合法律要求的适用等同特征侵权前提。二审法院认为，由于国家知识产权局出具的《实用新型专利检索报告》的结论为"权利要求1保护的技术方案不具备实质性特点，不具有专利法第二十二条第三款规定的创造性"，其权利不受法律保护，因此维持原判。

本案中，二审法院的审理存在一定的问题。关于实用新型检索报告或专利权评价报告，其性质仅仅是一种事实，不属于行政行为。人民法院在认定涉案专利是否具有创造性等可专利性时，不能直接依据检索报告进行认定，而是需要综合当事人提交的证据，以及当事人抗辩，在此基础上作出独立的、公正的认定。因此，二审法院直接依据检索报告，认定涉案专利不具有可专利性，不应当予以保护的裁判有欠妥当。此外，在等同侵权判定中，即使被控侵权物与涉案权利要求的其他技术特征都相同，但只要缺少一个以上的技

---

〔1〕 参见［2014］吉民三知终字第74号。

术特征，就不需要再进行等同侵权认定。

三、方法专利中，步骤变换，不改变发明目的，技术效果也没有实质性差别，构成等同侵权

在"陈某与浙江某公司、何某等侵害发明专利权纠纷案"中，[1]陈某系发明专利"布塑热水袋的加工方法"的专利权人，陈某分别以被告某公司生产、销售，何某销售和许诺销售的布塑热水袋侵犯了其发明专利权为由，向法院起诉。被告抗辩侵权方法的第7、6、11、10步骤与涉案专利权利要求1第6、7、10、11的步骤内容虽然相同，但顺序明显不同，权利要求1没有覆盖被控侵权方法，不侵权。一审合议庭认为，虽然两者的顺序不同，但技术特征完全相同，两者的技术效果也实质相同，被控侵权物包含了权利要求1的全部技术特征，认定侵权成立。二审法院持相同的观点，并维持了一审判决。再审程序中，法院认为，关于工艺或方法的步骤是否能够限定专利权保护范围，关键看步骤的变化是否会导致技术效果产生实质性差异。本案权利要求1步骤6对热水袋口部与塞座复合层热黏合，步骤7对热水袋袋体进行修边。再审程序中，法院认为，上述两个步骤顺序的变化对方案的技术效果没有实质性影响，因此被控侵权物7和步骤6与涉案专利权利要求1的步骤6、7属于等同特征。本案专利权利要求1步骤10对密封垫片和螺纹塞盖互相装配后旋入螺纹塞座中，步骤11是充气试压检验，被控侵权方法将这两个步骤的顺序调换。再审程序中，法院认为，涉案专利方法步骤效率低，进行充气试压前，需要将装配好的螺纹塞盖旋下，而被控侵权方法不需要这一步骤，故采用被控侵权方法节省操作程序，提高效率，产生的技术效果具有实质差异，因此被控侵权方法步骤11和10与涉案权利要求1的10和11的步骤不等同。此外，还涉及"空心棉软垫"与"保温层"是否构成等同的认定问题。

本案中，关于权利要求1第10、11步骤的对调问题，笔者以为，如果涉案专利说明书并没有对该步骤进行限定，且步骤的对调是非实质的变换，亦能够实现发明的目的，即便技术效果有一定差异，也不能排除等同侵权。

---

[1] 参见 [2013] 民提字第225号。

四、司法鉴定对等同特征的判定，需要法官结合案情综合认定

在"中誉公司与上海九鹰公司专利权纠纷案"中，[1]田某和江某是涉案专利的专利权人，专利名称为"一种舵机"，专利号为 ZL200720069025，田某和江某将涉案专利许可给中誉公司独占实施权，签订了协议并在国家知识产权局备案。2009 年 4 月，上海九鹰公司针对涉案专利提出无效宣告，2009 年 7 月专利复审委作出无效宣告决定，在权利要求 3 的基础上维持专利权有效。2009 年 9 月，田某和江某委托上海某知识产权鉴定中心对九鹰公司制造、销售的涉嫌侵权产品与涉案专利相应技术特征是否等同进行鉴定。鉴定意见认为，两者构成等同。在侵权诉讼中，一审法院根据被控侵权人九鹰公司的申请委托科技部知识产权鉴定中心对被控侵权产品航模舵机与涉案权利要求 3 的相应技术特征是否相同或等同进行鉴定，以及对被控侵权产品中该相应技术特征是否属于现有技术进行鉴定。科技部知识产权鉴定中心出具的《司法鉴定意见书》认为，被诉侵权产品包括技术特征 a、b、c、d、e、f、g，涉案权利要求 3 技术方案包括技术特征 A、B、C、D、E、F、G，其中技术特征 a、d、e 与技术特征 A、D、E 相同，技术特征 b、c、f 与技术特征 B、C、F 无实质性差异，技术特征 g 与公知常识无实质性差异。一审法院结合案件事实，采信鉴定意见，认定被控侵权产品是一项现有技术与公知常识的简单组合，被告现有技术抗辩成立。二审法院认为，权利要求 3 是在权利要求 1、2 和 4、5 无效的基础上维持有效的，权利要求 3 技术特征 C（在所述舵机驱动电路板上，印制有一条形的碳膜和银膜，且所述滑块底面上的电刷与该碳膜和银膜相接触）属于为了维持专利有效性所进行的修改，该修改不得适用等同侵权扩大保护，应当禁止反悔，同时也认定现有技术抗辩成立，在此基础上维持了一审裁判。

权利人不服二审判决，在再审程序中，关于禁止反悔的适用问题，法院认为，禁止反悔的适用是有限制的，仅涉及说明书、权利要求书的修改以及申请人意见陈述，才有可能触发禁止反悔原则的适用，在涉案专利无效程序中，删除其他权利要求，仅保留权利要求 3，权利要求 3 的保护范围没有变化，因此本案不涉及禁止反悔适用的问题。关于现有技术抗辩问题，被控侵

---

〔1〕 参见 ［2011］民提字第 306 号。

权技术镀金铜条不属于现有技术，所属技术领域人员也不能基于公知常识容易得到该技术特征，因此被控侵权技术与现有技术相比具有实质差异。二审判决依据科技部知识产权中心的鉴定意见认为上海九鹰公司的现有技术抗辩成立，属于认定错误，再审法院认定构成等同侵权。

本案中，一审法院和二审法院直接依据鉴定意见作出裁判，有涉嫌让渡裁判权之虞。等同侵权认定不仅是事实问题，更是一个法律问题。事实认定依据证据规则即可，而法律适用则复杂得多。

五、随着专利文件撰写水平的提高，等同原则的适用应当更加严格和谨慎，以维护权利要求公示效力

在"孙某与任丘市某水暖器材有限公司等侵害专利权纠纷案"中，[1]在再审程序中，法院认为，等同原则的适用主要是防止他人用申请日后出现的技术对涉案专利技术方案中的特征进行简单替换，规避侵权责任。孙某是涉案专利的专利权人，其在申请涉案专利时，将技术方案中进水套的上表面这一技术特征限定为锥面，而锥面或者平面等其他截面形状，应当是专利申请时所属技术领域人员能够知晓的形状，权利人既然将表面形状限定为锥面，表明其放弃了其他形状的保护。因此，在侵权判定时，不能将其他申请日时能够设想到的其他表面形状的技术方案纳入等同保护的范围，这既是维护专利公示制度，也是维护公众对专利保护范围确定性和可预见性的信赖。

在本案的再审程序中，法院进一步认为，撰写水平低时等同原则的适用在一定程度上能够维护专利权人的合法权益，平衡其科技创造创新的贡献与权利保护之间的关系。但随着专利制度的普及，专利申请文件的撰写水平逐步提高，等同原则的作用应当逐步严谨和严格，以维护专利公示制度和公众的信赖利益，平衡专利权人和社会公众的利益。故最高人民法院曾经作出的其他案件中的适用等同原则的裁判标准不影响本案的判定。

第五节　专利等同侵权认定相关问题思考

总结我国专利等同侵权原则规定以及相关司法案例，借鉴国外成熟的立

---

〔1〕　参见〔2015〕民申字第740号。

法和经验，笔者以为，适用专利等同侵权认定时应注意以下问题。

一、等同侵权原则适用应当与我国知识产权制度发展相适应

用文字描述技术方案有天然的不足，为了充分保护专利权利人的利益，防止他人通过简单的技术特征的替换规避专利字面侵权，等同侵权理论就在特定的历史条件下产生了。然而，该理论在权衡专利权人创新贡献和利益保护的同时，破坏了专利权保护公示制度，侵害了公众利益。

随着我国知识产权制度的日趋完善，专利代理行业健康、快速发展，专利代理水平逐步提升，专利文书撰写质量越来越高，等同侵权保护专利权的地位已经不再重要。目前，为了防止等同侵权认定的随意性，也产生了其他的限制等同侵权认定的适用规则，如禁止反悔原则等，避免权利人将已经放弃的技术方案纳入保护范围。值得注意的是，随着专利制度的普及以及专利申请文书撰写水平的提高，等同侵权原则的适用在专利侵权判定中已经更加谨慎，对于改进型专利权，尤其应当慎用。这一观点已经在最高人民法院的相关案例中得到了认可，如在［2015］民申字第 740 号案中，无论是"锥面"或"平面"还是其他二维形状，都在专利申请日前所属技术领域技术人员的基本知识范围内，权利人在申请文书中明确限定为"锥面"，是申请人技术的选择结果。当然，对于文字描述技术的天然缺陷，不会彻底解决，这个问题可以通过对权利要求的解释来解决，因此，可以期待权利要求的解释在今后的专利侵权认定中，将发挥越来越大的作用。

二、严格规范等同侵权原则的适用标准

与美国、德国等其他国家的等同侵权理论相比，我国等同侵权原则适用标准比较抽象、复杂，有些法院在适用时仅仅把司法解释的内容重复一遍，并没有基于技术方案发明构思本身对技术特征的等同进行符合逻辑的分析。具体而言，等同原则判定标准包括实质性相同的判定和联想容易性判断。首先，实质性相同的判定是指被控侵权物替代技术特征与涉案专利相应技术特征之间没有实质性差异。德国等同侵权判定中采用积极要件和消极要件相结合，更加合理。其中，积极要件是指两者的技术效果实质相同、两者技术手段的替代容易联想以及两者解决技术问题的技术思想是一致的；消极要件是指不可专利性。我国司法解释中规定的等同侵权认定规则采用"手段—功能

—效果"三一致，以及替代的显而易见性，解读为替代采用基本相同的技术
手段，具有基本相同的功能，达到基本相同的技术效果，以及这种替代对本
领域技术人员而言是显而易见的。德国在等同侵权规则中适用"解决技术问
题的技术思想实质一致"时，关于技术手段的替换，要求被控侵权物与涉案
专利技术方案在解决技术问题时，所采用的技术思路是实质上一致的，仅仅
是技术手段的替换，具有实质的一致性，这就排除了技术思想不同的技术方
案，也就是在等同侵权认定时，将逆向等同的技术排除出了等同范围。德国
等同侵权判定规则之所以更科学和合理，主要体现在化工领域和合金领域，
可能手段是一样的（如基团是相同的），但两者的技术思路却截然不同，此时
就不能适用等同原则了。我国在坚持"手段—功能—效果"三一致判断标准
的同时，有必要采用德国的"基于发明技术思想的实质含义"进行适当的校
正。在"礼来公司与常州华生制药有限公司侵害发明专利权纠纷案"中，[1]
被告采用的工艺不仅技术效果与涉案专利技术方案具有实质上的差异，被告
工艺采取加苄基保护步骤和脱苄基步骤的技术思路也与涉案专利不同，因此
两者相应技术特征不等同。其次，联想容易性判断。德国关于技术手段的替
换用联想容易性判定，与我国等同特征技术手段的替换要求不需要创造性劳
动能够想到相比有一定的优势：其一，判定相对客观，可以操作。所述技术
领域的技术人员依据自己掌握的知识和技能，借助本领域的公知常识证据是
不是能够联想到，创造性劳动引入创造性概念本身就很抽象，无法对司法人
员适用该规则进行制约。其二，创造性概念是发明实质审查的条件之一，等
同判定中用此概念，无形中将等同的含义扩张到创造性的含义，比德国等同
侵权保护的范围更大。这既削弱了权利要求的公示功能，又打破了社会公众
与权利人之间的利益平衡。

三、明确等同特征认定主体

在司法实践中，某一问题属于事实问题还是法律问题，有时候会出现争
论。在美国的司法实践中，通常将权利要求的解释归为纯法律问题，由法官
进行解释，而关于等同侵权的认定则归为事实问题，通常由陪审团进行确认
并负责。但因为专利权涉及专门技术领域的技术问题，大部分的当事人都不

---

〔1〕　参见〔2015〕民三终字第1号。

要求陪审团参加审判，此时，法官不仅要确定权利要求的含义和范围，而且要判定是否有字面侵权和等同侵权。这叫作"无陪审团的审判"。理论上，等同侵权是事实问题还是法律问题，美国的司法界和学术界一直都有激烈的争辩。在我国的司法案例中，有的法院会将等同侵权和现有技术抗辩判定问题委托鉴定机构鉴定，并且直接适用鉴定意见，如上文［2011］民提字第 306 号案例中的一审法院。在该案的审理过程中，法官有让渡审判权的嫌疑。笔者以为，等同原则既涉及法律问题，如等同原则的适用标准，又涉及事实问题，如对技术特征在"手段—功能—效果"三一致方面的对比。由于等同原则属于法律问题还是事实问题，本身就有很大争议，法院在处理专利侵权时，对于复杂的技术问题，法官也会面临技术上的障碍，可以借助专家咨询、技术调查官等审理模式来理解专利文件。技术类案件中设计特殊的庭审程序，允许各方专家证人出庭参与案件审理，可以对专家形成制约。专家辅助人或者专家证人可以提交经过论证的、具有科学依据的书面意见，这些书面证据和言辞证据经过质证都应当被记载在裁判文书中，无论采信与否都应当说明理由。当前，广泛推广的技术调查官制度也有利于案件技术事实的查明，如此还可以避免法官对鉴定意见的依赖。

四、合理限制等同原则的适用

禁止反悔原则是对等同侵权原则适用的限制，美国要求适用禁止反悔时，反悔的内容应当与获得专利授权有关。在专利授权或者无效程序中，专利文件的修改方式包括主动修改或被动修改，既可以通过对技术特征的修改限制权利要求的保护范围，也可以通过意见陈述限制权利要求的保护范围，一般禁止反悔导致专利保护范围的缩小。在［2011］民提字第 306 号中，原审法院适用禁止反悔原则，就出现了错误。专利权人在无效程序中修改权利要求，并没有涉及任何技术特征的限缩性修改，删除的技术方案中也没有权利要求 3 中技术特征"印制有一条形的碳膜和银膜"的上位概念，因此，不存在限缩性解释。关于禁止反悔原则的适用，笔者将用专章进行介绍。

关于现有技术抗辩。日本和德国的大陆法系国家法律规定，在专利侵权诉讼中，首先对权利人请求权依据的事实进行审查，只有当被控侵权物落入了专利权的保护范围，并且权利人主张等同侵权，侵权事实成立时，被控侵权人才有必要进行现有技术抗辩。德国法院司法实践掌握现有技术抗辩的标准是，被控侵权物相对于现有技术不具有创造性，如此抗辩成立；日本司法实践掌握的标准是，被控侵权物属于公知的技术，或者是能从公知技术容易导出的技术，这一点与德国专利有效性的标准是一致的。我国《专利法》对现有技术抗辩作出了规定，但规定得较为原则，司法实践中也将现有技术抗辩严格限制为公知技术。根据专利法的精神，申请日前的公知技术以及从公知技术容易推导出的技术，因为不具有新颖性或创造性，所以任何人都不能获得专利权，该内容不应当被纳入日后的任何专利保护范围。尽管最高人民法院的司法解释将现有技术抗辩进行了延伸，如"与一项现有技术方案中的相应技术特征相同或者无实质性差异的"，但与德国和日本的现有技术抗辩标准相比，该规定依然偏向专利权人利益，不利于保护公众利益，需要进一步完善。

知识产权诉讼禁止反悔原则及相关问题研究

知识产权领域的禁止反悔原则，最初是从最高人民法院司法解释中总结出来的一项专利侵权诉讼审判原则。[1]无论是专利无效案件，还是专利侵权诉讼案件，都有可能涉及因当事人修改专利权利要求书而致使权利要求书的内容与原始申请文件不一致，进而对权利保护范围产生争议。权利要求保护范围在进行解释时是否应当将删除的内容排除成了侵权认定的前提。由于语言对技术完美表达的天然障碍，专利申请人或专利权人对专利申请文书以及专利授权文书进行修改是一种常态，其结果是在专利侵权诉讼中，法官在解释权利要求时，喜欢抓住禁止反悔原则，由于该原则缺乏理论指导，并且缺乏规则制约，因此专利权人的利益被置于极大的风险之中。

本章研究，首先介绍知识产权制度中与禁止反悔的相关规定以及司法适用情形，然后以专利为研究镜像，探讨禁止反悔的理论基础，进而规范该原则的适用。

第一节　知识产权法有关禁止反悔的规定

一、相关规定

禁止反悔原则虽然是理论界的常见概念，但在我国的立法文件中并不多见，主要出现在一些司法解释和判例中，这也是司法实践中该原则适用产生混乱的原因之一。

---

[1] 《最高人民法院关于审理侵犯专利权纠纷案件应用法律若干问题的解释一》第6条规定："专利申请人、专利权人在专利授权或者无效宣告程序中，通过对权利要求、说明书的修改或者意见陈述而放弃的技术方案，权利人在侵犯专利权纠纷案件中又将其纳入专利权保护范围的，人民法院不予支持。"

（1）北京市高级人民法院于 2001 年在发布的《专利侵权判定若干问题的意见（试行）》（以下简称《试行规定》）首次使用了禁止反悔原则这一概念。[1]该文件对禁止反悔原则适用的条件进行了规定，文件认为禁止反悔针对的修改必须具备一定的条件，即修改是为了使专利申请具有新颖性和创造性，是通过书面声明或修改的方式，并且禁止反悔的内容涉及对保护范围的限制或某些技术方案的放弃。该文件同时规定，如果等同原则的适用导致与禁止反悔原则相冲突，应当禁止等同原则的适用。

（2）最高人民法院于 2009 年发布《关于审理侵犯专利权纠纷案件应用法律若干问题的解释》（以下简称《专利解释一》），没有明确用禁止反悔原则这一概念，但内容实为禁止反悔原则。[2]与北京市最高人民法院的文件相比，禁止反悔原则的适用条件更模糊，对目的没有要求，对方式限制为陈述或修改，内容是放弃技术方案，没有提及禁止反悔原则与等同原则适用之间的直接或间接关系。

（3）最高人民法院于 2016 年发布《关于审理侵犯专利权纠纷案件应用法律若干问题的解释》（以下简称《专利解释二》）。[3]该内容明确了禁止反悔原则适用应当限制的情形。

（4）北京市最高人民法院于 2017 年发布《专利侵权判定指南》。与 2001 年的《试行规定》相比，该文件放弃了对禁止反悔原则适用条件中关于目的的规定或要求，其他内容基本保持不变。

二、知识产权案件禁止反悔原则适用特点

（1）最高人民法院出台司法解释之前，各地就已经开始借鉴北京市最高

---

〔1〕《专利侵权判定若干问题的意见（试行）》第 43 条规定："禁止反悔原则，是指在专利审批、撤销或无效程序中，专利权人为确定其专利具备新颖性和创造性，通过书面声明或者修改专利文件的方式，对专利权利要求的保护范围作了限制承诺或者部分地放弃了保护，并因此获得了专利权，而在专利侵权诉讼中，法院适用等同原则确定专利权的保护范围时，应当禁止专利权人将已被限制、排除或者已经放弃的内容重新纳入专利权保护范围。"

〔2〕2009 年《关于审理侵犯专利权纠纷案件应用法律若干问题的解释》第 6 条规定："专利申请人、专利权人在专利授权或者无效宣告程序中，通过对权利要求、说明书的修改或者意见陈述而放弃的技术方案，权利人在侵犯专利权纠纷案件中又将其纳入专利权保护范围的，人民法院不予支持。"

〔3〕2016 年《关于审理侵犯专利权纠纷案件应用法律若干问题的解释》第 13 条规定："权利人证明专利申请人、专利权人在专利授权确权程序中对权利要求书、说明书及附图的限缩性修改或者陈述被明确否定的，人民法院应当认定该修改或者陈述未导致技术方案的放弃。"

人民法院的相关规定，在司法实务中适用禁止反悔原则。

在"南海市平洲宝索机械制造有限公司与陆德昌专利侵权纠纷案"中，[1]该案一审法院对禁止反悔原则的适用，不是严格意义上的禁止反悔，即对权利要求的修改的禁止反悔，本案归根结底是变劣技术方案能不能被纳入权利保护范围的问题。二审法院并没有谈及禁止反悔原则的适用问题。在"杨某宝与福建新华都百货有限责任公司等发明专利侵权纠纷上诉案"中，[2]法院认为，本案的涉讼专利在进行实质审查时，审查员认为专利申请人杨某宝的权利要求相对于在先专利不具备创造性，向杨某宝发出了《审查意见通知书》。杨某宝在答复通知书时，主张在先技术方案的相关技术特征是"双轴内外套在一起，有波轮""底外壁无凸筋"，而涉案申请相关技术特征是"单轴，无波轮，外布凸筋"，两者不同。在有关本案专利的一份无效宣告决定书中，专利复审委认为，涉案专利包括大波轮，大波轮与脱水桶为一体，且桶壁上设有凸筋等技术特征，上述技术特征是体现涉案专利具有新颖性和创造性的技术特征。在此基础上，专利复审委维持了涉案专利权有效的决定。被控侵权物与涉案专利相比，波轮和脱水桶分开，且是由两根独立的轴各自驱使波轮和脱水桶运转。被控侵权物的技术方案是杨某宝在修改专利申请时放弃的技术方案，因此专利权人不能将该方案重新纳入专利权保护范围。被控侵权物与涉案专利技术方案在功能和效果方面不相同，也不等同。

（2）禁止反悔原则不仅适用于权利保护的契约行为，也适用于诉讼行为。

契约中的禁止反悔主要表现为关于知识产权权利保护范围争议的判定，多集中表现为专利权保护范围争议。就商标权和版权而言，权利范围本身不会产生争议，关键是保护的尺度或强度。在"中山榄菊日化实业有限公司与福建神狮日化有限公司侵害商标权纠纷案"中，[3]法院认为，商标权的范围是由法律直接规定，并非由权利人自行划定，这一观点结论是正确的，商标权利人在纠纷中不能通过解释来影响商标权的保护范围，以核准注册商标和核定使用的范围为准，但是注册商标混淆保护的范围是可以通过证据予以证明的，并且不同的注册商标混淆保护的范围是不同的。法院否认商标法的适

---

〔1〕 参见 ［2003］粤高法民三终字第 125 号。

〔2〕 参见 ［2006］闽民终字第 396 号。

〔3〕 参见 ［2014］漳民初字第 298 号。

用中存在禁止反悔的观点也是有问题的，即便商标权的保护范围不存在禁止反悔适用的余地，但诉讼行为还是应当受到禁止反悔的制约的。

专利权涉及技术，通过文字表达技术方案本身就具有一定难度，做到清晰完整就更难了。因此，就文字表述产生争议也很常见。根据专利制度技术公开换权利保护的宗旨，权利要求书和说明书具有了合同的效力，意味着权利人的保护范围必须遵从合同文书，按照法律规定进行解释，公众可以在权利要求范围之外不受专利权人限制地使用该技术。基于上述原因，就专利权保护范围产生的争议，类似于契约中的允诺禁反言，这类案件在无效诉讼、确权诉讼、侵权诉讼中都会涉及。诉讼行为的禁反悔主要表现为当事人对诉讼中事实的陈述涉及的禁止反悔。如在"北京迈劲医药科技有限公司与蚌埠丰原医药科技发展有限公司专利权侵权案"中，[1] 法院认为，被告在蚌埠市禹会区人民法院（因管辖问题后移送至本院）审理期间已将律师函等作为证据向法院提供，在本院开庭审理质证时又否认上述证据的真实性，被告的行为违反了禁止反悔原则。这类案件与其他诉讼行为的禁止反悔没有本质区别，应当根据《民事诉讼法》和《民事诉讼证据规定》等进行制约。如《民事诉讼证据规定》（2008 调整）第 74 条规定，在诉讼过程中，当事人承认的事情，即便对自身不利，法院也应当确认，但是如果当事人有相反证据而反悔的可以例外，即该类案件允许当事人在符合条件的情形下反悔。

（3）禁止反悔原则适用呈现扩张趋势。

根据无讼网数据，自 2000 年开始就已经在专利案件中出现禁止反悔原则的适用。2001 年至 2004 年之间，案件数量较少，2005 年至 2008 年数量在 20 件到 30 件之间，自 2011 年起，禁止反悔原则适用的专利案件数量呈持续稳定增长态势。在各级各类法院中，最高人民法院的审理数量最多，累计达到 63 件。在商标案件中，关于禁止反悔原则的适用案件数量，总体没有专利案件多，每年的数量基本都是个位数，且数量变化没有明显的趋势，呈现出一定的波动性，就审理法院而言，最高人民法院审理的案件数量也是各级法院中最多的，累计达到 12 件。商标案件禁止反悔原则适用的对象基本都是针对诉讼中的证据认定问题。

---

〔1〕 参加［2007］蚌民三初字第 6 号。

第二节 禁止反悔原则在知识产权诉讼案中的适用

2018 年 12 月 8 日，进入 Openlaw 裁判文书网，输入关键词"禁止反悔原则"，共检索到 5716 份裁判文书，案由方面包括合同、无因管理、不当得利（合计 3583 份），物权纠纷（合计 473 份），知识产权与竞争纠纷（合计 275 份），劳动争议、人事争议（合计 240 份）等。该检索系模糊检索，或为原告或上诉人的主张，或为被告或被上诉人的抗辩，或为法院认定，并不能准确反映案件适用"禁止反悔原则"的情形。

上述数据在一定程度上印证了"禁止反悔原则"并非专利活动或知识产权民事活动中特有的行为准则，而是所有民事活动都应当遵循的行为准则，是诚信原则在民事活动中的具体要求或体现。

本书对禁止反悔原则适用的研究主要针对专利诉讼案件，但相关数据采集涵盖几乎所有的知识产权诉讼案件。

一、专利授权、确权以及侵权纠纷案中禁止反悔原则的适用

在 275 份文书中，有 216 份文书涉及"专利权权属、侵权纠纷"。也就是说，知识产权案件中适用禁止反悔原则最多或者说最典型的是专利案件。在专利案件中，适用禁止反悔主要涉及两种情形：一是涉及权利要求保护范围，二是涉及当事人的其他陈述或主张。

1. 授权程序修改对禁止反悔原则的适用

在"湖北某药业公司与某制药公司、王某侵犯发明专利权纠纷案"中，[1] 在涉案专利申请过程中，审查员在第一次发出的审查意见通知书中告知，申请人在说明书中仅提供了"活性钙"和"葡萄糖酸钙"两种实施例，但在权利要求书中使用了"可溶性钙剂"这一技术特征。该特征概括了较宽的保护范围，包括各种可溶性的钙剂，而发明所属技术领域的技术人员并不能预见未被披露的其他的可溶性钙剂也能够发挥与活性钙和葡萄糖酸钙相同的作用，并产生相同的效果。进而，审查员认为，说明书不能支持权利要求，需要对权利要求进行修改。专利申请人因此对权利要求根据审查员的要求进行修改，

---

〔1〕 参见〔2009〕民提字第 20 号。

将"可溶性钙剂"修改为"活性钙"。专利授权后，权利人主张他人侵权，提起侵权诉讼。一审程序中，法官认为并不是所有对申请文件的修改或意见陈述都会适用禁止反悔，只有为了满足专利申请具有新颖性或创造性进行的修改或意见陈述才适用禁止反悔。故申请人将独立权利要求中的"可溶性钙剂"修改为"活性钙"，不产生禁止反悔的效果。二审程序中，法官支持了一审的观点，并予以维持。再审时，法院认为专利权人在专利授权程序中对权利要求1进行修改，将可溶性钙剂改为活性钙，视为放弃了包含葡萄糖酸钙的技术方案，依据禁止反悔原则，修改后的权利要求不包括葡萄糖酸钙的技术方案，原审判决对禁止反悔原则理解有误。因此，再审法院认为，被诉侵权物是专利权人在专利授权程序中放弃的包含葡萄糖酸钙这一技术特征的技术方案，不能认为葡萄糖酸钙与活性钙这一技术特征等同，而将其纳入专利权的保护范围，原审法院对禁止反悔原则适用错误，且等同侵权认定不当。

本案是2010年最高人民法院公布的知识产权司法保护典型案例之一。针对一审法院持有的基于新颖性或创造性的修改或意见陈述才会导致适用禁止反悔原则的观点是否正确，二审法院和再审法院没有进行评述。此外，等同特征的判定与禁止反悔原则适用的关系是什么？两者必须同时出现吗？

2. 无效程序修改对禁止反悔原则的适用

在"某电子公司与上海某科技公司侵犯实用新型专利权案"中，[1]专利名称为"一种舵机"，专利号为ZL200720069025.2。在无效程序中，涉案专利的专利权人没有主动修改权利要求书，专利复审委根据无效宣告请求人的请求，在审查的基础上，宣告权利要求1~2和4~6无效，仅保留了权利要求3有效。专利权人起诉他人侵权。一审程序中，法官认定，涉案专利技术特征"一条形的碳膜和银膜"G与被控侵权物"一条形的碳膜和镀金铜条"g构成等同，但现有技术抗辩成立，不侵权。二审程序中，法官认为，即便侵权物技术特征g与专利技术特征G等同，但由于在无效程序中，权利要求1和权利要求2已经被认定无效，技术特征"一条形的碳膜和银膜"是原权利要求3的技术特征，属于限定的技术特征，视为专利权人放弃了将除银膜以外的其他材料作为导流条的技术方案，因此不能以技术特征g与技术特征G等同。认定构成侵权。最高人民法院再审认为，该案不构成禁止反悔的适用，成立

---

〔1〕　参见〔2011〕民提字第306号。

侵权。其认为禁止反悔的适用标准为：其一，必须是申请人或专利权人基于修改权利要求产生的自我放弃，这种自我放弃可以是其主动修改权利要求书，也可以是应审查员的要求修改权利要求书；其二，如果从属权利要求的附加技术特征是新增加的技术特征，[1]则不能简单推定该附加技术特征之外的技术方案已被专利权人全部放弃。本案专利权人未曾作自我放弃。

本案是最高人民法院公报的案例，根据最高人民法院的理论，可以产生以下问题：无效程序中，为了维持专利权的有效性，权利人的修改（删除技术方案等）会导致禁止反悔原则适用，而专利复审委的被动删除不会导致禁止反悔原则的适用？还是本案仅仅是由于附加技术特征未导致禁止反悔原则的适用？对这些问题，本案没有给出明确的信号。

3. 当事人陈述对禁止反悔适用的影响

案例1 在"沈某与上海某工程有限公司专利侵权纠纷案"中，[2]涉案专利名称为"汽车地桩锁"，专利号为 ZL00263355.8。涉案专利被认为无效，专利复审委在权利要求 2、3、4 的基础上，维持涉案专利权有效，具体内容见第 6101 号无效宣告请求审查决定书。专利权人不服该行政决定并提起行政诉讼，专利权人在行政起诉书中对权利要求 1 的 4 个技术特征进行了说明，认为活动桩呈一字形，端部有孔。锁定时锁具位于活动桩中，打开时锁具从活动桩的孔中取出，活动桩与锁具分离。一审程序中，法院认为权利要求 1 的技术特征"活动桩设有供锁具插入的孔"没有被对比文件 1 公开，因此权利要求 1 相对于对比文件 1 具有新颖性，一审法院判决撤销无效决定，并要求重新作出无效审查决定。专利复审委不服并提起上诉，二审法院维持了一审判决。针对该无效请求，专利复审委重新作出了第 8127 号无效审查决定，维持专利权全部有效。值得注意的是，无效决定中专利复审委并没有对专利权人关于技术特征的陈述在决定中予以认定，事实上该陈述也不影响无效决定的作出。本案侵权诉讼中，上海市第一中级人民法院认为，被控侵权产品没有活动桩，只有一个"∧"形零件（即被告所述的伸缩臂），伸缩臂左、

---

〔1〕 参见第二部分第二章 3.1.2，从属权利要求中的附加技术特征，可以是对所引用的权利要求的技术特征进一步限定的技术特征，也可以是增加的技术特征。本公报案例中权利要求 3 的技术特征"一条形的碳膜和银膜"即属于增加的技术特征，也即最高人民法院所述的从属权利要求中的附加技术特征未被该独立权利要求所概括情形。

〔2〕 参见〔2007〕沪高民三（知）终字第 51 号。

右杆不可分离且可以相互折叠的特征，与活动桩有本质的区别。一审法院还认为，虽然专利权人在权利要求书中没有对技术特征活动桩进行限定，但其在无效程序中陈述活动桩是一字形零件，端部有孔，该陈述适用禁止反悔原则，被诉侵权物相应技术特征与一字形活动桩不同，因而被控侵权物没有落入专利权的保护范围，侵权主张不成立，驳回原告诉讼请求，二审维持一审判决。再审程序中，最高人民法院明确了禁止反悔原则与等同原则的关系，即前者是对后者适用的限制。关于人民法院是否可以主动适用禁止反悔原则，最高人民法院也进行了肯定，以平衡专利权人与社会公众、被控侵权人之间的利益。所以，如果权利人主张适用等同侵权，即便被控侵权人没有提出禁止反悔原则的适用，根据已经查明的事实，审理法院也可以主动适用禁止反悔原则，不予认定侵权，并驳回权利人的诉讼请求。

本案产生了两个疑问：第一，法院主动适用禁止反悔原则是否合理？第二，权利人在诉状等其他文书中对技术特征的限定在什么情况下对当事人产生禁止反悔的效果？

案例 2　在"郑某与某株式会社、国家知产局复审委、佛山某公司等专利无效行政诉讼再审案"中。[1]涉案专利名称为"墨盒"，专利号为00131800.4。某株式会社认为，根据禁止反悔原则，涉案专利权利要求的技术术语的解释应当根据其为了获得授权时确定的含义而进行，本案存储装置应解释为半导体存储装置。本案再审程序中，最高人民法院还将禁止反悔原则与诚实信用原则密切联系起来，认为禁止反悔原则是专利授权确权程序中对诚信信用要求的体现，最高人民法院还对禁止反悔原则适用的条件予以明确，是以当事人行为反复并对第三人信赖利益造成损害为必要条件。最高人民法院还重申，禁止反悔原则的适用应当与其他法律规定如等同原则等的适用相协调。在本案的再审程序中，专利复审委主张，某株式会社在专利申请程序中曾经主张半导体存储装置与存储装置是两个概念，具有不同的含义，但该株式会社又在无效程序中出尔反尔，主张两者含义相同，违反诚信，应予禁止。但最高人民法院认为，专利复审委的观点混淆了《专利法》第33条

---

〔1〕　参见［2010］知行字第53号。

和禁止反悔原则适用的关系。最高人民法院认为，《专利法》第 33 条的适用，应以原说明书和权利要求书为准，与禁止反悔原则的适用没有关系。专利复审委将无效程序中专利权人的解释用来判定第 33 条的适用，是用禁止反悔原则取代《专利法》第 33 条，因此不予支持。

最高人民法院明确了禁止反悔原则是对认定等同侵权的限制，同时产生以下问题：什么情形下当事人陈述导致禁止反悔原则的适用？如果当事人的陈述并没有被专利复审委员会直接认定或与无效决定没有关系，法院能否适用禁止反悔原则？还有，法院能否主动适用禁止反悔原则？最高人民法院认为，禁止反悔原则应当以行为人反诺言损害第三人信赖利益为条件，此外，禁止反悔原则与其他原则如修改超范围原则适用之间的关系，难道禁止反悔原则与《专利法》第 33 条的适用是非此即彼的关系？

二、商标授权、确权以及侵权纠纷案中禁止反悔原则的适用

"商标权权属、侵权纠纷"共 11 份文书，关于"禁止反悔原则"的适用，总结有以下几种情形：

1. 商标权产生或消灭中当事人陈述对禁止反悔适用的影响

案例 1 在"中山榄菊日化实业有限公司与福建神狮日化有限公司侵害商标权纠纷案"中，[1]涉案商标注册号为第 7471368 号，"H·Y+图形"。人民法院认为，中山榄菊日化实业有限公司（简称"榄菊公司"）在涉案商标无效案件的答辩中承认了涉案商标的创意来源于出品商黄某影的名字，并陈述了商标的组成样式。黄某影属于人名，并非公共资源，其商标创意来源于此并非不正当抢注，且榄菊公司在答辩状中对涉案商标的陈述只是对其图案的客观性描述，并非对榄菊公司权利进行限制。而且商标法上并不存在禁止反悔原则，商标权的范围是由法律直接规定，并非由权利人自行划定，故福建神狮日化有限公司（简称"神狮公司"）认为榄菊公司已对其商标权利范围进行限制，神狮公司使用"H·Y"图形与榄菊公司商标并不构成近似的答辩理由没有法律依据，不予采纳。

---

〔1〕 参见 [2014] 漳民初字第 298 号。

案例2　在"84消毒液案"中，[1]最高人民法院认为，地坛医院在涉案商标注册异议程序中主张"84"为该类商品的通用名称，但又以知名商品特有名称为由主张他人侵犯其民事权益，属于反悔，其先前的主张应当具有拘束力。

案例3　在"赵某与纵横二千有限公司、上海和缘服装有限公司等侵犯商标专用权纠纷二审案"中，[2]赵某系第1094814号"2000（手写体）"，注册类别第25类注册商标的受让人，纵横二千有限公司（简称"纵横公司"）认为该商标与其注册的"G2000"构成在类似商品的近似商标，向商评委申请撤销，商评委认为争议理由不成立，该商标注册予以维持。纵横公司不服提起行政诉讼，一审法院认为商标近似，商品类似，撤销商评委裁定。二审法院审理期间，赵某与纵横公司均当庭确认"G2000"商标与"2000"商标属于近似商标，故该院确认该事实，但两者所核定使用的产品不属于类似产品，撤销一审判决，维持商评委争议裁定（［2005］高行终字第350号），争议商标一直有效。在侵权诉讼中，赵某诉纵横公司在专卖店销售的领带、袜子、腰带、围巾上使用"G2000"标识侵犯其注册商标"2000"商标权，一、二审法院均认为，关于纵横公司使用的"G2000"商标与赵某的"2000"商标是否构成近似的问题，由于"G2000"与"2000"显著部分视觉效果近似、读音近似，且纵横公司曾经自认两个标识近似，该事实在已经生效的北京高院［2005］高行终字第350号裁判文书中被确认，因此法院认定纵横公司使用的"G2000"商标与赵某的"2000"商标构成近似从而构成商标侵权。在本案中，法院基于商标近似，商品相同或类似，直接判定两者构成混淆。笔者以为，这与消费者的认知有矛盾，"G2000"商品都在其专卖店销售，"G2000"商标经过使用具有很强的显著性，且商标权人在使用时与其他标识一起使用，不会造成消费者混淆，这一问题涉及混淆判定的理论及其适用，不在此论述。

上述案例提出了以下问题：最高人民法院认可商标审理案件中同样可以适用禁止反悔原则，那么商标授权确权程序（包括异议程序、复审程序、诉

---

〔1〕　参见［2000］民三终字1号。

〔2〕　参见［2008］浙民三终字第108号。

讼程序）中当事人对近似、类似的陈述对商标权保护范围的影响几何？

2. 行政处理程序中当事人陈述对禁止反悔原则适用的影响

在"广州轻出集团股份有限公司与陶某侵害商标权纠纷案"中，[1]人民法院认为，根据"禁止反言原则"和"诚信原则"，当事人应对自己的陈述负责，不得为己利而作出否定先前陈述的言论。本案被告陶某购买侵权商品时是否明知系侵犯他人注册商标商品的问题，其在庭审中的陈述和在原工商局浦东分局处的陈述不一。被告作为完全民事行为能力人，在原工商局浦东分局向其询问时，应当知晓其陈述的内容，并在相关笔录上予以签字确认。故该笔录中记录的内容应系其真实意思表示，现被告予以反悔，法院不予确认。

该案当事人陈述，直接适用"自认"等相关证据规则。

3. 当事人民事协议中意思表示对禁止反悔原则适用的影响

在"古珀行珠宝有限公司与北京戴梦得古珀行首饰有限公司、商标评审委员会'古珀行'商标争议再审案"中，[2]法院认为，如果双方协议解决了争议商标注册的相关纠纷，按照禁止反悔原则，一方当事人不能依据《商标法》第15条的规定向商标评审委员会申请撤销争议商标。古珀行珠宝有限公司（简称"古珀行公司"）在发现戴古公司注册争议商标的情况之后，通过与戴古公司的另一方股东戴梦得公司协商，签订了2008年协议。该协议明确约定：在不损害合资公司利益条件下如古珀行公司认为必要可将戴古公司注册推广的"古珀行"商标无偿转回古珀行公司在深圳的全资子公司，并由古珀行公司授权戴古公司无偿使用进行品牌连锁加盟经营。古珀行公司与戴梦得公司、戴古公司就争议商标的转让或权属问题发生的争议，应通过相应的民事程序予以解决。

该案表明，如果当事人曾经协议认可商标有效性，不得随意反悔，不得无效涉案商标。

三、版权授权、确权以及侵权纠纷案中禁止反悔原则的适用

涉及"著作权权属、侵权纠纷"共6份文书，关于"禁止反悔原则"的适用，并不涉及对著作权保护范围的禁止反悔，主要有以下几种情形：

---

〔1〕 参见〔2014〕浦民三（知）初字第263号。

〔2〕 参见〔2013〕知行字第20号。

案例1 在"北京鸟人艺术推广有限责任公司诉广东白天鹅光盘有限公司邻接权纠纷案"中，[1]法院认为，在已经发生法律效力的［2004］海民初字第4653号民事判决书中，被告将同一份复制委托书，用于证明其接受江西文化音像出版社的委托复制另一光盘，虽然该份判决书最后并未认定被告在该案中是依据上述委托书复制光盘的，但因被告在该案及本案中的陈述不同，而被告未对此作出解释，故根据"禁止反悔"原则，本院对被告在本案的陈述亦不予采信。

案例2 在"湖南金蜂音像出版社诉某激光制作有限公司侵犯复制权、发行权案"中，[2]庭审中，被告认可原告提交证据材料的关联性、合法性和真实性，后来的庭审中，被告又不认可上述证据的关联性、合法性和真实性，但被告亦没有提出相应的证据予以证明，故法院对被告的反悔不予认可。

案例3 在"安某康与长江文艺出版社有限公司、海豚传媒股份有限公司著作权权属、侵权纠纷案"中，[3]二审法院认为，海豚传媒向一审法院出具书面声明称被控侵权图书共计印数120 000册，该声明系海豚传媒在接到一审法院证据保全裁定近两周后作出，且长江文艺出版社在一审阶段也认可被控侵权图书出版发行120 000册。最高人民法院颁布的《证据规定》第74条明确，当事人在其提交的起诉状、答辩状以及当事人代理案件时发表的代理词，如果承认了对己方不利的事实和认可的证据，审理案件的法院应当予以认可，只有在当事人有相反证据时才可以反悔并推翻原认定的事实，长江文艺出版社和海豚传媒称一审中提交的书面说明存在笔误的主张不能得到支持。

上述案例集中反映一个问题，即当事人的举证、质证行为对禁止反悔原则适用的影响。法院对该问题的态度是：当事人没有相反证据并足以推翻原有事实的，不予支持。

第三节 专利案件禁止反悔原则适用的几个问题

根据上文分析，知识产权案件中禁止反悔原则的适用包括两类：一类是

---

〔1〕 参见［2005］穗中法民三知初字第147号。

〔2〕 参见［2004］成民初字第333号。

〔3〕 参见［2015］鄂民三终字第00158号。

涉权利保护范围的契约类行为的禁止反悔，另一类是涉诉讼行为的禁止反悔，也即权利义务确认中的禁止反悔和权利义务救济中的禁止反悔。

关于契约类行为的禁止反悔，以专利案件为例，归根结底就是专利授权文本的解释规则。

一、禁止反悔原义、渊源

中文"禁止反悔""禁（或禁止）反言""禁止翻供""禁止自食其言"等表述都是对"doctrine of estoppel"英文单词"estoppel"不同译法所致。沈达明教授就使用了三四种译法。相比而言，李浩培先生的禁止反言和杨桢教授的禁反言更为准确。不少学者也认为"禁止反悔"与"禁反言"可以互相代替。[1]本书遵照习惯，依然用禁止反悔，与"禁反言"同义。

关于禁反言的定义，柯克勋爵认为，英文"estoppel"源于法语单词"es-toupe"（受阻）和英文单词"stopped"（停止），称为禁反言是禁止一个人因为其行为或者认同不得再主张其他相反的事实。丹宁勋爵认为，如果一个人通过其行为或者言论使得他人相信了某一事实，这个人推翻其行为或者言论会导致不公平或不公正，就不允许这个人那样做。其还认为，禁反言是一项审判原则和衡平法的原则。

禁止反悔原则在英美法系国家已经发展成了一个涉及各法律领域的规则系统，在诉讼法和契约法均有体现，契约法表现为"允诺禁反言原则"。无论是契约法或诉讼法中的禁反言，都是为了平衡当事人之间的利益，消除不公平的现象。即如果法律关系中一方当事人通过自己的言行改变与对方当事人的法律地位，使得依照该方当事人先前言行处理事务的对方当事人的利益受到损失，这是不公平的，也是非正义，法律不应当允许该方当事人擅自改变自己的言行。在社会关系中，守诺言、讲信用、以诚相待，是人与人相处的一般道德准则，也是一切法律所确认和追求实现的理想目标。

从允诺禁反言规则产生的渊源来看，其特点是突破了契约法所固守的对价理论。早期英国法庭认为，如果允诺人的允诺使得守诺人的法律地位发生变换，则允诺人应当履行其允诺，这既符合社会总体利益，也符合守诺人期

---

[1] 徐卓斌："基于修改的禁止反悔适用中的若干主要问题——以美国联邦法院专利判例为考察对象"，载《科技与法律》2017 年第 2 期。

望。1947年，"高树案"的判决成了允诺禁反言在英国的复兴，该案的主审法官是单宁大法官，单宁法官对该案的贡献，是用衡平法原则，确认没有对价但已经履行的合同的效力。现在，英国允诺禁反言的适用包括四个要件：其一，存在一个合同关系；其二，允诺人明示或默示的言行；其三，守诺人对应的作为或不作为；其四，允诺人对允诺的反言。允诺禁反言是作为抗辩理由，不能作为独立的诉因。

美国允诺禁反言的适用与英国的起源有一定的差异，该原则最早适用于家庭中的允诺、受托人允诺包括遗产捐赠等范围，法院依据禁反言对这类案件强制执行。随着信赖利益理论的兴起和发展，禁反言原则的适用范围不断扩大。1981年《美国合同法重述》对禁反言原则进行了解释，包括以下内涵：如果允诺人有合理的理由能够预见其允诺将会导致守诺人或第三人作为或不作为；守诺人或第三人实际依据该允诺而作为或不作为；强制执行该允诺能够维护公平，则该允诺就具有约束力。不过，美国的禁反言原则适用应当在维护公平需要的范围内。

二、专利授权文书的法律属性——有相对人的意思表示

解析专利禁止反悔原则的适用，首先需要解析禁止反悔对象的法律属性，即专利权利要求书的法律属性。

在解析专利授权文书的法律属性前，首先要对专利权、专利授权法律属性进行解读。专利权是一种私权，这在各国法律中都有体现和明确，那么专利授权行为的法律属性是什么呢？也即专利授权的性质是什么？由于专利权的垄断性影响到公众权益的行使，对于哪些发明创造能够授权、权利的内容有哪些，这些基本内容，都要由国家立法确认，并且由相应的国家机关（如国家知识产权局）代表国家依据法律就专利文件的内容进行审查，从而确保发明人的专利文件符合专利法律制度的规定，并通过专利文书划分专利权人与公众之间的权利义务界线。因此，专利授权行为，从行政法管理的角度来说，属于行政确认。行政确认是一种具体行政行为，行政机关依法对行政相对人的法律地位（如专利权或商标权的排他性权利）、法律关系（如婚姻关系、收养关系）或有关法律事实（如医疗事故的认定等）进行甄别，并予以宣告的行为。企业工商登记、户口登记、婚姻登记等都属于行政确认行为。专利授权行为也是行政确认行为，经过行政确认，专利权人对专利技术享有

垄断权，其他人没有法定事由未经权利人许可而为了生产经营的目的实施制造、销售、许诺销售、进口、使用等行为都属于侵权行为，应当承担民事侵权责任。

专利权确权行为，与一般的行政确认行为相比既有相同点，也有不同点。相同点在于，经过国家机关的确认，权利人都取得了法律上的权利和义务，法律地位得到认可。不同点在于，专利权人的权利内容是由专利申请人和国家知识产权局经过双方意思表示取得一致而确认的。依据《专利法》第59条第1款的规定："专利权的保护范围以权利要求内容为准，说明书和附图用于解释权利要求。"专利申请人撰写专利申请文本，包括请求书、说明书和权利要求书，通过权利要求书表达其要求获得专利保护的意思表示，并通过说明书和附图将其发明创造的内容公开给公众。国家知识产权局审查员代表国家对专利申请文本进行审查，不仅审查发明创造的客体是否应当授予专利权，而且还要审查其申请的保护范围是否具有新颖性、创造性和实用性等，只有其撰写或者说其意思的表示符合专利法的要求了，国家知识产权局才会在专利申请人申请文本的基础上（或经过修改的文本）对专利权予以确认。

因此，在一定意义上，专利授权文本是有相对人的意思表示的法律文本，相对人是社会公众，国家知识产权局代表公众与专利权人就专利权的保护范围达成了一致。这种一致是双方自认为达到的一致，是一种主观的一致，如果客观不一致就产生了争议，即社会公众对授权文本的理解与权利人的意思产生了对立或冲突，这就需要对专利授权文本进行解释了。

三、意思表示的概念、构成及相互关系

意思表示是法律行为制度的核心，直接影响和决定着法律行为的效力，而效力涉及法律对当事人行为的评价。

（一）意思表示的概念

关于意思表示的起源，学界有不同的看法。罗马法早期也没有意思表示这一完整的概念，仅仅是意思作为一个独立的概念出现，此时意思用于解释行为效力或契约类型。[1]荷兰法学家格劳秀斯在研究契约理论时，发现了契约

---

〔1〕［意］桑德罗·斯奇巴尼选编：《法律行为》，徐国栋译，中国政法大学出版社1998年版，第1~2页。

表示存在的问题，进行深入研究，并形成了契约的一个下位概念：意思表示。但是，明确提出意思表示概念的是 18 世纪德国著名法学家奈特尔布拉特，而将意思表示作为一个独立的法学理论加以研究和发扬，萨维尼功不可没。其认为，意思表示导致法律关系的产生和消灭，研究法律关系应当从意思表示出发。1794 年《普鲁士普通邦法》首次将意思表示写进法条中。其规定："所谓意思表示，是应该发生某事或者不发生某事的意图的客观表达。"

（二）意思表示的构成

意思表示包括两个核心要素，即将其分解为意思和意思的表达两个要素，就这两个要素而言，前者是后者的前提和基础，无意思就无表达。意思表示的这两个要素，也被称为主观要素和客观要素，主观要素是指意思，客观要素是指表示。意思之所以被称为主观要素，是因为意思是内在的想法，而表示是能够客观感知的，概括为客观要素。主观要素是核心的，是意思表示的根源，要理解和判断当事人意思也是很复杂的。

德国民法理论界对意思要素的研究较为深入，有学者将意思分为三个层次：行为意思、表示意思和交易意思。其中，行为意思是指实现的目的，表示意思是指如何参与或实现，交易意思是指法律后果。但这种观点在德国民法学界也有很大争论，大部分学者认为，意思的实质是行为意思，没有行为意思就没有意思表示。

（三）意思与表示的关系

意思与表示的关系，是界定意思表示概念时需要解决的核心问题。任何意思都需要一定的行为予以表示，没有表示的意思，即没有意思，也就没有意义。意思与表示，一个是主观问题，是内在的不可见的；一个是客观问题，是可以被他人所感知的。如何将两者有机连接是意思表示概念界定需要面对的问题。任何一个有目的的表示都是内心意思的外在表达。冯·图尔认为表示是："一个为达到特定目的而进行的行为，是要把一种内心活动引荐给同类。"[1]因此，意思与表示相一致，即内在意思与外在表达相一致是一种必然。

然而，实际中，意思与表示并不总是一致。有时候，行为人把内在意思表达出来，可能与内心的意思有一定差异或偏离。伯恩哈德·温德沙伊德不

---

[1]　Werner Flume, *Das Rechtsgeschäft*, Springer-Verlag , 1992, p.51.

把表示视为一种意思通知,而是意思"表达"。

当意思与表示不一致时,意思和表示各自的地位如何?共有三种学说,意思说、表示说以及效力说。持意思说的学者的代表观点是,意思是表示的决定性要素,表示仅仅是意思的通知,假如后来证明表意人没有表示的法律后果,根据私人自治原则,只能根据确认的意思明确法律后果。根据这一学说,没有表示,意思也能够产生法律后果,这一学说在18世纪至19世纪占据主导地位,并以萨维尼为代表。持表示说学者的代表观点是,意思表示形成的根本基础是表示,如果表示的受领人与表示的表意人的意思不同,或者表示的表意人没有意思,只要受领人作出相应的行为,表示依然产生法律后果。德国的法学家丹茨也曾经说:"意思表示解释与一个内在的意思毫无关系。在由于使用有争议的词语而需要予以解释时,缔约当事人中一方的表示究竟是何种意义,实际上与意思不太相关。"[1]这种观点认为,意思表示的客观要素是主要的,将客观要素与主观要素完全割裂,忽视了意思的重要性,与意思说的观点截然相反。

效力说批判将意思与表示割裂的二元主义,持该观点的学者认为,意思是一种心理事实,表示是一种客观事实,意思行为与表示行为不能截然分裂,两者是一体的,通常意思也是一种规范的意思,是一种应然和可然的意思,所以,意思表示应当被作为效力表示来理解。效力说还认为,对于表意人而言,其表示的手段或方式可以自我决定和选择,应当自我负责,对于意思受领人而言,其获得的表达是他能够感知的,是客观的表示,不能是通过揣测无法获得的意思。因此,受领人对表意人的信赖利益应当得到充分保护,事实上效力说就能够提供这种保护。同时,法的安全性也要求不应当考虑没有表达的意思,只有这样才能保护交易各方的利益和交易的安全。

关于意思和表示的关系,意思说和表示说曾经有过辉煌,但都不具有合理性,只有以意思表示为一元的效力说才能够持续展现生命力。

四、意思表示的解释规则

由于语言文字的多义性、抽象性、模糊性,以及意思与表示之间的主客观分立,民事主体发出的意思与表示并不总是一致的,且从意思表示受领人

---

[1] Karl Larenz, *Methode der Auslegung des Rechtsgeschaefts*, Alfred Met zner Verlag, 1966, p. 12.

角度，还要顾及其客观理解并保障交易安全。至此，对意思表示进行解释既具有普遍性也具有必然性，对意思表示的解释是认定民事法律行为的前提。

（一）意思表示的解释基准

关于意思表示解释的基准，有两种观点或主义：一种为文本主义，侧重于文本的含义，以客观化的表示为解释的中心，侧重于相对人的信赖保护；另一种为语境主义，考虑文本之外，还需要结合其他外部证据，并进行综合考虑，以探究表意人主观的、内在的意思，侧重表意人的自我决定。

《民法总则》第142条将意思表示根据有没有相对人分为两类：一类是有相对人的意思表示，还有一类是无相对人的意思表示。作这种区分是因为两者遵循不同的解释规则。有相对人的意思表示的解释，采取文本主义，相对人接受表意人的意思表示时，根据自身理解，可能作出与表意人意思不一致的行为。此时，为了保护相对人的信赖利益，应当采用文本主义。但是，法律也不是单纯以相对人的主观理解解释表意人的意思，还应当要求这种解释是基于理性人的立场，使得这种解释更加客观。无相对人的意思表示的解释，采取语境主义，这类意思表示多为无对价的意思表示，如遗嘱、捐助行为等。在此种情形下，不涉及直接相对人利益保护，此时应对表意人的语言环境、目的等进行解析，以掌握其真意为准，具有一定的合理性。

（二）意思表示解释的考量因素

早期我国合同法就确立了意思表示解释的几种考量因素，包括根据合同的语句解释（也被称为文义解释），根据合同的相关条款解释（也被称为整体解释），根据合同的目的解释（也被称为目的解释），根据交易习惯解释（也被称为习惯解释），根据诚实信用原则解释（也被称为诚信解释）。同时，对于格式合同还规定了特殊的解释规则，如从有利于非提供格式合同的一方解释等。对于这些影响意思表示解释的因素，相互之间是否存在顺序，并没有统一的做法。一旦发生争议，便需要由裁判者根据具体案情进行综合考虑和评判。

《民法总则》在考量意思表示解释的影响因素时，除了合同法规定的已有因素，还增加了"行为性质"因素。行为性质对意思表示解释的影响主要有以下方面：第一，行为性质反映合同的目的。比如，在专利权许可实施合同中，专利权人通过许可获得许可费，可以继续投入研究，被许可人可以以生产、销售、使用等方式在合同约定的范围内以约定的方式实施专利权，从而获得预期利润。第二，行为性质影响当事人义务和责任的承担。有偿合同与无偿合同的区分，影响当事人责任和义务的承担，无偿行为当事人的义务和责任通常轻于有偿行为当事人的责任和义务。第三，行为性质可以作为兜底解释因素。在文义解释不能确定意思表示的含义，其他解释因素也无法确定含义时，可以探究合同性质，确认意思表示的含义。

下面，笔者将介绍几种常见的意思表示解释因素：

第一，文义因素解释。文义解释是意思表示解释的立足点和出发点。语言是意思表示的直接载体，语言文字有日常使用语言和专业使用语言之分，对法律文书进行解释时，首先应当考虑的是日常语言文字的含义，在涉及专业领域的意思表示产生歧义时，则应当根据专业语言的含义进行解释。如对专利权利要求书和说明书相关术语的解释，应以所属技术领域的技术人员的通常理解来解释某一术语，除非专利说明书中对该术语明确了特定的含义。值得注意的是，格式合同的解释规则不同于专业领域的法律文书的解释规则，其解释应当按照通常的理解对文义进行解释，即便提供该格式条款一方对该术语进行了特定的界定，如果条款减轻了提供格式条款一方的责任而加重了另一方的责任，该条款是还是会被认定无效。

第二，整体因素解释。合同条款都有一定的整体性，任何条款都不是孤立存在的，当对某一条款的意思表示理解发生争议时，还应当从合同文本的整体（特别是相关联的条款）分析其含义。该解释规则类似于法律条文的体系解释规则或整体解释规则。

第三，行为性质和目的因素解释。前文已经过分析行为性质与合同目的之间的关系，任何主体订立合同，都期待实现一定的目的。所谓合同目的，一般指当事人订立合同的共同目的，以及各方当事人通过合同期待达到的对方应知的目的。行为的性质有助于理解当事人的目的，如专利转让协议，通过专利转让，专利权人期待将专利研发的投入预期收回，并能够获得一定的利润，受让人能够通过专利技术提升自己的竞争力，获得超额利润。此时，根据合同性质就可以对双方的条款的争议进行合理的解释。

第四，习惯因素解释。习惯虽然不是成文法律，但是对人们的交易具有很大的影响，在某些领域甚至具有超越法律条文的作用，因此作为事实要素，对意思表示的解释作用不容忽视。

习惯主要有两类。一类是行业习惯或者是地方习惯。该习惯的接受面和影响面比较广，具有法律规范的意义。还有一类是特定当事人之间的交易习惯。无论何种习惯，共同点都是特定群体内的交易双方都认可习惯的效力。因此，根据习惯因素解释意思表示时，首先需要确认表意人和受领人是不是属于同一个"交往圈"（Verkehrskreis）。[1]那么，如果一方为非交易圈内的主体，是否也可以将习惯作为解释的因素呢？不同学者的观点截然不同。有学者认为，交易习惯不得对不属于该行业或领域的人产生不利；也有学者认为，任何行业之外的人想要进入一个行业，都需要对该行业的交易习惯进行了解，一旦意思表示发生争议，自身应当承担不利后果。后者的观点受到了批评：任何人交易，不可能从事每一项交易都要了解该领域或该行业的交易习惯，这既增加交易成本，也不现实。即便有争议，但也有共识，即对商人之间的交易，有理由相信其对于将要进入的行业应当了解交易习惯。主张适用习惯解释的一方，应当对是否属于交易习惯进行举证。关于这一点，合同法司法解释也已经作出了规定。

第五，诚信因素解释。诚信原则是民事行为的基本准则，按照该原则，民事行为的双方当事人应当是诚信思考的行为人。当意思表示使用的文字有疑义时，应当按照诚信原则解释意思表示，并需要维护各方当事人利益。特别是当一方当事人意思表示非常清晰，受领人已经根据表意人的意思行事，形成一定的信赖利益时，表意人不得再进行相反的解释。这种"矛盾的行为不予考虑"法谚的法理基础也是诚实信用原则。

（三）理解一致的优先

当合法当事人对意思表示的理解达成一致时，不需要进行解释。也就是说，如果意思表示的受领人已经理解了表意人的真实意思，则应当按照意思表示的真实意图进行理解，即便表意人的表示与其真实意图不一致，也不应当产生争议或进行解释。

法谚"误载无害真意"即是该原则的真实写照。举例说明如下，表意人的意思表示存在多种理解，受领人的理解与表意人的真实意图一致；表意人的表示是 A 意思，而受领人将其理解为 B 意思，而 B 意思是真实表意人想表达的意思，此时表意人属于表达失误。具体来讲，在专利权许可协议中，条款中双方的权利义务反映的是一种专利权转让法律关系，受领人也按照转让

---

[1]　Larenz/Wolf, *Allgemeiner Teil des Bürgerlichen Rechts*, 9. Aufl., C. H. Beck 2004, S. 523.

办理了专利权变更登记手续。此时，该项协议实质上就是转让协议，是为理解一致优先。本案假设，专利权人曾经与第三人签订了专利权转让协议，两个协议都没有办理转让变更手续，专利权人与第三人签订的协议时间在后，专利权人配合前者去办理变更登记手续，第三人主张专利权人与前者的协议不是转让协议，就不会被法院接受。此时，法院会根据理解一致优先对前者的协议性质进行确认。接下来的问题是，如果专利权人主张合同是许可合同而不是转让合同呢？此时就属于矛盾行为不予考虑情形，当事人对意思表示不一致，应当遵循程序原则进行解释。专利权人可以撤销合同，但应当承担赔偿责任，如果合同约定不得撤销的，专利权人也不得撤销。

五、专利案中禁止反悔原则的适用

由于立法没有规定，且司法文件对禁止反悔原则适用的规定非常简单，导致在实务中适用禁止反悔原则时，法院的尺度不同，当事人无可适从，而且最高人民法院在不同的案件中对禁止反悔原则的适用也是不一致的。

问题主要有以下：

第一，修改方式对适用禁止反悔原则的影响不明确。例如，主动式修改，即申请人或专利权人在专利申请程序或无效程序中基于各种原因主动修改权利要求书；被动式修改，即申请人基于审查员的要求进行的修改；不作为修改，即专利权部分权利要求被职权机关直接宣告无效，保留部分权利要求有效。

第二，修改原因对适用禁止反悔原则的影响不明确。例如，因不具有新颖性和创造性等原因对权利要求进行修改，或保护范围不清楚，或权利要求书得不到权利要求书的支持等原因对权利要求的修改，不同原因的修改是否会导致禁止反悔原则适用的不同。

第三，当事人陈述对适用禁止反悔原则的影响不明确。例如，当事人在庭审或书面陈述中对技术特征进行了解释，这是否会影响禁止反悔原则的适用？这种陈述是否需要法庭的确认，是否需要在法律文书的事实认定部分或裁判正文部门显示，现行法律并不明确。

第四，专利诉讼中各原则之间的关系不明确。在专利制度中，包括实体法和程序法中，有多项原则，如修改不得超范围原则、全面覆盖原则、等同原则、禁止反悔原则等。法院在处理该问题时，仅仅将禁止反悔原则作为限制等同原则的适用，显得片面和具有局限性。

就专利制度相关原则的适用而言，尽管上述原则适用的条件不同，但上述原则的适用都涉及一个基本问题，即都会涉及对权利要求书、说明书以及附图的理解。如果专利权人、第三人和裁判者对上述文书的表述产生了不同的理解，就要由裁判者对上述文书进行解释。如果专利权人、第三人与裁判者对专利文书的理解取得了一致的意见，上述原则的适用也就不再是难题了。

为此，笔者以为，专利禁止反悔原则的规范适用要解决以下问题：

（一）权利要求书的修改必须取得双方意思一致，才会导致禁止反悔原则的适用

这里的双方依然是指专利申请人（专利权人）和国家知识产权局（代表公众）就专利权确认中的修改达成意思一致。

1. 合同的生效

关于合同生效，是指合同具备一定的要件后，便能产生法律上的效力，在当事人之间产生一定的法律约束力。合同生效的实质要件需要满足三个条件：一是行为人具有缔约相应合同的民事行为能力，行为人包括当事人及其代理人；二是意思表示真实，即表意人的内在真实意思与表示的意思一致；三是合同的内容和目的不违反法律或社会公共利益。这里主要指合同的权利义务不违反法律和社会公共利益。合同生效的形式要件有两种：一种是法定形式要件，指法律、行政法规对合同生效作出规定的情形，如需要办理批准、登记等手续合同才生效，典型的包括专利权质押合同，不办理登记，不产生质押的效力；另一种是约定形式要件，指当事人在合同中明确约定的必须符合一定条件生效的合同，以双方约定为准，对于其他的合同，一般在成立时就生效了。

2. 专利权确认行为也是一种合同行为

专利确权行为，包括专利文件的修改都是一种法律行为，当事人通过意思表示来实现。专利文件就类似于合同书，申请—授权行为就对应于要约—承诺行为，如果审查员对专利申请人的申请文件提出审查意见，意为审查员认为专利申请内容不符合法定授权条件，此时申请人应当对申请文件进行修改，直至审查员认为申请符合条件了，才确认并予以保护，此为承诺。专利授权文书就是确认专利权人与社会公众之间权利义务的合同书。当然，如果一旦发现授权不符合法律规定，如不具有新颖性、创造性等，因合同的内容

违反法律，专利权应当被宣告无效，也即合同自始无效。

3. 专利文本修改的内涵

所谓修改必须双方意思一致，应包括以下内容：一是修改的版本与审查、授权的版本一致，专利申请人在提交申请文件到获得授权期间，常常多次对申请文件进行修改，有时就会出现申请人修改的版本与审查员审查的版本不一致的情形。因此，此时的修改必须是被审查员接受的修改版本才会产生禁止反悔原则适用。二是修改的内容与行政决定（包括确权决定和无效决定）的内容对应。比如在无效程序中，专利权人对专利文书中的某一技术特征进行解释或限定，但合议组无效宣告决定并不涉及对该技术特征的事实认定或法律适用问题。此时双方没有就该技术特征的解释或限定取得意思一致的法律效果。三是修改的意图或者修改的方式，不应当成为确认意思表示是否一致的理由，也不应当成为禁止反悔适用的理由。只要专利申请人对申请文件进行了修改，并且将其技术特征的限定记录在案，审查员在修改文本的基础上授权，此时的修改就具有了意思表示一致的法律效果，应当适用禁止反悔。在前文所述的案例中，法院认为，只有当修改是为了满足授权并产生实质性影响时才适用禁止反悔，该观点是"意思说"幽灵的再现。意思表示虽然是客观分离的，但两者又是客观统一的，意思只有通过表示为他人感知才具有价值。

在"沈某衡与上海盛懋交通设施工程有限公司专利侵权纠纷案"中，[1]该案专利名称为"汽车地桩锁"。由于对第一份第6101号无效宣告请求审查决定不服，专利权人对该行政行为提起诉讼，且在诉状中对该案专利权利要求1的技术特征进行了详细描述：活动桩是一个呈一字形的零件，端部有孔。一审法院认为，涉案专利权利要求1包含有"活动桩设有供锁具插入的孔"这一技术特征没有被附件1公开，专利权利要求1相对于附件1具有新颖性。一审法院判决撤销涉诉的第6101号无效宣告请求审查决定书，专利复审委上诉，二审法院维持一审判决，并要求复审委重新作出无效决定。专利复审委根据法院判决，重新作出第8127号审查决定，维持涉案专利权有效。无论是行政判决书，还是无效宣告决定书，都没有对专利权人陈述的"活动桩呈一字形"这一技术特征进行认定。因此，专利权维持有效与"活动桩是否呈一

---

〔1〕 参见［2007］沪高民三（知）终字第51号。

字形"这一技术特征没有任何关系。但在本案的民事诉讼中，被告侵权物没有活动桩，只有一个"∧"形零件（伸缩臂）。最高人民法院在再审中认为，应当适用禁止反悔原则，被控侵权物没有落入专利权保护范围。笔者不赞成轻易适用等同原则，扩大专利权的保护范围。且对于本案的判决，笔者也不予苟同。在专利文书没有对技术特征限定的情形下，专利权人无效程序中对技术特征的描述或者限定，并没有在无效决定书中得到审查者的确认，专利权人与审查员并没有就该技术特征取得意思表示一致。此时，专利权人的限定或陈述不具有法律意义或法律效力，不应当适用禁止反悔原则。

（二）专利文件意思表示的解释规则

在检索专利纠纷中适用禁止反悔原则的案例时，笔者发现，几乎所有的法院都将禁止反悔原则的适用与等同原则的适用密切联系。事实上，在专利侵权判定中，无论哪种侵权判定规则的适用，首要前提都是需要对权利要求书进行解释，只有权利要求的解释问题理顺了，其他问题才能迎刃而解。

专利文件属于技术文献，都是用技术特征来表示技术方案，因此，意思表示的解释规则与其他文书意思表示的解释规则既有相同点也有不同点。

1. 意思表示解释的主体既是一个理性旁观者，又具有所属技术领域技术人员的知识和能力

意思表示的解释，需要假设裁判者是一个理性人。所谓理性人，是针对一般的意思表示而言的，对于专利文书的意思表示发生争议时，理性人的角色定位就比较重要，这里需要借用"所属技术领域的技术人员"这个角色。因为专利文书属于专业文书，一般的理性人不能够胜任，需要专业人士的帮助，此时专利制度中为评价创造性而假设的人——"所述技术领域的技术人员"——就具有了参考意义。这样既有专业知识又有理性的人员，能够更好地判定专利文书的语境文义，更好地解释技术方案的内容，并理解当事人的意思表示。

因此，无论是在专利确认程序中，还是在侵权诉讼中，裁判者都不仅应当是一个理性的旁观者，还应当基于本领域技术人员的视角对意思表示进行解读。

2. 意思表示解释应在维护社会公众信赖利益的前提下，在公示公信基础上，综合考虑意思表示解释因素进行理解

根据前文分析，由于意思与表示的主客观差异，意思与表示并不总是一

致，就此形成了三种学说：意思说、表示说和效力说。笔者以为，意思与表示不是分离或割裂的二元关系，在尊重表意人自我负责、自我决定的基础上，从维护交易安全和相对人信赖利益角度，对专利文书进行解释，应以公示效力为准，即采效力说。事实上，表意人的意思也只有通过表示得以呈现，外界不可能脱离表示去妄自猜测表意人的意思，这既不可能，也无必要。

在"郑某与某株式会社、国家知识产权局专利复审委员会等专利无效行政争议再审案"中，[1]该案争议焦点"存储装置"和"记忆装置"都是申请人在实质审查阶段修改而来的，分别出现在权利要求1、40和权利要求8、1、29中，本专利原说明书和权利要求书中针对的也是半导体存储装置。申请人在审查程序中，将半导体存储装置主动修改为存储装置，该修改行为是一种自主的决定行为，此时对"存储装置"的理解，应当从维护公众利益角度，在公示公信的基础上进行。本案中，"存储装置"与"半导体存储装置"属于不同的技术术语，对于所属领域的普通技术人员而言，"存储装置"是各类数据存储装置的上位概念，该类存储装置包括磁芯存储器、半导体存储器以及其他光电存储器、磁表面存储器等。在专利权人没有对该术语作出特定含义限定时，应当按照通常的意思进行解释，不能由专利权人或者裁判者根据需要随意解释。

综上，专利文书的意思表示解释是有相对人的解释，在考虑解释因素时，首先应当遵从"文义因素"对意思表示进行解释。其次，对于技术特征或技术术语的理解，还要结合本领域的规范用语进行解释，表意人如果没有作出特定的含义限定，就应当按照一般技术人员的理解进行解释。关于这一点，《专利审查指南》也有相关规定。在此前提下，再审查该修改是否符合专利授权的其他实质要件，如修改是否超范围、权利要求书是否得到说明书的支持等。

3. 专利权人与第三人意思表示一致时，不需要进行解释

根据前文分析，如果表意人和受领人对意思表示的理解是一致的，即使表意人使用了错误的表达，在不允许撤销的情形下，也不应当允许表意人撤销或进行解释，此为"误载无害真意"。上文案例中，专利权人既然将半导体存储装置修改为存储装置，其便应当知道两个概念具有不同的含义，且社会

---

[1] 参见［2010］知行字第53号。

公众或者其他第三人都认为两者具有不同的含义，对存储装置的理解本领域技术人员的理解应当是一致的。作为表意人的专利权人，以及作为受领人的审查员、第三人（社会公众之一），对上述概念的逻辑关系都没有争议。因此，没有必要对"存储装置"再进行解释。事实上，本案还涉及另一个关键问题：将"半导体存储装置"改为概括概念"存储装置"，关系到权利要求能否得到说明书支持。最高人民法院将这两个问题割裂开也是错误的，尽管这是不同的法律条款，涉及不同的法律问题，但在面对专利申请人修改文书时，这两个问题具有密切的联系，如果权利要求修改后得不到说明书的支持，同样会产生修改超原始记载说明书和权利要求书的问题，除非这种修改没有超出原权利要求书的范围，而这种情形似乎只有理论上存在。在侵权诉讼中，在权利要求得到说明书支持的情况下，将除半导体存储装置以外的技术方案纳入专利权的保护范围也就顺理成章了。

（三）专利权利要求保护范围适用禁止反悔原则注意的问题

专利法中禁止反悔更接近于允诺禁反言，这是基于专利文本的合同性质而言的，专利权人通过公开专利技术获得垄断权，专利权利的范围与其公开的技术范围相对应，如果权利要求保护的范围超过说明书公开的范围，将得不到说明书的支持，专利权将可能被宣告无效。根据上文的分析，所谓允诺禁反言必须有两个条件：一是当事人一方通过自己的言行改变了与另一方当事人的地位，二是另一方当事人基于对该方当事人的信任遭受损失或不利益，此时为了维护公平争议，不允许该方当事人反悔。

因此，专利法禁止反悔原则适用的关键是厘清在什么情况下专利申请程序中专利申请人或专利无效程序中专利权人的言行会导致禁止反言的适用。

第一，禁止反悔原则适用标准应当统一、谨慎。

禁止反悔与诚实信用是一脉相承的，确切地说，禁止反悔是诚信精神在契约活动和诉讼活动中的体现和要求，是为了保护交易安全和信赖利益。但在法律适用的过程中，由于其具有裁量性，使得规则的适用结果不可预测，难以实现原则确立的初衷。该原则适用会导致新的问题，或者说模糊性概念出现（如"信赖利益""恶意""不正当利益"等），形成一个死循环。

因此，笔者建议谨慎适用禁止反悔原则，如果通过其他规则能够解决的问题，优选其他规则解决。如果无法通过其他规则解决，也应当通过参与原则，充分听取当事人的意见，分析当事人的意思表示，从而确认是否存在反悔的情形。

第二，通过修改方式决定禁止反悔原则的适用违背公平原则。

专利申请人或专利权人修改专利文件是一种客观事实，具有普遍意义，也是法律赋予的正当权益，不能由于是被动修改或是主动修改就区别适用禁止反悔原则，从而导致相同权利要求的保护范围不同。修改方式既不传达表意人的意思，也不能传达表意人的表示，单纯以修改方式判断修改意图，这违背了基本的公平正义。是否适用禁止反悔原则，还要分析当事人对专利文书的修改内容及表达，分析当事人的意思表示。此时，专利权的保护范围仍应当以所属技术领域的技术人员的认知为准。

第三，将修改原因作为禁止反悔原则适用的条件，使法律适用处于不可确定的状态。

所谓修改原因有很多，审查员可能基于各种原因要求当事人修改专利文件，有可能是专利授权的实质性条件，如新颖性、创造性等，也可能是形式性条件，如清楚简要等。就授权的实质性条件而言，如果审查员检索到破坏新颖性的对比文件，当事人修改专利申请文件，如申请文件的数值范围为 50℃~100℃，审查员检索到对比文件公开了 50℃ 的技术方案，此时当事人将数值范围修改为 70℃~100℃，如果第三人如果实施了 50℃ 的技术方案，第三人根据现有技术抗辩就可以了，根本不需要适用禁止反悔原则。禁止反悔原则适用主观性强，如果没有具体的制约条件，放任法官的适用，将会对专利权公示制度造成一定的冲击。

第四，禁止反悔原则的适用与等同原则的适用并不存在必然联系。

在"李某高与北京华润万家生活超市有限公司、平阳斯迈尔工艺品有限公司侵害实用新型专利权纠纷上诉案"中，[1]二审法院认为，如果申请人撰写权利要求时将本领域技术人员普遍知悉的、可以替换的技术方案予以排除，则在侵权诉讼时不能将已经排除的替代方案以等同侵权为由纳入专利权的保护范围。本案传动机构是"皮带传动机构或蜗轮蜗杆传动机构"的上位概念，申请人在明确认知的情形下，仅在权利要求中以皮带传动作为其记载方案，说明其放弃了除皮带传动以外的技术方案，因此不能主张被控侵权结构蜗轮蜗杆传动机构构成等同。笔者以为，禁止反悔原则与等同原则的适用都涉及

---

〔1〕 参见［2013］高民终字第 1222 号。

权利要求保护范围认定，但两者之间没有必然联系。就本案而言，权利要求中的技术特征"皮带传动机构"，针对该撰写方式，不能说明申请人放弃了"蜗轮蜗杆传动机构"的技术方案，放弃必须是一种明示的行为。该案的审理应该紧紧围绕权利要求书，即遵循《专利法》第 59 条，专利权的保护范围以权利要求为准。在此前提下，该案的审理就不涉及放弃技术方案的问题，尽管两者的结果可能是殊途同归，但思路和原理是不同的。而且，对于等同原则的适用应当尽量谨慎，不要任意扩大专利权的保护范围，损害社会公众的信赖利益。

第五，与权利要求修改相关的当事人陈述及事实，应当按照诉讼证据规则解决。

在专利诉讼以及其他知识产权诉讼案中，当事人对自身提交证据、陈述等，应当由法官根据民事诉讼证据规则，包括自认、推定等规则，进行审核、认定和采信。对于商标案，由于商标专用权的保护范围是确定的，以核准使用的商标和核定使用的类别为准，因此，当事人之间不存在因保护范围反悔适用的余地。

总之，禁止反悔原则有很强的"裁量性"色彩，结果难以预料且不确定，导致当事人无所适从。专利保护范围应当以权利要求内容为准，在权利要求自身或通过解释能够明确保护范围的前提下，谨慎适用禁止反悔原则和等同原则。专利权人修改权利要求时，修改必须获得审查员的认可，并在此基础上获得授权，此为适用禁止反悔的条件，即意思表示获得一致。不能将修改的意图、修改的方式作为适用禁止反悔的条件，前者导致不确定性，后者违反公平原则。

专利权利要求解释法律问题研究

　　以技术方案为内容的专利申请文件包括说明书、说明书附图、权利要求书等，权利要求书的撰写应当以说明书为依据，并清楚、简要地限定专利权的保护范围，而说明书必须作出清楚、完整的说明，以保障本领域的技术人员能够实现技术方案。如果专利权人撰写的权利要求表达不明确，就需要对权利要求进行解释。专利审查授权程序以及专利授权后，专利侵权诉讼以及专利无效程序都会涉及权利要求的解释。

　　权利要求的解释不能违背专利法的立法精神，应当平等维护专利权人、被控侵权人以及社会公众等各方主体的合法利益，遵循一定的原则和规则。解释权利要求时，应当把权利要求书、说明书作为一个整体，在完整的语境下，借助审查档案、公开文献及公知常识，明确权利要求技术特征的含义。专利的说明书和权利要求书就好比专利权人与社会公众签订的合同文本，在对权利要求进行解释时，首先应当确保合同有效，即维持专利权有效，保护专利权人的合法权益，在此基础上，维护恰当的保护范围。在专利侵权程序中，专利权人不得将专利所要克服的技术缺陷解释为权利要求的保护范围，也不得借助权利要求的解释对权利要求进行修改或限定。

第一节　我国权利要求解释立法现状

　　我国《专利法》对权利要求解释的规定较为原则，具体体现在其第59条。该条第1款是关于发明和实用新型的解释原则，第2款是关于外观设计的，强调了说明书和附图对解释权利要求的意义和作用。《专利审查指南》也有关于权利要求解释的类似内容，其主要服务于行政部门审查专利的需要。在司法实践中，权利要求的解释也是案件审理的基础，是首先需要解决的问题。如在侵权诉讼中，首当其冲的是需要明确权利要求的保护范围。多年来，经过法院的不断积累和经验总结，部分精神已经被相关司法解释吸收，有些成功案例的审判思路虽然没有被司法解释吸收，但也成了解释规则的有机组成部分。目前，与此相关的司法解释有三个：《关于审理专利纠纷案件适用法律问题的若干规定》（以下简称《规定》，2001 年发布），《关于审理侵犯专利权纠纷案件应用法律若干问题的解释》（以下简称《解释一》，2009 年发布）以及《关于审理侵犯专利权纠纷案件应用法律若干问题的解释》（以下简称《解释二》，2016 年发布）。司法解释与专利法及其细则共同构成了我国权利要求解释的规则和体系。

审理专利案件较多的北京市高级人民法院，针对专利侵权案件也颁布了《专利侵权判定指南》。该文件对权利要求解释原则和规则进行了详细规定，笔者将于后文中展开分析。

第二节　权利要求解释原则

最高人民法院制定的司法解释并没有系统规定权利要求解释应当遵循的原则。北京市高级人民法院于 2017 年发布了《专利侵权判定指南》，该文件共 153 条，对权利要求的解释原则作出了系统性的规定。

一、专利权有效原则[1]

专利权有效原则，是指专利权是由国家有权机关审查授予的，国家有权机关（即国家知识产权局）没有宣告该权利无效的，视为自始有效。人民法院应当予以保护。人民法院不得直接基于被控侵权人的抗辩，以专利权不符合授权条件为由，作出裁判。

根据我国现行立法，专利权确权以及无效的权限由国家知识产权局享有，人民法院无权就专利权的有效性作出裁判。笔者以为，北京市高级人民法院的该条规定不是很清晰，或者不是很全面。总的来说，该原则应当包括以下几个方面的含义：一是在专利授权程序中，允许当事人对专利权利要求作出合理的解释，使得权利要求符合清楚的授权条件。二是在专利无效程序中，如果专利权人的解释有合理的理由，应以维护专利权有效为前提。三是在专

---

[1]　参见《专利侵权判定指南》第 1 条。

利无效程序中，未经解释，第三人不得以专利权不清楚为由宣告专利权无效。四是在侵权诉讼中，人民法院无权以涉案专利不符合授权条件为由作出裁判。

确立该原则有以下几方面的考虑：一是我国审理专利侵权案件的法院比较多，法官水平参差不齐，如果允许法官对专利的有效性进行审查，很难保证法律适用的一致性和稳定性；二是我们现行法律对国家权力的分配比较明晰，承认法院审查权利的有效性，国家知识产权局的权威将受到挑战。

在司法实践中，有些法院也在尝试允许被控侵权人进行专利有效性的抗辩，尽管法院不直接否定专利的有效性，但如果专利确有不应当授权的情形，法院也会驳回原告的诉讼请求，从而节约司法资源和降低当事人的诉讼成本。

二、公平原则[1]

公平原则要求在进行权利要求解释时，应当兼顾权利人的利益和社会公众的利益，既要考虑专利权人对现有技术的贡献，在其权利要求的范围内保护其专利权，又要考虑专利权的公示意义，维护公众的信赖利益，不能将不属于专利权公示范围的内容纳入专利权的保护范围。

公平原则与利益均衡原则的宗旨是一致的。在对权利要求进行解释时，要维护专利权人与社会公众利益的平衡。一是严格遵循权利公示制度，专利保护范围以权利要求的内容为准，说明书和说明书附图用于解释权利要求，只有当权利要求不清楚时才会对权利要求进行解释；二是对于公有领域的技术方案，如现有技术的内容，或者发明所要克服的缺陷，专利权人都不应当通过解释纳入专利权的保护范围。

三、折中解释原则

关于权利要求的解释，形成了几种学说：一是周边限定说，即权利要求保护的范围应该由权利要求的字面内容确定；[2]二是中心限定说，即权利要求保护的是其可以涵盖的构思，而不仅仅局限于其文字表达的范围；三是折中说，也是目前大多数国家所认可的学说，即专利权的保护范围以权利要求的内容为准，说明书和附图可以解释权利要求。

---

〔1〕 参见《专利侵权判定指南》第 2 条。
〔2〕 尹新天：《中国专利法详解》，知识产权出版社 2011 年版，第 558 页。

现今，绝大部分国家都是采用折中说来确认专利权的保护范围，既能够合理地保护专利权人利益，公众也能够清楚界定权利保护的边界，不至于越界。我国《专利法》第59条就是采用的这一原则。

折中原则的适用也是很复杂的，或者说，其原则性比较强，在司法实践中容易产生争议。关于以权利要求记载的内容为准的理解，既不能僵化地拘泥于权利要求的文字表达，也不能将所属技术领域的技术人员通过阅读专利文献后需要创造性劳动才能够获得的内容解释为权利要求的范围。

由于我国仅有原则性的法律规定，导致司法实践中法官在适用该条款时主观性很强，但最高人民法院也在司法实践中逐步总结了一些司法判例，形成了一些规则，以制约和规范该原则的适用。

四、符合发明目的原则[1]

符合发明目的原则，任何发明创造都是为了解决技术问题，因此，在确定专利权的保护范围时，不能将与发明目的不相符合，或者无法实现发明目的，或者与发明目的相悖的技术方案解释为权利要求的保护范围。

在"福建省某体育用品有限公司与某体育产业集团有限公司、国家体育总局某管理中心、福建体育职业技术学院侵犯实用新型专利权纠纷再审案"中，[2] 权利人主张的保护范围是权利要求1，争议焦点是关于技术特征"粘接在缓冲层上的地毯层"的理解。在本案的再审程序中，最高人民法院认为，发明目的对权利要求的解释具有限定作用，不能将专利所要克服的现有技术中的技术缺陷纳入专利的保护范围。本案中，地毯由弹力层、多层板层、缓冲层、地毯层组成，为了保证运动员在运动中的安全性，防止各层之间滑动，涉案专利将地毯层粘接在缓冲层上，也就是说，涉案专利为了解决现有技术存在的问题，通过各部件之间的粘接方式消除存在的问题，产生了相应的技术效果。这种连接方式，应该被理解为缓冲层与其上的地毯层表面之间存在利用化学力、物理力或者两者兼有的力密切结合且存在能够传递结构应力的粘接点的状态。被诉侵权物的地毯层与缓冲层之间是可分离的，不存在密切结合且能够传递结构应力的粘接点。因此，侵权物与涉案专利权利要求1的

---

〔1〕　参见《专利侵权判定指南》第4条。
〔2〕　参见［2012］民提字第4号。

技术方案相比，由于缺少缓冲层与地毯层相粘接这一特定连接方式，不能实现防滑的目的和效果，因此被诉侵权物没有落入专利权的保护范围。

该原则表明，对技术方案的理解，必须考虑其所要解决的技术问题和技术效果。如此，对权利要求进行解释时，才不会偏离轨道，作出或缩小或扩大的解释。

上文探讨的权利要求解释原则是在司法实践中总结出来的，能否上升到法的高度，被立法吸收，还需要经历一个完善和检验的过程。

第三节　权利要求解释规则

2018 年 2 月 27 日进入无讼网，输入关键词"权利要求解释"，共出现 62 个搜索结果。其中，2017 年有 17 份裁判文书，为历史最多，裁判文书呈现逐年上升的趋势。这一数据在一定程度上反映出当事人对权利要求解释越来越关注，另一方面也说明当事人之间以及法院与当事人之间，对该问题的争议还是比较大的。

多年的司法实践就权利要求的解释也逐步归纳、总结了一些规则。

一、内部证据优于外部证据规则

所谓内部证据，是指申请人申请专利时的意思表示。该意思表示是通过各种载体表达出来的。因此，在对权利要求进行解释时，首先需要根据专利文书撰写人的意思表示进行解释，这也是专利授权的基础，专利申请人的表示都被记录在其提交的专利申请文件中，包括说明书及附图以及权利要求书。如果案件审查过程中申请人与审查员有过沟通，其沟通交流的文件也是其意思表示的组成部分，简称为专利审查档案。又如专利审查中产生争议，经历过司法诉讼程序，此时诉讼中当事人对权利要求相关内容的陈述符合一定的条件，也应当属于专利申请人的意思表示。因此，在对权利要求进行解释时，首先应当依据申请人的意思表示进行解释，而且该意思表示应当是经过审查员确认的，或者说，应当是申请人与审查员达成一致的意思表示。申请人意思表示的载体表现为说明书及附图、权利要求书、意见陈述书、口审陈述、庭审陈述、答辩等，这类证据通常也被称为内部证据。内部证据的效力，在《解释一》中已经得到确认。外部证据是指所属领域的工具书、教科书、公知文献等。

在"黄某与某公司专利侵权纠纷案"中，[1]涉案专利权利要求 1 包括技术特征"连杆间歇性上下移位"，被控侵权人主张被控侵权物不包括"间歇移位"这一技术特征，这就需要对权利要求的技术特征"连杆间歇性上下移位"进行解释。首先，涉案专利说明书并没有对"间歇移位"含义作出特别的说明，同时，发明所述技术领域也没有专门的含义。此时，应综合发明的整体技术方案去理解该技术特征。间歇上下移位中间是有时间差的，如果这种间歇是有规律的、前后一致的，表述为连续性上下移位也是可以的。也就是说，此时连续性移位与间歇性移位具有相同的含义。其次，在涉案专利圆转盘和连杆的连接关系、位置关系和运动方式确定的情况下，连杆上下移位的间歇应该是固定的、连续的。本案中，被控侵权物相应部位采用与涉案专利相同的结构——圆转盘和连杆，且两者的运动原理相同，连杆的上下移位方式必然相同。所以，即便被控侵权人使用与涉案专利技不同的表述，也并不代表这两个技术特征不相同，或者说有本质的区别。本案通过说明书对技术特征的解释，进一步明确了技术特征的含义，也使得案件审理找到了方向。

分案专利之间的材料属于内部证据还是外部证据呢？一般来说，分案专利有共同的母体，因此具有内在的联系，母案的专利审查档案以及相关法律文书可以被作为分案的内部证据看待。但是，分案后，相互之间又具有独立性，分案之间的材料相对于本案的材料又属于外部证据，优先等级低于本案专利的内部证据。在"邱某诉山东鲁班案"中，[2]再审人民法院认为，如果案件涉及分案申请，当事人不能直接用分案申请中的说明书来解释权利要求的术语，只有当分案说明书中的内容能够在母案的原始说明书中找到出处时，该行为才可以被接受。当然，此时，不仅涉及权利要求的解释是否符合规范，还涉及分案申请内容是否超出了原说明书和权利要求书记载的范围。分案申请既然来自母案，其内容便不可能也不应当超出母案说明书和权利要求书的内容。笔者以为，立法者将分案申请中的相关材料作为内部证据考虑，更多的是防止权利人对同一问题出现不同的解释，出现矛盾的情形。

内部证据整体考察和确认。如果申请人对权利要求中的某个技术术语在

---

〔1〕 参见［2013］苏知民终字第 0129 号。
〔2〕 参见［2011］民申字第 1309 号。

说明书中进行了特定的界定，此时就应当根据说明书的界定对该技术特征的含义进行限定。有时候，说明书对某个技术特征含义的界定不是非常明确或直接，但是隐含在说明书及附图或者权利要求书中，有时候甚至需要将上述文书综合起来考察，以确认该技术特征的作用方式、功能和效果，从而查明该技术特征的含义。那么，这种情形也应当属于技术特征在说明书中有特定含义。

关于权利要求解释的时机。有学者认为，对权利要求进行解释有前提条件，如果权利要求非常清楚，就不需要解释。在"杜邦公司与国知局复审委专利确权纠纷案"中，[1]本案的争议焦点是对涉案专利申请权利要求1中的术语"E-HFC-1234ze"的理解。对所属技术领域的技术人员而言，"E-HFC-1234ze"技术含义明确，即便如此，如果说明书对该术语有特别的界定，依然要按照说明书的界定理解该术语。不过，本案中，说明书并没有对该术语进行特别的界定，还是按照通常的含义进行解释，即 E-HFC-1234ze 就是指 1，3，3，3-四氟丙烯结构中双键为 E 式构型的单一异构体。本案的意义在于，对权利要求进行解释不需要设置前提或者条件，即便技术术语本身含义很清晰，但在特定的语境中，当事人一旦产生争议，就应当进行确认。

二、区别解释规则

所谓区别解释规则，是指在对权利要求进行解释时，同一份权利要求书中不同权项的保护范围应该不同，独立权利要求的保护范围通常大于其从属的权利要求的保护范围，在前的从属权利要求的保护范围通常大于在后的引用的从属权利保护的范围，这也与权利人撰写多项权利要求的初衷是一致的。究其原因，是因为从属权利是通过附加的技术特征对其引用的权利要求进行限定，权利要求包含的技术特征多了，其保护范围相对就缩小了。但是，如果权利人在撰写权利要求书时不是按照规范的格式撰写，或者撰写水平欠缺，本领域普通技术人员根据专利说明书及附图、专利审查档案等内部证据，能够做出相反解释的除外。"区别解释"是一种推定，即推定各项权利要求的保护范围不同，但如果有相反证据则可以推翻。例如，采用说明书中记载的发明目的对独立权利要求作出限定解释之后，其保护范围可能会与某从属权利

---

〔1〕 参见［2016］京行终 5347 号。

要求的保护范围一致。

在"某整装公司与某金属制品公司等侵权专利权纠纷再审案"中,[1]涉案权利要求 1 包含技术特征"一个绳索",权利要求 2 也包含一个技术特征"绳索实际上由单根组成"。权利人主张"一个绳索"并非单根的意思,两者的保护范围是不同的,权利要求 1 的一个绳索应当被理解为一根或多根。现行《专利法》并没有明确不同的权利要求具有不同的保护范围,要进行不同的解释即所谓区别解释。但是,正如前文所说,从理论上讲,不同的权利要求解释为不同的保护范围具有合理性和必要性,如果申请人将保护范围一样的权利要求写在一份权利要求书中是没有必要的。但实际上,由于撰写人的水平、技巧等问题,可能会出现同一份权利要求书中的两个权利要求的保护范围完全一样的情形。此时,不能僵化地理解区别解释原则,否则将与客观事实不符。本案权利要求 1 中的"一个绳索"与权利要求 2 中的"单根绳索",对所属技术领域的技术人员而言,技术特征实质相同,仅仅是表述上的差异。权利人主张根据权利要求的区别解释原则,应当将权利要求 1 中的"一个"解释为一个或者多个的申请再审理由,没有依据,法院驳回了再审请求。

权利要求的区别解释仅仅是一种推定,是一种可推翻的推定。当根据案件的事实应当推翻这种推定时,就应当尊重案件事实,作出实事求是的解释,不能机械地遵守该规则,以至于出现违背客观事实的情形。

三、技术特征的解释规则

权利要求记载的技术方案是由技术特征构成的,就机械领域而言,反映的是技术特征组成、技术特征相互连接关系以及相互作用关系,每个技术特征都能够实现一定的技术功能,产生一定的技术效果。因此,对权利要求的解释归根结底在很大程度上是对技术特征的解释。

《专利侵权判定指南》第 8 条对技术特征的概念进行了界定并指出:"在产品技术方案中,该技术单元一般是产品的部件和或部件之间的连接关系。在方法技术方案中,该技术单元一般是方法步骤或者步骤之间的关系。"

虽然说对技术方案的解释需要落实到对技术特征的解释,但对技术特征

---

[1]　参见［2014］民申字第 497 号。

进行解释时，要在整体上理解技术方案，将技术特征放在整个技术方案中解释。

（一）前序部分技术特征对保护范围的影响

将权利要求的技术特征分为前序部分和特征部分，对机械领域撰写权利要求比较适合，而在化工领域就不适合。前序部分记载的技术特征一般是与现有技术相同的技术特征，并且，是本发明解决技术问题必不可少的技术特征，而特征部分的技术特征一般是发明创造相对于现有技术做出贡献的技术特征。根据《解释二》的规定，权利要求保护范围的确定，必须考虑技术方案的每个技术特征，而不管其是前序部分的特征，还是特征部分的技术特征，又或者对从属权利而言，无论是引用部分的技术特征，还是限定部分的技术特征。尽管不否认技术方案中每个技术特征都影响着保护范围，但不同的技术特征的影响是不同的，有些技术特征的影响甚至是微乎其微的。

在"孙某贤与厦门吉尔顺实业有限公司侵害发明专利权纠纷再审案"中，[1] 该案权利要求 1 和权利要求 9 的前序部分为"有上下左右供水结构和拼接槽的绿化砖与拼接的绿化体，其特征在于……"该专利权利要求限定的保护范围为［2016］川成蜀证内经字第 4518 号公证书公证的涉案侵权产品图片的技术特征。涉案侵权产品不具有"左右供水结构"这一技术特征，根据涉案专利说明书记载的发明背景和技术创新点，上下左右供水结构解决了花盆组装成绿化体后花盆之间的上下左右供水问题，"上下左右供水结构"这一技术特征不能理解为单个花盆内部的上下左右供水。孙某贤主张单个花盆内实现上下左右供水即落入专利保护范围的主张依据不足。因此，涉案侵权产品的技术方案没有落入孙某贤 ZL201110164479.9 号"有上下左右供水结构和拼接插槽的绿化砖与拼接的绿化体"发明专利权的保护范围，不构成侵权。

该案例说明，前序部分的特征与特征部分的特征一样对权利要求保护范围具有限定作用，但具体的影响要根据具体案例进行分析。

（二）功能性技术特征对保护范围的影响

功能性技术特征是指通过功能和效果进行限定的技术特征。这些技术特征可以是对某种结构、组分、方法中的步骤、条件等以及这些特征之间的关系。如一种组合物包括一种成分是 A，实施例 1 是指氯化钠，实施例 2 是指氯

---

［1］ 参见［2017］闽民申 2281 号。

化钾，权利要求中将 A 表达为氯化物，此时就是一种功能性限定，也就是一种上位概括实施例的方式，通过该技术特征在技术方案中所起的功能或效果进行限定的技术特征。

功能性技术特征与一般技术特征对权利要求保护范围的影响不同。根据《解释一》的规定，用功能性技术特征限定的技术方案，除说明书中功能性技术特征自身的实施方式，其他等同的实施方式也属于其保护的范围。具体而言，当权利要求的技术方案包含有功能性技术特征时，首先要找出说明书及附图中实现该功能或效果的技术特征包括哪些。该权利要求保护的范围是这些技术特征确定的范围，以及这些技术特征等同特征保护的范围。也是就说，针对功能性技术特征，其等同侵权原则在适用时不是功能性技术特征的等同，而是说明书中记载的技术特征的等同。这样处理的结果是防止用概括性的技术特征进行等同保护，避免专利保护范围的无限扩大。

据此，功能性技术特征的等同认定规则不同于其他技术特征的认定规则，区别有以下几点：第一，认定的基础不同。其他技术特征的等同以该技术特征自身为认定基础，功能性技术特征的等同以记载于说明书中实现该功能性的所有技术特征为认定基础；第二，认定的标准也有区别。非功能性技术特征的等同认定，一般是指以基本相同的手段、实现基本相同的功能、达到基本相同的效果，并且不需要创造性劳动联想到；而功能性技术特征的等同，都要求"相同"，即相同的功能、相同的效果。区别适用等同原则，是因为功能性技术特征本身就是概括性的技术特征，类似于等同的功能，如果再进行等同保护，势必会造成保护范围的进一步宽泛。

在"SMC 株式会社与乐清市博日气动器材有限公司、上海宇耀五金模具有限公司侵害发明专利权纠纷案"中，[1]根据涉案专利权利要求 1 的记载，争议技术特征是以实现"在接近或远离上述阀座的方向驱动上述阀芯"功能之描述方式限定的，涉案专利权利要求 1 的技术特征并未记载实现前述功能之技术特征的具体实施方式，仅在说明书和附图披露了固定铁心、线圈、线圈骨架、可动铁心、磁极以及磁性罩这一结构的实施例。因此，符合上述司法解释定义的功能性技术特征。

涉案专利说明书及附图对于实现"螺线管在接近或远离上述阀座的方向

---

〔1〕　参见［2016］沪民终 390 号。

驱动上述阀芯"功能的描述，仅披露了螺线管的一种实施例，即包括固定铁心、线圈、线圈骨架、可动铁心、磁极以及磁性罩。被控侵权螺线管技术特征与涉案专利相应技术特征相比缺少固定铁心，采用了磁性罩端壁部兼做固定铁心的技术手段。然而，根据与涉案专利同一申请日的另案专利权利要求书的记载，"磁性罩端壁部兼做固定铁心"的技术方案是该专利的发明内容，用于实现"减少部件数目、简化转配工序，同时能够以更低的成本来制造"的发明目的。在另案专利获得授权且现在仍为有效专利的情况下，"磁性罩端壁部兼做固定铁心"的技术方案相对于涉案专利申请日前的现有技术而言均具有创造性，故涉案专利螺线管部分技术特征与被控侵权产品相应技术特征的技术手段是不相同的。

本案中，虽然涉案专利采用功能性技术特征的撰写方式限定技术特征，但是其权利要求的保护范围并不应涵盖能够实现该功能的所有方式，即不应将所有实现该功能的具有螺线管、阀座和阀芯之部件内部结构的技术方案都认定为落入其保护范围，而是应当依据《解释二》第 8 条第 2 款的规定，根据专利说明书及附图记载的实现该功能的相同或等同的具体实施方式确定。由于技术方案的保护范围在专利授权程序中已经确定，社会公众已经根据公示的授权专利权利要求所记载的技术方案确定了专利的保护范围，并据此对自己的创新及实施行为的法律后果有了明确的预期。而对专利技术特征再行概括的行为，改变了系争专利技术方案的外延，在适用全面覆盖原则的情况下，会导致专利侵权判断的谬误，这明显有损增强专利权保护范围确定性的司法导向。另鉴于二审法院在第 60 号案件中已经对与本案相同的涉案专利争议技术问题进行过技术鉴定，在没有新的证据足以推翻该案技术鉴定结论的情况下，二审法院应当遵循统一的裁判标准作出判决，SMC 株式会社的相应上诉理由没有法律依据。因此，被控侵权物相应技术特征与本案专利对应技术特征既不相同也不等同，没有落入权利要求 1 的保护范围。

（三）用途技术特征对保护范围的影响

用途技术特征比较常见，如治疗某种疾病的药就需要用用途来表示，使用环境类似于用途限定，所谓用途限定技术特征在《专利审查指南》中有相应规定。该指南还规定，如果产品权利要求的主题名称中包含用途限定术语，当确定权利要求的保护范围时，应当考虑该用途限定术语。比如，发明创造的主题名称为一种用于治疗心脏病的中成药，其中用于治疗心脏病的用途对中成药就具有限定作用。关于这一点，《解释一》已经予以了明确，如果被控侵权物在权利要求限定的使用环境中不能适用，则被控侵权物没有落入专利权的保护范围。

值得注意的是，有的时候虽然用用途限定的词语进行表述，但事实上并没有对产品本身产生任何影响。此时，该用途限定仅仅是一般的描述用语，该产品的新颖性、创造性的判定不受该用途限定的影响。

在此，我们来看一个使用环境对保护范围不具有限定意义的案例——"青岛太平货柜有限公司、中国国际海运集装箱（集团）股份有限公司等与中国国际海运集装箱（集团）股份有限公司等侵害发明专利权纠纷案"。[1]本案中，专利权利要求对运输平台和特定顶角件的使用环境的描述为："一种运输平台，用于堆码非标准集装箱"，"至少一个顶角件，……用于与非标准集装箱的底角件相配合"。第一，根据本领域普通技术人员的理解，此处"用于"的含义不是指"只能用于"，而是指可以用于或者能够用于，因为既然非标准集装箱都能够使用，那么标准集装箱使用便没有任何技术障碍，这样理解是能够说得通的。第二，根据本案专利说明书的记载，本案专利说明书并未对运输平台和特定顶角件的使用环境作明确的限制或者排除。专利说明书有多处内容均记载运输平台既可以用于互相堆码，又可以为标准集装箱进行堆码，因此，至少对于本案运输平台的使用环境特征而言，不能解释为该运输平台仅能用于堆码非标准集装箱。第三，根据文本解释的一般原则，通常应当认为权利要求中使用的同一术语具有相同含义，不同术语具有不同含义。本案专利权利要求对运输平台和特定顶角件的使用环境特征均使用了"用于"的表述，在说明书未作特殊限定的情况下，同一权利要求中使用的同一术语应被认为具有相同的含义。由于本案运输平台使用环境特征中的"用于"已经不能被解释为"必须用于"，对于上述特定顶角件的使用环境特征亦不能作此解释。太平货柜公司关于本案专利运输平台的使用环境特征应解释为只能上连非标准集装箱的主张不能成立。被诉侵权产品可以用于上连非标准集装箱，已经具备了涉案专利要求的使用环境技术特征，对于被控侵权产品实际上是否实际使用该环境并不影响侵权认定。

该司法解释仅说明了何种情况不落入保护范围，并没有说明与之相反的

---

〔1〕　参见［2014］民提字第 40 号。

情况是否一定落入保护范围。关于这一点，最高人民法院认为，如果被控侵权物能够在涉案专利限定的使用环境下使用就构成侵权，而不必要求必须用于该环境。如果涉案专利的说明书及附图等内部证据中明确必须使用于该特定的环境，此时只有使用该特定环境下的技术方案才会落入权利要求的保护范围。

（四）制备方法技术特征对保护范围的影响

前文曾经说过，只要是权利要求中记载的技术特征，在确定专利权的保护范围时都应当考虑。不过每个技术特征的限定作用都是通过对其保护的主题的影响来体现的，如果产品专利权利要求的技术特征无法用结构特征进行表征，此时就可以用物理或化学参数进行表征，如果参数不能表征还可以用步骤等方法特征进行表征。无论用何种类型的技术特征进行表征，其保护的主题都依然是产品。

关于方法技术特征对专利保护范围的影响，《解释二》进行了规定，判定被控侵权物的制备方法是否侵权，是将其方法特征与被方法特征限定的产品的该方法特征相比较，如果两者既不相同也不等同，则被控侵权物就没有落入权利要求的保护范围。

在"皇家 KPN 公司与北京京东叁佰陆拾度电子商务有限公司侵害发明专利权案"中，[1] 涉案专利权利要求 23 为产品权利要求，但其中的"压缩"与"缓存"等涉及具体的操作步骤。"压缩""缓存"等步骤显然属于确定涉案专利权利要求 23 的保护范围的必要考量因素，至于这些步骤以及顺序对权利要求的保护范围有哪些限定作用，比照相关司法解释的适用规则就很明了。《解释二》第 11 条规定，如果权利要求中没有明确记载方法或步骤的先后顺序，但是所属技术领域的技术人员通过阅读说明书、权利要求书等能够确定该方案必须按照特定的步骤实施，此时应当认为步骤对权利要求的保护范围具有限定作用。因此，涉及步骤的方法专利，关于其保护范围，首先需要确认步骤是否对保护范围具有限定作用，在此基础上再确认专利的保护范围。关于步骤的限定作用，不仅需要考虑权利要求书、说明书及附图，还要考虑审查档案，从整体上予以确认。

---

〔1〕 参见［2018］京民终 530 号。

四、化学领域权利要求的解释规则

化学领域的权利要求根据撰写方式的不同分为封闭式权利要求和开放式权利要求。两者以撰写权利要求的用语进行区分。如果权利要求的用语为"包含""主要由……组成"，则为开放式权利要求；如果用语为"由……组成"，则为封闭式权利要求。《解释二》对这两种不同撰写方式的权利要求保护范围及侵权认定作出了不同的规定。被控侵权物包含了封闭式权利要求的所有技术特征，即便还包括其他技术特征，如果该其他技术特征不是常规数量的杂质，被控侵权物就没有落入专利权的保护范围，但假如此种情况换为开放式权利要求，被控侵权物就落入了权利要求的保护范围。《解释二》第7条对中药组合物的保护作出了特别规定，如果被控侵权物增加的技术特征对技术问题的解决没有实质性的影响，则应认为其落入了专利权的保护范围。

为什么针对同样的封闭式权利要求的撰写方式，却规定了不同的侵权认定规则？有学者对此进行了解释，认为我国是中药的发源地，应当予以特殊的保护，才能促进中药产业的发展，对中药与化学药物组合物采取不同的权利要求保护规则，符合中药发展现状，有利于创新、推动产业发展。但笔者对此尚存疑问，无论是开放式还是封闭式撰写权利要求，一般都是组合物领域内的习惯做法，当事人根据需要选择，如果要保护范围大，可以选择开放式，而不是选择封闭式，针对中药组合物作出例外规定，似乎违背公平原则。《解释二》第7条第1款的规定与《专利审查指南》的规定是一致的，而《解释二》第7条第2款的规定与《专利审查指南》都是冲突的。

相对而言，封闭式权利要求的保护范围较窄，但也较易获得专利授权；开放式权利要求的保护范围较宽，但对新颖性、创造性方面的要求比较高，对权利要求是否能得到说明书的支持也需要充分的证明，审查比较严格，获得授权的难度更大。对于封闭式与开放式权利要求的特点及差异，专利申请人或专利权人在撰写或修改相关权利要求前应当知晓，了解何种措辞、何种撰写方式代表着何种权利要求类型及其相对应的法律后果。在此基础上，再结合发明创造的实际情况，选择与之相符的权利要求撰写方式，并自行承担相关法律后果，不允许事后再予以否认或反悔。

那么，如何确定权利要求是封闭式还是开放式呢？在"浙江维康药业有限公司与专利复审委员会专利无效行政裁决案"中，[1]一审法院认为，区分封闭式权利要求与开放式权利要求，结合审判实践，可以从以下几个方面进行：

第一，从权利要求撰写的字面表达进行确认。一般而言，开放式权利要求通常采用"主要由……组成""包含"等词语表达，说明权利要求的技术方案还包括没有写进权利要求的组分或步骤，而封闭式权利要求一般采用"由……组成"表达，通常不包含权利要求记载以外的组分或步骤。

第二，从权利要求整体表述进行确认。权利要求所使用语词虽然与《专利审查指南》的规定相符，但若通读权利要求后能够从整体上得到更为恰当的解释，则不应拘泥于《专利审查指南》的相关规定，而应当基于权利要求的整体进行解释。如组合物专利，其权利要求前半部撰写为"组合物含有……"，而后半部又撰写为"余量为……"，则尽管"含有……"的撰写方式通常意味着权利要求为开放式，但"余量为……"的表述实质上却意味着该组合物对其组分封闭，故此时该权利要求也应相应地被解释为封闭式权利要求。

第三，根据发明的目的进行确认。有时候，根据字面解释或整体解释得到矛盾的结果，就需要结合发明的目的进行解释。比如，在某些情形下，如果所属技术领域的技术人员在阅读说明书和权利要求书之后，以自身掌握的基本专业知识和能力判断，认为如果权利要求是封闭式的权利要求，就无法实现发明目的，此时只有在将权利要求解释为开放式的权利要求，并且包含权利要求中没有写明但隐含的限定技术要素时，才能实现发明目的。在该种情形下，应当允许从技术人员的立场出发，对权利要求的类型加以重新界定，但同时还应当注意审查权利要求是否符合其他授权条件，如是否得到了说明书的支持等。

在"湖南方盛制药股份有限公司与怀化正好制药有限公司专利侵权纠纷案"中，[2]涉案专利权利要求1限定了所述药物微丸由微晶纤维素、交联聚维酮和金刚藤干浸膏制成。然而，所述技术领域的技术人员能够显而易见地认识到，仅有上述三种固态原料的混合，无法制备到所述药物微丸，相关制备过程必然还需加入水或乙醇等其他溶剂作为黏合剂，才可能使上述药物原

---

〔1〕　参见［2014］京知行初字第 1 号。
〔2〕　参见［2014］湘高法民三终字第 51 号。

料混合均匀，进而得到成丸所需之软材。本领域技术人员同时还能认识到，制备过程即便经过了干燥步骤，最终所得的金刚藤微丸中含有水或乙醇等成分也是与制药领域实际情况相符的。因此，从本领域技术人员的立场出发，涉案专利权利要求 1 亦应为开放式权利要求。

五、最宽合理解释规则

最宽合理解释规则是仅在实务中确认的一个规则。在"郑某俐与精工爱普生株式会社、国家知识产权局专利复审委员会、等专利无效行政诉讼案"中，[1]最高人民法院认为，在涉及专利权的授权确权程序中，说明书对于理解权利要求意义重大，发明人可以在说明书中对权利要求的技术术语进行界定，包括在本领域已经有普通含义的技术术语，说明书类似于技术词典。当说明书对技术术语界定不清晰时，对该技术术语的理解应当从最宽泛的解释角度进行解释，此时说明书也应当能够支持该最宽泛的权利要求。这就是通常所说的专利授权程序中对权利要求作最宽泛的解释的规则。

在"李某乐与专利复审委员会行政裁决申诉案"中，[2]最高人民法院认为，一般情况下在专利授权确权程序中对权利要求作最大范围的合理解释，即基于权利要求的文字记载对权利要求作出最广泛的解释。专利复审委在作出的第 114921 号复审决定中，也有基本相同的表述。也就是说，目前，在专利授权确权程序中，人民法院以及专利复审委基本都适用了最宽合理解释规则，但对最宽合理解释规则是否适用于其他程序（如专利无效程序以及无效诉讼程序）却有不同的意见。

第四节 域外权利要求解释规则介绍

下文主要对美国和日本的权利要求解释规则进行介绍。

一、美国相关规则介绍

美国专利法律中没有直接的关于专利保护范围的规定，司法判例中确立

---

〔1〕 参见［2010］知行字第 53-1 号。
〔2〕 参见［2014］行提字第 17 号。

的有关权利要求的解释规则对同类型案件具有约束力。

美国海关和专利上诉法院于 1932 年首次在案例中确认了最宽合理解释规则，并作为专利审查标准，2015 年美国联邦最高法院正式将该标准适用于无效程序适用的规则。该规则从产生到被最高法院确认几乎经历一个世纪。《美国专利审查指南》第 2111 节对该规则予以了说明，规定审查员在专利审查程序中，对权利要求术语尽可能作出宽泛的理解，这种解释不能超出所属技术领域技术人员能够预期认知的范围，并以说明书为依据。也有学者对该规则进行了定义，认为对专利权利要求中的术语的解释，如果说明书有特别定义，首先按特别定义解释；如果没有特别定义，但所属技术领域有普遍的含义或者惯常解释，按照惯常普通的含义解释；如果不属于上述两种情形，则应做最宽解释。[1]

美国联邦法院通过专利侵权诉讼判例确立了权利要求解释规则，其也被称为"Philips 规则"。解释权利要求以确保权利要求的有效为前提，并根据通常的习惯含义、说明书及附图解释权利要求，但不能不恰当地限制权利要求的保护范围，并且内容证据优先于外部证据。[2]

美国专利和商标局于 2018 年 5 月提出，改变原行政程序中权利要求进行解释时适用的最宽解释规则，转而适用与联邦法院相同的权利要求解释规则，即"Philips 规则"。[3] 2018 年 10 月 10 日，美国专利和商标局 USPTO 发布了关于专利审判与上诉委员会 PTAB 采用的权利要求解释标准的最新规则（Claim Construction Final Rule），对多方复审程序 IPR、授权后复审程序 PGR 和商业方法复审程序 CBM 中采用的权利要求解释方法进行修改，使之与美国联邦法院和国际贸易委员会 ITC 的权利要求解释标准一致。也即，在专利审查、复审和一些无效程序中，放弃了一直坚持的"最宽合理解释"标准。此次修订使得在 IPR 程序中挑战专利有效性的成功率大大降低，对专利权人是非常有利的。

---

[1] 刘庆辉："专利权利要求的'最宽合理解释'：美国法的经验及借鉴意义"，载《中国专利与商标》2017 年第 1 期。

[2] Phillips v. AWH Corp. 415 F. 3d 1303 (Fed. Cir. 2005).

[3] USPTO, "Comments on Changes to the Claim Construction Standard used in AIA Trial Proceedings", https://www.uspto.gov/patents-applicationprocess/patent-trial-and-appeal-board/comments-changes-claim-construction, 2018-5-12.

适用统一的权利要求解释规则能够避免行政决定与司法裁判冲突。如果专利审查员在审查程序中理解权利要求时将权利要求作最宽的解释，其结果就是适用该原则解释的权利要求的范围一定大于按照"Philips 规则"解释的范围。因此，即便一项专利权在专利无效审查程序中被认定为具有新颖性，但在司法诉讼程序中有可能由于适用不同的规则而被认定为无效。行政程序和司法程序适用不同的权利要求解释规则会损害专利制度的公信力。

不过也有美国学者认为，最宽解释规则和"Philips 规则"在内涵上并没有本质不同，专利权人是专利文书的编撰者，用说明书和说明书附图解释权利要求时不应当不恰当地限制权利要求的保护范围，否则不利于对专利权人权益的保护。当然，实务中专利和商标局以及法院都是从所属领域技术人员的视角对权利要求进行解释，是为了寻求一个相对客观的评判标准，根本上也是为了维护专利权人的利益和社会公众的利益。

如果案件涉及对权利要求进行解释，法院一般都要进行审前听证，这也是"马克曼案件"[1]确立的一个规则，因此审前听证也被称为"马克曼听证"。关于权利要求解释是法律问题还是事实问题曾经有争议，但美国最高法院认为权利要求解释纯粹就是法律问题，法官比陪审团能够更恰当地对权利要求作出解释，应当让法官独立行使该项权利。关于说明书及附图对解释权利要求的影响，美国判例认为，即便说明书和附图是解释权利要求不能忽视的，但也不能将权利要求与说明书、附图混同，解释权利要求首先应当以权利要求为直接依据。

二、日本权利要求解释规则

日本专利法明确规定了专利权的保护范围及权利要求解释的内容。

在 1991 年的"lipase（脂酶）案"中，日本法院在本案的判决中确立了以下规则：专利权的保护范围应当根据权利要求的记载进行确定，说明书只有在特殊情况下才考虑，比如对照说明书的描述，权利要求的记载有明显的错误，或者无法清楚地理解权利要求。该规则表明，在一般情况下，对权利要求进行解释并不考虑说明书和附图，只有在特定的情形下，才考虑说明书和附图。

---

〔1〕　Markman v. Westview Instruments, Inc., 5 1 7 U. S. 370（1996）.

但是，在于 1994 年对《专利法》进行修改时，该法第 70 条增加了一个关于权利要求解释的条款，即 "在上述情况，在解释专利权利要求范围记载的用语的含义时，应参考专利申请附属的说明书及附图"。上述条款说明了两层意思：一是解释权利要求时应当参考说明书和附图；二是参考说明书和附图没有设置前提，并不以是否有明确的、唯一的含义为条件。

日本现行权利要求解释规则说明了一个基本事实，即权利要求的解释不应当设置条件，无论权利要求意思是否清楚、唯一，如果说明书对权利要求的术语有特别界定，应当按照说明书的界定解释权利要求。

第五节　权利要求解释规则之完善

通过上文的分析和案例介绍，我们不难发现，无论在专利授权确权程序中，还是在专利侵权案件中，当事人之间或者当事人与裁判者之间对权利要求的理解存在争议的现象越来越常见，对权利要求解释原则和规则进行总结并系统化愈发具有现实意义。当前，我国专利权利要求的解释规则主要体现在相应的司法文件中，有待上升到法律的高度。然而，即便司法文件中已经有相对详尽的规定，但由于专利案件具有技术性和复杂性，且每个案子又有其特殊性，因此权利要求应当如何解释依然是审理案子的焦点和难点。

针对上文的分析，专利权利要求解释规则的完善，有必要解决以下几个问题：

一、专利授权确权程序与专利侵权程序中的解释规则应当保持一致

一般认为，无论是专利确权程序还是专利侵权程序，权利要求保护范围的确定都是为了在专利权人与公众利益之间划个界限，平衡两者之间的利益。因此，对权利要求的解释，不能由于是不同的主体适用，在不同的程序中适用，就进行区别对待。

事实上，关于授权确权程序中所谓的最大范围解释规则，其实是将《专利法》第 59 条的精神与《专利法》第 26 条第 4 款的立法精神相互混淆了。对后者而言，立法目的是要求权利要求保护的范围与说明书公开的范围相对应，这是专利公开换保护制度的必然要求，公开的范围与保护的范围一致，

权利要求的保护必须有说明书的支持，不能超过说明书的范围，权利要求的范围只能小于或者等于说明书的范围。对前者而言，立法目的是在专利权人的权益与公众权益之间划清界限，确定哪些是权利人保护的范围，哪些是公众可以不经许可能够实施的技术，并且应当与公众的预期相对应，以维护公众的信赖利益。因此，专利法这两个条款的精神和宗旨是不同的。

既然是维护公众的信赖利益，那么无论是授权确权程序还是侵权程序，审查员或法官都必须基于所属领域技术人员的视角解释权利要求，既不能任意扩大权利要求的范围，也不能缩小权利要求的范围，遵循折中原则解释权利要求，以维护权利要求公示效力。当然，关于权利要求、说明书以及附图对权利要求保护范围的影响，不能混淆各自的影响和作用，权利要求是保护范围解释之本，当然，如果根据阅读说明书发现权利要求有明显错误的，也不能僵化地解释权利要求。说明书及附图对术语有特别界定的，应当根据说明书及附图的要求进行解释。

二、不能将现有技术以及发明拟解决的缺陷技术方案纳入权利要求的范围

对权利要求进行解释不是简单的文字游戏，必须结合发明所要解决的技术问题、所采取的技术手段和技术效果，以及在申请文书总体语境下进行解释，对于明显属于发明所要解决的技术问题、达不到发明所要达到的技术效果的技术方案，即相对于发明而变劣的技术方案，不能在解释专利的权利要求时，将其纳入保护范围。

三、不允许权利人借助解释权利要求而对权利要求进行修改

即便当事人存在争议，也并不是每个专利纠纷案件都需要对权利要求进行解释，如果所属领域技术人员能够清楚地确定权利要求技术术语的含义，且说明书也没有对权利要求的技术术语作出特别的界定，此时就应当仅以权利要求本身限定其范围，不能因说明书的内容与权利要求记载技术方案的不同，就以说明书否定权利要求书，从而实质上达到修改权利要求的目的。

这种情形容易在侵权诉讼中出现，权利人期望借助于侵权诉讼对权利要求进行解释，从而在事实上达到修改权利要求的目的。

四、应当允许权利人对明显的权利要求撰写错误进行修改

一般而言，申请人或代理人撰写专利申请文书时都比较细心，但是出现错误是难免的。如果所属技术领域的技术人员在阅读说明书及附图和权利要求后，能够立即获知权利要求撰写存在错误，且这种错误能够从说明书中找出依据，或者所属技术领域技术人员根据常识判定是错误的，应当允许权利人进行修改。当然，修改应当有说明书及附图为依据，修改的内容能够从说明书及附图直接、毫无疑义地得到，或者根据公知常识得到。

五、权利要求的解释要遵循内部证据优先于外部证据规则

关于这一点基本已经取得共识，在解释权利要求时，首先依据说明书、相关权利要求、附图、内部审查资料、相关裁判文书中的内容进行解释，如果还不能解释权利要求，便要根据教科书、公知常识等进行解释。即便是内部证据也要严格按照证据采信规则进行审查，探究申请人在撰写专利文件时的真实意思表示。

总之，对于权利要求的解释，要把权利要求书、说明书作为一个整体，既要遵循一定的语言文本解释规则，又要维护专利法的立法精神和目的。

专利间接侵权行为研究

间接侵权是民法侵权理论中的一个学术概念，将侵权行为区分为间接侵权和直接侵权得到了学界的普遍赞同，能够有效地、精准地打击和制裁不同类别的侵权行为。随着知识产权增量的增加，知识产权侵权现象也越来越严重，专利等知识产权侵权行为的隐秘等特征促使人们对侵权行为的类型给予更多的关注和研究。专利间接侵权的概念，在不同的场合多有出现，相关立法也给予回应。我国司法解释对帮助和引诱实施侵犯专利权的间接侵权行为进行了规制，但应严格限制适用范围：一是帮助和引诱等侵权行为以直接侵权的成立为要件；二是间接侵权的工具必须是专门用于实施专利；三是行为人明知专利权的存在，对于"明知"是指侵权工具"专门用于"实施专利而推定"明知"；四是间接侵权的行为仅为提供，不包括制造、使用和进口；五是行为人的客户以生产经营为目的。

专利间接侵权承担独立责任必须有严格的法律依据，否则便会滑入不当扩大专利权保护的深渊，影响正常的生产经营活动。

第一节　专利间接侵权现象及相关法律规定

知识产权既然是一种民事权利，间接侵权的理论便同样适用于知识产权侵权领域，且由于知识产权的非物质性特点，专利等领域的间接侵权现象更加严重，对该问题的关注和研究也就更有需要。

一、专利间接侵权现象

我国司法实务中出现的第一起专利间接侵权案件发生在 1993 年，不过那个时候还没有专利间接侵权这个概念。在"太原重型机器厂诉太原电子系统工程公司、阳泉煤矿电子设备二厂专利侵权纠纷案"中，[1]太原重型机器厂向当时的专利主管部门（即国家专利局）提出了"磁镜式直流电弧炉"实用新型专利申请，国家专利局于1986年8月22日核准了该实用新型专利，专利号为85203717。该专利保护的是一种磁镜式直流电弧炉，其结构特点是在普通的电弧炉炉体上部增设一个环绕炉体的磁镜线圈，所属磁镜线圈垂直于炉体中心线。关于被控侵权物是否构成侵权，本案一审法院与二审法院的认定截然相反。

一审法院认为，根据全面覆盖原则，由于被控侵权物仅仅是磁镜线圈，没有覆盖专利的全部必要技术特征，认定侵权不成立。但二审法院认为，被告为生产经营目的，在没有经过权利人许可的情形下，向直接侵权人提供其生产的用于涉案专利产品的关键部件磁镜线圈，该生产加工行为与直接侵权行为之间具有明显的因果关系，被告行为具有诱导他人实施专利侵权的故意。二审法院最终认为被告行为构成间接侵权，并依据《专利法》第11条以及《民法通则》第130条，判定被告承担侵权责任。

本案中，直接实施侵权行为的锦贸兴业股份有限公司与原告太原重机厂曾经有合作，涉案专利发明人之一后来到太原电子工程公司担任顾问。本案中，《专利法》第11条仅仅列举了直接侵权行为的实施方式，没有考虑现实中侵权行为的复杂性，对于化整为零的侵权行为，如果不认定为侵权并进行打击，就无法切实保护专利权人的利益。因此，法院从一般民事法律侵权理论的视角出发，突破《专利法》第11条的局限性，对提供零部件的行为予以规制有效遏制了该类行为的发生。

在"广州金鹏实业有限公司与杨某英侵犯专利权纠纷案"中，[2]人民法院认为，将被告杨某英销售的产品与涉案专利进行对比，尽管被告销售的产品没有吊杆部分，缺少权利要求的技术特征，即没有落入涉案专利的权利要求保护范围。但是，被告销售的主、副龙骨是实施涉案专利"自接式轻钢龙骨"的关键部件，主、副龙骨与吊杆配合使用就构成独立的产品，实现了产品的功能，并全面覆盖涉案专利的权利要求保护范围。权利人金鹏公司向被告杨某英发送函件及专利文献资料后，被告应当知道金鹏公司的专利是有效

---

〔1〕 参见［1993］晋经终字第152号。
〔2〕 参见［2006］西民四初字第019号。

的，其产品的购买者没有专利权人的许可，但依然实施了销售行为。人民法院后来依据《民通意见》第 148 条，将被告的行为定性为教唆、帮助侵权行为，并认为被告实施的销售行为构成了间接侵犯专利权人的专利权。

上述案例中，法院并没有就直接侵权行为进行认定，在此基础上的间接侵权认定是否合理也是值得深思的。间接侵权也是一种共同侵权行为，如果原告没有证明直接侵权发生，法院也没有认定，此时认定间接侵权是否合理？有些法院比较慎重，如果原告没有证明直接侵权的发生，则不认定构成间接侵权。也有些法院认为，只要有能够实现涉案专利的功能，就足以构成侵权。

由于专利法关于间接侵权没有作出规定，特别是《民法总则》也没有就相关问题作出规定，使得各地法院裁判结果不一，出现了大量同案不同判的情形。相关问题诸如，间接侵权的构成要件是否需要考虑主观过错？间接侵权的成立是否需要以直接侵权的发生为前提？这些问题都是分析间接侵权时所不能回避的关键问题。

二、间接侵权现行法律规定

《侵权责任法》实施之前，法院在遇到间接侵权案件时，一般是适用《民法通则》第 130 条[1]的规定以及《民通意见》第 148 条第 1 款[2]的规定。《侵权责任法》实施之后，法院在审理相关案件时，直接适用的法律依据就是《侵权责任法》第 2 条[3]、第 8 条[4]以及第 9 条第 1 款[5]的相关规定。

北京市高级人民法院在总结专利审判经验的基础上，于 2001 年首次颁布了《专利侵权判定若干问题的意见（试行）》（该文件已经作废，正式文件于 2017 年发布）。该文件对专利间接侵权行为进行了界定，包括两个方面：一是主观要件，侵权人具有主观故意，即教唆或引诱他人实施侵权专利权的故意；二是客观要件，专利间接侵权行为人客观上为他人直接侵权行为的实

---

[1] 《民法通则》第 130 条："二人以上共同侵权造成他人损害的，应当承担连带责任。"

[2] 《最高人民法院关于贯彻执行〈中华人民共和国民法通则〉若干问题的意见（试行）》第 148 条第 1 款："教唆、帮助他人实施侵权行为的人，为共同侵权人，应当承担连带民事责任。"

[3] 《侵权责任法》第 2 条："侵害民事权益，应当依照本法承担侵权责任。本法所称民事权益，包括生命权、健康权……专利权、商标专用权等人身、财产权益。"

[4] 《侵权责任法》第 8 条："二人以上共同实施侵权行为，造成他人损害的，应当承担连带责任。"

[5] 《侵权责任法》第 9 条第 1 款："教唆、帮助他人实施侵权行为的，应当与行为人承担连带责任。"

施提供了必要条件，并且以直接侵权的发生为前提条件；三是间接侵权的对象，仅限于专用品，即专用于实施侵犯专利权的产品。此外，北京市高级人民法院的上述文件还对间接侵权行为协助发生的直接侵权发生在国外的情形也进行了规定。2017 年，北京市高级人民法院发布了正式版本的《专利侵权判定指南》，取代了前面的试行版本。该文件不再使用间接侵权概念，而是使用了共同侵权概念，这也与现行法律相一致，毕竟间接侵权概念仅仅是学理上的称谓。文件对专利共同侵权的类型进行了明确。对帮助、诱导侵权行为强调了主观要件，即"明知"，同时对"专用"进行了规定。[1]

2009 年，最高人民法院颁布了《关于审理侵犯专利权纠纷案件应用法律若干问题的解释（一）》，即《解释一》，明确将间接侵权行为认定为共同侵权行为。其第 14 条第 3 款规定，"被诉侵权人之间存在分工合作的，人民法院应当认定为共同侵权。"

2016 年，最高人民法院又颁布了《关于审理侵犯专利权纠纷案件应用法律若干问题的解释（二）》，即《解释二》。基于司法实践中的经验总结，《解释二》第 20 条对专利方法间接侵权行为进行了补充和再次明确；《解释二》第 21 条对间接侵权的主观要件、结果要件作出了详细的规定。

上述立法仅仅是针对《侵权责任法》关于教唆和帮助侵权在专利侵权中的表现进行的具体规定。该规定是一种限缩解释，因为根据民法共同侵权理论，构成教唆侵权、帮助侵权是以直接侵权为前提的。因此，专利法律中还没有针对专利侵权的特殊性制定独立适用的共同侵权规则或间接侵权规则，专利间接侵权制度的系统性和规范性有待加强。

第二节　专利间接侵权制度独立性探讨

专利侵权不同于一般侵权行为，具有其特殊性，即便直接侵权行为没有实施，或者不在国内实施，但间接侵权造成足够的威胁或权利人损失的，依然需要对该类行为进行制裁。由此，专利间接侵权理论研究就具有了意义。

---

〔1〕《专利侵权判定指南》第 116～122 条。

一、共同侵权、间接侵权与直接侵权的关系

对间接侵权概念的界定和理解离不开对直接侵权、共同侵权等基本概念，以及对他们之间关系的研究。

（一）共同侵权概念及特点

民事侵权理论中，共同侵权行为是一个相对成熟的概念。学界将共同侵权行为分为两类：一类是有意思联络的共同侵权行为，这类行为的特点是共同侵权的数人之间因为共同的过错侵犯他人合法权益，并造成他人合法权益的损失，相互承担连带责任的侵权行为；另一类是无意思联络的侵权行为，这类行为的特点是共同侵权的数人之间没有意思联络，但行为人的行为对他人权益的损害之间具有因果关系，因此需要承担侵权责任的行为。两者的共同点是：主体为两人及以上；他人权益受到侵害；数人行为与他人权益被侵害之间具有因果关系；行为具有苛责性，应当追究责任。两者的不同点是：有意思联络的共同侵权行为人主观上具有意思联络，属于共同的故意或者过失，侵权行为人应当对侵权责任承担连带责任。

我国《侵权责任法》规定的关于有意思联络的共同侵权行为共有三种类型：第8条规定的共同侵害行为、第9条规定的教唆帮助行为、第10条规定的共同危险行为。前两个类型的侵权行为人主观上具有共同的故意。

共同侵权行为涉及多个侵权主体，在侵权责任认定方面比一般侵权行为更复杂。首先，需要将它们看成一个整体，判定侵害结果总体上是否构成可责性，此时要把侵权行为看作一个整体；其次，在符合法律需要对该行为追责的前提下，又要在这个整体内对不同侵权人的行为进行分析，分析他们的主观过错程度、因果关系的形态以及各自责任的承担。对于具有意思联络的共同侵权行为，被侵权人可以不对侵权人各自行为与损害结果的因果关系进行举证，而要求侵权行为人承担连带责任。王泽鉴先生对共同侵权行为的界定具有代表性。其认为："共同侵权行为，其特殊性有二：①减轻被害人对因果关系的举证责任；②明定数加害人连带负损害赔偿责任。"[1]

（二）间接侵权与直接侵权

直接侵权与间接侵权，这两个概念是相比较而言的。直接侵权行为是指

---

[1] 王泽鉴：《侵权行为》（第3版），北京大学出版社2016年版，第427页。

行为人实施的直接侵害他人合法权益并依法需要承担责任的行为；间接侵权行为是指行为人并没有实施直接侵害他人合法权益的行为，但依法应当承担责任。关于间接侵权与直接侵权之间的关系，此时直接侵权不包括单独侵权的情形，有多种（甚至对立的）学说。下面，笔者将介绍几种有代表性的观点：

1. 共同侵权观点

持该观点的学者认为，间接侵权以直接侵权的存在为前提，是共同侵权的一种表现形式，没有直接侵权就没有间接侵权。[1]持该观点的学者的主要理由是："没有直接侵权，权利人的利益就没有遭到损害，那么追究间接侵权行为人的责任就没有意义。"[2]

总而言之，该观点将所有的间接侵权行为与直接侵权行为捆绑，没有考虑间接侵权行为的危害。当直接侵权没有发生时，或者直接侵权不需要承担责任时，间接侵权的认定就失去了基础和前提，就没有必要追究间接侵权人的责任。该观点显然不能解决间接侵权独立造成权利人损失时法律责任的追究。

2. 间接侵权独立说

所谓间接侵权独立说，是指专利间接侵权不以专利直接侵权的发生为前提。持该种学说的学者的理由是，专利间接侵权的存在是为了解决直接侵权无法全面保护专利权人利益的难题。根据《专利法》第 11 条的规定，专利侵权行为必须是以生产经营为目的，因此侵权产品最终到达消费者手中时，消费者的使用行为不构成侵权，如果生产者将侵权产品的生产化整为零，不提供完整的侵权产品，根据从属说观点，该生产者就能规避侵权责任。同样，对于提供专用实施专利技术物品的行为人，根据《专利法》第 11 条的规定，专利权人也无法追究其侵权责任，此时专利权人的利益就无法得到充分、有效的保护。

持独立说观点的学者认为，为了维护专利权人的利益，即使不存在直接侵权行为，也必须对损害专利权人利益的间接侵权行为追究责任，但此时应

---

〔1〕 吴汉东主编：《知识产权法学》（第 6 版），北京大学出版社 2014 年版，第 179 页。

〔2〕 邓宏光："我国专利间接侵权之制度选择"，载《西南民族大学学报（人文社科版）》2006 年第 4 期。

当严格限制追究侵权责任的行为类型，并明确相关要件。

笔者以为，专利间接侵权有其特殊性，其构成要件与共同侵权有显著的差异，应当单独作为一种侵权行为进行规制。

二、专利间接侵权制度的独立性

《专利法》第 11 条规定，除专利法另有规定外，不得以生产经营为目的而实施专利权。关于实施专利权的表现形式，方法专利包括使用专利方法，并将方法延伸至对产品的保护，以及使用、许诺销售、销售、进口依照该专利方法直接获得的产品。而产品专利是指制造、使用、许诺销售、销售、进口其专利产品。上述专利法列举的行为属于直接侵权行为类型，随着国内和国际市场分工越来越细，侵权行为也越来越隐蔽，相对于复杂、多变的市场，法律规定的侵权行为较为单一。

专利间接侵权与一般的共同侵权行为相比，有诸多不同。就行为表现而言，专利间接侵权主要表现为未经权利人许可向他人提供或者允诺提供与专利相关的产品。一般间接侵权表现为教唆或引诱，并且要求行为人之间有意思联络，这两个词语表达比较宽泛，如果没有具体的行为，确实很难追究责任。而专利侵权中，《专利法》第 11 条规定，即便是直接侵权，法律也没有要求侵权人必须具有主观过错。当然，专利间接侵权是否以主观过错为要件另当别论。这说明，专利侵权与一般的共同侵权在主观要件方面也有不同的要求。就责任承担方面而言，由于一般共同侵权人具有主观意识联络，因此通常应当承担连带责任，因意思联络产生连带责任。但在专利间接侵权中，直接侵权人与间接侵权人之间通常并没有意思联络，权利人也很难举证，因此通常不能主张连带责任。

在美国的司法实务中，为了充分保护专利权人的利益，最初也是依据侵权理论追究提供专利零部件行为的责任。此外，与我国专利法不同的是，美国法律规定的专利侵权行为并不以生产经营为目的，甚至在消费者实施类似行为时，也会以帮助诱导侵权追究责任。而我国专利法中对个人以非生产经营为目的实施专利的行为，并没有追究侵权责任。

就权利救济而言，依据民事诉讼法，如果属于共同侵权，权利人提起的诉讼就是必要共同诉讼。但在专利间接侵权中，如果间接侵权人是提供零部件，且侵权人不是以生产经营为目的，按照《专利法》第 11 条的规定，该行为不构成直接侵权，权利人起诉时是否要对提供零部件的行为人一同起诉？如果将零部件结合在一起使用的是消费者呢？权利人又如何维权呢？假如直接侵权人构成侵权，权利人已经起诉，法院也已经作出了侵权判决，侵权人便已经履行了判决。彼时，提供零部件的行为人并没有被权利人追究责任，后期权利人知晓其侵权行为并追究责任时，能否将已经履行判决的直接侵权人再次作为共同被告提起诉讼？当然，这里涉及的问题比较多，还包括一事不再理问题，如果单独对间接侵权人提起诉讼，是否会造成裁判的冲突问题？此外，在权利人的损失已经判定得到赔偿的情形下，能否允许权利人再次起诉？

也有学者认为，如果允许间接侵权独立于直接侵权，可能会导致专利权保护无限扩张，从而影响正常的生产经营活动。为此，就需要考虑间接侵权独立承担责任的条件，如果行为人主观上明知产品是专为实施专利而用，没有经过权利人许可，故意向第三人提供，此时行为人的行为不具有正当性，应当受到苛责，法律也不需要对该行为进行保护。即便这样的行为还没有给权利人造成实际的损失，仅仅存在实在的威胁，但也已经足以要求其承担法律责任。"通过对供应商经营活动禁止间接专利侵权的限制没有给供应商过分的负担。供应商不能期望允许将自己的经营活动建立在他人侵权行为之上。"[1]

综上，专利间接侵权行为与一般共同侵权行为理论有一定的冲突，但为维护专利权的正当权益，有必要制止有威胁的间接侵权行为，对专利间接侵权行为的独立考量也就具有了重大意义。不以直接侵权为前提，既不需要突破原来的共同侵权理论，又能在一定的条件下追究侵权人的责任，其对有效遏制专利侵权行为具有现实意义和正当性。

第三节　外国专利间接侵权制度比较

一、美国专利间接侵权制度

美国专利间接侵权规则是通过判例确立的。一般而言，专利产品通常都

---

〔1〕〔德〕鲁道夫·克拉瑟：《专利法——德国专利和实用新型法、欧洲和国际专利法》（第6版），单晓光、张韬略、于馨森译，知识产权出版社2016年版，第992~1004页。

是可以拆分的，由不同的、可独立存在的组件组装形成，侵权人通过不同的渠道获得各部件，然后将它们组装一起，可以花费较低的价格获得专利产品，并能够实现同样的功能。当然，在这个过程中，各个部件组合后，根据专利侵权的判定原则——全面覆盖原则——应当能够覆盖专利权利要求中的全部技术特征，或者与之相等同的技术特征，此时侵权才成立。

早在 1871 年美国地方巡回法院在审理"Wallace 案"时就碰到了这一难题。[1]涉案专利煤油灯由灯头和灯罩组成。被告生产并销售的灯头与涉案专利文件描述的灯头完全相同，但是被告没有生产和销售灯罩，按照专利法不构成侵权。在使用过程中，将购买的灯头与从其他地方购买的灯罩组合使用才构成侵权。法官在审理过程中意识到，如果制造、销售能够实施专利的实质性零件而不被追究责任，专利制度存在的价值将受到质疑。因此，案件审理法院援引共同侵权理论判定灯头生产者和灯罩生产者构成共同侵权。法院根据被告提供行为，结合消费者的组装行为，认定提供者和使用者基于共同的目的，侵犯了专利权人的权益。该案也是美国国内第一次不按全面覆盖原则裁判，而依据普通法共同侵权理论追究生产、提供零部件行为人责任的案例。值得注意的是，上文已经说过，美国专利法并不要求专利侵权行为以生产经营为目的，消费者同样可以成为侵权责任的主体。在本案中，消费者的组装行为构成了专利侵权，而零部件的生产、提供者构成帮助侵权。

该案之后，美国各地法院逐步积累了一定量的专利间接侵权案例，间接侵权认定的条件和标准也逐渐清晰。但关于间接侵权是否以直接侵权为前提，还涉及专利权保护的政策问题，重视专利权的保护，就不以直接侵权为前提，弱化专利权的保护，就需要以直接侵权为前提。美国法院的判决也尝试在专利保护与防止垄断之间构建一种平衡。

"Bowker 案"于 1878 年发生，涉案专利是一种气泡饮料，行为人销售发泡剂，购买者将发泡剂与其他成分进行调配并制作受专利权保护的气泡饮料。与"Wallace 案"相比，后者提供的灯头没有其他的非实质性侵权用途，前者的发泡剂具有明显的其他用途，如果仅销售发泡剂不构成侵权，法官也认为行为人如果对侵权不知情便不构成侵权。但是，如果行为人明显知道、公然认可将其制造的发泡剂用于配合实施专利目的，即可用于配制发泡饮料，则

---

[1] Wallace v. Holmes, 152 U. S. 425（1894）.

不能免除行为人的侵权责任。在本案中，被告知晓涉案专利，还积极诱导消费者购买，因而应当承担共同侵权责任。

当然，如果任意扩大间接侵权的适用，会将专利权的保护范围延伸至原材料，也是不公平的。"Carbice 案"于 1931 年发生，通过该案，美国最高法院提出了"专利权滥用"概念，以此阻止专利权人将专利权扩张至法定范围之外。在"Mercoid Corporation v. Mid-Continent Investment Co. et al [1]案"中，美国最高法院又提出没有直接侵权就没有间接侵权，并在其后的多个案件中引用了该规则。

1952 年，《美国专利法》第 271 条通过成文法的形式对专利间接侵权和专利权滥用都进行了规定，以此协调和平衡两者之间的关系。间接侵权中的帮助侵权行为包括以下内容：

第一，侵权行为的对象。这里涉及一个概念——"实质性非侵权用途"。实质行为人生产、提供的产品可以用于其他的非侵权目的的物品或商品，诉讼时被控侵权人需要举证证明自己提供的商品是一种日常商品或者具有实质性非侵权用途。关于该事实的证明，布朗法官指出，实质性非侵权用途必须符合经济效益原则，必须是切实可行的，不能是事后任意杜撰的、虚假的、不能实现的、纯粹试验性质的。根据美国的判例，关于侵犯专利权认定，必须是权利要求记载的范围，仅仅记载在说明书而没有在权利要求中记载的内容，即使行为人实施了该技术方案也不会被认为构成侵权。

第二，行为人的主观表现。美国专利法的要求是"知道"，表明了美国专利法对间接侵权主观要件采取了与直接侵权不同的条件。对于何为"知道"，美国法院通过判例进行了诠释。在"SEB 案"中，美国最高法院认为，在引诱侵权中，引诱侵权人不仅应当知道专利权的存在，而且应当知道引诱行为导致构成专利直接侵权。知道的判定标准是知道或者有意视而不见，可以推定。

第三，行为人的责任。关于间接侵权中的帮助侵权，其成立是否需要直接侵权存在？对此，美国最高法院持肯定观点，但是不需要直接侵权已经开始实施，只要存在直接侵权的威胁即可。关于赔偿额的计算，普通法计算帮助侵权时，是第二责任，依附于直接侵权人。但在专利间接侵权中不以直接

---

〔1〕 320 U. S. 661.

侵权的直接发生为条件，其赔偿计算有自己的规则。在"Cardiac Pacemakers, Inc. v. St. Jude Medical, Inc. 案"中，[1]法院根据直接侵权的标准计算了间接侵权的损害赔偿额。但在另一个案件中，联邦巡回上诉法院却又驳回了专利权人对间接侵权人提出的赔偿请求。该案法院驳回的理由是前一个专利权人在同一侵权行为中已经从直接侵权人处得到了赔偿。[2]

二、日本专利间接侵权制度

日本专利法中直接规定了专利间接侵权制度，具体见《日本专利法》第101条。[3]但该条款规定的间接侵权仅仅指帮助侵权，不包括引诱侵权。间接侵权又包括两种情形，不同侵权情形的侵权构成要件是不同的：一种被称为客观间接侵权，只要行为人提供的物品仅能用于实施专利，包括制造专利产品或用于专利方法，行为人客观上从事了制造、提供或进口等行为，即便行为人主观没有过错，也构成间接侵权；另一种被称为主观间接侵权，在该种情形下，提供者制造、销售的物品不属于专用实施侵犯专利权的物品，此时行为人需要主观明知，即明知其行为帮助他们实施侵犯专利权，此时便构成间接侵权。

客观间接侵权认定中的相关问题：①"仅能用于"实施专利的理解。该词语的内涵与美国专利法中的"非实质性侵权用途"是对应的。法院在"食品包装成形方法及其装置案"中明确，所谓仅能用于实施专利，是指侵权物无论是在经济上还是在商业上，都不具有其他用途，该其他用途不能仅由侵权人主张，必须得到社会的普遍认同。一般要求被控侵权人在法庭辩论终结前进行有效的举证，否则将被认定为构成客观间接侵权。②关于举证责任。遵循谁主张谁举证的原则，专利权人应当对"仅能用于"实施专利的事实承担初步的举证责任，被告抗辩应当有事实依据，具有合理性的，专利权人就应当继续举证。③关于侵权行为类型。"生产、转让、进口、许诺转让等行为"，是客观间接侵权制止的，但出口行为和使用行为不包括在其中。

主观间接侵权认定中的相关问题：①"解决该发明的问题必不可少的"

---

〔1〕　576 F. 3d 1348 (Fed. Cir. 2009).

〔2〕　443 F. 3d 851 (Fed. Cir. 2006).

〔3〕　参见《日本专利法》第101条。

的理解。就产品专利而言，所谓"必不可少"是指专利权利要求实质部分的对应部件，如果不属于权利要求中实质部分的对应部件，也不是解决发明问题和技术问题的手段，就不能认为是解决问题所必不可少的。该解决手段可以直接是特有构成或成分，也可以是特征的部件、原料或生产工具等，但把日本国内广泛且普遍流通的排除。②主观要件。行为人必须明确知晓该技术是专利，并且知晓侵权物被用于实施该项专利，行为人必须对这两个方面都必须是明知的。这里只包含了"明知"，而不涉及"应知"的主观认识，从而避免间接侵权的范围过于宽泛，影响交易安全。关于明知事实的证明，权利人向涉嫌侵权人寄送的符合要求的专利侵权警告函就足以证明，自涉嫌侵权人收到警告函时起行为人的主观要件就具备了。

三、德国专利间接侵权制度

面对立法空白，司法实践中出现间接侵权时，德国法院选择民法辅助侵权作为追究行为人责任的法律依据。但法律规定辅助侵权具有从属性，因此在司法实务中追究专利间接侵权出现了以下问题：第一，为了追究间接侵权人的责任，权利人需要耗费大量的时间和精力对直接侵权行为进行调查取证；第二，直接侵权行为发生在国外或者视为不侵权情形的，专利权人就无法通过该条款追究专利间接侵权人的法律责任。为了解决专利权人的这一困境，1981年的《德国专利法》明确了间接侵权行为。

《德国专利法》第10条以及其他条款规定了专利间接侵权行为，构成专利间接侵权是指行为人未经权利人许可，明知或应知（根据情形显而易见）侵权物被用于实施专利。且按照《德国专利法》的规定，即便是非营利目的，或者为培育植物新品种，或者为试验目的等使用者提供间接侵权物，依然构成间接侵权。通过《德国专利法》条款，只要实施提供或者承诺提供发明核心要素物品的行为，就可能构成间接侵权，并以存在直接侵权为前提条件。该规定与《共同体专利条约》的规定一致。

《德国专利法》第10条规定有主观要件和客观要件。其客观要件要求间接侵权人所提供的物品与发明主要要素相关联，主观要件要求间接侵权人两个方面的明知，即对于物品适于在专利实施中使用的明知及对买受人有意图对物品以实施专利的方式加以使用的明知。对于客观要件的判断是，侵权物与其他物品的共同作用能够实现发明的功能；主观要件的判定是，间接侵权人应知或明知买受人在其提供侵权物时存在以实施专利的方式使用侵权物的意图，权利人通过推定证明即可。在法律后果方面，权利人可请求间接侵权人停止侵权、损害赔偿。

四、各国制度比较

总结各国关于专利间接侵权的规定，专利间接侵权认定要注意以下方面：

（1）侵权行为的对象。各国立法共同的要求是侵权人提供的物品必须符合一定的要求，即属于实施专利的关键部件，或者是专利拟解决技术问题所必需的要素。区别是，有些国家要求严格，如德国和日本，即必须是对发明解决技术问题有贡献的内容。我国《解释二》的规定是"专门用于"，字面含义指提供的技术要素（如原材料或零部件）被记载在权利要求中，没有非侵权用途。类似于日本的客观间接侵权的要求。

（2）侵权行为的类型。关于这一点区别还是比较大的，共同点是都将提供（包括销售、转让）和允诺提供纳入帮助侵权行为类型，区别是美国和日本均将间接侵权行为延伸到进口行为，日本同时还将制造行为单独列为侵权行为。我国专利法借鉴国外经验，用"提供"一词表述，只要将侵权产品提供给他人，就构成侵权。"提供"应当指销售（或转让）和允诺销售（或转让），不包括制造、进口行为，但显然，在制造之后，如果不是自己使用而理所当然实施销售的，也能够达到制裁的目的。

（3）主观意图。各国对间接侵权人的主观意图基本都作出了相同的规定，美国、德国的帮助侵权和日本的主观间接侵权都对主观意图作出了明确规定，都要求侵权行为人主观上知道两点内容：一是知道被侵权的专利权的存在；二是知道其侵权物的买受人在购买侵权物后将要用于实施侵犯专利的行为。但各国对认定"知道"的标准稍有区别：美国的要求是明知或故意视而不见，德国的标准是知道或显然应当知道，日本的标准是明知。相比较而言，德国的规定更有利于权利人。我国《解释二》规定的是"明知"，以故意为要件，在司法实践中，法院在案件中认定间接侵权的明知时，对于是否知道专利权的存在采取了推定的做法。

（4）直接侵权与间接侵权的关系。大部分国家（如美国、日本、德国等）都将专利间接侵权作为独立的侵权行为，不以直接侵权为前提条件，专利权人可以直接向间接侵权人提起侵权之诉。但我国的规定例外，我国《专利法司法解释二》规定，间接侵权必须以直接侵权为前提，即直接侵权已经发生，如果直接侵权没有发生，则行为人不构成间接侵权，该规定显然不利于打击侵权行为，对于在国外实施的直接侵权行为更是鞭长莫及，也提高了权利人的举证难度。此外，由于我国专利法要求专利侵权行为以生产经营为目的，因此对于向非生产经营者、家庭使用者提供专门用于实施专利的物品的，不构成间接侵权。这一点与其他国家（如德国、日本等）的规定也是不同的。

总体而言，我国专利间接侵权规定对专利权人的保护是不够充分的，不利于维护专利权人的利益，需要进一步完善。

第四节 我国专利间接侵权典型案例分析

相比于《专利法》第 11 条规定的侵权行为，实际生产经营活动的侵权行为表现更加复杂、多样。主要有以下几种典型的侵权行为：

一、产品的零部件属于专利产品，生产、销售的产品安装有该零部件的，属于侵权行为

该类行为，由于涉嫌侵犯专利权的部件仅仅是零部件，并且是通过购买获得的，因此整件产品的生产行为不应被认定为生产侵权，而应被认定为使用侵权，销售整件产品的行为应当被认定为销售侵权。在"新日兴股份有限公司与协昱电子科技（中山）有限公司侵害实用新型专利权纠纷案"中，[1]新日兴公司系专利号为 ZL200720142559.3、发明名称为"双向旋转式枢纽器"的专利权人，要求保护的权利范围是本专利的权利要求 1。协昱公司不是生产被诉侵权产品枢纽器的企业，排线是其生产的，被诉侵权产品只是排线的一个部件。被诉侵权产品一直由维尔京英属协昱科技股份有限公司提供，该公司是境外注册的公司，是协昱公司的母公司。其需要货物时就下订单至位于我国台湾地区的总公司由其订货，再从澳门进口。采购由位于我国台湾地区的总公司负责，在整个过程中协昱公司是利用零件组装。一审法院认为，协昱公司将侵权产品作为零部件制造排线产品，然后向群光公司销售，该行

---

〔1〕 参见［2011］粤高法民三终字第 513 号。

为应认定为销售行为，构成侵权，协昱公司应承担立即停止销售被诉侵权产品的民事责任。在二审审理期间，双方当事人向法院提交了专利复审委作出的第 17322 号无效宣告请求审查决定，用来证明涉案专利的权利要求 1 至权利要求 6 已经被宣告无效，仅在权利要求 7 至权利要求 9 的基础上继续维持该专利有效。基于当事人在二审期间提交了新证据，导致新日兴公司的权利基础丧失，故二审法院认定新日兴公司的诉讼请求不成立，撤销一审判决，驳回其全部诉讼请求。该案对我们还有一个重要启示：专利权人维权时，应当慎重选择权利要求的保护范围，进行诉前检索、专利稳定性评估是必须的，独立权利要求在侵权比对时相对比较简单，但其稳定性差，选择相应的从属权利要求维权较为妥当。

在"上海小糸车灯有限公司、常州星宇车灯股份有限公司、上海嘉安汽车销售有限公司侵犯专利权纠纷案"，[1]星宇公司未经专利权人许可，生产享有专利权的远近光切换装置的车灯产品，并作为大众宝来汽车产品的零部件，使用在涉案汽车产品上，被告嘉安公司销售带有该远近光切换装置车灯产品的汽车，前者行为构成生产、销售专利产品的行为，后者行为构成使用、销售被控侵权产品的行为。

二、生产的产品专用于实施专利的，为生产经营目的将该产品提供给他人实施侵犯专利行为的，该提供者的行为属于侵权行为

该类侵权行为隐藏得比较深，但由于其使用场所或用途的唯一性，使得其原形毕露，属于间接侵权中的帮助侵权。在"特能电子公司与西普尔科技公司侵害专利权纠纷案"中，[2]特能公司系发明名称为"电池充电器输出保护电路"的专利权人。在一审审理过程中，西普尔公司就涉案专利权向国知局专利复审委提出无效宣告请求，复审委作出第 26857 号审查决定，宣告涉案专利权部分无效。一审法院认为，被诉产品缺少涉案专利记载的技术特征"蓄电池"，按照全面覆盖原则，被诉侵权产品没有落入涉案专利权利要求的保护范围，驳回原告的诉讼请求。二审法院认为，将被诉产品的技术特征与

---

〔1〕　参见［2016］沪 73 民初 405 号。
〔2〕　参见［2016］苏民终 168 号。

涉案专利权利要求 1 相比对，结合双方当事人在一、二审中的相关陈述，被诉侵权物仅缺少"与蓄电池相连"这一技术特征，且被控侵权物在输出开关电路中还增加了一个电阻，其他技术特征与涉案专利并无区别。多出来的一个电阻，其作用是保护可控硅不会被瞬间的高压击穿。此外，根据庭审中西普尔公司的陈述以及被控侵权物产品说明书，被控侵权物除给蓄电池充电外并无其他用途，当被控侵权物充电时，"与蓄电池相连"这一技术特征已然具备。所以，当被控侵权物使用时，覆盖了涉案专利权利要求的全部技术特征。根据《解释二》的规定，虽然被诉侵权物本身不具备涉案专利权利要求的全部技术特征，但其唯一用途使得其使用时必然会落入涉案专利权利要求的保护范围。根据其产品说明书，被告是明知或应知的。故西普尔公司的行为构成间接侵权，一审法院认定不构成专利侵权的裁判理由有所不当。

三、方法专利包括设备的操作及其运行、信息的处理和传输的方法，对生产、销售包含信息处理和传输方法等方法专利的产品行为，属于侵权行为

方法专利不仅仅是可以看得见的工人在生产车间中操作工艺生产产品，随着生产自动化的普及和提升，把产品的生产方法、机器的运行方法等方法或工艺以数字信息的形式记录在模块中，通过模块驱动设备运行，从而再现方法的步骤、运行条件和功能，已经变得越来越普遍。在"格力公司与美的公司等侵犯发明专利权案"中，[1]格力公司系发明名称为"按照自定义曲线运行的空调器及其控制方法"的专利权人，格力公司主张美的公司生产、第三方公司销售的梦静星系列空调，其"舒睡模式3"运行方式下包含的技术特征覆盖了涉案专利权利要求 2 的全部技术特征。格力公司为了证明其主张，提交了由其委托的北京国威知识产权司法鉴定中心出具的鉴定意见书。一审程序中，法院认为美的公司未经权利人许可为生产经营目的，在生产的"舒睡模式3"空调器产品中擅自使用涉案发明专利方法，泰锋公司擅自销售涉案侵权产品，均侵犯了格力公司涉案发明专利权。美的公司主张，用户是被诉侵权产品"舒睡模式3"的使用者，美的公司实施的是制造行为，而非使用行为，因而未实施侵权行为。对此，一审法院认为，美的公司制造的涉案产

---

〔1〕 参见〔2011〕粤高法民三终字第 326 号。

品具有运行涉案专利方法的功能，包含了被诉侵权专利方法。同样，二审法院也认为，"舒睡模式3"必须依靠空调内部的控制器使得空调能够按照自定义曲线进行运行，被告制造的空调要实现这一功能，必须设置相应的部件以及控制器，使得被控侵权空调具备实现这一功能的条件，因此被控侵权产品不可避免地会使用涉案专利方法使得空调能够按照自定义曲线运行，因此美的公司是侵权人。

四、将依照专利方法直接获得的产品进一步加工、处理而获得的后续产品，进行再加工、处理的，不属于侵权行为

在"王某与青海珠峰虫草药业集团有限公司、青海珠峰冬虫夏草药业有限公司、青海珠峰冬虫夏草原料有限公司、国药控股常州有限公司专利侵权纠纷案"中，[1] 1997年4月29日，沈某英向国家知识产权局提出了名称为"中国冬虫夏草真菌的发酵生产方法"的发明专利申请，于2001年3月28日获得授权，专利号为ZL97110448.4.。涉案专利权利要求1的技术方案公开了一种中国冬虫夏草真菌的发酵生产方法，该方法对培养的温度进行了限定要求20℃以下，培养时间为8天，然后置入种子罐发酵，温度依然是20℃以下发酵时间为5天~8天，将培养基放大10倍，继续逐级发酵，直至达到需要的量；发酵使用的液体培养基（按重量百分比）：碳源0.5%~5%，氮源0.2%~5%，微量元素、维生素少许，其余为水分。批准文号为"国药准字Z20103052"、产品名称为"发酵冬虫夏草菌粉"的中药产品，生产企业为青海珠峰冬虫夏草原料有限公司，经批准的"发酵冬虫夏草菌粉"的工艺是：种子摇瓶培养—（培养8天~10天，18℃，120rpm）一级种子罐—（18℃±1℃，培养8天）—二级种子罐—（18℃±1℃，培养8天）—三级种子罐—（18℃±1℃，培养8天）—发酵罐—（18℃±1℃，培养8天~10天）—离心—提取两次—取出片状菌丝—远红外烘干机，110℃—粉碎—过筛—灭菌/包装—射线照射—发酵虫草菌粉成品。批准文号为"国药准字Z20080187"、产品名称为"百令片"的药品，生产企业为青海珠峰冬虫夏草药业有限公司，"百令片"的主要原料为"发酵冬虫夏草菌粉"。一审法院认定，青海珠峰冬虫夏草原料有限公司生产"发酵冬虫夏草菌粉"属于使用专利方法直接获得

---

〔1〕 参见〔2015〕常知民初字第76号。

产品的行为，青海珠峰冬虫夏草药业有限公司生产"百令片"的行为不属于侵权行为。二审中，由于涉案专利被专利复审委员会宣告无效，二审法院驳回了专利权人的诉讼请求。根据对相关司法解释的理解，将依据专利方法获得的产品分为三类："将依照专利方法直接获得的产品"——这是第一类产品，也被称为"直接产品"；"将依照专利方法直接获得的产品进一步加工、处理获得的后续产品"——这是第二类产品，也被称为"后续产品"；对"后续产品，进行再加工、处理的（获得的产品）"——这是第三类产品，也被称为"再加工产品"。根据司法解释的规定，第一类和第二类产品属于侵权产品，第三类不纳入侵权的范围。青海珠峰冬虫夏草原料有限公司生产"发酵冬虫夏草菌粉"的工艺是使用涉案专利工艺直接获得的产品，系"直接产品"。青海珠峰冬虫夏草药业有限公司生产的"百令片"属于"将依照专利方法直接获得的产品进一步加工、处理获得的后续产品"，属于司法解释之第二种产品，系间接侵权获得的产品。"百令片"的说明书内容如下，成分：发酵冬虫夏草菌粉，辅料包括聚丙烯酸树脂Ⅱ、糊精、蔗糖等。事实上，该类侵权行为在化学领域比较常见。在"稳健实业（深圳）有限公司、庆华维产业用布科技有限公司与安徽华茂集团有限公司侵害发明专利权案"中，[1]一审法院认为，"牵伸"工序，以及使用的水质等工艺条件并未被记载在涉案专利权利要求书中，并非限定涉案方法发明专利的技术特征，增加一项以上技术特征侵权同样成立，属于擅自使用涉案发明专利方法。

五、如果方法专利不涉及产品生产方法的，如建筑施工方法、信息处理方法等，方法本身无法直接获得产品，不应当承担销毁侵权产品的责任

在"郭某山、福建欧氏建设发展有限公司与福建欧氏投资（集团）有限公司侵害发明专利权案"中，[2]郭某山系"一种墙体安装饰面板的结构部件的使用方法"发明的专利权人，欧氏发展公司在其开发的项目"欧氏领秀"楼盘的裙楼外墙装饰工程施工中使用了其上述专利进行石材的锚固点挂。厦门开联公司依照与欧氏发展公司的合同，根据福建省建设厅相关部门编撰的

---

〔1〕 参见［2012］合民三初字第00099号。

〔2〕 参见［2013］闽民终字第743号。

《饰面板植钉挂贴工法》进行了"欧氏领秀"相关石材干挂工程的设计，并在相关的工艺图纸上说明，涉及专利性的应用应征得产权人的同意后方可采用。二审法院认为，本案涉及的是"一种墙体安装饰面板的结构部件的使用方法"专利，从其名称上看就可以明确，郭某山的涉案专利属于方法专利，是一种使用方法的专利，即一种作业方法，该方法不产生产品。在本案中，用涉案专利方法施工，在饰面板挂贴作业过程所产生的连接体不是专利法所称的"依照该专利方法直接获得的产品"。郭某山主张用涉案专利方法施工，在饰面板挂帖作业过程所产生的连接体是用本专利方法直接获得的产品，法律依据不足。郭某山以此要求销毁涉案"欧氏领秀"楼盘涉案外墙装饰，不予支持。一审法院从平衡各方利益的角度出发，采用对郭某山采取赔偿的方法救济其因侵权遭受的损失，而不支持其销毁外墙装饰的请求是合理的。厦门开联公司已在设计图纸中对欧氏发展公司尽到了风险提醒义务，无论欧氏发展公司是否应当承担相关的侵权责任，与厦门开联公司均无关系，故厦门开联公司不是本案民事诉讼中的第三人。

第三部分

实证分析报告

问卷调研报告

引 言

国家最高领导人在多个场合多次强调了知识产权保护的重要性。党的十九届中央全面深化改革领导小组第一次会议于 2017 年 11 月 20 日召开，会议通过了《关于加强知识产权审判领域改革创新若干问题的意见》。该文件是深改组这样的高级别组织首次就知识产权审判工作作出的部署，对全国的知识产权审判工作提出了具体的要求，既要完善知识产权诉讼制度，打牢基础，又要建设并完善知识产权审判体系，将知识产权审判队伍建设作为司法审判工作的保障。党中央的及时规划和部署为我国知识产权司法审判改革和创新指明了方向，具有划时代的意义。

2018 年博鳌亚洲论坛年会，习近平总书记发表主旨演讲时再次就知识产权保护发表了重要讲话，总书记指出加强知识产权保护是完善产权保护的重要内容，能够最大限度地提升中国经济竞争力。

近几年，全国各级法院高度贯彻并落实中央决策，为实施创新驱动发展战略，充分发挥了司法保障和护航作用。为统一司法裁判标准，充分保障知识产权人的权益，国家设立了专门的知识产权法院、知识产权法庭以及最高人民法院巡回法庭，注重司法审判人员队伍建设，加强培训和指导，大幅度提高了知识产权案件的审判质量和效率。自 2014 年以来，北京、上海和广州的知识产权法院相继成立，经过几年的摸索，知识产权审判工作卓有成效，专门法院在服务经济发展、提升审判质量等方面发挥的积极作用日益明显。继知识产权专门法院设立后，最高人民法院又相继在南京、苏州等 16 个城市先后设立了知识产权法庭，这种集中司法资源、跨区域审判复杂知识产权案件的模式，得到了当事人和专业人士的肯定。通过审结重要的大案要案，向社会各界表明打击知识产权违法行为的鲜明态度，高度发挥了司法保护知识产权的主导作用，为营造创新创业和文化繁荣的法治环境发挥了不可替代的作用。

当前，我国知识产权保护事业卓有成效，尽管如此，企业的知识产权工作者、知识产权服务机构的人员在面对知识产权纠纷的事务时，依然难题重重。尤其是当前我国知识产权纠纷案件的司法审判与行政处理标准并不完全统一，且存在诸多新事件、新情况，如办理知识产权纠纷时如何有效举证，等同侵权问题如何应对，技术调查官如何发挥其作用，等等，这些都导致其在日常工作中存在较多困惑。事实上，对于知识产权执法、司法人员而言，知识产权纠纷案件的处理也存在诸多疑难，知识产权审判体系需要进一步统筹、知识产权裁判标准需要进一步规范、知识产权审判人员审判能力需要进一步提升，而这也是高校、科研院所知识产权研究人员需要参与研究的课题。

为探索上述问题，本课题采用文献法、访谈法、问卷调查法等对其进行实证探讨，探索当前我国知识产权纠纷中行政处理和司法审判各自存在的问题，掌握知识产权工作者的态度和期望，以便更好地为后续知识产权案件处理的优化提供依据。

一、调查流程

（一）调查工具

本次调查采用自编问卷进行调查。在设计问卷时，首先，通过中国知网等网络查阅知识产权管理与服务等相关文献，明确研究问题，确定问卷调查的内容范围。其次，对企事业单位知识产权岗位的工作人员、知识产权服务机构工作人员、行政机关知识产权执法人员、人民法院知识产权审判人员、高校知识产权研究人员进行深度访谈，收集知识产权纠纷的相关事件、事实及各方所关注的问题。再次，将收集到的事件、事实及问题同高校知识产权研究人员展开讨论，确定出问卷问题。同时，与高校问卷调查及统计分析专业人员讨论，形成问卷初稿。复次，利用问卷初稿对欲测对象进行测试，收集被测试对象对问卷的反映。最后，根据试测中测试对象的反映修正语言等问题，与高校相关专业人员讨论形成最终问卷。

调查问卷共分为五部分，共83题。其中，第一部分为基本情况调查，共包括5题，由所有调查对象共同作答；第二部分为企业知识产权工作情况调查，共包括 21 题，由企业知识产权工作人员作答；第三部分为知识产权服务情况调查，共包括 20 题，由知识产权服务机构工作人员作答；第四部分为知识产权纠纷司法、执法情况调查，共包括 15 题，由知识产权行政执法人员、知识产权司法人员作答；第五部分为知识产权法理及实务调查，共包括 22 题，由高校知识产权研究人员作答。

（二）调查实施与调查对象

本次调查通过网络在全国范围内取样：一方面，通过参加学术会议、实践研讨会议，请与会人员协助作答；另一方面，聘请网络调查公司针对特定人群进行数据采集。本次调查共回收问卷 267 份，有效问卷 229 份，问卷有效率为 85.77%。在回收到的数据当中，从被试的地域来看，来自山东省的被试 25 人，占样本的 10.92%；江苏省 107 人，占 46.73%；广东省 21 人，占 9.17%；北京市 30 人，占 13.10%；来自河北省、山西省、吉林省、陕西省、福建省、浙江省、河南省、湖北省、湖南省、安徽省、四川省、上海市、天津市、重庆市、内蒙古自治区、新疆维吾尔自治区及宁夏回族自治区的被试共 46 人，占 20.08%。

本次调查共涉及四类人群，即公司职员、知识产权服务人员、知识产权行政执法人员和知识产权司法人员、高校和科研院所知识产权研究人员。在本次调查的样本中，公司职员有 78 人，占样本的 34.06%；知识产权服务人员为 73 人，占 31.88%；知识产权行政执法人员 22 人，占 9.61%，知识产权司法人员 34 人，占 14.85%；高校和科研院所知识产权研究人员 22 人，占 9.61%，详见图 12-1。在被测试人员的学历方面，大专及以下学历者为 19 人，占调查样本的 8.30%；本科为 111 人，占 48.47%；硕士为 85 人，占 37.12%；博士为 14 人，占 6.11%，详见图 12-2。在被测试人员的工作年限方面，平均工作年限为 6.98 年，标准差为 5.44，其中，3 年以下者为 49 人，占调查样本的 21.49%；3 年至 5 年者 68 人，占 29.82%；6 年至 10 年者 65 人，占 28.51%；10 年以上者 46 人，占 20.18%，详见图 12-3。在被测试人员的学科专业方面，在本次调查中，经济与管理专业者为 48 人，占样本的 16.61%；法学专业者为 112 人，占样本的 38.75%；理工类专业者为 94 人，占 32.53%，哲学、教育学、文学、历史学、农学、医学、军事学等其他专业者为 35 人，占 12.11%，详见图 12-4。

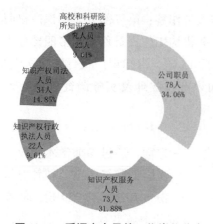

图12-1　受调查人员的工作岗位分布

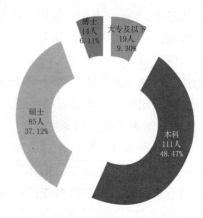

图12-2　受调查人员的学历分布

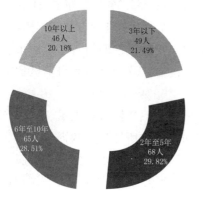

图12-3　受调查人员的工作年限分布

图12-4　受调查人员的专业分布

二、知识产权工作人员及其工作基本情况

（一）企业知识产权工作职员

1. 知识产权工作职员样本情况

为大致了解企业的知识产权拥有情况，本次调查主要针对公司负责知识产权工作的职员设置了相关问题。在本次调查中，负责知识产权工作的公司职员共有78人。在78名被测试人员中，从其所在企业的性质来看，来自国有企业的共10人，占调查样本的12.82%；民营企业者47人，占60.26%；外资企业者10人，占12.82%；中外合资企业者2人，占2.56%；其他性质企业者9人，占11.54%，详见图12-5。而从公司负责知识产权工作的职员所

在部门看，属于研发部的有 20 人，占调查样本的 25.64%；属于法务部者 13 人，占 16.67%；属于人力资源部者 3 人，占 3.85%；属于销售部者 2 人，占 2.56%；属于行政部门/办公室者 15 人，占 19.23%；属于其他部门者 25 人，占 32.05%，详见图 12-6。从公司负责知识产权工作的职员所取得的资质来看，拥有法律执业资格的职员有 41 人，占调查样本的 52.56%；拥有专利代理人资格的有 21 人，占 26.92%；拥有注册会计师资格的有 4 人，占 5.13%；拥有其他资质的有 20 人，占 25.64%；未取得任何资质的有 16 人，占 20.51%，详见图 12-7。

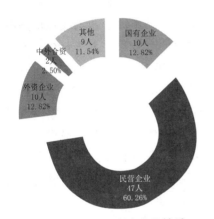
图 12-5　职员所在企业性质

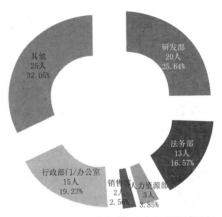
图 12-6　知识产权管理人员所属部门

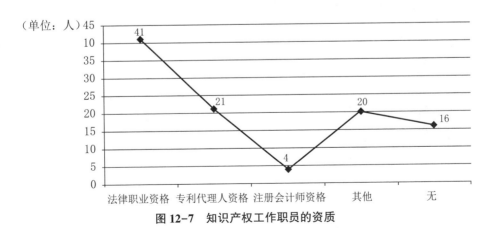
图 12-7　知识产权工作职员的资质

不难发现，当前众多企业对于知识产权未能予以充分的重视，在调查企业中，未能有企业设置专门的知识产权事务部门，而其负责知识产权工作的职员来自于法务部者 13 人，仅占调查样本的 16.67%，知识产权工作更多的由研发部门或行政部门等负责。此外，在负责知识产权工作的职员中，有 52.56% 的人具备法律执业资格，有 26.92% 的人具备专利代理人资格，而有 20.51% 的调查对象不具备任何资质，这就导致了知识产权工作人员的专业性相对较为低下，进而可能导致企业在知识产权管理方面存在较大缺失。

2. 样本企业知识产权拥有情况

在调查样本中，拥有专利权的企业有 53 家，占样本的 67.95%；拥有商标权的有 45 家，占 57.69%；拥有版权的有 20，占 25.64%；拥有集成电路布图设计的有 1 家，占 1.28%；拥有植物新品种权的有 6 家，占 7.69%；拥有商号权的有 3 家，占 3.85%；拥有商业秘密的有 20 家，占 25.64%；拥有地理标志的有 0 家，占 0.00%；拥有其他知识产权的有 16 家，占 20.51%。在上述拥有知识产权的企业中，专利权占所拥有知识产权最多的有 47 家，占样本的 60.26%；商标权占比最多的有 5 家，占 6.41%；版权占比最多的有 1 家，占 1.28%；植物新品种权占比最多的有 4 家，占 5.13%；商业秘密占比最多的有 6 家，占 7.69%；其他占比最多的有 15 家，占 19.23%；集成电路布图设计、商号权和地理标志占比最多的为 0 家，详见图 12-8。

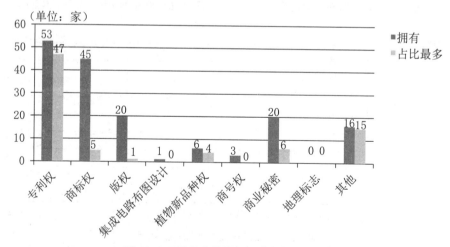

图 12-8　样本企业的知识产权拥有情况

不难发现，在企业拥有的知识产权种类上，样本企业拥有最多的是专利权，其次是商标权、版权、商业秘密、其他、植物新品种权、商号权、集成电路布图设计权。而在企业所拥有的知识产权数量上，占比最多的也是专利权，其次是其他、商业秘密、商标权、植物新品种权、版权。

3. 样本企业知识产权纠纷及其处理

（1）知识产权纠纷的发生情况。

在本次调查的 78 家企业中，没有发生知识产权纠纷的企业有 44 家，占样本总量的 56.41%；发生知识产权纠纷案件为 1 件至 5 件的有 22 家，占28.21%；6 件至 10 件的有 9 家，占 11.54%；10 件以上的有 3 家，占 3.85%，详见图 12-9。在发生知识产权纠纷的企业中，出现知识产权侵权纠纷的有 33家，占样本总量的 42.31%；出现知识产权权属纠纷的有 12 家，占 15.38%；出现知识产权合同纠纷的有 13 家，占 16.67%；出现知识产权行政纠纷的有 3家，占 3.85%；出现不正当竞争纠纷的有 18 家，占 23.08%；出现其他知识产权纠纷的有 32 家，占 41.03%，详见图 12-10。

不难发现，在样本企业中，约有 44% 的企业遭遇到了知识产权纠纷，而在出现的知识产权纠纷中，其类型发生的比例由高到低依次是：知识产权侵权纠纷、不正当竞争纠纷、其他知识产权纠纷（不包括列举的知识产权纠纷类型）、知识产权合同纠纷、知识产权权属纠纷和知识产权行政纠纷。

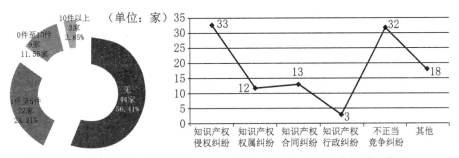

图 12-9　企业知识产权纠纷数量　　　图 12-10　企业知识产权纠纷类型

（2）知识产权各类纠纷的处理情况。

一旦发生知识产权纠纷，样本企业通常优先选择的处理方式中，选择法院裁判的有 19 家，占样本企业的 24.36%；选择双方和解的有 24 家，占30.77%；选择商事仲裁的有 4 家，占 5.13%；选择行政处理的有 4 家，占

5.13%；选择调解的有 13 家，占 16.67%；选择其他方式的有 14 家，占 17.95%，详见图 12-11。而影响企业选择知识产权纠纷处理方式的因素中，选择时间的有 32 家，占样本企业的 41.03%；选择胜诉概率的有 29 家，占 37.18%；选择费用的有 20 家，占 25.64%；选择复杂性的有 20 家，占 25.64%；选择裁判能否得到有效执行的有 17 家，占 21.79%；选择企业运营风险的规避的有 33 家，占 42.31%，详见图 12-12。

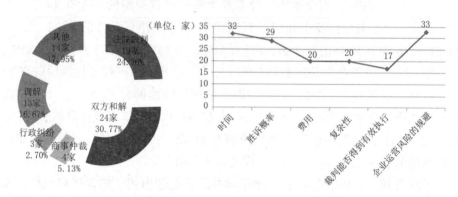

图 12-11 企业纠纷处理方式　图 12-12 企业知识产权纠纷处理方式的影响因素

从图 12-11、图 12-12 可以看出，处理知识产权纠纷时通常优先选择的处理方式由高到低依次是：法院裁判、双方和解、商事仲裁、行政处理、调解。而影响企业选择知识产权纠纷处理方式的因素由高到低依次是：企业运营风险的规避、时间、胜诉概率、费用和复杂性、裁判能否得到有效执行。

（二）知识产权服务机构

1. 知识产权服务机构工作人员基本情况

本次调查的对象中共有知识产权服务机构工作人员 73 人。在其执业资格方面，拥有法律执业资格者共有 41 人，占知识产权服务人员样本的 56.16%；拥有专利代理人资格者共有 28 人，占样本的 38.36%；拥有注册会计师资格者共有 1 人，占样本的 1.37%；拥有其他者共有 11 人，占样本的 15.07%；无任何执业资格者共有 9 人，占样本的 12.33%，详见图 12-15。在调查对象所在服务机构处理过的知识产权纠纷类型中，处理过知识产权侵权纠纷的有 66 家，占知识产权服务人员样本的 90.41%；处理过知识产权权属纠纷的有 33 家，占样本的 45.21%；处理过知识产权合同纠纷的有 31 家，占样本的

42.47%；处理过知识产权行政纠纷的有 24 家，占样本的 32.88%；处理过不正当竞争纠纷的有 27 家，占样本的 36.99%；处理过其他的有 22 家，占样本的 30.14%，详见图 12-16。

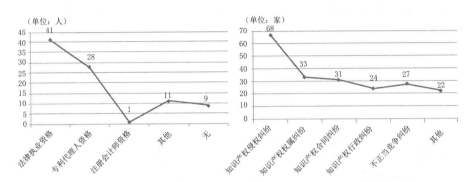

图 12-13　知识产权服务人员执业资格　　图 12-14　知识产权服务人员处理纠纷类型

可以发现，在知识产权服务机构的工作人员中，其所具备的执业资格中，具有法律执业资格者最多，其余资格依次是专利代理人资格、其他资格及注册会计师资格，另外有 12.33% 的调查对象没有任何执业资格。而其所在服务机构处理过的知识产权纠纷类型比例由高到低依次是：知识产权侵权纠纷、知识产权权属纠纷、知识产权合同纠纷、知识产权行政纠纷、不正当竞争纠纷、其他知识产权纠纷。如图 12-10 所示，企业所遭遇的知识产权案件纠纷类型比例由高到低依次为：知识产权侵权纠纷、不正当竞争纠纷、其他知识产权纠纷、知识产权合同纠纷、知识产权权属纠纷和知识产权行政纠纷。上述数据与知识产权服务机构人员处理的知识产权纠纷类别的数据大体一致，只有不正当竞争存在较大差异，其原因可能是企业自行处理或者寻求其他途径予以解决。

2. 知识产权服务机构工作情况

在知识产权服务机构处理的案件方面，从数量上来看，在过去的 2017 年中，处理案件数量为 0 件的有 27 家，占调查知识产权服务机构样本的 36.99%；处理案件数量为 1 件至 5 件的有 33 家，占样本的 45.21%；处理案件数量为 6 件至 10 件的有 5 家，占样本的 6.85%；处理案件数量为 10 件以上的有 8 家，占样本的 10.96%，详见图 12-15。而在知识产权服务机构处理过的技术纠纷类案件中，专利侵权纠纷为 55 件，占调查知识产权服务机构样本的 75.34%；集成电路布图设计侵权纠纷为 3 件，占样本的 4.11%；技术开发合同纠纷为 16 件，占样本的 21.92%；侵犯商业秘密不正当竞争纠纷为 25 件，占样本的 34.25%；植物品种权侵权纠纷为 2 件，占样本的 2.74%；专利权无效行政纠纷为 29 件，占样本的 39.73%；其他技术纠纷案件 24 件，占样本的 32.88%，详见图 12-16。

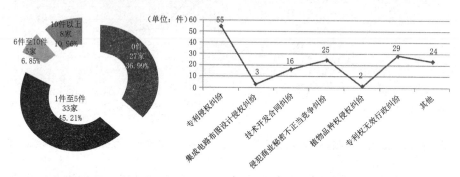

图 12-15　技术纠纷案件数量　　图 12-16　服务机构处理技术纠纷的种类

在知识产权服务机构处理的技术纠纷类案件中，其类别由高到低依次是：专利侵权纠纷、专利权无效行政纠纷、侵犯商业秘密不正当竞争纠纷、其他技术纠纷、技术开发合同纠纷、集成电路布图设计侵权纠纷、植物品种权侵权纠纷。

（三）知识产权行政执法、司法人员

本次样本调查知识产权行政执法类人员和知识产权司法人员合计 56 人。其中，法院司法人员 30 名，占知识产权行政执法人员、知识产权司法人员样本的 53.57%；专利行政执法人员 25 名，占样本的 44.64%；公安经济犯罪执法人员 1 名，占样本的 1.79%；没有版权行政执法人员和商标及不正当竞争行政执法人员被测试到，详见图 12-17。上述人员在 2017 年办理的知识产权案件数量上，5 件及以下者 9 人，占知识产权行政执法人员、知识产权司法人员样本的 16.07%；办理案件 6 件至 10 件者 4 名，占样本的 7.14%；办理案件 11 件至 15 件者 2 名，占样本的 3.57%；办理案件 16 件至 20 件者 2 名，占样本的 3.57%；办理案件 21 件至 25 件者 0 名，占样本的 0.00%；办理案件 26 件及以上者 39 名，占样本的 69.64%，详见图 12-18。

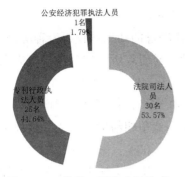

图 12-17 执法、司法人员构成

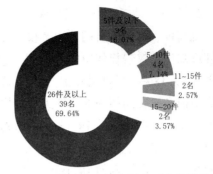

图 12-18 执法、司法人员办理案件数量

(四) 高校、科研院所知识产权研究人员

1. 高校、科研院所知识产权研究人员基本情况

为了解知识产权研究人员从理论与实践角度对知识产权纠纷的认知与评判，本次调查对 22 名高校、科研院所的知识产权研究人员进行了调研。在这 22 名研究人员中，就其职称而言，具有教授职称的有 8 人，占高校、科研院所的知识产权研究人员样本的 36.36%；具有副教授职称的有 2 人，占样本的 9.09%；具有研究员职称的有 2 人，占样本的 9.09%；具有讲师职称的有 8 人，占样本的 36.36%；具有其他职称的有 3 人，占样本的 13.64%，详见图 12-19。就其所具备的执业资格而言，具有法律执业资格者 13 人，占高校、科研院所的知识产权研究人员样本的 59.09%；具有专利代理人资格者 4 人，占样本的 18.18%；具有其他资格者 4 人，占样本的 18.18%；无执业资格者 4 人，占样本的 18.18%，详见图 12-20。

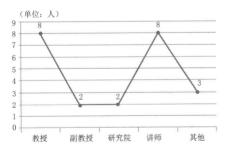

图 12-19 高校、科研院所研究人员职称

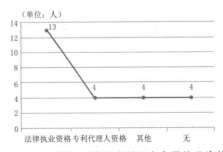

图 12-20 高校、科研院所研究人员执业资格

2. 高校、科研院所知识产权研究人员工作情况

就高校、科研院所的知识产权研究人员代理过的知识产权纠纷种类而言，代理过知识产权侵权纠纷的有 15 人，占高校、科研院所的知识产权研究人员样本的 68.18%；代理过知识产权权属纠纷的有 7 人，占样本的 31.82%；代理过知识产权合同纠纷的有 9 人，占样本的 40.91%；代理过知识产权行政纠纷的有 4 人，占样本的 18.18%；代理过不正当竞争纠纷的有 7 人，占样本的 31.82%；代理过其他纠纷的有 0 人，占样本的 0.00%；未代理过知识产权纠纷的有 4 人，占样本的 18.18%，详见图 12-21。就从事知识产权实务对知识产权研究的影响而言，认为能够使研究内容更前沿的有 14 人，占高校、科研院所的知识产权研究人员样本的 63.64%；认为能够使研究问题更敏锐的有 17 人，占样本的 77.27%；认为能够使研究更具实践意义的有 18 人，占样本的 81.82%；认为没有影响的有 0 人，占样本的 0.00%，详见图 12-22。

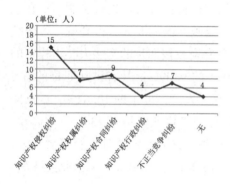

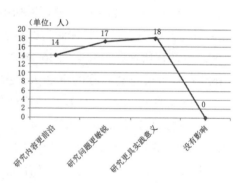

图 12-21　代理的知识产权纠纷案件类型　　**图 12-22**　知识产权实务经验对研究的影响

四、知识产权纠纷案件处理中的相关问题

（一）知识产权纠纷的证据

1. 知识产权纠纷的证据选择

在处理技术纠纷时各主体证明自己主张的证据来源方面，公司负责知识产权工作的职员有 34 人选择采用鉴定意见，占公司知识产权工作职员样本的 43.59%；选择采用专家证人的有 44 人，占样本的 56.41%，详见图 12-23。在知识产权服务机构的工作人员中，有 54 人选择采用鉴定意见，占知识产权服务机构工作人员样本的 73.97%；选择采用专家证人的有 19 人，占样本的

26.03%，详见图 12-24。在高校、科研院所的知识产权研究人员中，有 15 人选择采用鉴定意见，占高校、科研院所的知识产权研究人员样本的 68.18%；选择采用专家证人的有 7 人，占样本的 31.82%，详见图 12-25。

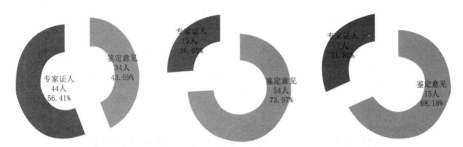

图 12-23 职员证据选择　　图 12-24 服务机构证据选择　　图 12-25 研究人员证据选择

从图 12-23、图 12-24 和图 12-25 可以发现，公司负责知识产权工作的职员更加倾向于采用专家证人的方式来证明自己的主张，而知识产权服务机构的工作人员和高校、科研院所的知识产权研究人员更加倾向于采用鉴定意见的方式来证明自己的主张。

在做出上述选择的原因方面，在公司负责知识产权工作的职员中，选择技术背景的吻合度有 59 人，占公司知识产权工作职员样本的 75.64%；选择出庭作证的灵活性的有 13 人，占样本的 16.67%；选择费用的昂贵程度的有 16 人，占样本的 20.51%；选择诉讼时间的可控性的有 17 人，占样本的 21.79%，详见图 12-26。对于知识产权服务机构的工作人员而言，基于诉讼策略的有 37 人，占知识产权服务机构工作人员样本的 50.68%；基于案件需要的有 54 人，占样本的 73.97%；基于时间因素的有 9 人，占样本的 12.33%；基于判例考量的有 20 人，占样本的 27.40%；基于费用因素的有 6 人，占样本的 8.22%；基于其他因素的有 9 人，占样本的 12.33%。而在高校、科研院所的知识产权研究人员中，基于诉讼策略的有 10 人，占样本的 45.45%；基于案件需要的有 13 人，占高校、科研院所知识产权研究人员样本的 59.09%；基于时间因素的有 2 人，占样本的 9.09%；基于判例考量的有 7 人，占样本的 31.82%；基于费用因素的有 2 人，占样本的 9.09%；基于其他因素的有 2 人，占样本的 9.09%，详见图 12-27。

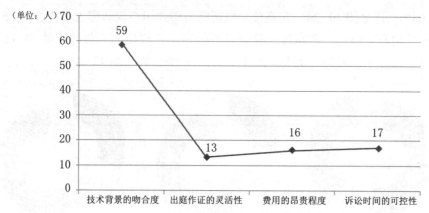

图 12-26 企业职员知识产权纠纷证据来源选择的原因

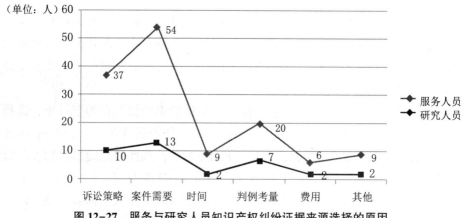

图 12-27 服务与研究人员知识产权纠纷证据来源选择的原因

不难发现，对于企业而言，选择何种证据，主要基于该证据与案件技术背景的吻合度，而对于知识产权服务机构及高校、科研机构的研究人员而言，选择何种证据，主要基于案件自身的需要及诉讼策略，同时兼顾判例的考量。

2. 复杂技术纠纷案件审理的参与人

对于知识产权行政执法人员、知识产权司法人员而言，在处理复杂技术纠纷案件时，在潜在的参与人之间，倾向于选择鉴定人方式解决的有 29 人，占知识产权行政执法人员、知识产权司法人员样本的 51.79%；选择专家证人方式解决的有 34 人，占样本的 60.71%；选择专家陪审员方式解决的有 26 人，占样本的 46.43%；选择技术调查官方式解决的有 36 人，占样本的

64.29%，详见图 12-28。

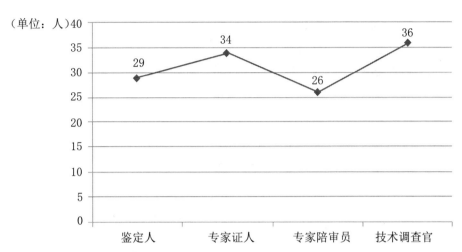

图 12-28　执法、司法人员处理技术事实复杂情况的解决方式

可以看出，知识产权执法、司法人员在处理技术事实复杂情况时，更倾向于选择技术调查官和专家证人参与处理复杂处理技术纠纷案件，其次是鉴定人和专家陪审员。

在认定技术事实的证据形式的优先选择上，公司知识产权工作职员中，有 37 人认为应由当事人决定，占公司知识产权工作职员样本的 47.44%；有 41 人认为应由法院或行政机关决定，占样本的 52.56%。在知识产权服务机构工作人员中，有 33 人认为应由当事人决定，占知识产权服务机构样本的 45.21%；有 40 人认为应由法院或行政机关决定，占样本的 54.79%。在知识产权行政执法、司法人员中，有 24 人认为应由当事人决定，占知识产权行政执法、司法人员样本的 42.86%；有 32 人认为应由法院或行政机关决定，占样本的 57.14%。在高校、科研院所的知识产权研究人员中，有 7 人认为应由当事人决定，占高校、科研院所的知识产权研究人员样本的 31.82%；有 15 人认为应由法院或行政机关决定，占样本的 68.18%，详见图 12-29。

（单位：人）

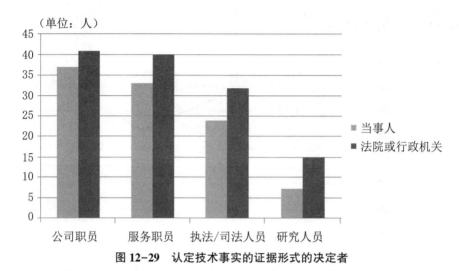

图12-29 认定技术事实的证据形式的决定者

不难发现，公司知识产权工作职员、知识产权服务机构工作人员、知识产权执法和司法人员、知识产权研究人员均更多倾向于选择由法院或行政机构决定认定技术事实的证据形式的优先选择。

在做出上述选择的原因上，在知识产权执法、司法人员中，选择保证诉权的有34人，占知识产权执法、司法人员样本的60.71%；选择更有利于事实认定的有43人，占样本的76.79%；选择提高效率的有29人，占样本的51.79%；选择规范审理程序的有27人，占样本的48.21%，详见图12-30。

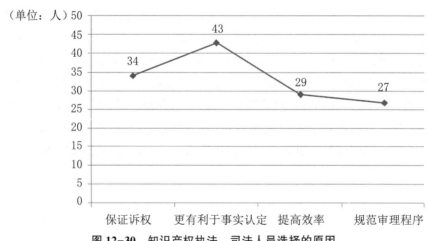

图12-30 知识产权执法、司法人员选择的原因

3. 技术调查官

在诉讼案件是否有技术调查官参与审理上，公司知识产权工作职员处理的案件中，35 人所在企业的诉讼案件中有技术调查官参与审理，占公司知识产权工作职员样本的 44.87%，而有 43 人（55.13%）的诉讼案件没有技术调查官参与审理。在知识产权服务机构和高校、科研院所样本中，分别有 17 人（23.29%）、7 人（31.82%）代理过的案件中有技术调查官参与审理，而 56 人（76.71%）、15 人（68.18%）代理过的案件中没有技术调查官参与审理，详见图 12-31。而对于知识产权执法、司法人员而言，处理技术类知识产权纠纷时，有 18 人更倾向于选择专家证人参与案件处理，占知识产权执法和司法人员样本的 32.14%；有 28 人更倾向于选择技术调查官参与案件处理，占样本的 50.00%；有 8 人更倾向于选择专家陪审员参与案件处理，占样本的 14.29%；有 2 人选择其他人员参与案件处理，占样本的 3.57%，详见图 12-32。

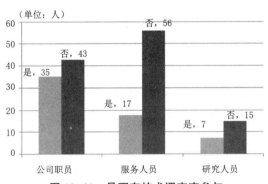

图 12-31 是否有技术调查官参与　　　图 12-32 执/司法人员参与人选择

可以看出，在公司知识产权工作职员及知识产权服务机构工作人员和高校、科研院所研究人员所处理的知识产权纠纷案件中，大多数均未有技术调查官参与，而知识产权执法、司法人员则相对更倾向于有技术调查官参与。

对于技术调查官参与案件审理的评价，有 66 名知识产权服务机构工作人员认为技术调查官参与案件审理更有利于案件事实认定，占知识产权服务机构工作人员样本的 90.41%；有 7 人认为技术调查官参与案件审理并不有利于案件事实认定，占样本的 9.59%，详见图 12-33。在高校、科研院所样本中，有 18 人认为技术调查官参与案件审理更有利于案件事实认定，占样本的 81.82%；而有 4 人认为技术调查官参与案件审理并不有利于案件事实认定，占样本的 18.18%，详见图 12-34。

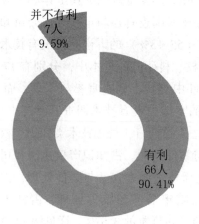

图 12-33　服务人员对技术调查官评价　　图 12-34　研究人员对技术调查官评价

对于技术调查官参与案件审理，公司知识产权工作职员中，有 56 人基于其专业背景因素，占公司知识产权工作职员样本的 71.79%；有 38 人认为其有利于争议焦点的厘清，占样本的 48.72%；有 23 人基于案件审理的灵活性，占样本的 29.49%；有 23 人认为其能够使诉讼程序更加透明，占样本的 29.49%；有 27 人认为其更中立，占样本的 34.62%；有 18 人认为能够保障法官的审判主导权，占样本的 23.08%；有 19 人基于时效性因素，占样本的 24.36%。对于知识产权服务机构工作人员而言，有 57 人基于其专业背景因素，占知识产权服务机构工作人员样本的 78.08%；有 43 人认为其有利于争议焦点的厘清，占样本的 58.90%；有 17 人基于案件审理的灵活性，占样本的 23.29%；有 21 人认为其能够使诉讼程序更加透明，占样本的 28.77%；有 30 人认为其更中立，占样本的 41.10%；有 11 人认为能够保障法官的审判主导权，占样本的 15.07%；有 4 人基于时效性因素，占样本的 5.48%。对于高校、科研院所知识产权研究人员而言，有 16 人基于其专业背景因素，占高校、科研院所知识产权研究人员样本的 72.73%；有 8 人认为其有利于争议焦点的厘清，占样本的 36.36%；有 3 人基于案件审理的灵活性，占样本的 13.64%；有 3 人认为其能够使诉讼程序更加透明，占样本的 13.64%；有 6 人认为其更中立，占样本的 27.27%；有 5 人认为能够保障法官的审判主导权，占样本的 22.73%；有 1 人基于时效性因素，占样本的 4.55%。

　　对于处理技术类知识产权纠纷时参与案件审理人员的选择，知识产权执法、司法人员中有 43 人基于其专业背景因素，占知识产权执法、司法人员样本的 76.79%；有 34 人认为其有利于争议焦点的厘清，占样本的 60.71%；有 12 人基于案件审理的灵活性，占样本的 21.43%；有 19 人认为其能够使诉讼程序更加透明，占样本的 33.93%；有 27 人认为其更中立，占样本的 48.21%；有 19 人认为能够保障法官的审判主导权，占样本的 33.93%；有 6 人基于时效性因素，占样本的 10.71%，详见表 12-1、图 12-35。

表 12-1　技术调查官及其他人员参与知识产权纠纷处理的原因

因素	公司职员		服务人员		执/司法人员		研究人员	
	N	百分比	N	百分比	N	百分比	N	百分比
专业背景	56 人	71.79%	57 人	78.08%	43 人	76.79%	16 人	72.73%
争议焦点厘清	38 人	48.72%	43 人	58.90%	34 人	60.71%	8 人	36.36%
案件审理灵活性	23 人	29.49%	17 人	23.29%	12 人	21.43%	3 人	13.64%
诉讼程序更加透明	23 人	29.49%	21 人	28.77%	19 人	33.93%	3 人	13.64%
更中立	27 人	34.62%	30 人	41.10%	27 人	48.21%	6 人	27.27%
法官审判主导权	18 人	23.08%	11 人	15.07%	19 人	33.93%	5 人	22.73%
时效性	19 人	24.36%	4 人	5.48%	6 人	10.71%	1 人	4.55%

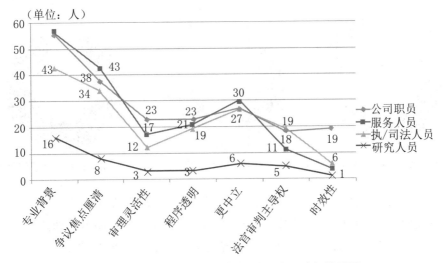

图 12-35　技术类知识产权纠纷处理人员选择的原因

从表 12-1、图 12-35 可以看出，专业背景、争议焦点厘清及处理人员的中立性是公司知识产权工作职员、知识产权服务机构和高校、科研院所知识产权研究人员期望技术调查官参与知识产权纠纷处理的最重要因素，这与知识产权执法、司法人员选择其他纠纷处理参与人的出发点相一致。除此之外，公司知识产权管理职员较之其他人员更看重时效性。

（二）等同侵权

1. 等同侵权了解程度

等同侵权是知识产权侵权判定的一项重要的原则，如何适用等同原则，一直是知识产权侵权判定中的难点问题。在对等同侵权的了解方面，有 26 名公司知识产权工作职员表示不了解，占公司知识产权工作职员样本的33.33%；有 36 人表示比较了解，占样本的 46.15%；有 16 人表示非常了解，占样本的20.51%，详见图 12-36。知识产权服务机构工作人员中，有 15 人表示不了解，占知识产权服务机构工作人员样本的 20.55%；有 53 人表示比较了解，占样本的 72.60%；有 5 人表示非常了解，占样本的 6.85%，详见图 12-37。在高校、科研院所知识产权研究人员样本中，有 1 人表示不了解，占样本的 4.55%；有 20 人表示比较了解，占样本的 90.91%；有 1 人表示非常了解，占样本的 4.55%，详见图 12-38。

图 12-36 职员了解程度　图 12-37 服务机构了解程度　图 12-38 研究人员了解程度

不难发现，公司知识产权工作职员、知识产权服务机构工作人员、高校、科研院所知识产权研究人员对于等同侵权的了解程度大致相似，即选择"比较了解"的人员占大多数，而非常了解与不了解的人数相对较少。其中，公司知识产权工作职员对于等同侵权选择非常了解与不了解的人数比例均相对较高，而比较了解的人数相对较低。

2. 等同侵权的适用

在公司知识产权工作职员处理技术纠纷中，主张过或被诉等同特征（或等同侵权）的有 42 人，占知识产权工作人员样本的 53.85%；而没有主张或被诉过的有 36 人，占样本的 46.15%，详见图 12-39。知识产权执法、司法人员适用过等同特征（或等同侵权）有的 37 人，占知识产权执法、司法人员样本的 66.07%；没有适用过的有 19 人，占样本的 33.93%，详见图 12-40。

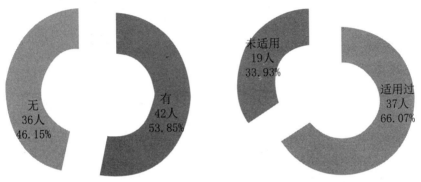

图 12-39　公司职员涉及等同侵权数量　　图 12-40　执/司法人员适用等同侵权数量

法院在适用等同特征认定构成等同侵权时，需要对一系列因素进行论证。对于这些因素，公司知识产权工作职员中有 46 人选择基本相同手段，占公司职员样本的 58.97%；有 19 人选择无需其他创造性劳动，占样本的 24.36%；有 39 人选择基本相同功能，占样本的 50.00%；有 39 人选择基本相同效果，占样本的 50.00%；有 26 人非实质性差异，占样本的 33.33%；有 7 人选择其他因素，占样本的 8.97%。在知识产权服务机构工作人员中，有 62 人选择基本相同手段，占服务机构工作人员样本的 84.93%；有 31 人选择无需其他创造性劳动，占样本的 42.47%；有 56 人选择基本相同功能，占样本的 76.71%；有 53 人选择基本相同效果，占样本的 72.60%；有 29 人选择非实质性差异，占样本的 39.73%；有 3 人选择其他因素，占样本的 4.11%。在知识产权执法、司法人员中，有 44 人选择基本相同手段，占执法、司法人员样本的 78.57%；有 36 人选择无需其他创造性劳动，占样本的 64.29%；有 43 人选择基本相同功能，占样本的 76.79%；有 43 人选择基本相同效果，占样本的 76.79%；有 29 人选择非实质性差异，占样本的 51.79%；有 8 人选择其他因素，占样本的 14.29%。在高校、科研院所知识产权研究人员中，有 18 人选择基本相同手段，占研究人员样本的 81.82%；有 6 人选择无需其他创造性劳动，占样本的 27.27%；有 14 人选择基本相同功能，占样本的 63.64%；有 13 人选择基本相同效果，占样本的 59.09%；有 5 人选择非实质性差异，占样本的 22.73%；有 3 人选择其他因素，占样本的 13.64%。详见表 12-2、图 12-41。

表 12-2　法院认定构成等同侵权需论证的因素

因素	公司职员		服务人员		执/司法人员		研究人员	
	N	百分比	N	百分比	N	百分比	N	百分比
基本相同手段	46 人	58.97%	62 人	84.93%	44 人	78.57%	18 人	81.82%
无需其他创造劳动	19 人	24.36%	31 人	42.47%	36 人	64.29%	6 人	27.27%
基本相同功能	39 人	50.00%	56 人	76.71%	43 人	76.79%	14 人	63.64%
基本相同效果	39 人	50.00%	53 人	72.60%	43 人	76.79%	13 人	59.09%
非实质性差异	26 人	33.33%	29 人	39.73%	29 人	51.79%	5 人	22.73%
其他因素	7 人	8.97%	3 人	4.11%	8 人	14.29%	3 人	13.64%

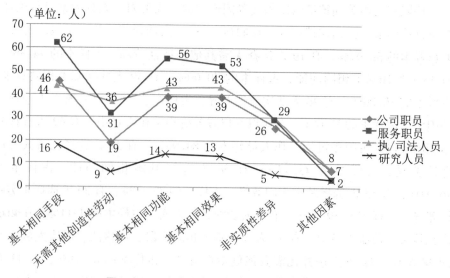

图 12-41　法院认定构成等同侵权需论证因素

从表 12-2、图 12-41 可以看出，司法解释规定的等同特征的内涵如手段基本相同、功能基本相同和效果基本相同，无需创造性联想一直是法院认定构成等同侵权的最重要的因素。从各方主体的认知发现，基本相同手段、基本相同功能和基本相同效果的选择基本一致，但他们基本不认为无创造性或非实质性差异是等同侵权认定应该考虑的因素。

等同侵权在不同程序中得到支持的情况也不尽相同，对于知识产权服务机构工作人员而言，有 20 人所代理案件的等同侵权主张在行政保护中得到支持，占服务机构样本的 27.40%；有 53 人在司法保护程序中得到支持，占样本的 72.60%，详见图 12-42。对于高校、科研院所知识产权研究人员而言，在其所代理的案件中，有 8 人的等同侵权主张在行政保护中得到支持，占研究人员样本的 36.36%；有 14 在司法保护程序中得到支持，占样本的 63.64%，详见图 12-43。

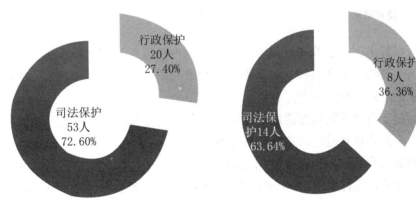

图 12-42　服务人员等同侵权易受支持程序　　**图 12-43　研究人员等同侵权易受支持程序**

不难发现，在知识产权服务机构工作人员和高校、科研院所知识产权研究人员所代理的案件中，其等同侵权主张更易在司法保护程序中受到法院支持。

3. 等同侵权适用的限制

由于等同侵权在知识产权纠纷处理过程中存在一定的弊端，有人主张对于等同侵权主张的适用应予以限制。在对于等同侵权是否应当限制适用方面，知识产权服务机构工作人员中，有 34 人认为应当限制等同侵权适用，占服务机构工作人员样本的 46.58%；39 人认为不应当限制等同侵权适用，占样本的

53.42%，详见图12-44。在知识产权执法、司法人员中，有32人认为应当限制等同侵权适用，占执法、司法人员样本的57.14%；24人认为不应当限制等同侵权适用，占样本的42.86%，详见图12-45。在高校、科研院所知识产权研究人员样本中，各有11人认为应当和不应当限制等同侵权适用，均占50.00%，详见图12-46。

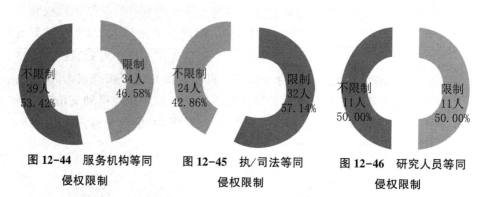

图12-44　服务机构等同　　图12-45　执/司法等同　　图12-46　研究人员等同
　　　　侵权限制　　　　　　　　侵权限制　　　　　　　　侵权限制

可以看出，对于等同侵权的限制，知识产权服务机构工作人员、知识产权执法、司法人员和高校、科研院所知识产权研究人员都并不统一，在限制与不限制之间差别并不大。

而对于限制等同侵权适用的原因，知识产权服务机构工作人员中，有18人选择维护公众利益，占服务机构工作人员样本的24.66%；有19人选择维护权利要求公示效力，占样本的26.03%；有13人选择维护第三人合理规避专利的权利，占样本的17.81%；有3人选择其他原因，占样本的4.11%。在知识产权执法、司法人员中，有23人选择维护公众利益，占执法、司法人员样本的41.07%；有22人选择维护权利要求公示效力，占样本的39.29%；有17人选择维护第三人合理规避专利的权利，占样本的30.36%；有4人选择其他原因，占样本的7.14%。在高校、科研院所知识产权研究人员中，有8人选择维护公众利益，占研究人员样本的36.36%；有5人选择维护权利要求公示效力，占样本的22.73%；有7人选择维护第三人合理规避专利的权利，占样本的31.82%；有0人选择其他原因，占样本的0.00%，详见图12-47。

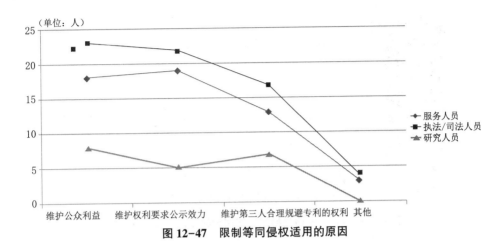

图 12-47　限制等同侵权适用的原因

（三）证据保全

证据保全是一种司法临时措施，为防止证据灭失或以后难以取得证据，一方当事人依法申请法院收集并固定证据的措施。证据保全、财产保全以及临时禁令都属于司法临时措施。我们知道，知识产权权利人在诉讼中承担较强的举证责任，这就需要权利人拥有较强的取证能力。事实上，知识产权侵权行为隐秘，侵权行为在侵权人的掌控之下，又由于侵权行为的取证会涉及侵权人的商业秘密，权利人取证一直是举步维艰，为此发挥司法机关的证据保全作用就具有了重大意义。在过去的 2017 年中，知识产权服务机构工作人员和高校、科研院所知识产权研究人员所代理的知识产权纠纷案件中，其申请证据保全的案件数在 5 件及以下的有 85 人，占知识产权服务机构工作人员和高校、科研院所知识产权研究人员样本之和的 89.47%；有 6 人申请证据保全的案件数为 6 件至 10 件，占 6.32%；有 1 人申请证据保全的案件数在 11 件至 15 件，占 1.05%；有 3 人申请证据保全的案件数为 26 件及以上，占 3.16%。而在参与的技术纠纷案件中证据保全申请得到法院或行政机关支持的数量方面，5 件及以下的有 89 人，占 93.68%；6 件至 10 件的有 4 人，占 4.21%；26 件及以上的有 2 人，占 2.11%，详见图 12-48。

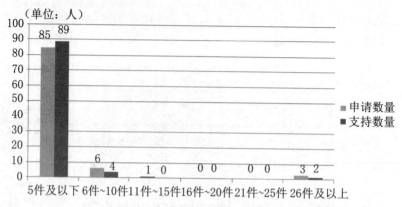

图 12-48　申请/获得支持的证据保全的知识产权案件数量

　　知识产权行政执法人员、知识产权司法人员在 2017 所办理当事人要求证据保全的知识产权案件数量上，5 件及以下者共有 39 人，占知识产权行政执法人员、知识产权司法人员样本的 69.64%；6 件至 10 件者共有 8 人，占样本的 14.29%；11 件至 15 件者共有 2 人，占样本的 3.57%；16 件至 20 件者共有 3 人，占样本的 5.36%；21 件至 25 件者共有 0 人，占样本的 0.00%；26 件及以上者共有 4 人，占样本的 7.14%，详见图 12-49。在知识产权行政执法人员、知识产权司法人员支持当事人证据保全请求的情况中，当事人取证困难者有 36 人，占知识产权行政执法人员、知识产权司法人员样本的 64.29%；证据可能灭失者有 49 人，占样本的 87.50%；申请人胜诉的可能者有 23 人，占样本的 41.07%；权利人损害难以弥补者有 19 人，占样本的 33.93%；其他情况有 9 人，占样本的 16.07%，详见图 12-50。

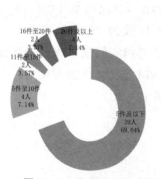

图 12-49　证据保全案件数量

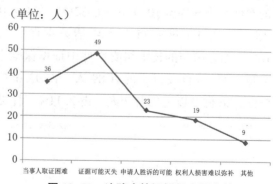

图 12-50　法院支持证据保全要求的原因

通过比较图 12-49、图 12-50 不难发现，当事人要求证据保全的知识产权案件数量，在样本中知识产权行政执法人员、知识产权司法人员所办理的案件中占有一定比例，有近 7 成的人员所办理的案件中当事人没有要求证据保全。而知识产权行政执法人员、知识产权司法人员支持当事人证据保全请求的情况由高到低依次是：证据可能灭失、当事人取证困难、申请人胜诉的可能、权利人损害难以弥补、其他情况。

（四）技术类知识产权案件上诉

针对技术类知识产权案件的一审裁判或行政处理，在当事人上诉或起诉的主要理由中，公司知识产权工作职员中有 49 人选择事实认定错误，占公司职员样本的 62.82%；有 8 人选择法律适用错误，占样本的 10.26%；有 4 人选择违反法定程序，占样本的 5.13%；有 17 人选择不确定，占样本的 21.79%。在知识产权服务机构工作人员中，有 45 人选择事实认定错误，占服务机构工作人员样本的 61.64%；有 5 人选择法律适用错误，占样本的 6.85%；有 1 人选择违反法定程序，占样本的 1.37%；有 22 人选择不确定，占样本的 30.14%。在知识产权执法、司法人员中，有 31 人选择事实认定错误，占执法、司法人员样本的 55.36%；有 7 人选择法律适用错误，占样本的 12.50%；有 3 人选择违反法定程序，占样本的 5.36%；有 15 人选择不确定，占样本的 26.79%。在高校、科研院所知识产权研究人员中，有 10 人选择事实认定错误，占研究人员样本的 45.45%；有 4 人选择法律适用错误，占样本的 18.18%；有 0 人选择违反法定程序，占样本的 0.00%；有 8 人选择不确定，占样本的 36.36%。详见表 12-3、图 12-51。

表 12-3　技术类知识产权案件当事人上诉的主要理由

理由	公司职员		服务人员		执/司法人员		研究人员	
	N	百分比	N	百分比	N	百分比	N	百分比
事实认定错误	49 人	62.82%	45 人	61.64%	31 人	55.36%	10 人	45.45%
法律适用错误	8 人	10.26%	5 人	6.85%	7 人	12.50%	4 人	18.18%
违反法定程序	4 人	5.13%	1 人	1.37%	3 人	5.36%	0 人	0.00%
不确定	17 人	21.79%	22 人	30.14%	15 人	26.79%	8 人	36.36%

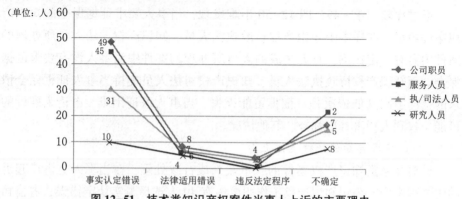

图 12-51 技术类知识产权案件当事人上诉的主要理由

关于是否建议设立知识产权上诉专门法院审理知识产权上诉案件，在知识产权服务机构工作人员中，有 62 人认为会更有利于审判标准的统一，占服务机构样本的 84.93%；有 3 人认为不会更有利于审判标准的统一，占样本的 4.11%；另有 8 人表示不确定，占样本的 10.96%。在知识产权执法、司法人员中，有 41 人认为会更有利于审判标准的统一，占执法、司法人员样本的 73.21%；有 1 人认为不会更有利于审判标准的统一，占样本的 1.79%；另有 14 人表示不确定，占样本的 25.00%。在高校、科研院所知识产权研究人员中，有 21 人认为会更有利于审判标准的统一，占研究人员样本的 95.45%；有 1 人认为不会更有利于审判标准的统一，占样本的 4.55%；有 0 人表示不确定，占样本的 0.00%，详见图 12-52。

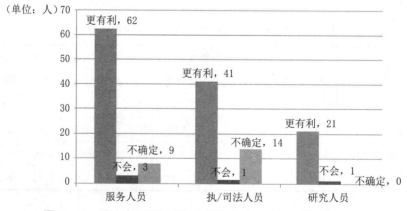

图 12-52 设立全国知识产权上诉法院是否利于审判标准统一

可以看出，知识产权服务机构工作人员、知识产权行政执法人员与知识产权司法人员及高校、科研院所知识产权研究人员，在关于是否设立知识产权上诉专门法院审理知识产权上诉案件方面，大多倾向于认为这一举措会更有利于审判标准的统一。

总　结

本次调查对来自 21 个省、市、自治区的 229 名调查对象进行了数据收集，调查内容涵盖了公司知识产权拥有及其管理情况、知识产权服务机构工作情况、知识产权行政执法及司法工作及知识产权研究情况、知识产权纠纷审理过程中的知识产权证据与案件审理参与人、等同特征主张与等同侵权、证据保全、技术类知识产权案件一审裁判或行政处理后当事人的起诉等；调查对象共涉及四类人群，即公司知识产权工作职员、知识产权服务机构工作人员、知识产权行政执法人员和知识产权司法人员、高校和科研院所知识产权研究人员。

通过上文对样本数据的综合分析，初步得出以下结论：

1. 企事业单位对知识产权管理工作的重视程度有待提高

尽管当前企业已经取得了相当多数量的知识产权，这些知识产权主要在专利、商标和版权领域，说明企业对专利、商标和版权的产出数量比较重视，也取得了一定的成绩。然而，企业对于知识产权的保护与管理工作并没有提高到其应有的重视程度。这主要体现在两方面：

第一，企业较少设置专门的知识产权管理部门。在本次调查中，有 25.64% 的知识产权工作职员隶属于研发部，16.67% 的工作人员隶属于法务部，而其他知识产权工作职员则隶属于人力资源部、销售部、行政部门/办公室及其他部门。亦即，相当数量的企业并没有对知识产权的保护及其管理予以充分重视，未能设置专门部门、岗位来从事知识产权工作，而是更多的是采取了其他部门工作职员"兼职"的形式。究其原因，可能是企业未能设置知识产权管理工作的岗位，或者设立了该岗位，但却将其归置到其他部门，这很可能造成知识产权管理工作职员的边缘化。

第二，企业知识产权管理工作职员缺乏专业化资质。在本次调查中，企业负责知识产权工作的职员中，有 52.56% 的人具备法律执业资格，有 26.92% 的人具备专利代理人资格，而有 20.51% 的调查对象不具备任何资质，这就导致了知识产权工作人员的专业化水平相对较低，企业在遭遇知识产权纠纷时有较大概率会因此而处于劣势，或者会为此付出更大的人力、物力、精力成本。

2. 知识产权服务机构日益成熟

知识产权服务机构相对企业知识产权管理工作职员而言，其专业化水平可能更高。一方面，体现在其所具备的执业资格中，本次调查中的知识产权服务机构工作人员，大多具有法律执业资格、专利代理人资格、注册会计师资格等，具有专业资质的人员比例较高。另一方面，知识产权服务机构工作人员处理过一定数量的知识产权侵权纠纷、权属纠纷、合同纠纷、行政纠纷、不正当竞争纠纷，对上述类别的纠纷处理积累了丰富的经验。

但是，知识产权服务机构专业人员的作用有待进一步挖掘，企业内部知识产权工作人员缺少的情形下，企业可以外聘专业人员提供服务。

3. 企业知识产权纠纷处理工作任务繁重

在本次调查中，约有44%的企业遭遇到了知识产权纠纷，而知识产权工作职员在工作中需要处理的纠纷类型涵盖了知识产权侵权纠纷、不正当竞争纠纷、合同纠纷、权属纠纷、行政纠纷等类型。在处理这些知识产权纠纷时，企业往往会因为企业运营风险的规避、时间、胜诉概率、费用、复杂性、裁判能否得到有效执行等因素而选择法院裁判、双方和解、商事仲裁、行政处理、调解等方式。这些多因素的综合衡量势必加重知识产权工作职员的任务。

此外，企业还会根据技术背景的吻合度、出庭作证的灵活性、费用的昂贵程度及诉讼时间的可控性等因素来选择证据类型证明自己的主张。企业负责知识产权工作的职员更加倾向于采用专家证人来证明自己的主张，而知识产权服务机构和高校、科研院所的知识产权研究人员基于案件需要、诉讼策略、判例考量等因素而倾向的鉴定意见方式。这也可能导致其工作量、工作效率等方面存在困难，进而影响其工作任务完成。

4. 技术调查官参与知识产权纠纷处理是有利的积极因素

一般而言，技术类知识产权案件专业性比较强，有些还涉及前沿科技，有着专业技术背景的技术调查官们将利用自身专业特长，全方位多角度参与技术事实查明工作，帮助法官跨界理解这些专业技术和前沿问题，提高知识产权纠纷案件的审判质量，推动知识产权审判的专业化。公司知识产权工作职员、知识产权服务机构工作人员、知识产权行政执法和司法人员及高校、科研院所知识产权研究人员都对技术调查官寄予积极的期望，尤其是其专业背景、争议焦点厘清及处理人员的中立性等，使得上述人员期望技术调查官参与知识产权纠纷处理。

在本次调查中，约有一半的知识产权纠纷案件有技术调查官的参与。事实上，技术调查官参与审理知识产权案件不仅体现在庭审过程中，还可参与庭前证据保全、财产保全以及禁令的评估，参与现场勘验活动，包括鉴定程序中的参与，技术调查官可以全程参与案件的审理，全面发挥其专业性的作用，这些都会给知识产权法官对知识产权案件的审理提供极大的帮助。

关于技术调查官的意见，可以通过合议庭在庭审和裁判文书中向当事人披露，也不影响当事人权益的救济和保护。

5. 不同主体对等同侵权态度不一

等同侵权，是相对于字面侵权而言的，将被控侵权物与涉案专利权利要求对比，被控侵权物有一个或一个以上的技术特征与涉案专利权利要求的相应技术特征字面不相同，但是如果属于等同技术特征，就应当认定被控侵权物落入涉案专利权的保护范围。公司知识产权工作职员、知识产权服务机构工作人员及高校、科研院所知识产权研究人员对于等同侵权的了解程度大致相似，大多处于"比较了解"的程度。本次调查发现，在知识产权服务机构工作人员和高校、科研院所知识产权研究人员所代理的案件中，其等同侵权主张更易在司法保护程序中得到支持。不过值得注意的是，由于行政处理案件没有公开，该数据不能说明司法程序中的司法人员比行政处理案件中的行政人员更积极倾向于等同侵权判定。

本次调查发现，在各主体所处理的知识产权纠纷案件中，手段基本相同、功能基本相同和效果基本相同是司法认定构成等同侵权的最重要的三个因素。等同侵权是侵权人对权利要求中的技术特征进行非创造性的替换而产生的侵权行为。等同侵权的适用是司法实践中的一个难点问题，有部分人员主张限制等同侵权的适用。对于等同侵权适用的限制，知识产权服务机构工作人员、知识产权执法、司法人员和高科、科研院所知识产权研究人员都不统一，选择限制与不限制的比例大致相似。

等同侵权认定主观性比较强，扩大了专利权的保护范围，侵犯了社会公众的信赖利益。因此，笔者以为应当谨慎适用该原则。随着专利代理机构代理水平的提升，等同侵权原则已经不需要承担历史的重任，权利要求的解释原则和规则能够更好地平衡专利权人和社会公众的利益。

6. 法院相对支持证据保全

在本次调查中，当事人要求证据保全的知识产权案件数量，在样本中知识产权行政执法人员、知识产权司法人员所办理的案件中占有一定比例，有近7成的人员所办理的案件中当事人没有要求证据保全。而知识产权行政执法人员、知识产权司法人员支持当事人证据保全请求的情况由高到低依次是：证据可能灭失、当事人取证困难、申请人胜诉的可能、权利人损害难以弥补、其他情况。本次调查发现，知识产权服务机构工作人员和高校、科研院所知识产权研究人员所代理的知识产权纠纷案件，在申请证据保全时绝大多数都得到了法院的支持。

同样，相对于该问题，由于行政机关执法文书没有要求公开，且行政执法系统庞大，行政执法中是否接受当事人投诉并进一步收集证据的数据不能真实反映。笔者根据自身经历，总结出在专利行政执法中，行政机关证据保全的效率更高，法院次之。对法院而言，是否采取保全措施，即使影响当事人权益，对法官而言也不会有任何的利益影响；但行政机关不同，一旦立案，就必须有充分的证据进行查处，证据保全是为自身执法考虑，不仅仅是为了维护当事人权益。因此，行政机关对证据保全有更大的动力。

7. 全国设立知识产权上诉专门法院有利于审判标准的统一

本次调查发现，对于技术类知识产权案件的一审裁判或行政处理，事实认定错误是最重要的上诉理由，此外，还包括法律适用错误、违反法定程序等理由。知识产权服务机构工作人员、知识产权执法与司法人员及高校、科研院所知识产权研究人员大多认为，在全国设立知识产权上诉专门法院审理知识产权上诉案件，会更有利于审判标准的统一。

知识产权的多少体现了一个国家的科学、技术和文化等水平的高低。知识产权纠纷的大量出现，在一定程度上反映了知识的繁荣，也反映了一定矛盾和冲突的存在。这些矛盾和冲突如果得不到正确、及时的解决，必然影响知识的正常发展和社会的进步。因此，解决知识产权纠纷，平息有关纷争，具有重要意义。同时在保护知识产权人的合法权益，促进社会进步、制止不正当竞争行为，规范市场秩序、防止消费者被蒙骗，保护消费者合法权益、培育公民的知识产权观念，教育公民自觉遵守法律等方面发挥着独特的作用。

然而，在我国当前的知识产权纠纷处理工作中，仍然存在着一些有待改善之处，本调查针对这些问题进行了探索，总结出了企业知识产权工作职员、知识产权服务机构工作人员、知识产权执法与司法人员及高校、科研院所知识产权研究人员等的见解、期望，对于知识产权纠纷处理的优化与改进具有一定的借鉴与启发作用。

案例分析报告

引　言

案例分析研究是常用的实证分析方法。知识产权诉讼中，由于个案的特殊性，即事实的多样性，使得案件的裁判各具千秋。但就法律而言，又具有普遍性，不同案件对法律的适用又是有规律可循的。通过对案例研究，可以掌握法律漏洞和不足，了解法官喜好与倾向，及时修法、完善立法，纠正司法不恰当之处，并通过司法政策加以引导。

知识产权诉讼中，由于法官普遍不具有理工背景知识，对涉及技术类案件事实的把握难以做到胸有成竹，过分信赖外部力量，比如鉴定意见等，直接认可鉴定意见等证据，部分让渡了司法审判权，使得当事人对法院的审理失去信心，影响了司法的权威性。知识产权诉讼技术事实查明机制研究，从宏观角度分析，在现有的诉讼制度下技术事实查明机制的完善，诉讼主体方面，既考虑加大当事人针对技术事实的举证、质证能力，也考虑增强法院审查技术事实的力量，通过提高多方举证、质证以及审查证据的能力，提升案件审理的质量；事实认定和法律适用方面，针对技术类案件中的侵权认定重点和难点问题，着力分析一些裁判原则和规则，以期提高法律适用的可预期性，提升人民群众的认可度和信任度。

诉讼制度方面，完善证据保全制度，能有效提升权利人举证能力；协调发挥专家辅助人、专家咨询以及专家鉴定等机制的作用，能有效提升当事人质证能力；建立证据披露、证据妨碍等规则，合理分配当事人举证责任，能有效破解权利人举证难维权难问题。此外，通过加强诉讼诚信体系建设，可制约权利人滥用知识产权等不当行为。

通过案例对上述问题进行分析研究，具有一定的现实意义。

一、研究过程

（一）调查工具

本次调查采用自编问卷进行调查。在设计问卷时，首先，通过中国知网等网络查阅知识产权诉讼等相关文献，明确研究问题，确定问卷调查的内容范围。其次，对知识产权服务业企业人员、高校知识产权研究人员与法院等执法人员进行深度访谈，收集知识产权诉讼中与技术事实认定有关的问题。再次，对收集到的问题展开讨论，确定出问卷问题；同时，与高校问卷调查及统计分析专业人员讨论，形成问卷初稿。复次，利用问卷初稿对 2017 年至 2018 年最高人民法院再审案件进行测试。最后，根据测试中测试对象的反映修正语言等问题，与高校相关专业人员讨论形成最终问卷。

调查问卷共分为四部分，共 49 题。第一部分，入选案件（再审）基本信息，共 3 题，涉及案件类型。第二部分，一审程序基本信息，共 18 题。第三部分，二审程序基本信息，共 13 题。第四部分，再审程序基本信息，共 15 题。第二、三、四部分的问题主要围绕技术事实查明选用的手段、程序的启动等问题。

（二）调查实施及描述对象

本报告的数据主要来两方面：一是，借助无讼网，输入"知识产权再审案件"检索并随机 2017 年至 2018 年最高人民法院再审案件，共 114 件，为本报告提供了相关案件从一审到再审程序的详细数据，包括案件类型、案件性质、案件诉前手段、证据类型等数据。二是 2017 年至 2018 年最高人民法院知识产权案件年度报告。

以《最高人民法院知识产权案件年度报告（2018）》为例，最高人民法院知识产权庭在 2018 年接受的新案件合计 1562 件，其中二审案件 24 件，再审案件 1335 件，提审案件 176 件，请示案件 26 件，司法制裁案件 1 件。再审案件占比达到 85.47%，上述数据说明，最高人民法院在知识产权类案件审理中，主要发挥审判监督功能。

表 13-1　案件类型（按审理程序划分）

案件类型	案件数	百分比
二审案件	24 件	1.54%
提审案件	176 件	11.27%
申请再审案件	1335 件	85.47%
请示案件	26 件	1.66%
司法制裁案件	1 件	0.06%
合计	1562 件	100%

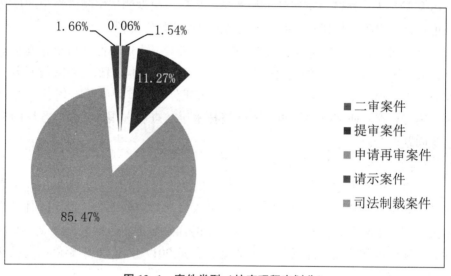

图 13-1　案件类型（按审理程序划分）

　　根据最高人民法院的知识产权案件年度报告，按照案件客体类型分类：商标类型案件 711 件，专利类型案件 684 件，著作权类型案件 50 件，不正当竞争类型案件 36 件，知识产权合同类型案件 35 件，植物新品种类型案件 15 件，知识产权垄断类型案件 1 件，其他知识产权案件 30 件。商标和专利案件合计占比接近 90%，一方面说明商标和专利案件是争议的焦点，另一方面说明当事人对商标和专利案件审理中的焦点问题没有取得共识，希望通过最高人民法院进行解决。

表 13-2　案件类型（按所涉客体类型划分）

案件类型	案件数	百分比
专利案件	684 件	43.80%
商标案件	711 件	45.52%
著作权案件	50 件	3.20%
垄断案件	1 件	0.06%
不正当竞争案件	36 件	2.30%
植物新品种案件	15 件	0.96%
知识产权合同案件	35 件	2.24%
其他案件	30 件	1.92%
合计	1562 件	100%

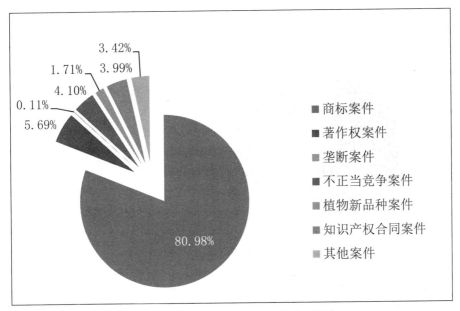

图 13-2　案件类型（按所涉客体类型划分）

按照案件性质划分，共有行政案件 641 件，其中商标行政纠纷类案件 507 件，专利行政纠纷类案件 120 件，其他行政纠纷类案件 14 件；民事纠纷案件 913 件；刑事请示案件 7 件；司法制裁案件 1 件。上述数据，民事案件占比超过一半，说明知识产权民事纠纷依然是主流，但是知识产权行政案件也很多，这主要是由于知识产权授权确权直接影响当事人权益，产生的争议较多，也比较有代表性。

表 13-3　案件类型（性质）

案件类型	案件数	百分比
行政案件	641 件	41.04%
民事案件	913 件	58.45%
刑事请示案件	7 件	0.45%
司法制裁案件	1 件	0.06%
合计	1562 件	100%

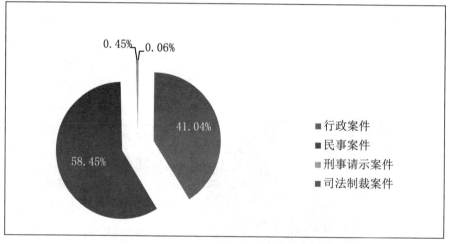

图 13-3　案件类型（性质）

再审案件概况如下：

1. 再审案件类型（内容分）

本次调查的 114 个再审案件中，发明专利侵权再审案共 26 件，占样本总数的 22.81%；实用新型专利侵权再审案共 32 件，占样本总数的 28.07%；发明专利无效诉讼再审案共 2 件，占样本总数的 1.75%；实用新型专利无效诉讼再审案共 2 件，占样本总数的 1.75%；商业秘密（仅指技术信息）侵权再审案共20件，占样本总数的17.54%；植物品种权无效诉讼再审案共0件，占样本总数的0%；植物品种权侵权诉讼再审案共18件，占样本总数的15.79%；集成电路布图设计侵权诉讼再审案共4件，占样本总数的3.51%；计算机软件类再审案共10件，占样本总数的8.77%。

表13-4　再审案件类型（内容分）

案件类型	案件数	百分比
发明专利侵权再审案	26件	22.81%
实用新型专利侵权再审案	32件	28.07%
发明专利无效诉讼再审案	2件	1.75%
实用新型专利无效诉讼再审案	2件	1.75%
商业秘密（仅指技术信息）侵权再审案	20件	17.54%
植物品种权无效诉讼再审案	0件	0.00%
植物品种权侵权诉讼再审案	10件	15.79%
集成电路布图设计侵权诉讼再审案	4件	3.51%
计算机软件类再审案	10件	8.77%
合计	114件	100.00%

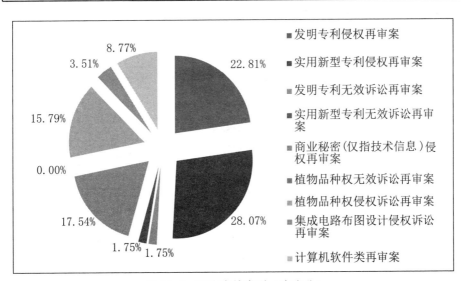

图13-4　再审案件类型（内容分）

由图表可知，再审案件类型主要集中在实用新型专利侵权再审案、发明专利侵权再审案、商业秘密（仅指技术信息）侵权再审案、植物品种权侵权诉讼再审案四种案件类型，约占总数的74%，仅发明专利侵权再审案和实用新型专利侵权再审案两类就超过半数，而以我国现行的发明专利和实用新型专利侵权的判定方法为例，法院一般主要采取三步走：

第一步：明确专利权人主张的权利要求的保护范围。专利权利要求书一般有多项权利要求，不同项数权利要求的保护范围是不同的，因此，法院首先要求权利人明确其依据哪一项或哪几项权利要求主张权利。只有权利要求范围确定了，才能够判定他人是否落入其保护。

第二步：确定被控侵权物。被控侵权物可以是产品，也可以是方法。此时需要将被控侵权物分解为技术特征，也就是用技术特征表征侵权物，这样，可以将被控侵权物与涉案专利权利要求的技术方案进行技术比对。

第三步：将被控侵权物与涉案专利权利要求进行比对，如果被控侵权物覆盖了涉案专利的权利要求，就落入专利的保护范围；如果有一个或一个以上的技术特征不相同也不等同的，就没有落入涉案专利的保护范围。

这就导致法院进行侵权判定的时候，需要对一些技术事实问题进行技术比对，而单凭法院的力量，恐怕无法完全解决，这个时候就需要进一步完善举证、质证方式或手段、举证程序等，邀请独立的第三方作为专家证人参与案件事实的调查或者技术调查与法官一起参与案件。

2. 再审案件类型（性质分）

本次调查的再审案件中，民事再审案共106件，占总体的92.98%；行政再审案共8件，占总体的7.02%；刑事再审案共0件，占总体的0%。该数据进一步说明，民事再审案占据了绝大多数。

表13-5　再审案件类型（性质分）

类型	案件数	百分比
民事再审案	106件	92.98%
行政再审案	8件	7.02%
刑事再审案	0件	0%
合计	114件	100%

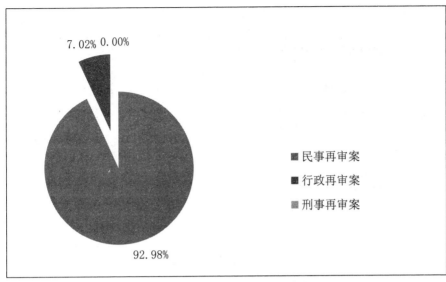

7.02%　0.00%

92.98%

■ 民事再审案
■ 行政再审案
■ 刑事再审案

图 13-5　再审案件类型（性质分）

3. 诉前临时措施

在所调查的再审案件中，采取证据保全措施的共 68 件，占总数的 59.65%；采取行为保全措施的共 28 件，占总数的 24.56%；采取财产保全措施的共 24 件，占总数的 21.05%；采取现场勘验措施的共 16 件，占总数的 14.04%；没有采取措施的共 44 件，占总数的 38.6%。

上述数据说明，一般知识产权诉讼案件，权利人在取证方面受到诸多限制，需要借助司法机关等帮助，申请证据保全的占比接近 60%，这一数据也同时说明现有举证分配规则无法有效保护权利人的权益。

表 13-6　诉前临时措施

措施	案件数	百分比
证据保全	68	59.65%
行为保全	28	24.56%
财产保全	24	21.05%
现场勘验	16	14.04%
无	44	38.60%

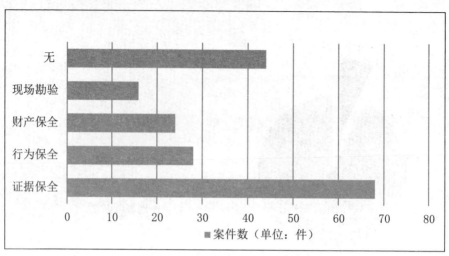

图 13-6　诉前临时措施

二、一审程序相关数据分析

笔者对最高人民法院的 114 件再审案件的一审裁判文书进行研读，并采集了一些关键数据。

（一）一审证明技术事实的证据类型与当事人是否选择二审或再审相关性分析

由下表可知，一审证明技术事实的证据类型与当事人是否选择二审或再审模型的 R 方为 0.278，R 方即决定系数，最常用于测量一条回归线拟合它所基于的样本数据的程度方法，它也代表由回归线解释的因变量的变化量。决定系数是一个处于 0 和 1 的比率，它的大小代表了独立变量中百分之多少的方差是由回归中使用的独立变量所解释的，总之，它的值越大越好。R 方为 0.278，即意味着独立变量中 27.8% 的方差是由独立变量解释的。

且模型 P 值为 0.002，小于 0.05，即一审证明技术事实的证据类型与当事人是否选择二审或再审存在显著性相关。一审证明技术事实的证据类型包括鉴定意见、专家辅助人（或专家证人）意见和无鉴定意见和专家辅助人（或专家证人）意见 P 值均小于 0.05，即三者都与当事人是否选择二审或再审具有显著性相关，且都为正相关关系，这意味随着这三种情况的出现，都可能提高当事人选择进入二审或再审的可能性。

表 13-7 模型汇总

模型	R	R 方	调整 R 方	标准估计 的误差	更改统计量				
					R 方 更改	F 更改	df1	df2	Sig. F 更改
1	.528a	.278	.223	.401	.278	5.015	4	52	.002

a. 预测变量:(常量),一审证明技术事实的证据(或/和意见)类型包括?(勘验笔录),一审证明技术事实的证据(或/和意见)类型包括?[无鉴定意见和专家辅助人(或专家证人)意见],一审证明技术事实的证据(或/和意见)类型包括?[专家辅助人(或专家证人)意见],一审证明技术事实的证据(或/和意见)类型包括?(鉴定意见)

表 13-8 系数 a

模 型	非标准化系数		标准 系数	t	Sig.	共线性统计量	
	B	标准误差	试用版			容差	VIF
（常量）	.903	.194		4.656	.000		
一审证明技术事实 的证据类型包括? （鉴定意见）	.385	.229	.408	1.683	.000	.237	4.227
一审证明技术事实 的证据类型包括? （专家辅助人（或 专家证人）意见）	.084	.179	.082	.466	.000	.452	2.214
一审证明技术事实 的证据类型包括? （无鉴定意见和专 家辅助人（或专 家证人）意见）	.085	.194	.089	.439	.000	.336	2.974
一审证明技术事实 的证据类型包括? （勘验笔录）	.260	.164	.210	1.583	.120	.788	1.269

（左侧第一列标注：1）

a. 因变量:是否有当事人不服事实认定,提出上诉进行二审或再审?

而在所调查的案件中,一审证明技术事实的证据类型中,案件提出鉴定意见共 40 件，占总数的 35.09%；专家辅助人（或专家证人）意见共 30 件，占总数的 26.32%；无鉴定意见和专家辅助人（或专家证人）意见共 76 件，占总数的 66.67%；勘验笔录共 18 件，占总数的 15.79%。在一审证明技术事实的证据类型分布中，可以清晰地看到，在再审案件一审提供证明技术事实的证据上，无鉴定意见和专家辅助人（或专家证人）意见在实际中占据了主导地位，也就是说技术事实的证明主要靠其他类型证据，如书证、当事人陈述等，法官也对其进行独立认定和采信。但案件中当事人提出鉴定意见和专家辅助人（或专家证人）意见的占比也不容小觑，说明当事人对该类证据的信任度还是比较高的。就鉴定意见、专家辅助人意见和勘验笔录而言，当事人对鉴定意见不予认可并上诉的比例还是最高的，如何运用和改善三种证明技术事实的证据，具有一定的现实意义。

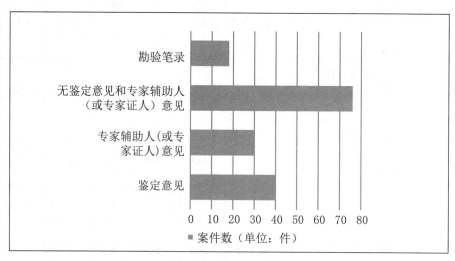

图 13-7　一审证明技术事实的证据类型

　　鉴定意见与当事人是否选择二审或再审的相关性：

　　（1）鉴定意见的鉴定启动方式。

　　由数据可知，鉴定意见的鉴定启动方式与当事人是否选择二审或再审的模型 R 方为 0.663，即鉴定意见的鉴定启动方式作为自变量可以解释因变量 66.3% 的变化，且 P 值小于 0.05，这就意味着鉴定意见的鉴定启动方式与当事人是否选择二审或再审有显著性相关。而所有相关因素中，一审程序中，鉴定启动方式为诉前当事人自行委托鉴定、诉中当事人自行委托鉴定、诉中法院自行决定委托鉴定、诉中当事人申请法院拒绝委托鉴定、侦查机关委托鉴定和检察机关委托鉴定具有显著性相关。其中,诉前当事人自行委托鉴定与当事人是否选择二审或再审为负相关关系,其他皆为正相关关系;诉中当事人自行委托鉴定、诉中法院自行决定委托鉴定、诉中当事人申请法院拒绝委托鉴定、侦查机关委托鉴定和检察机关委托鉴定的标准系数分别为1.641、0.944、4.884、2.682和2.152,其中诉中当事人自行委托鉴定、侦查机关委托鉴定和检察机关委托鉴定基本在1~2浮动,而诉中法院自行决定委托鉴定、诉中当事人申请法院拒绝委托鉴定远远超过其他几项,更易导致当事人选择二审或者再审。

而在所调查的案件中,诉前当事人自行委托鉴定共30个,占总数的75%;诉中当事人自行委托鉴定共18个,占总数的45%;诉中法院自行决定委托鉴定共20个,占总数50%;诉中当事人申请,法院委托鉴定共28个,占总数的70%;诉中当事人申请,法院拒绝委托鉴定共10个,占总数的25%;侦查机关委托鉴定共12个,占总数的30%;检察机关委托鉴定共12个,占总数的30%。由数据可知,在一审程序中,鉴定启动方式当事人和法院占据了主导地位,侦查机关和检察机关委托的作用相对较弱,而诉中当事人申请,法院拒绝委托鉴定的情况出现也较少,为25%。

表 13-9　模型汇总

模型	R	R方	调整R方	标准估计的误差	更改统计量				
					R方更改	F更改	df1	df2	Sig.F更改
1	.814a	.663	.615	.282	.663	13.765	7	49	.000

a. 预测变量:(常量),一审程序中,鉴定启动方式?(检察机关委托鉴定),一审程序中,鉴定启动方式?(诉中法院自行决定委托鉴定),一审程序中,鉴定启动方式?(诉中当事人申请,法院委托鉴定),一审程序中,鉴定启动方式?(诉前当事人自行委托鉴定),一审程序中,鉴定启动方式?(诉中当事人自行委托鉴定),一审程序中,鉴定启动方式?(诉中当事人申请,法院拒绝委托鉴定),一审程序中,鉴定启动方式?(侦查机关委托鉴定)。

表 13–10　系数 a

模型		非标准化系数		标准系数	t	Sig.	共线性统计量	
		B	标准误差	试用版			容差	VIF
1	（常量）	1.449	.081		17.784	.000		
	一审程序中，鉴定启动方式？（诉前当事人自行委托鉴定）	-.482	.145	-1.932	-3.325	.002	.020	49.082
	一审程序中，鉴定启动方式？（诉中当事人自行委托鉴定）	.442	.154	1.641	2.871	.006	.021	47.515
	一审程序中，鉴定启动方式？（诉中法院自行决定委托鉴定）	.251	.132	.944	1.902	.023	.028	35.791
	一审程序中，鉴定启动方式？（诉中当事人申请，法院委托鉴定）	-.024	.124	-0.095	-.193	.848	.028	35.123
	一审程序中，鉴定启动方式？（诉中当事人申请，法院拒绝委托鉴定）	-1.400	.302	4.884	-4.632	.000	.006	161.588
	一审程序中，鉴定启动方式？（侦察机关委托鉴定）	.756	.367	2.682	2.060	.045	.004	246.457
	一审程序中，鉴定启动方式？（检察机关委托鉴定）	.607	.222	2.152	2.733	.009	.011	90.162

a. 因变量：是否有当事人不服事实认定，提出上诉进行二审或再审？

（2）鉴定意见的鉴定机构和鉴定人来源。

由数据可知，鉴定意见的鉴定机构和鉴定人来源与当事人是否选择二审或再审的模型 R 方为 0.371，即鉴定意见的鉴定机构和鉴定人来源作为自变量可以解释因变量 37.1% 的变化，且 P 值小于 0.05，这就意味着鉴定意见的鉴定机构和鉴定人来源与当事人是否选择二审或再审有显著性相关。相关因素中，鉴定机构和鉴定人来源（入选法院鉴定机构名录）、鉴定机构和鉴定人来源（本省）鉴定机构、鉴定机构和鉴定人来源（外省）鉴定机构和鉴定人来源（其他）与因变量具有显著性相关，标准系数分别为 -0.693、0.210、2.302 与 -1.330，即鉴定机构和鉴定人来源（本省）鉴定机构与鉴定机构和鉴定人来源（外省）鉴定机构与因变量呈正相关关系，鉴定机构和鉴定人来源（入选法院鉴定机构名录）与鉴定人来源（其他）与因变量呈负相关关系，因变量随着鉴定机构和鉴定人来源（本省）鉴定机构与鉴定机构和鉴定人来源（外省）鉴定机构使用而增加，随鉴定机构和鉴定人来源（入选法院鉴定机构名录）和鉴定人来源（其他）的使用而减少，一审程序中，鉴定机构和鉴定人来源选择（外省）鉴定机构造成当事人选择二审或再审的倍数是鉴定人来源（本省）鉴定机构）的 11 倍。

在所调查的案件中，入选法院鉴定机构名录共 23 个，占总数的 65%；本省鉴定机构共 36 个，占总数的 90%；外省鉴定机构共 8 个，占总数的 20%；其他共 6 个，占总数的 15% 。由数据可知，所调查案件过半数入选法院鉴定机构，其出具的鉴定意见具有一定的可信度，但可能是由于当事人和法院更熟悉本省的缘故，往往更愿意由本省鉴定机构鉴定，而不选择外省（或辖区）鉴定机构，由于从数据上来看，鉴定意见选择外省鉴定机构更容易造成当事人选择二审或再审，相较而言，选择本省（或辖区）鉴定机构鉴定会比选择外省（或辖区）鉴定机构更有利于案件的审理，但最佳选择为选择入选法院鉴定机构名录的鉴定机构。

表 13-11 模型汇总

模型	R	R 方	调整R 方	标准估计的误差	更改统计量				
					R 方更改	F 更改	df1	df2	Sig.F 更改
1	.609a	.371	.323	.374	.371	7.680	4	52	.000

a. 预测变量：(常量)，一审程序中，鉴定机构和鉴定人来源（其他），一审程序中，鉴定机构和鉴定人来源（入选法院鉴定机构名录），一审程序中，鉴定机构和鉴定人来源[外省（或辖区）鉴定机构]，一审程序中，鉴定机构和鉴定人来源[本省（或辖区）鉴定机构]。

表 13-12　系数 a

模型		非标准化系数		标准系数	t	Sig.	共线性统计量	
		B	标准误差	试用版			容差	VIF
1	（常量）	1.448	.139		10.421	.000		
	一审程序中，鉴定机构和鉴定人来源（入选法院鉴定机构名录）	-.177	.164	-0.693	-1.077	.006	.029	34.235
	一审程序中，鉴定机构和鉴定人来源（本省（或辖区）鉴定机构）	.051	.207	0.210	.246	.007	.016	60.750
	一审程序中，鉴定机构和鉴定人来源（外省（或辖区）鉴定机构）	.671	.219	2.302	3.068	.003	.021	46.591
	一审程序中，鉴定机构和鉴定人来源（其他）	-.395	.189	-1.330	-2.091	.041	.030	33.473

a. 因变量：是否有当事人不服事实认定，提出上诉进行二审或再审？

（3）鉴定意见的质证内容。

由数据可知，鉴定意见的质证内容与当事人是否选择二审或再审的模型 R 方为 0.555，即鉴定意见的质证内容作为自变量可以解释因变量 55.5% 的变化，且 P 值小于 0.05，这就意味着鉴定意见的质证内容与当事人是否选择二审或再审有显著性相关。在相关变量中，鉴定意见的质证内容 [鉴定人中立审查（是否回避）]、鉴定意见的质证内容（鉴定程序）、鉴定意见的质证内容（鉴定方法和原理）和鉴定意见的质证内容（鉴定结论）与因变量具有显著性相关，标准系数分别为 6.231、-4.711、2.782 和 -3.175，鉴定意见的质证内容 [鉴定人中立审查（是否回避）] 和鉴定意见的质证内容（鉴定方法和原理）与因变量呈正相关，而与鉴定意见的质证内容（鉴定程序）和鉴定意见的质证内容（鉴定结论）呈负相关，这就意味着当事人要对鉴定意见的质证内容［鉴定人中立审查（是否回避）］、鉴定意见的质证内容（鉴定程序）、鉴定意见的质证内容（鉴定方法和原理）比鉴定意见的质证内容（鉴定结论）采取更为慎重的态度。

在所调查的 40 件涉及鉴定意见的案件中，针对鉴定人适格资格（技术领域、职称等）质证共 26 件，占总数的 65%；鉴定人中立审查（是否回避）共 22 件，占总数的 55%；鉴定程序共 24 件，占总数的 60%；鉴定过程共 16 件，占总数的 40%；鉴定方法和原理共 24 件，占总数的 60%；鉴定检材（或鉴定用数据资料）共 30 件，占总数的 75%；鉴定范围共 26 件，占总数的 65%；鉴定意见共 34 件，占总数的 85%。

根据以上数据，当事人针对鉴定意见的质证，最关注的是鉴定意见，达 85%，因为鉴定意见直接关系当事人利益；其次是检材，即鉴定用材料是否来源于案件案发第一现场，这个问题决定鉴定的起源是否具有合法性，最后是鉴定范围、鉴定人资格、鉴定程序等，这些问题的合法性，能够直接影响鉴定意见的可采性。

表 13-13　模型汇总

模型	R	R 方	调整R 方	标准估计的误差	更改统计量				
					R 方更改	F 更改	df1	df2	Sig.F 更改
1	.745a	.555	.480	.328	.555	7.472	8	48	.000

a. 预测变量：（常量），一审程序中，鉴定意见的质证内容（鉴定结论），一审程序中，鉴定意见的质证内容（鉴定方法和原理），一审程序中，鉴定意见的质证内容（鉴定程序），一审程序中，鉴定意见的质证内容（鉴定范围），一审程序中，鉴定意见的质证内容（鉴定过程），一审程序中，鉴定意见的质证内容［鉴定检材（或鉴定用数据资料）］，一审程序中，鉴定意见的质证内容［鉴定人适格资格（技术领域、职称等）］，一审程序中，鉴定意见的质证内容［鉴定人中立审查（是否回避）］。

表 13-14　系数 a

模型		非标准化系数		标准系数	t	Sig.	共线性统计量	
		B	标准误差	试用版			容差	VIF
1	（常量）	1.564	.083		18.889	.000		
	一审程序中，鉴定意见的质证内容［鉴定人适格资格（技术领域、职称等）］	.170	.280	.664	.606	.547	.008	129.580
	一审程序中，鉴定意见的质证内容［鉴定人中立审查（是否回避）］	1.633	.474	6.231	3.449	.001	.003	351.791
	一审程序中，鉴定意见的质证内容（鉴定程序）	-1.219	.481	-4.711	-2.536	.015	.003	372.124
	一审程序中，鉴定意见的质证内容（鉴定过程）	-.318	.260	-1.161	-1.222	.228	.010	97.324
	一审程序中，鉴定意见的质证内容（鉴定方法和原理）	.720	.246	2.782	2.927	.005	.010	97.403
	一审程序中，鉴定意见的质证内容［鉴定检材（或鉴定用数据资料）］	-.235	.261	-.942	-.899	.373	.008	118.369
	一审程序中，鉴定意见的质证内容（鉴定范围）	.210	.218	.823	.965	.339	.013	78.388
	一审程序中，鉴定意见的质证内容（鉴定结论）	-.774	.202	-3.175	-3.821	.000	.013	74.422

a. 因变量：是否有当事人不服事实认定，提出上诉进行二审或再审？

（4）鉴定意见的质证方式。

由数据可知，鉴定意见的质证方式与当事人是否选择二审或再审的模型R方为0.517，即鉴定意见的质证方式作为自变量可以解释因变量51.7%的变化，且P值小于0.05，这就意味鉴定意见的质证方式与当事人是否选择二审或再审有显著性相关。在相关因素里面，鉴定意见质证方式为口头形式（出庭）和远程视频与当事人是否选择二审或再审具有显著性相关，标准系数分别为-2.404和3.190，即口头形式（出庭）与当事人是否选择二审或再审为负相关关系，远程视频与当事人是否选择二审或再审正相关，选择口头形式（出庭）更不容易进入二审或再审。

在所调查的案件中，采取口头形式（出庭）共24件，占总数的60%；书面形式共38件，占总数的95%；远程视频共14件，占总数的35%。由数据可知，鉴定意见的质证方式以书面形式为主，口头形式（出庭）为辅，而远程视频的质证方式体现了法院在知识产权审判形式上面的创新和进取。上述数据还说明，对同一份鉴定意见的质证，可以采取口头质证、书面质证以及远程视频质证相结合的形式。

表 13-15　模型汇总

模型	R	R 方	调整 R 方	标准估计的误差	更改统计量				
					R 方更改	F 更改	df1	df2	Sig. F 更改
1	.719a	.517	.490	.325	.517	18.912	3	53	.000

a. 预测变量：（常量），一审程序中，鉴定意见质证方式（远程视频）；一审程序中，鉴定意见质证方式［口头形式（出庭）］；一审程序中，鉴定意见质证方式（书面形式）。

表 13-16　系数 a

模型		非标准化系数		标准系数	t	Sig.	共线性统计量	
		B	标准误差	试用版			容差	VIF
1	（常量）	1.580	.090		17.648	.000		

模型	非标准化系数		标准系数	t	Sig.	共线性统计量	
	B	标准误差	试用版			容差	VIF
一审程序中，鉴定意见质证方式[口头形式（出庭）]	-.622	.147	-2.404	-4.240	.000	.028	35.269
一审程序中，鉴定意见质证方式（书面形式）	-.071	.145	-.296	-.488	.628	.025	40.415
一审程序中，鉴定意见质证方式（远程视频）	.886	.171	3.190	5.177	.000	.024	41.656

a. 因变量：是否有当事人不服事实认定，提出上诉进行二审或再审？

（5）一审法院是否采信鉴定意见。

由数据可知，一审法院是否采信鉴定意见与当事人是否选择二审或再审的模型R方为0.225，即一审法院是否采信鉴定意见作为自变量可以解释因变量22.5%的变化，且P值小于0.05，这就意味一审法院是否采信鉴定意见与当事人是否选择二审或再审有显著性相关。

在所调查的案件中，一份鉴定意见，全部采信共6个，占总数的15%；一份鉴定意见，部分采信共2个，占总数的5%；一份鉴定意见，不予采信共2个，占总数的5%；多份鉴定意见，都不予采信和多份鉴定意见，全部采信都为0个，占总数的0%；多份鉴定意见，部分采信共30个，占总数的75%。

上述数据说明，通过鉴定意见查明案件事实的案例，一般不是一份鉴定意见能够解决问题的，通常会出现多份鉴定意见，最后法院根据案情，多方博弈后，对部分鉴定意见的结论予以采信。

（6）一审判决如何对鉴定意见的采信进行说理。

由数据可知，一审判决如何对鉴定意见的采信进行说理与当事人是否选择二审或再审的模型R方为0.187，即一审判决如何对鉴定意见的采信进行说理作为自变量可以解释因变量18.7%的变化，且P值小于0.05，这就意味一审法院是否采信鉴定意见与当事人是否选择二审或再审有显著性相关。

在所调查的案件中,法官笼统概括共 6 件,占总数的 15%;语焉不详共 2
件,占总数的 5%;说明理由共 32 件,占总数的 80%。由数据可知,法院在
案件审理中,大部分态度严谨,具有较高的业务素养,对鉴定意见的采信往
往会进行充分说明理由,而不是笼统概括或语焉不详。但对于少量的不予说
明理由的情形,法院仍应当予以重视。

(二)审庭前召开会议

由数据可知,审庭前召开会议与当事人是否选择二审或再审的模型 R 方
为 0.315,即审庭前召开会议作为自变量可以解释因变量 31.5% 的变化,且 P
值小于 0.05,这就意味审庭前召开会议与当事人是否选择二审或再审有显著
性相关。在相关因素里面,证据交换听证会与当事人是否选择二审或再审具
有显著性相关,标准系数为 0.791,为正相关关系,即证据交换听证会实际上
更容易导致当事人选择二审或再审。

在所调查的案件中,专家庭前会议共 26 件,占总数的 22.81%;证据交
换听证会共 34 个件,占总数的 29.82%;其他共 96 件,占总数的 84.21%。
由数据可知,专家庭前会议和证据交换听证会在一审庭前召开较少。而其他
选项,通常是不召开庭前会议或不召开证据交换听证会等任何形式的会议,
双方当事人充分行使申辩的权利受到限制。

表 13-17 模型汇总

模型	R	R 方	调整 R 方	标准估计的误差	更改统计量				
					R 方更改	F 更改	df1	df2	Sig. F 更改
1	.561a	.315	.276	.387	.315	8.130	3	53	.000

a. 预测变量:(常量),一审庭前召开以下哪些会议?(其他),一审庭前召开以下哪些
会议?(证据交换听证会),一审庭前召开以下哪些会议?(专家庭前会议)。

表 13-18 系数 a

模型		非标准化系数		标准系数	t	Sig.	共线性统计量	
		B	标准误差	试用版			容差	VIF
1	(常量)	.884	.207		4.273	.000		

续表

模型		非标准化系数		标准系数	t	Sig.	共线性统计量	
		B	标准误差	试用版			容差	VIF
	一审庭前召开以下哪些会议？（专家庭前会议）	-.246	.233	-.229	-1.058	.295	.275	3.631
	一审庭前召开以下哪些会议？（证据交换听证会）	.779	.209	.791	3.731	.000	.288	3.476
	一审庭前召开以下哪些会议？（其他）	.116	.198	.094	.585	.561	.505	1.980

a. 因变量：是否有当事人不服事实认定，提出上诉进行二审或再审？

（三）一审程序中，委托专家辅助人情况

1. 委托专家辅助人情况

由数据可知，委托专家辅助人情况与当事人是否选择二审或再审的模型 R 方为 0.272，一审程序中，委托专家辅助人情况作为自变量可以解释因变量 27.2%的变化，且 P 值小于 0.05，这就意味委托专家辅助人情况与当事人是否选择二审或再审有显著性相关。在相关因素里面，委托专家辅助人情况为当事人委托和法庭咨询专家与当事人是否选择二审或再审具有显著性相关，标准系数分别为 2.266 和-2.111，当事人委托与当事人是否选择二审或再审为正相关关系，法庭咨询专家与当事人是否选择二审或再审为负相关关系，即法庭主动咨询专家更有利于法院审理，使当事人信服，减少当事人选择二审或再审的可能。

在所调查的案件中，共有 30 件与专家有关的案件，其中当事人委托共 26 件，占总数的 86.67%；法庭咨询专家共 22 件，占总数的 73.33%；当事人不委托共 4 件，占总数的 13.3%。由数据可知，专家辅助以当事人委托和法院咨询为主，仅有不到 15%的当事人不委托，专家辅助人在知识产权案件一审过程中，有着很高的地位，在委托专家辅助人或专家咨询方面，当事人和法院的意识相当到位。

2. 专家证人（或专家辅助人）是否出庭

由数据可知，专家证人（或专家辅助人）是否出庭与当事人是否选择二审或再审的模型 R 方为 0.234，即专家证人（或专家辅助人）是否出庭作为自变量可以解释因变量 23.4% 的变化，且 P 值小于 0.05，这就意味专家证人（或专家辅助人）是否出庭与当事人是否选择二审或再审有显著性相关。在相关因素里面，一审程序中，专家证人（或专家辅助人）出庭，帮助当事人质证、出庭，帮助当事人陈述、说明、出庭，接受对方当事人质证、出庭，帮助法庭询问当事人或当事人委托的专家证人（专家辅助人）出庭，帮助法庭询问鉴定人与事人是否选择二审或再审具有显著性相关，且都为负相关，标准系数分别为 -0.155、-0.622、-0.925、-0.198 和 -0.713，这就意味着专家证人（或专家辅助人）出庭实际上会对当事人不再选择二审或再审产生正面影响。

在所调查的案件中，出庭，帮助当事人质证共 16 个，占总数的 53.33%；出庭，帮助当事人陈述、说明共 24 个，占总数的 80%；出庭，接受对方当事人质证共 16 个，占总数的 53.33%；出庭，帮助法庭询问当事人或当事人委托的专家证人（专家辅助人）共 22 个，占总数的 73.33%；出庭，帮助法庭询问鉴定人共 12 个，占总数的 40%；不出庭共 6 个，占总数的 20%。由数据可知，一般情况下，专家证人（或专家辅助人）都会出庭，很少会出现不出庭的情况，这有利于法院厘清案情。

3. 对专家辅助人的质证内容

由数据可知，对专家辅助人的质证内容与当事人是否选择二审或再审的模型 R 方为 0.253，对专家辅助人的质证内容作为自变量可以解释因变量 25.3% 的变化，且 P 值小于 0.05，这就意味对专家辅助人的质证内容与当事人是否选择二审或再审有显著性相关。在相关因素中，专家辅助人的资格、专家辅助人意见关联性和专家辅助人证据不具有证据效力（不是法定证据种类）与当事人是否选择二审或再审具有显著性关系，且为负相关性，标准系数分别为 -0.329、-1.747、-1.677，这就意味着随着相关因素的增加，当事人选择二审或再审的可能性在不断下降，其中专家辅助人意见关联性和专家辅助人证据不具有证据效力（不是法定证据种类）具有更强的影响力。

在所调查的案件中，质证内容涉及专家辅助人的资格共 18 个，占总数的 60%；专家辅助人意见真实性共 28 个，占总数的 93.33%；专家辅助人意见关联性共 26 个，占总数的 86.67%；专家辅助人证据不具有证据效力（不是法定证据种类）共 14 个，占总数的 46.67%。由数据可知，对专家辅助人的质证内容主要集中在专家辅助人意见真实性、专家辅助人意见关联性和专家辅助人的资格三个方面，其中证据的真实性依然是首要关注的内容，虽然专家辅助人证据不具有证据效力（不是法定证据种类）在法院质证中，没有过半数，但仍然占据了较为重要的地位，当事人对专家辅助人的质证重点围绕在真实性方面，这也是直接决定专家辅助人证据证明力大小的关键因素。

4. 专家意见是否作为证据被法院采信

由数据可知，专家意见是否作为证据被法院采信与当事人是否选择二审或再审的模型 R 方为 0.183，专家意见是否作为证据被法院采信作为自变量可以解释因变量 18.3% 的变化，且 P 值小于 0.05，这就意味专家意见是否作为证据被法院采信与当事人是否选择二审或再审有显著性相关。在所调查的案件中，认为专家是帮助当事人、法官理解专业知识和说明，视为当事人陈述共 24 个，占总数的 80%；不作为证据，不具有证据效力共 4 个，占总数的 13.33%；本案没有专家辅助人共 2 个，占总数的 6.67%。由数据可知，尽管专家意见在知识产权案件一审中，已经被法院和当事人双方所重视，但在实际中发挥的作用相当有限，依旧仅仅是帮助当事人、法官理解专业知识和说明，视为当事人陈述，是作为案件的辅助措施存在的。专家意见的尴尬地位，是由于现行法律规定欠缺或不足造成的，因此，有必要在立法中给予专家意见独立的证据地位。

（四）法庭是否有专业人员参与审理案件

由数据可知，法庭是否有专业人员参与审理案件与当事人是否选择二审或再审的模型 R 方为 0.334，法庭是否有专业人员参与审理案件解释因变量 33.4% 的变化，且 P 值小于 0.05，标准系数为 −0.578，这就意味专家意见是否作为证据被法院采信与当事人是否选择二审或再审有显著性相关，且为负相关，即随着专家意见作为证据被使用，往往会降低当事人选择二审或再审的概率。

在所调查的案件中，合议庭陪审员为技术专业人员共 4 个，占总数的 3.51%；有技术调查官，参与调查案情，是合议庭辅助人员，不参与案件裁判共 22 个，占总数的 19.3%；文书没有披露共 88 个，占总数的 77.19%。由数据可知，法庭在其判决文书上，往往不会披露专业人员参与案件审理的情况，这不利于判断专业人员对案件审理发挥了何种作用，导致专业人员的作用呈现出一种"安慰剂"的可能。

表 13-19 模型汇总

模型	R	R 方	调整 R 方	标准估计的误差	更改统计量				
					R 方更改	F 更改	df1	df2	Sig. F 更改
1	.578a	.334	.322	.374	.334	27.602	1	55	.000

a. 预测变量：(常量)，一审程序中，法庭是否有专业人员参与审理案件？

表 13-20 系数 a

模型	非标准化系数		标准系数	t	Sig.	共线性统计量	
	B	标准误差	试用版			容差	VIF
1 （常量）	2.545	.269		9.472	.000		
一审程序中，法庭是否有专业人员参与审理案件？	-.507	.097	-.578	-5.254	.000	1.000	1.000

a. 因变量：是否有当事人不服事实认定，提出上诉进行二审或再审？

三、二审程序相关分析

（一）二审程序中，委托鉴定情况

由相应的数据可知，二审程序中，委托鉴定情况与当事人是否选择二再审的模型 R 方为 0.814，即二审程序中，委托鉴定情况作为自变量可以解释因变量 81.4% 的变化，且 P 值小于 0.05，这就意味委托鉴定情况被法院采信与当事人是否选择再审有显著性相关，且为负相关。

在所调查的 114 件案件中，选择是，原审没有鉴定共 6 个，占总数的 6%；是，申请重新鉴定共 8 个，占总数的 8%；使用一审鉴定意见共 8 个，占总数的 8%；没有鉴定意见共 62 个，占总数的 62%；其他共 16 个，占总数的 16%。由数据可知，在二审审理中，没有鉴定意见、申请重新鉴定的情形比较少，可能基于鉴定的费用、时间等考虑，需要进一步分析其他因素来进行澄清。

（二）二审程序中，鉴定意见的质证内容

由数据可知，二审程序中，委托鉴定情况与当事人是否选择二审的模型 R 方为 0.052，二审程序中，鉴定意见的质证内容作为自变量可以解释因变量 5.2% 的变化，且 P 值大于 0.05，这就意味委托鉴定情况被法院接受与当事人是否选择再审没有显著性相关。

在所调查的案件中，鉴定人适格资格（技术领域、职称等）共 4 个，占总数的 36.36%；鉴定人中立审查（是否回避）共 3 个，占总数的 27.27%；鉴定程序共 3 个，占总数的 27.27%；鉴定过程共 4 个，占总数的 36.36%；鉴定方法和原理共 5 个，占总数的 45.45%；鉴定检材（或鉴定用数据资料）共 4 个，占总数的 36.36%；鉴定范围共 9 个，占总数的 81.82%；鉴定结论共 10 个，占总数的 90.91%。由数据可知，与知识产权再审案件一审相似，鉴定范围和鉴定结论也是二审中鉴定意见的主要质证内容。

（三）二审程序中，鉴定意见质证方式

由数据可知，二审程序中，鉴定意见质证方式与当事人是否选择二审的模型 R 方为 0.044，二审程序中，鉴定意见质证方式可以解释因变量 4.4% 的变化，且 P 值大于 0.05，这就意味二审程序中，鉴定意见质证方式与当事人是否选择再审没有显著性相关。

在所调查的案件中，口头形式（出庭）共 12 个，占总数的 54.55%；书面形式共 20 个，占总数的 90.91%；远程视频共 4 个，占总数的 18.18%。由数据可知，知识产权再审案件一、二审对鉴定意见的质证方式相似，都以书面形式和口头形式为主，同时书面形式是最重要的质证方式。结合上文可知，二审审理过程中，对鉴定意见的质证方式过于集中于书面形式，不利于法院审理。

（四）二审法院采信鉴定意见情况

在所调查的案件中，一份鉴定意见，全部采信共 4 个，占总数的 18.18%；多份鉴定意见，部分采信共 16 个，占总数的 72.73%；一份鉴定意见，不予采信共 2 个，占总数的 9.09%；一份鉴定意见，部分采信、多份鉴定意见，都不予采信和多份鉴定意见，全部采信都为 0 个，占总数的 0%。由数据可知，法院在审理案件的过程中，一般情况都是多份鉴定意见，部分采信，态度较为严谨。

（五）二审裁判是否对鉴定意见的采信进行说理

在所调查的案件中，笼统概括共 2 个，占总数的 18.18%；语焉不详共 0 个，占总数的 0%；说明理由共 9 个，占总数的 81.82%。由数据可知，与一审相似，法院在知识产权再审案件审理中，态度严谨，对鉴定意见的采信往往会说明理由，而不是笼统概括或语焉不详。

但是对二审判决是否对鉴定意见的采信进行说理与当事人是否选择二审的模型 R 方为 0.043，二审裁判是否对鉴定意见的采信进行说理作为自变量可以解释因变量 4.3% 的变化，且 P 值大于 0.05，这就意味二审程序中，二审判决是否对鉴定意见的采信进行说理与当事人是否选择再审没有显著性相关。

（六）二审程序中，委托专家辅助人情况

在所调查的案件中，当事人委托共 8 个，占总数的 16%；法庭咨询专家共 10 个，占总数的 20%；当事人不委托共 42 个，占总数的 84%。由数据可知，与一审相反，二审中，当事人普遍不委托专家辅助人。

由数据可知，二审程序中，委托专家辅助人情况与当事人是否选择再审的模型 R 方为 0.978，即委托专家辅助人情况可以解释因变量 97.8% 的变化，且 P 值小于 0.05，这就意味二审程序中，委托专家辅助人情况与当事人是否选择再审有显著性相关。在所有因素中，二审程序中，专家辅助人为当事人委托和专家辅助人情况为当事人不委托与当事人是否选择再审有正相关关系，标准系数分别为 0.488、1.496，委托专家辅助人情况为当事人不委托发生当事人选择再审的概率大于委托专家辅助人为当事人委托的情况。

表 13-21　模型汇总

模型	R	R 方	调整R 方	标准估计的误差	更改统计量				
					R 方更改	F 更改	df1	df2	Sig.F 更改
1	.989a	.978	.977	.203	.978	796.617	3	53	.000

a. 预测变量：（常量），二审程序中，委托专家辅助人情况？（当事人不委托），二审程序中，委托专家辅助人情况？（法庭咨询专家），二审程序中，委托专家辅助人情况？（当事人委托）。

表 13-22 系数 a

模型		非标准化系数		标准系数	t	Sig.	共线性统计量	
		B	标准误差	试用版			容差	VIF
1	（常量）	.486	.037		13.267	.000		
	二审程序中，委托专家辅助人情况？（当事人委托）	.592	.088	.488	6.719	.000	.078	12.882
	二审程序中，委托专家辅助人情况？（法庭咨询专家）	.051	.086	-0.043	.600	.551	.079	12.704
	二审程序中，委托专家辅助人情况？（当事人不委托）	.503	.041	1.496	12.253	.000	.250	4.003

a. 因变量：当事人是否申请再审？

（七）二审程序中，是否有专业人员参与审理案件

在所调查的案件中，合议庭陪审员为技术专业人员共 12 个，占总数的 12%；有技术调查官，参与调查案情，合议庭辅助人员，不参与案件裁判共 16 个，占总数的 16%；文书没有披露共 83 个，占总数的 83%。由数据可知，一、二审文书不披露最为普遍的情况。

由数据可知，二审程序中，是否有专业人员参与审理案件与当事人是否选择再审的模型 R 方为 0.986，即是否有专业人员参与审理案件可以解释因变量 98.6%的变化，且 P 值小于 0.05，这就意味二审程序中，是否有专业人员参与审理案件与当事人是否选择再审有显著性相关。在相关因素中，二审程序中，参与审理案件合议庭陪审员为技术专业人员，有技术调查官、参与调查案情、合议庭辅助人员不参与案件裁判，与文书没有披露，都和当事人是否选择再审具有显著性相关，其中，参与审理案件合议庭陪审员为技术专业人员，有技术调查官、参与调查案情、合议庭辅助人员、不参与案件裁判，与当事人是否选择再审为负相关关系，文书没有披露为正相关关系。相关系数分别为-1.089、-1.082 和 0.034，从中可以看出有专业人员参与审理案件更有利于减少当事人选择再审。

表 13-23　模型汇总

模型	R	R 方	调整 R 方	标准估计的误差	更改统计量				
					R 方更改	F 更改	df1	df2	Sig. F 更改
1	.993a	.986	.985	.162	.986	1257.578	3	53	.000

a. 预测变量：（常量），二审程序中，委托专家辅助人情况？（当事人不委托）；二审程序中，委托专家辅助人情况？（法庭咨询专家）；二审程序中，委托专家辅助人情况？（当事人委托）。

表 13-24　系数 a

模型	非标准化系数		标准系数	t	Sig.	共线性统计量	
	B	标准误差	试用版			容差	VIF
1	（常量）	.518	.032		16.326	.000		
	二审程序中，是否有专业人员参与审理案件？（合议庭陪审员为技术专业人员）	.398	-1.089	.321	4.479	.000	.051	19.601
	二审程序中，是否有专业人员参与审理案件？（有技术调查官，参与调查案情，合议庭辅助人员，不参与案件裁判）	.298	-1.082	.245	3.633	.001	.057	17.434
	二审程序中，是否有专业人员参与审理案件？（文书没有披露）	.470	0.034	.463	13.769	.000	.231	4.334

a. 因变量：当事人是否申请再审？

（八）二审程序中，专家出庭情况

在所调查的案件中，选择出庭，帮助当事人质证共 10 个，占总数的 41.67%；出庭，帮助当事人陈述、说明共 22 个，占总数的 91.67%；出庭，接受对方当事人质证共 12 个，占总数的 50%；出庭，帮助法庭询问当事人或其专家证人（专家辅助人）共 18 个，占总数的 75%；不出庭共 2 个，占总数的 8.33%。由数据可知，专家出庭主要是为了帮助当事人陈述、说明和帮助法庭询问当事人或其专家证人（专家辅助人），极少会出现不出庭的情况。

由数据可知，二审程序中，专家出庭情况与当事人是否选择再审的模型 R 方为 0.384，即专家出庭情况可以解释因变量 38.4% 的变化，且 P 值小于 0.05，这就意味二审程序中，专家出庭情况与当事人是否选择再审有显著性相关。在所有相关因素中，专家选择出庭、帮助当事人质证、出庭，帮助当事人陈述、说明、出庭，接受对方当事人质证和出庭，帮助法庭询问当事人或其专家证人（专家辅助人）都与当事人是否选择再审具有显著性相关，且都为负相关关系，标准系数分别为 −0.239、−0.130、−0.027 和 −0.145，即随着专家的出庭，当事人选择再审的概率会出现不同程度的下降。

表 13-25　模型汇总

模型	R	R 方	调整 R 方	标准估计的误差	更改统计量				
					R 方更改	F 更改	df1	df2	Sig. F 更改
1	.620a	.384	0.277	0.107	.384	.520	5	51	.000

a. 预测变量：（常量），二审程序中，专家是否出庭：（不出庭）；二审程序中，专家是否出庭：（出庭，接受对方当事人质证）；二审程序中，专家是否出庭：[出庭，帮助法庭询问当事人或其专家证人（专家辅助人）]；二审程序中，专家是否出庭：（出庭，帮助当事人陈述、说明）；二审程序中，专家是否出庭：（出庭，帮助当事人质证）。

表 13-26　系数 a

模型		非标准化系数		标准系数	t	Sig.	共线性统计量	
		B	标准误差	试用版			容差	VIF
1	（常量）	1.008	.649		1.552	.000		
	二审程序中，专家是否出庭：（出庭，帮助当事人质证）	.225	1.513	−0.239	.149	.000	.007	139.048

模型	非标准化系数		标准系数	t	Sig.	共线性统计量	
	B	标准误差	试用版			容差	VIF
二审程序中，专家是否出庭：(出庭，帮助当事人陈述、说明)	-.108	1.305	-0.130	-.082	.000	.008	133.254
二审程序中，专家是否出庭：(出庭，接受对方当事人质证)	-.025	1.513	-0.027	-.017	.000	.007	145.839
二审程序中，专家是否出庭：[出庭，帮助法庭询问当事人或其专家证人(专家辅助人)]	.125	1.081	-0.145	.116	.000	.012	84.671
二审程序中，专家是否出庭：(不出庭)	-.008	.830	-.007	-.009	.993	.030	33.510

a. 因变量：当事人是否申请再审？

（九）二审程序中，对专家辅助人的质证内容

在所调查的案件中，专家辅助人的资格共 10 个，占总数的 41.67%；专家辅助人意见真实性共 24 个，占总数的 100%；专家辅助人意见关联性共 24 个，占总数的 100%；专家辅助人证据不具有证据效力（不是法定证据种类）共 8 个，占总数的 33.33%。由数据可知，在二审程序中，对专家辅助人的质证内容主要集中在专家辅助人意见真实性和专家辅助人意见关联性上，其他选项较少。

由数据可知，二审程序中，对专家辅助人的质证内容与当事人是否选择再审的模型 R 方为 0.177，即专家出庭情况可以解释因变量 17.7% 的变化，且 P 值小于 0.05，这就意味二审程序中，对专家辅助人的质证内容与当事人是否选择再审有显著性相关。在所有相关因素中，二审程序中，对专家辅助人的质证内容为专家辅助人的资格、专家辅助人意见关联性、专家辅助人证据

不具有证据效力（不是法定证据种类）） 与当事人是否选择再审有显著性相关，且都为负相关关系，标准系数分别为-0.241、-0.039、-0.259，其中专家辅助人的资格与专家辅助人证据不具有证据效力（不是法定证据种类）是专家辅助人意见关联性的 8 倍左右。

（十）二审程序中，专家意见是否作为证据被法院采信

在所调查的案件中，仅仅是帮助当事人、法官理解专业知识和说明共 18 个，占总数的 75%；其他共 6 个，占总数的 25%。由数据可知，专家意见主要是帮助当事人、法官理解专业知识和说明，发挥的作用相对有限。

由数据可知，二审程序中，对专家辅助人的质证内容与当事人是否选择再审的模型 R 方为 0.043，即专家出庭情况可以解释因变量 4.3%的变化，且 P 值大于 0.05，这就意味二审程序中，对专家辅助人的质证内容与当事人是否选择再审没有显著性相关。

四、再审基本状况

（一）再审是否有鉴定意见

在所调查的案件中，选择是的共 12 个，占总数的 22.22%；选择否的共 42 个，占总数的 77.78%。由数据可知，再审案件往往根据一、二审出具的鉴定意见来进行审理，而较少采取重新鉴定的措施。

由数据可知，再审是否有鉴定意见与审判结果的模型 R 方为 0.282，再审是否有鉴定意见作为自变量解释因变量 28.2%的变化，且 P 值小于 0.05，这就意味二审程序中，再审是否有鉴定意见与审判结果有显著性相关，且为正相关关系，随着鉴定意见的使用，审判结果往往更倾向于维持二审判决。

表 13-27　模型汇总

模型	R	R 方	调整 R 方	标准估计的误差	更改统计量				
					R 方更改	F 更改	df1	df2	Sig. F 更改
1	.531a	.282	.269	1.790	.282	21.611	1	55	.000

a. 预测变量：（常量），再审是否有鉴定意见？

表 13-28 系数 a

模型		非标准化系数		标准系数	t	Sig.	共线性统计量	
		B	标准误差	试用版			容差	VIF
1	（常量）	.736	.396		1.859	.068		
	再审是否有鉴定意见？	.966	.208	.531	4.649	.000	1.000	1.000

a. 因变量：再审裁判为：

（二）再审程序中，鉴定意见的质证内容

在所调查的案件中，鉴定人适格资格（技术领域、职称等）共 16 个，占总数的 66.67%；鉴定人中立审查（是否回避）共 14 个，占总数的 58.33%；鉴定程序共 10 个，占总数的 41.67%；鉴定过程共 14 个，占总数的 58.33%；鉴定方法和原理共 12 个，占总数的 50%；鉴定检材（或鉴定用数据资料）共 14 个，占总数的 58.33%；鉴定范围共 10 个，占总数的 41.67%；鉴定结论共 16 个，占总数的 66.67%。在再审程序中，鉴定意见的质证内容主要集中在鉴定人适格资格（技术领域、职称等）、鉴定结论、鉴定人中立审查（是否回避）、鉴定过程和鉴定检材（或鉴定用数据资料）。

由数据可知，再审程序中，鉴定意见的质证内容与审判结果的模型 R 方为 0.101，即再审程序中，鉴定意见的质证内容作为自变量可以解释因变量 10.1% 的变化，且 P 值大于 0.05，这就意味再审程序中，鉴定意见的质证内容与审判结果没有显著性相关。

表 13-29 模型汇总

模型	R	R 方	调整 R 方	标准估计的误差	更改统计量				
					R 方更改	F 更改	df1	df2	Sig. F 更改
1	.318a	.101	-.049	2.144	.101	.675	8	48	.711

a. 预测变量：（常量），再审程序中，鉴定意见的质证内容：（鉴定结论）；再审程序中，鉴定意见的质证内容：[鉴定检材（或鉴定用数据资料）]；再审程序中，鉴定意见的质证内容：[鉴定人中立审查（是否回避）]；再审程序中，鉴定意见的质证内容：（鉴定过程）；再审程序中，鉴定意见的质证内容：（鉴定范围）；再审程序中，鉴定意见的质证内容：（鉴定方法和原理）；再审程序中，鉴定意见的质证内容：（鉴定程序）；再审程序中，鉴定意见的质证内容：[鉴定人适格资格（技术领域、职称等）]。

表 13-30 系数 a

模型		非标准化系数		标准系数	t	Sig.	共线性统计量	
		B	标准误差	试用版			容差	VIF
1	（常量）	3.396	.721		4.707	.000		
	再审程序中，鉴定意见的质证内容：[鉴定人适格资格（技术领域、职称等）]	-1.461	3.184	-1.064	-.459	.648	.003	286.803
	再审程序中，鉴定意见的质证内容：[鉴定人中立审查（是否回避）]	-.705	3.091	-.502	-.228	.821	.004	258.825
	再审程序中，鉴定意见的质证内容：（鉴定程序）	4.396	2.907	2.989	1.512	.137	.005	208.657
	再审程序中，鉴定意见的质证内容：（鉴定过程）	-2.854	1.971	-2.033	-1.448	.154	.010	105.234
	再审程序中，鉴定意见的质证内容：（鉴定方法和原理）	-.458	2.275	-.319	-.201	.841	.007	134.078
	再审程序中，鉴定意见的质证内容：[鉴定检材（或鉴定用数据资料）]	.917	1.630	.653	.562	.576	.014	72.035
	再审程序中，鉴定意见的质证内容：（鉴定范围）	.607	1.930	.413	.315	.754	.011	91.934
	再审程序中，鉴定意见的质证内容：（鉴定结论）	.000	1.702	.000	.000	1.000	.012	81.902

a. 因变量：再审裁判为：

（三）再审程序中，鉴定意见质证方式

在所调查的案件中，口头形式（出庭）共 20 个，占总数的 83.33%；书面形式共 24 个，占总数的 100%；远程视频共 10 个，占总数的 41.67%。书面形式和口头形式（出庭）频率极高。

由数据可知，再审程序中，鉴定意见质证方式与审判结果的模型 R 方为 0.168，即再审程序中，鉴定意见质证方式可以解释因变量 10.1% 的变化，且 P 值小于 0.05，这就意味再审程序中，鉴定意见的质证内容与审判结果有显著性相关，且都为正相关关系。再审程序中，鉴定意见质证方式：［口头形式（出庭）］、书面形式和远程视频的标准系数分别为 1.515、0.969 和 0.680，鉴定意见质证方式：［口头形式（出庭）］的标准系数约为书面形式的 1.5 倍，远程视频的 2.5 倍。

表 13-31　模型汇总

模型	R	R 方	调整 R 方	标准估计的误差	更改统计量				
					R 方更改	F 更改	df1	df2	Sig. F 更改
1	.409a	.168	.128	.040	0.168	.803	3	53	.008

a. 预测变量：(常量)，再审程序中，鉴定意见质证方式：(远程视频)，再审程序中，鉴定意见质证方式：(书面形式)，再审程序中，鉴定意见质证方式：［口头形式（出庭）］。

表 13-32　系数 a

模型	非标准化系数		标准系数	t	Sig.	共线性统计量	
	B	标准误差	试用版			容差	VIF
1　(常量)	2.767	.710		3.895	.000		
再审程序中，鉴定意见质证方式：［口头形式（出庭）］	2.000	1.761	1.515	-1.136	.000	.010	98.614
再审程序中，鉴定意见质证方式：(书面形式)	1.233	1.649	.969	.748	.000	.011	93.053

模型	非标准化系数		标准系数	t	Sig.	共线性统计量	
	B	标准误差	试用版			容差	VIF
再审程序中，鉴定意见质证方式：（远程视频）	1.000	1.331	.680	.751	.000	.022	45.404

a. 因变量：再审裁判为：

（四）再审法院是否采信鉴定意见

在所调查的案件中，选择一份鉴定意见，全部采信的共2个，占总数的8.33%；一份鉴定意见，部分采信共2个，占总数的8.33%；一份鉴定意见，不予采信共2个，占总数的8.33%；多份鉴定意见，都不予采信共0个，占总数的0%；多份鉴定意见，全部采信共2个，占总数的8.33%；多份鉴定意见，部分采信共16个，占总数的66.67%。由数据可知，再审法院在采信鉴定意见时，往往选择多份鉴定意见，部分采信，态度较为中立。

由数据可知，再审程序中，再审法院是否采信鉴定意见与审判结果的模型R方为0.008，即再审程序中，再审法院是否采信鉴定意见可以解释因变量0.8%的变化，且P值大于0.05，这就意味再审程序中，再审法院是否采信鉴定意见与审判结果没有显著性相关。

表 13-33　模型汇总

模型	R	R方	调整R方	标准估计的误差	更改统计量				
					R方更改	F更改	df1	df2	Sig. F更改
1	.409a	.168	.128	.040	0.168	.803	3	53	.008

a. 预测变量：（常量），再审程序中，鉴定意见质证方式：（远程视频）；再审程序中，鉴定意见质证方式：（书面形式）；再审程序中，鉴定意见质证方式：[口头形式（出庭）]。

表 13-34　系数 a

模型		非标准化系数		标准系数	t	Sig.	共线性统计量	
		B	标准误差	试用版			容差	VIF
1	（常量）	2.767	.710		3.895	.000		
	再审程序中，鉴定意见质证方式：［口头形式（出庭）］	2.000	1.761	1.515	-1.136	.000	.010	98.614
	再审程序中，鉴定意见质证方式：（书面形式）	1.233	1.649	.969	.748	.000	.011	93.053
	再审程序中，鉴定意见质证方式：（远程视频）	1.000	1.331	.680	.751	.000	.022	45.404

a. 因变量：再审裁判为：

（五）再审法院是否对鉴定意见进行说理

在所调查的案件中，选择语焉不详的共 1 个，占总数的 8.33%；说明理由共 11 个，占总数的 91.67%。由数据可知，再审判决中，法院往往会对鉴定意见进行说理，而不是模糊化处理。

由数据可知，再审程序中，法院是否对鉴定意见进行说理与审判结果的模型 R 方为 0.016，法院是否对鉴定意见进行说理可以解释因变量 1.6% 的变化，且 P 值大于 0.05，这就意味再审程序中，法院是否对鉴定意见进行说理与审判结果没有显著性相关。

（六）再审程序中，委托专家辅助人情况

在所调查的案件中，选择当事人委托的共 10 个，占总数的 18.52%；法庭咨询专家共 10 个，占总数的 18.52%；当事人不委托共 45 个，占总数的 83.33%。由数据可知，在再审程序中，主要以当事人不委托专家辅助人为主，占总数的 83.33%。

由数据可知，再审程序中，委托专家辅助人情况与审判结果的模型 R 方为 0.369，委托专家辅助人情况可以解释因变量 36.9% 的变化，且 P 值小于 0.05，这就意味再审程序中，委托专家辅助人情况与审判结果有显著性相关。

在所有相关因素中，再审程序中，委托专家辅助人情况为当事人委托、法庭咨询专家和当事人不委托与审判结果有显著性相关，其中委托专家辅助人情况为当事人委托与审判结果为负相关，法庭咨询专家和当事人不委托与审判结果，标准系数分别为-0.279、0.582和0.351，即随着当事人委托的增加，法院改判的概率越大，而法庭咨询专家和当事人不委托情形相反。

表 13-35　模型汇总

模型	R	R 方	调整 R 方	标准估计 的误差	更改统计量				
					R 方更改	F 更改	df1	df2	Sig. F 更改
1	.608a	.369	.334	1.709	.369	10.345	3	53	.000

a. 预测变量：(常量)，再审程序中，委托专家辅助人情况？(当事人不委托)；再审程序中，委托专家辅助人情况？(当事人委托)；再审程序中，委托专家辅助人情况？(法庭咨询专家)。

表 13-36　系数 a

模型		非标准化系数		标准系数	t	Sig.	共线性统计量	
		B	标准 误差	试用版			容差	VIF
1	(常量)	1.702	.303		5.616	.000		
	再审程序中，委托专家辅助人情况？(当事人委托)	-.718	1.217	-.279	-.590	.008	.053	18.763
	再审程序中，委托专家辅助人情况？(法庭咨询专家)	1.499	1.250	.582	1.199	.006	.051	19.792
	再审程序中，委托专家辅助人情况？(当事人不委托)	.783	.326	.351	2.401	.020	.558	1.793

a. 因变量：再审裁判为：

（七）再审程序中，专家辅助人出庭情况

在所调查的案件中，选择出庭，帮助当事人质证共 12 个，占总数的 54.55%；出庭，帮助当事人陈述、说明共 20 个，占总数的 90.91%；出庭，接受对方当事人质证共 12 个，占总数的 54.55%；出庭，帮助法庭询问当事人或其专家证人（专家辅助人）共 16 个，占总数的 72.73%；不出庭共 0 个，占总数的 0%。由数据可知，在再审中，专家辅助人出庭主要是帮助当事人陈述、说明以及帮助法庭询问当事人或其专家证人（专家辅助人）。

由数据可知，再审程序中，专家辅助人出庭情况与审判结果的模型 R 方为 0.132 专家辅助人出庭情况可以解释因变量 13.2% 的变化，且 P 值小于 0.05，这就意味再审程序中，专家辅助人出庭情况与审判结果有显著性相关。再审程序中，专家辅助人位出庭，帮助当事人质证、出庭，帮助当事人陈述、说明、出庭，接受对方当事人质、出庭，帮助法庭询问当事人或其专家证人（专家辅助人）和不出庭的标准系数分别为 −0.227、0.870、−0.341、0.596 和 −0.817，其中，专家辅助人出庭，帮助当事人质证、出庭，接受对方当事人质和不出庭与审判结果为负相关，而其他则相反。

（八）再审程序中，对专家辅助人的质证内容主要情况

在所调查的案件中，选择专家辅助人的资格共 8 个，占总数的 72.73%；专家辅助人意见真实性共 10 个，占总数的 90.91%；专家辅助人意见关联性共 10 个，占总数的 90.91%；专家辅助人证据不具有证据效力（不是法定证据种类）共 5 个，占总数的 45.45%。由数据可知，法院主要对专家辅助人意见真实性、专家辅助人意见关联性以及专家辅助人的资格进行质证。

由数据可知，再审程序中，对专家辅助人的质证内容主要情况与审判结果的模型 R 方为 0.160，对专家辅助人的质证内容主要情况可以解释因变量 16.0% 的变化，且 P 值小于 0.05，这就意味再审程序中，对专家辅助人的质证内容主要情况与审判结果有显著性相关。再审程序中，对专家辅助人的质证内容为专家辅助人的资格、专家辅助人意见真实性、专家辅助人意见关联性和专家辅助人证据不具有证据效力（不是法定证据种类）的标准系数分别为 0.521、−1.609、0.629 和 0.548，专家辅助人的资格、专家辅助人意见关联性和专家辅助人证据不具有证据效力（不是法定证据种类）与审判结果为正相关关系，而专家辅助人意见真实性为负相关关系。

（九）再审程序中，专家意见是否作为证据被法院采信

在所调查的案件中，仅仅是帮助当事人、法官理解专业知识和说明共 20 个，占总数的 90.91%；不具有证据效力共 0 个，占总数的 0%；其他共 2 个，占总数的 9.09%。由数据可知，专家意见仅仅是帮助当事人、法官理解专业

知识和说明，辅助法院进行判断。

由数据可知，再审程序中，专家意见是否作为证据被法院采信与审判结果的模型 R 方为 0.009，即再审程序中，专家意见是否作为证据被法院采信可以解释因变量 0.9% 的变化，且 P 值大于 0.05，即专家意见是否作为证据被法院采信与审判结果无显著性相关。

（十）再审程序中，法庭是否有专业人员参与审理案件

在所调查的案件中，合议庭陪审员为技术专业人员共 4 个，占总数的 7.41%；有技术调查官，参与调查案情，是合议庭辅助人员，不参与案件裁判共 7 个，占总数的 12.96%；文书没有披露共 43 个，占总数的 79.63%。由数据可知，文书一般不会披露专业人员参与审理案件的情况。

由数据可知，再审程序中，法庭是否有专业人员参与审理案件为证据被法院采信与审判结果的模型 R 方为 0.263，即再审程序中，法庭是否有专业人员参与审理案件可以解释因变量 26.3% 的变化，且 P 值小于 0.05，即法庭是否有专业人员参与审理案件与审判结果有显著性相关。

总　结

上文已经对 114 个案例进行了详细的分析，简单总结几点：

1. 鉴定意见在事实认定中发挥的作用是有限的

随着民事诉讼法等三大诉讼法将鉴定结论的表述改为鉴定意见，一方面说明人们对鉴定意见的证据作用有了更清晰的认识，另一方面也反映鉴定意见与其他证据相比并没有天然的优势，人们可以质疑它，法官也不会像过去那样对鉴定意见具有天然的倾向性。

从现有的数据分析来，一审到再审的审理中，鉴定意见并不是作为很普遍的证据出现的。这是由于鉴定意见作为一种科学证据，具有其特殊性，需要借助科学的设备和手段，鉴定机构通常需要几个月的时间才能出具鉴定意见，同时当事人也要花费较高的费用委托鉴定机构。所以，对当事人而言鉴定意见的时间成本和费用成本都是很高的。另外，针对鉴定意见，各方质证意见增多，对鉴定意见的要求也高。实务中，对鉴定材料的真实性、完整性、充分性——鉴定材料能否满足鉴定需要的审查，通常需要从专业的角度进行评判。单纯的鉴定意见，不一定就能缩短审判周期，不当的使用，往往容易导致审判周期拉长。

此外，司法鉴定涉及的是专业性问题，但很多专业性问题可能没有统一的鉴定标准；在现有的专业标准中，存在国家标准、地方标准、行业（或协会）标准、实验室标准，甚至是鉴定机构自行制定的"标准"。不同标准的适用决定了鉴定结果（鉴定意见）可能存在巨大的差别。一般的鉴定机构或鉴定人可能不知道鉴定应该依据什么标准，更不知道有很多标准可供选择。在某些个专业问题上究竟应该适用什么标准，鉴定人间还会仁者见仁智者见智。即使是同样的鉴定标准，也可能存在着多角度的理解和适用，鉴定人也难免有理解适用错误的情况。因此，知悉、了解各种鉴定标准并判断出对特定鉴定事项的匹配适用性，对审查鉴定意见显得非常重要。

因此，鉴定意见作为知识产权案件中重要的证据类型，其发挥的作用是有限的，需要进一步评价其作为和地位。

2. 专家辅助人等事实查明机制的构建有利于缩短审理周期减少司法成本

最高人民法院相关负责人在重要的会议上多次强调过要充分发挥专家辅助人、专家咨询等在技术事实查明中的作用，形成协同的事实认定机制，共同发挥作用。此外，最高人民法院的相关文件，以及其他文件中对该问题也都有涉及，强调通过多种方式，多种证据类型，多种机制协同作用，查明案件事实。

本次案例分析中，可以发现随着专家辅助人有效参与的增多，往往会缩短审理周期，减少当事人想要继续上诉的想法。随着知识产权审判中技术事实查明机制日益完善，构建以技术调查官、专家辅助人、专家陪审员、技术鉴定人等为主体的多元化技术事实查明机制，已经得到实践的经验和认可，技术事实认定的中立性、科学性和客观性不断体现。

在本次的研究中，可以很直观地看到，单纯的法院主导事实查明机制并不是大问题，问题在于法院过于强势时，当事人的合理诉求难以得到法院的认同，往往会导致当事人在审判结束之后，选择继续上诉。因此，法院在启动事实查明机制时，一定程度上需要尊重当事人的选择，适时调整，并在证据保全、举证责任的分配等方面，在尊重案件事实、合理公平的前提下，灵活发挥法院的能动性，维护当事人合法权益。

知识产权诉讼技术事实查明是一个难题，不可能一蹴而就，机制的构建更需要多方磨合，人民法院需要与当事人、诉讼参与人共同发力，才能找到解决问题的钥匙，为我国知识产权诉讼审判实务开创新局面。